Souvenirs

d'une

ambassade à Berlin

Septembre 1931 - Octobre 1938

ANDRÉ FRANÇOIS-PONCET

Souvenirs
d'une
ambassade à Berlin

Septembre 1931 - Octobre 1938

FLAMMARION
26, RUE RACINE, PARIS

AVANT-PROPOS

Il est encore trop tôt pour écrire l'histoire du national-socialisme. Elle s'éclaire, il est vrai, chaque jour un peu plus. Mais elle comporte encore bien des aspects obscurs, bien des énigmes indéchiffrées, bien des replis ignorés. Pour ma part, en retraçant dans les pages qui suivent les principaux épisodes auxquels j'ai été mêlé, de 1931 à 1938, en évoquant les personnages qui y ont joué un rôle dominant et que j'ai connus, j'ai voulu seulement fournir ma contribution, apporter mon témoignage à ceux qui dresseront, quand le moment en sera venu, le tableau complet et valable de cette tragique époque.

Le III⁰ Reich était très secret. Il cachait avec un soin extrême ce qui se passait dans ses coulisses. La presse, qu'il avait monopolisée et asservie, présentait au public une version le plus souvent déformée et tendancieuse des faits qu'elle ne pouvait traiter par le silence. En douter, la rectifier, opposer à la vérité officielle la vérité vraie, c'était aller au-devant des plus grands risques. Le régime avait considérablement étendu la notion de « trahison » et punissait cruellement les indiscrets. Dans ces conditions, il était difficile, pour l'observateur étranger, de savoir exactement à quoi s'en tenir. L'ambassade de France n'avait pas les moyens de s'attacher, en les rétribuant, des informateurs. Ses « fonds secrets » se montaient, en tout, à une somme annuelle de 45.000 francs. Encore, n'en avait-elle pas le libre usage; car il lui était prescrit de la verser intégralement à un vieux journaliste parisien, établi depuis longtemps dans la capitale allemande. Elle apprenait, cependant, beaucoup de choses. Elle recevait de nombreux visiteurs qui la renseignaient bénévolement. Ce qu'on appelle « le monde » est, pour la diplomatie, une précieuse source de nouvelles. Les mécontents, les inquiets, les persécutés se confiaient volontiers à elle. Et puis, l'Allemand est bavard. Le danger l'excitait. Malgré la censure, la police, la délation, la société berlinoise ne pouvait s'empêcher de jaser. Le problème consistait moins à rechercher des informations qu'à démêler, dans celles qui parvenaient en abondance, le vrai du faux.

Depuis lors, les débats de Nuremberg ont projeté une vive lumière sur les agissements de Hitler et de sa bande, sur certaines de leurs machinations les plus cyniques. Aussi doit-on souhaiter qu'ils soient intégralement publiés. Ils n'ont rien révélé, pourtant, que l'on ne soupçonnât déjà. Ils ont confirmé, précisé, aggravé ce dont on se doutait, ce que l'on avait deviné, dès l'origine. Les « Souvenirs » qu'on lira ci-dessous ont été rédigés avant l'ouverture du procès des « coupables de guerre ». J'ai renoncé à les modifier après coup, pour tenir compte des éléments et des documents nouveaux, produits aux audiences nurembergeoises. Tels quels, ils représentent l'essentiel de la correspondance que j'adressais à Paris, au fur et à mesure des événements.

Correspondance, je l'avoue, fort copieuse et qui, par sa masse, effarait ses destinataires.

Elle comprenait chaque jour une analyse détaillée de la presse allemande, téléphonée à Paris, vers 11 heures du matin. De nombreux télégrammes chiffrés s'y ajoutaient dans le cours de la même journée. Chaque semaine, et souvent deux fois par semaine, la « valise » emportait, en outre, une ample moisson de lettres. Les services du Quai d'Orsay ne relevaient pas sans consternation que plusieurs de ces « dépêches » avaient, au mépris des convenances, jusqu'à vingt et trente pages. Mon excuse, c'est que le nazisme et son chef, le IIIe Reich et son gouvernement n'étaient pas réductibles aux usages en vigueur. Ils avaient, à tous les égards, quelque chose d'exorbitant et d'extraordinaire ; ils ne visaient pas seulement à établir en Europe la domination militaire de l'Allemagne ; ils avaient l'ambition de bouleverser les assises morales et intellectuelles, sur lesquelles avait reposé jusqu'ici le monde civilisé ; ils prétendaient évincer définitivement le christianisme et le remplacer par une religion nouvelle, le racisme; nul compartiment de la vie publique et privée n'échappait à leur atteinte; le droit, l'art, la science, l'éducation, la famille y étaient soumis, aussi bien que les institutions politiques. Pour suivre, en plus des incidents quotidiens, le développement fiévreux de cette tentative révolutionnaire, pour permettre de mesurer la portée, d'embrasser les multiples aspects de ce « mouvement », il fallait, nécessairement, beaucoup écrire!

Les 40 volumes qu'au bout de sept années avaient fini par constituer mes communications ont eu la plus singulière fortune. Une partie d'entre eux périt, le 16 mai 1940, lorsque le ministère des Affaires étrangères détruisit, pour le soustraire à l'avance ennemie, le contenu de ses cartons. D'autres liasses disparurent dans la chaudière d'un navire, dont le capitaine ne crut pas avoir le temps de mettre à l'abri les papiers qui lui avaient été confiés. Une collection était conservée à l'ambassade de Berlin. On supposait qu'elle avait été anéantie dans l'incendie consécutif au bombardement de cette ambassade. Mais on s'est aperçu récemment que la chute des murs avait préservé la petite annexe que j'avais fait construire à l'extrémité d'une des ailes du bâtiment, afin d'y loger les archives du poste. Et celles-ci en ont été exhumées, à peu près saines et sauves, et ramenées à Paris. Une autre collection, enfin, avait été déposée dans les caves du château de Rochecotte, après l'évacuation de la capitale. Elle tomba aux mains des Allemands et cette circonstance entraîna, pour mon sort personnel, les plus fâcheuses conséquences. Des fonctionnaires de la Wilhelmstrasse furent chargés d'examiner mes rapports et de dire l'impression qu'ils en avaient retirée. Ils conclurent, en agents dressés à identifier leur pays avec le nazisme, que je devais être considéré comme un ennemi de l'Allemagne. Je fus, dès lors, de la part des dirigeants du III\u1d49 Reich, l'objet d'une rancune tenace. Ils exigèrent que je fusse mis en disponibilité. Ils m'interdirent de résider à Paris. En juin 1943, ils obligèrent les Italiens à me séquestrer dans la maison que j'habitais, près de Grenoble. Puis, le 27 août de la même année, ils m'arrêtèrent en même temps que le président Albert Lebrun et me gardèrent captif dans les montagnes du Tyrol autrichien, jusqu'au moment où j'y fus délivré, le 2 mai 1945, par un détachement de la 2\u1d49 division blindée française. J'eus, ainsi, le privilège d'être le seul ambassadeur et, si je ne me trompe, le seul diplomate français que *les nazis aient interné et déporté. Cependant, une moitié des volumes soumis à l'enquête qui m'a valu ce traitement a été retrouvée en Allemagne, truffée de coups de crayon de couleur et de points d'exclamation. Elle a repris place aujourd'hui sur les rayons du service des archives, au Quai d'Orsay.*

Effectivement, j'avais toujours éprouvé, à l'égard du régime national-socialiste, la plus vive répulsion. J'étais de formation trop libérale et trop humaniste pour n'être pas intimement révolté par cette tyrannie implacable qui foulait aux pieds la morale courante, exaltait les instincts les plus brutaux et se faisait gloire de sa propre barbarie. Les premiers gestes par lesquels elle s'était manifestée, l'incendie organisé du Reichstag, la persécution des juifs, des socialistes, des communistes et des catholiques, l'installation des camps de concentration, les massacres du 30 juin 1934, l'assassinat de Dollfuss, m'avaient inspiré une aversion, une méfiance qui ne se dissipèrent jamais. Je ne laissais pas trop voir ces sentiments. Je ne me donnais pas non plus beaucoup de peine pour les dissimuler. Je les exprimais le plus souvent sur le mode ironique ; je m'efforçais de les envelopper dans une forme qui ne fût pas blessante. On avait fini par m'attribuer la plupart des épigrammes qui circulaient dans Berlin sur le compte des nazis ; mais, comme je me montrais également intéressé par leur idéologie, par les réformes qu'ils introduisaient dans tous les domaines, ils ne m'en tenaient pas rigueur ; ils s'en amusaient plutôt. Je n'avais pas avec eux de mauvaises relations. Plus exactement, j'étais arrivé à avoir avec certains d'entre eux d'assez bonnes relations.

Avant 1933, dans la période qui précéda leur accession au pouvoir, j'étais resté, quoi qu'on en ait dit, sans aucun contact personnel avec eux. Plein de mépris pour les diplomates, mais non exempt de timidité en face d'eux, Hitler ne me traita pas, tout d'abord, autrement que les autres. Il était, d'ailleurs, à cette époque, comme tout son mouvement, foncièrement anti-français. Au moment des fusillades du 30 juin, lorsqu'il s'imagina que j'avais connu et encouragé les manœuvres de Rœhm et du général von Schleicher, nos rapports furent tendus, ma position devint critique. Puis, quand il se fut convaincu de son erreur, il voulut me faire oublier ses soupçons et me témoigna publiquement quelques attentions. J'étais, parmi mes collègues, l'un des rares qui fussent en état de s'entre-

tenir directement avec lui, sans le secours de Schmidt, son inter-
prète. Les démarches que j'étais chargé d'accomplir auprès de lui,
les cérémonies nombreuses auxquelles le corps diplomatique était
régulièrement prié d'assister nous procuraient l'occasion de fré-
quentes rencontres. Il s'habitua ainsi, peu à peu, à ma présence. Je
lui parlais, d'ailleurs, très ouvertement, avec une liberté qui ne lui
déplaisait pas. A l'automne de 1936, nous étions en assez bons
termes pour qu'il m'invitât à aller déjeuner avec lui en tête-à-tête, à
son chalet du Berghof, à Berchtesgaden. C'était au lendemain du
voyage du Dr Schacht à Paris et des conversations de ce dernier
avec Léon Blum. L'esprit du Führer hésitait devant les perspectives
d'avenir colonial auquel son ministre tentait de le convertir. Mais
il était visible qu'il ne se prêtait pas volontiers aux suggestions du
Dr Schacht et ne les accueillait qu'avec un grand scepticisme. Au
début de janvier 1937, une grave crise internationale fut sur le point
d'éclater. On était en pleine guerre civile espagnole. Le bruit cou-
rait que des contingents allemands importants, dont le passage à
Munich avait été signalé, allaient débarquer au Maroc, où des
casernes avaient été préparées pour eux. Là-dessus, une vive
émotion s'était emparée de la presse française et anglaise et des
gouvernements de Paris et de Londres. L'opinion, surtout en France,
était très montée et des incidents irrémédiables étaient à craindre.
Le 11 janvier, selon l'usage, Hitler recevait la visite de nouvel-an
du Corps diplomatique. Après l'échange des congratulations tradi-
tionnelles, je m'avançai vers lui et, le prenant à part, je lui deman-
dai de me dire s'il était exact que l'Allemagne eût envoyé, ou se
disposât à envoyer des unités au Maroc espagnol. Le Führer me
déclara solennellement que l'Allemagne n'y avait expédié aucune
troupe et n'avait nullement l'intention de le faire. Sur mes ins-
tances, il m'autorisa à me servir de sa déclaration comme je l'esti-
merais utile. J'en référai aussitôt à Paris, et, d'accord avec Neu-
rath, je publiai un communiqué qui ramena instantanément le calme
dans les capitales. Le Chancelier me sut gré de mon initiative, pour-
tant bien simple et toute naturelle. Il m'en remercia et me mani-
festa, par la suite, des égards plus marqués. Cette faveur, à son
tour, m'attira, par ricochet, la considération et l'empressement de
ses lieutenants.

Durant les premières années de leur règne, les chefs nazis regar-

daient d'assez loin et d'assez haut, comme leur maître, les diplomates. Ils se seraient rendus suspects, s'ils avaient habituellement fréquenté les ambassades et les légations étrangères, notamment l'ambassade de France. Mais, vers 1936, la consigne fut modifiée. Il leur fut permis, et même recommandé, de se mêler à la vie de société berlinoise. Ils s'étaient, pour la plupart, enrichis et apprivoisés dans l'intervalle; ils avaient élu domicile dans des palais ou des hôtels somptueux, acquis des villas au bord des lacs du Brandebourg, appris à goûter le confort et le luxe. Les représentations de « Madame Sans-Gêne », qu'un théâtre avait eu l'idée de remettre à la scène, durent être interrompues, à cause des allusions que les spectateurs y voyaient aux puissants du jour et qu'ils soulignaient par des rires, jugés subversifs. Avec un plaisir évident, les dignitaires nazis acceptèrent et rendirent les invitations, heureux, à la fois, de jouir des avantages matériels, des plaisirs de vanité que l'avènement du IIIe Reich leur avait procurés et de prouver que la nouvelle classe dirigeante, qu'ils constituaient, savait aussi bien, sinon mieux vivre que l'ancienne.

Gœring avait, du reste, depuis longtemps, donné l'exemple. Il aimait la publicité, le decorum, l'étiquette. Il aimait le monde. Il lui était agréable d'y apparaître dans sa gloire, dans son faste, dans sa masse et de sentir la curiosité, l'intérêt, à vrai dire nuancé d'ironie, qu'avec ses beaux uniformes, ses grands cordons, ses plaques et ses bijoux, il y éveillait. Sans attendre le mot d'ordre, il avait tout de suite recherché le contact avec les diplomates et offert en leur honneur des réceptions et des fêtes magnifiques. Tout en s'efforçant de ne pas demeurer en arrière d'un rival jalousé, Gœbbels ne réussit jamais à l'égaler. Il avait moins de laisser-aller, plus de réserve et de réticence. Quoiqu'il fut infiniment plus cultivé, il était plus farouche. Il appartenait, d'ailleurs, à l'espèce des chauvins xénophobes et cachait mal qu'il détestait spécialement la France.

Himmler, mal léché, bourru, sommaire et ténébreux, ne sortait guère de son milieu. Ley, ivrogne et débauché, Baldur von Schirach, élégant et énigmatique, n'étaient pas non plus assidus dans les salons. En revanche, on y rencontrait constamment Neurath, Papen, Schacht, Ribbentrop, Tschammer-Osten, Frick, Keitel, Schwerin-Krosigck, Funk, Gürtner, Blomberg, les secrétaires, et, plus tard, ministres d'État, Meissner, Lammers, Bouhler et leurs

*familles. Ces personnages, ainsi que Hitler lui-même, me croyaient
conquis par eux. Naïfs, dans leur cynisme, ils ne concevaient pas
que l'on pût parler allemand et connaître les choses d'Allemagne
sans être séduits par eux, sans les approuver et les admirer, eux et
leurs entreprises. La lecture de la lettre publiée en décembre 1939
par le Livre jaune français, et dans laquelle je racontais ma dernière
entrevue avec le Führer, dans son « nid d'aigle », causa à celui-ci
et à son entourage une amère déception, une violente colère. L'examen des documents trouvés à Rochecotte les indigna. Par un singulier renversement des rôles, ils jugèrent que je les avais trompés,
en ne me laissant pas tromper par eux. J'avais, en conséquence,
bien mérité d'être interné et déporté !*

*Que le régime national-socialiste fût, tout entier, orienté vers la
guerre, qu'en dépit des alibis que son chef savait se ménager, il dût
fatalement aboutir à la guerre, j'en fus persuadé de bonne heure.
L'intensité croissante de son effort militaire était, par elle-même,
assez révélatrice. Je l'ai toujours dit. Peut-être l'ai-je trop dit ?
Peut-être eût-il mieux valu crier moins souvent : « Au loup ! » On
s'habituait à mes prédictions pessimistes. On s'en lassait. On admettait, pourtant, qu'elles fussent fondées. Le plus grave était qu'on ne
se préparait pas, ou qu'on se préparait mal aux éventualités
qu'elles annonçaient. La Direction de l'Armée demeurait attachée
à certains principes rassurants, que j'ai maintes fois entendu formu-
ler ainsi : « L'aviation ne décide pas du sort d'une bataille... La
D.C.A. n'a pas de véritable efficacité... Les Allemands n'auront pas
le moyen d'encadrer les 300 divisions que vous prétendez qu'ils
veulent mettre sur pied... Les divisions cuirassées sont un outil trop
lourd et peu maniable ; si elles percent notre ligne, les lèvres de la
plaie se refermeront derrière elles, et nous les écraserons avec nos
réserves. »*

*Lorsque Hitler se rendit coupable de ses premières infractions
aux traités, il eût été évidemment préférable de lui répondre par
l'emploi immédiat de la force. Pour des raisons que je ne veux pas
discuter et qui étaient, du reste, parfaitement plausibles, — le désir
d'éviter le retour d'une nouvelle guerre, le pacifisme profond du
pays, l'attachement sincère à la Société des Nations et la foi dans sa
mission, la volonté de ne pas rompre la solidarité qui nous unissait
à la Grande-Bretagne, l'insuffisance d'un appareil militaire cons-*

truit uniquement en vue de la défensive — nos gouvernements n'eurent pas cette audace.

Dans ces conditions, j'estimais que, tout en nous appliquant à opposer au Chancelier du Reich un front commun des Puissances qui le fît réfléchir, nous ne pouvions qu'essayer de lui susciter des obstacles, de l'entraver, de le lier par des engagements publics, des accords, des contrôles qui gêneraient, ou ralentiraient ses armements, troubleraient son intention de se lancer dans une aventure belliqueuse, l'en détourneraient, ou, s'il s'y résolvait, le placeraient, vis-à-vis de son peuple et du monde, dans la posture manifeste du parjure et du provocateur. Encore devions-nous, en suivant cette politique, nous rappeler qu'elle aboutissait moins à sauver durablement la paix qu'à retarder momentanément la guerre, et profiter des répits qu'elle nous assurait. Car Hitler était un parjuré-né. Non seulement le mensonge, à ses yeux, était sanctifié par la raison d'État, mais l'idée qu'il avait aliéné par une signature une parcelle de sa liberté lui était insupportable. Provocateur, il l'était aussi, quoique sa ruse s'arrangeât pour n'en pas revêtir les apparences et que son fanatisme et son hypocrisie naturelle finissent par le convaincre qu'il avait été, lui-même, provoqué.

Au surplus, ce que je pensais personnellement importait peu. Je donnais, de moi-même, mon avis. On ne me le demandait jamais. Je n'ai été qu'une fois, en neuf ans, convoqué à Paris pour y conférer avec le Ministre et mes collègues de Londres, Varsovie et Rome. Les bureaux du Quai d'Orsay tenaient beaucoup à leur privilège de fixer la politique étrangère du pays. Cependant, si nos regards de chefs de mission étaient trop exclusivement dirigés vers le dehors, il n'est pas sûr que les leurs n'aient pas été trop étroitement tournés vers le dedans, vers le Palais-Bourbon, tout proche. Il eût été certainement utile de confronter plus souvent nos opinions, comme aussi de renseigner nos postes plus rapidement et plus complètement sur ce qui se passait loin de leurs vues, à Paris, à Genève et à Londres. En fait, j'étais surtout un informateur et un facteur. Je n'avais aucune part à la rédaction des notes que je transmettais à la Wilhelmstrasse. Il n'était pas rare, non plus, que les indiscrétions de la presse parisienne avertissent les autorités allemandes des instructions qui m'étaient adressées avant même que celles-ci ne me parvinssent. C'était, selon moi, des erreurs. Je les signale sans amertume, et non pour récriminer, mais avec l'espoir que, dans la révision et la refonte de nos méthodes administratives, elles seront corrigées. Il n'y a pas avantage à faire en sorte que les ambassadeurs ne soient que des préfets de l'extérieur.

Après la conférence de Munich, j'eus la quasi certitude que l'on touchait au dernier terme de la paix. Je savais que Hitler, loin de se féliciter du succès qu'il avait remporté, considérait que les Britanniques et les Français l'avaient joué et ne songeaient qu'à enfreindre le traité qu'il venait de conclure. J'en fus confirmé dans mon désir de quitter cette Allemagne, où j'avais passé sept années épuisantes, dans une perpétuelle tension nerveuse, au milieu d'incidents multiples, d'alarmes et d'angoisses sans cesse renouvelées, et d'aller tenter à Rome de peser sur Mussolini, que je croyais seul capable de retenir encore l'humeur guerrière de son comparse. Il était, malheureusement, trop tard. L'Axe me barra la route. Mussolini avait déjà vendu son âme au diable.

Pourtant, la guerre a éclaté plus tôt que les deux dictateurs n'en étaient convenus. Elle ne devait être déclenchée qu'en 1942-1943, au lendemain de l'Exposition Internationale de Rome, pour laquelle le Duce avait déjà commencé des travaux gigantesques. Hitler a précipité les choses, contre le gré de son allié. Ses sentiments étaient complexes. Cette guerre, il la souhaitait et la redoutait. Il la souhaitait à l'Est, il la redoutait à l'Ouest. Il espérait pouvoir la circonscrire, dans le temps et dans l'espace. Il était pressé par l'idée que sa carrière serait brève, qu'elle ne durerait pas plus de dix ans, et par le souci corrélatif d'achever son œuvre, avant que le délai que le destin lui avait imparti ne fût révolu. Mais il était stimulé aussi par la crainte que ses adversaires n'eussent le temps de s'armer à leur tour, par la préoccupation de mettre à profit la supériorité de la Wehrmacht. De cette supériorité, de l'irrésistible puissance de son aviation, en particulier, il ne doutait pas. Il ne doutait pas non plus de l'efficacité de ses méthodes de guerre, ni de l'infirmité congénitable des régimes démocratiques, qu'ils relevassent du parlementarisme occidental ou du marxisme. Il avait foi, enfin, dans son étoile, dans son génie. L'orgueil l'aveuglait. Il l'entraîna à commettre le crime d'Uberhebung, le crime d'outrecuidance, de démesure. Le défi qu'il jetait ainsi, de propos délibéré, à la sagesse, à la morale traditionnelles de l'humanité l'emporterait-il ? Faudrait-il réviser les

notions les plus profondément enracinées dans nos esprits et dans
nos cœurs, et nous incliner devant le triomphe monstrueux de la
violence et du cynisme ? Que de fois, au cours d'une captivité dont
l'issue était problématique, j'ai prié le ciel de me laisser vivre assez
pour connaître la fin de l'homme fatal !

Et maintenant, qu'adviendra-t-il de cette Allemagne écroulée ?
Nous assisterons, sans doute, à l'éclosion de la légende d'Adolphe
Hitler. Les circonstances qui ont entouré sa mort, telles que la version anglaise les a relatées, le mariage in extremis avec Eva Braun,
le dernier dîner avec les derniers fidèles, les adieux échangés à la
ronde, le double suicide, l'incinération à la porte du souterrain,
dans le fracas des obus s'abattant sur la ville en flammes — autant
de détails qui évoqueront l'incendie du Walhall, le Crépuscule des
Dieux, et se graveront dans l'imagination populaire. Beaucoup
d'Allemands diront de Hitler ce qu'on en disait déjà, de son vivant :
« Il n'a voulu que la grandeur de son pays. Il était patriote. Il était
mal conseillé. Il a été trahi par les siens! » Oubliant les horreurs,
les atrocités de son règne, on essaiera d'en faire un héros, un mar-
tyr. On retiendra que, de son temps, le travail abondait, les mesures
sociales étaient hardies. On regrettera l'époque où les fêtes étaient
magnifiques, où l'univers avait les yeux fixés sur l'Allemagne, où
le Reich répandait la crainte au-dehors, où la victoire s'attachait à
ses drapeaux, d'un bout de l'Europe à l'autre, et, comparant ces
souvenirs à la misère actuelle, on aura la nostalgie d'un passé qui
semblera prestigieux.

L'emprise du national-socialisme sur toutes les couches de la population a, d'ailleurs, été si profonde qu'elle ne saurait disparaître
d'un coup, sans laisser de traces. Il y aura, s'il n'y a déjà, une activité clandestine, des Wehrwolf, des Tugendbund, des Sainte Vehme,
et nous entendrons, de nouveau, retentir en sourdine le vieux cri de
ralliement des premiers nazis : « Allemagne, réveille-toi! »

Ce n'est pas ici le lieu de rechercher et d'examiner les solutions
que comporte le problème allemand. Je doute, au reste, qu'il en
existe de pleinement satisfaisantes. La meilleure, à mon sens, serait
celle qui répondrait à trois sortes d'exigences.

Sur la première, tout le monde, semble-t-il, est d'accord. Pendant plusieurs années, il sera nécessaire de mettre l'Allemagne en
surveillance, de l'observer avec attention, de la contrôler de près,

afin de l'empêcher de se forger, une fois de plus, des armes et de menacer la sécurité de l'Europe.

Sur la seconde, les opinions divergent. Convient-il de restaurer un Reich unitaire ? Ce serait, selon moi, faire bon marché des leçons de l'expérience. L'unité allemande a toujours été le support du pangermanisme, le fondement de sa volonté de puissance, de ses appétits d'expansion et de domination. Rétablir, même réduit dans son territoire, un Reich unifié et centralisé équivaudrait à faciliter le réveil du nazisme, la renaissance, sous d'autres formes, du rêve hitlérien, les projets de révolte et de revanche. Sans revenir au morcellement des traités de Westphalie, on peut imaginer, soit de partager l'Allemagne en trois ou quatre grandes entités, soit de la rendre à la tradition particulariste et fédéraliste qui ne s'y est jamais éteinte et que Bismarck lui-même avait jugé malsain d'abolir. On le pourrait avec d'autant moins d'inconvénient qu'une telle formule n'exclurait pas le retour à la liberté, sans doute indispensable, des échanges intérieurs et que l'amoindrissement de la Prusse empêcherait cet État d'exercer l'influence qu'il faisait peser, jadis, sur l'ancien Zollverein.

Quelque raison que l'on ait de penser que l'immense majorité des Allemands a, plus ou moins, trempé dans le nazisme, on aurait tort, enfin, de ne pas ouvrir une espérance à ceux d'entre eux que la répétition des événements, la ruine du IIIᵉ Reich, succédant, par l'action des mêmes causes, à l'effondrement du second, amèneront à réfléchir et à souhaiter que l'Allemagne s'oriente vers des voies nouvelles. Il y en a déjà. Il dépendra, en partie, de nous qu'il y en ait davantage. Dussent-ils n'être qu'un petit nombre, ceux-là devraient être aidés et encouragés dans la tâche de dénazification et de rééducation qui leur incombera. Œuvre de longue haleine! Œuvre délicate et aléatoire! Mais il semble qu'en vertu même des principes pour lesquels ils ont combattu, les vainqueurs aient l'obligation de la tenter. Il n'est pas de leur intérêt que l'Allemagne, n'apercevant pas d'autre issue, se rejette dans ce qu'elle nomme la desperado politik, la politique du désespoir et devienne le noyau révolutionnaire d'une entreprise de subversion de l'Ouest européen.

De toute manière, on ne saurait trop rappeler, et particulièrement à nous, Français, que l'écrasement et la dislocation du Reich hitlérien ne suppriment pas le problème allemand. Soixante millions *d'Allemands, rompus à la discipline, acharnés au travail et prompts à l'enthousiasme collectif, vivent toujours à nos côtés. Puisse cette simple notion nous préserver des entraînements de la vanité, nous prémunir contre l'excès des divisions et des discordes, nous garder d'un optimisme qui n'est, souvent, que le voile de la légèreté et de l'insouciance, nous inciter, au contraire, à cultiver les vertus graves et fortes, et, d'abord, celle sans laquelle une démocratie reste débile : l'esprit civique !*

Souvenirs
d'une ambassade à Berlin

CHAPITRE PREMIER

LE CHANCELIER BRUNING

Ce fut la visite du Chancelier Brüning, à Paris, en juillet 1931, qui décida de mon envoi comme ambassadeur de France en Allemagne.

Cet homme pâle, soigneusement rasé, aux traits fins, qu'on eût pris pour un prélat catholique ou pour un évêque anglican, et qui parlait d'une voix timide, mais avec précision et clarté, sans jamais élever le ton, éveillait la confiance et la sympathie. La ligne épaisse des sourcils, l'étroitesse du front, la minceur des lèvres, le flottement du regard, derrière les lunettes, étaient, sans doute, des indices moins favorables. Mais on relevait surtout l'air d'intelligence et de douceur, d'honnêteté et de modestie dont son visage était empreint et qui lui conférait son expression dominante. Il avait les manières réservées, les gestes discrets, la politesse attentive d'un ecclésiastique. Rien en lui n'évoquait la rudesse ni la lourdeur du Germain, et l'on en était agréablement surpris. Il ne récriminait pas, il ne protestait pas ; même, à l'occasion, il ne craignait pas d'avouer, avec un sourire triste, les erreurs et les fautes de son propre pays. On le sentait soucieux d'équité, de raison et de vertu. On le représentait comme une sorte de saint laïque. On assurait que ses adversaires eux-mêmes ne pouvaient se défendre de le respecter. Il avait, en tout cas, une façon d'exposer la complexité de sa tâche, les embarras de sa patrie, et de plaider pour l'Allemagne, si pleine de bonne foi, de simplicité et de dignité, qu'il inspirait à ses auditeurs la compassion et le désir de lui prêter assistance. Avec un pareil Chancelier du Reich, dont on disait qu'il bénéficiait, par surcroît, de l'appui total du Maréchal Hindenburg, comment n'eût-on pas été tenté de croire qu'il valait la peine de travailler à résoudre le problème franco-allemand?

L'Allemagne, je m'y intéressais depuis mon adolescence. J'y avais fait de nombreux voyages; j'y avais séjourné à maintes reprises. Ses institutions, sa langue, ses mœurs, sa pensée, les aspects si contradictoires de la nature de ses habitants m'étaient, depuis longtemps, familiers. Je connaissais ses qualités et ses défauts; elle m'attirait et me repoussait dans une égale mesure. Mais, comme la plupart des anciens combattants de 14-18, et, du reste, comme la majorité des Français, je souhaitais que les relations de notre pays avec ce voisin tourmenté fussent assez améliorées et stabilisées pour nous mettre à l'abri de l'éventualité d'une nouvelle guerre. Précisément, la conjoncture semblait propice à la recherche d'un *modus vivendi,* sinon d'un règlement définitif, qui changerait l'atmosphère et nous sortirait de la période exténuante des incidents et des conflits toujours renaissants.

Le Reich était, à cette époque, en proie à de graves difficultés. La crise économique y sévissait. Les chevaux ne sont pas seuls à se battre, quand le foin manque au râtelier ! Le ralentissement du commerce et de l'industrie, l'endettement de l'agriculture, le désarroi des finances, la lourdeur des impôts, les progrès continus du chômage avaient pour conséquence d'accentuer la violence des luttes intestines et d'exaspérer, en quelque sorte, le sentiment national. La mort de Stresemann avait été suivie du déclin extrêmement rapide des partis populiste et démocratique, sur lesquels s'appuyait la politique d'exécution des traités. Le communisme gagnait du terrain. Les « Nationaux » de Hugenberg, secondés par l'organisation du « Casque d'Acier », et disposant d'une presse abondante et tapageuse, ameutaient l'opinion. Enfin, la propagande hitlérienne, conduite avec une vigueur extraordinaire, rencontrait un succès croissant. Divisés entre eux, ces groupements s'accordaient pour dénoncer dans le traité de Versailles et son diktat la source de tous les maux et pour accuser de timidité et de complaisance devant l'étranger le Cabinet Brüning, dont la base parlementaire, composée des catholiques, des socialistes et des débris des démocrates, s'affaiblissait peu à peu.

En partie afin de répondre à ces reproches, peut-être, aussi, afin de faire l'épreuve du degré d'initiative et de liberté que l'Allemagne pouvait se permettre, Brüning avait laissé son ministre des Affaires étrangères, Curtius, se lancer dans une tentative d'union, d'*Anschluss* économique avec l'Autriche, elle-même aux abois (24 mars 1931). L'effet en avait été catastrophique. Une réprobation générale s'était élevée, chez les grandes et les petites Puissances. La France avait réagi avec force, affirmant que l'union économique, prélude de l'union politique, constituait une violation des traités et des accords subséquents et menaçait de porter un coup fatal à l'ordre européen. L'Allemagne et l'Autriche avaient dû comparaître, comme deux coupables, à Genève, devant le Conseil de la Société des Nations et s'en remettre à l'arbitrage de la Cour de la Haye.

Mais le dommage subi par le Reich n'avait pas été seulement moral. L'alarme s'était répandue d'Europe en Amérique, où la crise économique avait atteint une extrême acuité et où l'on avait eu l'impression que la paix du vieux continent était, de nouveau, en péril. Aussi les banquiers de New-York et ceux de Londres avaient-ils continué de retirer, à un rythme accéléré, les fonds considérables qu'ils avaient investis en Allemagne ; les créanciers, méfiants, avaient réclamé le remboursement de leurs prêts. Les banques allemandes qui passaient pour les plus solides n'avaient pu résister à ce mouvement de reflux. La Banque d'Empire, elle-même, ne suffisait plus aux demandes de devises, qui l'épuisaient comme une hémorragie ; l'Allemagne entière s'était, ainsi, trouvée acculée à une gigantesque faillite. Elle n'en avait été sauvée que par l'intervention « in extremis » du Président Hoover et sa proposition de moratoire (20 juin 1931). Même réduit, sous la pression de la France, à la dispense du paiement de l'annuité conditionnelle du plan Young, ce moratoire, qu'accompagnait une immobilisation des crédits privés, désormais gelés, avait procuré un répit au Reich et lui avait rendu le souffle. Mais il contenait, en même temps, une leçon à l'adresse des Allemands ; il signifiait : « Soyez plus prudents à l'avenir ! Ne vous livrez pas aux excès d'un nationalisme provocant! Évitez tout ce qui peut, au-dehors, susciter la crainte de la guerre! Vous n'êtes pas libres de vos gestes, ni de vos paroles! Vous dépendez de vos créanciers! Il est de votre intérêt de ménager l'opinion étrangère! »

C'était là une confirmation des thèses que soutenait Brüning. A cet égard, l'octroi du moratoire aurait dû être, pour lui, un grand succès. Un autre Chancelier ne l'eût probablement pas obtenu. Brüning avait su acquérir l'estime des Anglo-Saxons et notamment des Anglais. Il avait été à Londres au début de juin; il avait été reçu aux Chequers; le Roi lui avait donné audience; il avait réussi à convertir les Britanniques à sa politique de suspension et d'ajournement des paiements. Sa position, hors d'Allemagne, était excellente, meilleure que celle d'aucun de ses prédécesseurs et il espérait bien que sa situation, à l'intérieur, finirait par en profiter.

Soucieux de ramener le calme et la confiance dans le monde en montrant que les Puissances, animées d'un esprit de solidarité, examinaient en commun, et de bonne foi, le moyen de remédier à la crise, le gouvernement anglais avait invité les représentants de la France, de la Belgique, de l'Italie, des États-Unis et de l'Allemagne à se réunir en conférence à Londres, le 20 juillet. Ainsi naquit, dans l'esprit du Président du Conseil français, l'idée de prier le Chancelier Brüning de modifier son itinéraire et de passer, d'abord, par Paris, avant de se rendre dans la capitale britannique.

Pierre Laval se sentait, alors, en pleine ascension. L'aisance, la rapidité avec lesquelles s'était, en moins de dix ans, édifié sa fortune, politique et matérielle, lui avaient inspiré une foi robuste en lui-même et en son génie. Il se croyait appelé à jouer le rôle d'un grand homme d'État français et européen. Éloigner la perspective de la guerre, affermir la paix, tel était le programme, un peu simpliste, qui devait, selon lui, le mener à la gloire. A la place de Briand, trop vieux, et qu'il reléguait peu à peu dans l'ombre, il rêvait d'apparaître comme le pacificateur d'un univers troublé et déchiré, le héros sorti du peuple et tout proche du cœur des peuples, qui dénouerait les nœuds gordiens, réputés inextricables avant lui.

Plus hardi, plus réaliste que Briand, il ne s'appuierait pas uniquement sur la Société des Nations. Il n'aimait pas beaucoup cette assemblée, ses commissions, ses discours, sa stratégie de couloirs, ses formules vagues qui lui rappelaient les mauvais côtés du parlementarisme. Il professait que la seule méthode expéditive et féconde était celle des conversations directes, des rapports personnels, d'homme à homme. Selon lui, un échange de franches explications, en tête-à-tête, débarrassé du langage apprêté, des timidités ridicules et des précautions puériles de la diplomatie professionnelle, à l'égard de laquelle il nourrissait les préjugés de la foule, devait sûrement conduire à la solution des problèmes les plus complexes. Il est vrai qu'il n'était gêné ni par la connaissance de ces problèmes, ni par un penchant à en faire une étude approfondie. Il était habile, moins toutefois qu'il ne le croyait, et d'une habileté vulgaire. Il admettait volontiers, comme ses flatteurs et ses innombrables obligés le lui répétaient tous les jours, qu'il possédait un rare talent de séduction, auquel ses interlocuteurs ne résistaient pas.

Persuadé que le sort de la paix était lié à l'état des relations franco-allemandes, plus sensible, d'ailleurs, à l'importance et à la grandeur du but à atteindre qu'au nombre et à la nature des obstacles à surmonter, il avait l'ambition d'être l'artisan du rapprochement des deux peuples. Il prenait, enfin, grand soin de son renom, de sa réclame, et il estimait qu'un événement aussi frappant et aussi nouveau qu'une visite à Paris du Chancelier de l'Empire allemand ne pourrait que rehausser son prestige.

Chez les Anglais et les Américains, on se rendait compte, également, que la crainte d'un conflit franco-allemand, d'où risquait de sortir une guerre générale, était à l'origine de ces vents de panique qui soufflaient à travers le monde et que, seule, une entente entre les deux pays assainirait l'atmosphère et rétablirait la confiance. Henderson, dépêché par Ramsay Mac Donald, et Stimson, à ce moment en voyage en Angleterre, étaient venus spécialement de Londres pour agir sur nous dans ce sens. Quant à Brüning, ayant déjà fait une visite aux Anglais, il n'était pas fâché d'en faire une aussi aux Français, ne fût-ce que pour échapper au soupçon de chercher à jouer des uns contre les autres. Le succès extérieur dont il avait besoin pour consolider sa position fragile, sans doute espérait-il en recueillir un élément dans le spectacle de son entrevue avec les membres du Gouvernement de la République? Un Chancelier du Reich avait-il jamais été invité à se rendre en visite officielle au bord de la Seine ? C'était la première fois, en tout cas, que semblable événement se produisait depuis la dernière guerre. On pouvait croire que l'imagination, la sentimentalité de la masse allemande en seraient heureusement influencées.

Le samedi 18 juillet, Brüning débarqua, donc, à Paris, en compagnie de Curtius, ministre des Affaires étrangères, de Bülow, secrétaire-général de la Wilhelmstrasse et de Schwerin-Krosigck directeur au Ministère des Finances. Il y fit très bonne impression. Il y fut loué par la presse. On apprécia sa retenue, sa modération, son tact. On fut touché qu'il exprimât le désir d'assister, le dimanche, à la messe, à Notre-Dame des Victoires, avec Champetier de Ribes, Ministre des Pensions. Mais le résultat des conversations qui s'engagèrent sur le fond des choses n'en fut pas moins décevant. Le gouvernement français offrait d'organiser, en faveur du Reich, une action de secours. La Banque de France, la Banque d'Angleterre et la Federal Reserve des États-Unis auraient ouvert à la Banque d'Empire un crédit de 500 millions de dollars. Cette somme aurait été remboursable en dix ans par un emprunt international garanti. En contre-partie, le Reich aurait donné des gages matériels et des apaisements politiques. Il aurait conclu une trève de dix ans et promis de s'abstenir, durant cette période, de toute initiative de nature à troubler la paix, de respecter le statu quo, de ne pas renouveler sa tentative d'Anschluss, de ne pas augmenter ses dépenses militaires.

Avec infiniment de politesse et de douceur, Brüning déclina ces propositions. La crise dont souffrait l'Allemagne provenait de ce que celle-ci avait abusé des crédits étrangers. Ce n'était pas, selon lui, un moyen de l'en guérir que de contracter encore un emprunt. Et si, d'autre part, on apprenait que le Chancelier avait aliéné la liberté politique, déjà bien relative, de son pays, pour recevoir de l'argent, il serait immédiatement balayé par une vague d'indignation irrésistible. Invité, alors, à faire connaître ce qu'il désirait, Brüning ne demanda rien de précis et demeura évasif. Et il ne fut pas, à Londres, plus explicite qu'il ne l'avait été à Paris.

En réalité, ce qu'il voulait c'était la révision du plan Young et l'abolition des paiements de réparation, la fin du « tribut », à l'expiration du moratoire Hoover. Il n'en fallait pas moins pour calmer dans le Reich l'agitation nationaliste. Seulement, il n'osait pas le dire. Il craignait, à juste titre, qu'une telle prétention ne fît scandale et ne déchaînât, en France, sinon ailleurs, un nouvel orage. Il préférait attendre, atermoyer, préparer le terrain, en tâchant de gagner la sympathie de ses interlocuteurs et de les convaincre de la pureté de ses intentions. A la vérité, son jeu n'était pas aussi pur qu'il le donnait à croire; il était plein d'arrière-pensées qui ne se découvrirent que par la suite. Pour le moment, on ne savait comment présenter le maigre bilan des conversations de Paris. Brüning avait rejeté la suggestion d'un pacte de consultation mutuelle. Restait l'affirmation d'une bonne volonté réciproque. Mais encore fallait-il que cette bonne volonté s'appliquât à quelque objet tangible !

On s'avisa, alors, puisque le domaine politique demeurait fermé, de se rabattre sur le domaine économique et d'y étudier les possibilités de coopération et de rapprochement. L'entente économique, espérait-on, créerait les conditions propices à une entente politique. Ce n'était pas une œuvre qui pût être accomplie en un jour, ni par une conférence; elle réclamait un effort assidu, une organisation, une méthode; on convint de s'y consacrer; et comme j'avais été, en ma qualité de sous-secrétaire d'État de l'Économie Nationale, étroitement mêlé aux récents épisodes de l'Anschluss et du moratoire, comme j'avais participé à tous les échanges de vues avec les Allemands on fut amené à penser, Laval et Briand en tombèrent d'accord, — Brüning y acquiesça — que je pourrais, dans le poste d'Ambassadeur à Berlin, utilement poursuivre l'entreprise en question et la conduire à bonne fin... et c'est ainsi qu'abandonnant la vie parlementaire, j'entrai, en septembre 1931, dans la vie diplomatique.

J'arrivai à Berlin le 21 septembre. En l'espace d'une semaine j'eus à m'installer dans le vieil hôtel du Pariser-Platz où j'avais, naguère, connu Jules Cambon, à présenter au Maréchal Hindenburg mes lettres de créance, à prendre les contacts indispensables avec les hauts fonctionnaires de la Wilhelmstrasse, les ambassadeurs et chefs de mission, la colonie française et les représentants de la presse, et à préparer, de surcroît, la venue de Laval et de

Briand, fixée au 27. Brüning les avait invités, en effet, à rendre au Gouvernement du Reich la visite qu'il avait faite à Paris, deux mois plus tôt ; à cette occasion seraient précisées les modalités de la coopération économique entre les deux pays.

Le Chancelier avait-il invité de bon cœur les ministres français ? Il est probable que non. Car sa situation politique en Allemagne ne s'était pas améliorée. Il avait reçu, dans les derniers jours de juillet, la visite de Stimson, puis celle de Mac Donald et de Henderson, qui avait eu un caractère officiel. Lui-même, flanqué de Curtius, avait terminé par un séjour à Rome son périple des capitales et Mussolini lui avait témoigné les plus grands égards. A l'intérieur, l'initiative des milieux de droite, qui réclamaient un plébiscite, pour statuer sur la dissolution du Landtag de Prusse, avait été repoussée, le 9 août. C'était, à son actif, un gain appréciable. Et pourtant, ni ce succès, ni le crédit personnel dont il jouissait auprès des gouvernements étrangers et que ses voyages mettaient en lumière, ne réussissaient à consolider sa position et à dissiper le malaise qui pesait sur le Reich. Des Hitlériens, que Mussolini avait aussitôt jetés en prison, avaient crié, à Rome, sur son passage : « A bas le Chancelier des Juifs ! » Ce cri, lancé par une minorité turbulente, dominait l'agitation des partis.

D'ailleurs, au lieu de profiter de l'avantage qu'il avait remporté dans la question du plébiscite en Prusse et d'engager vigoureusement la lutte contre ses adversaires nationalistes, Brüning cherchait à composer avec eux, à les désarmer par la persuasion, en s'adressant à leurs sentiments patriotiques et à leur raison. Il n'aboutissait qu'à les enhardir et à les convaincre de sa faiblesse. Nullement sensible à l'octroi du moratoire, qui avait sauvé le Reich de la faillite, ni à la leçon de prudence qui y était implicitement contenue, furieuse, au contraire, de l'échec du projet d'Anschluss avec l'Autriche, leur presse redoublait de violence ; et comme la France avait, plus que tout autre, contribué à cet échec, comme elle avait, également, fait réduire la portée du geste du Président Hoover, c'était contre elle, principalement, qu'elle tournait sa mauvaise humeur.

L'annonce du voyage en Allemagne de Laval et de Briand, loin de l'apaiser, provoqua une recrudescence de sa campagne. « Il est véritablement grotesque, et même intolérable, écrivait la *Deutsche*

Allgemeine Zeitung, qu'au moment où la France fait avorter l'union douanière, des hommes d'État français veuillent venir à Berlin. Leur visite ne saurait avoir de résultats pratiques. Une visite où la police prussienne tiendrait le principal rôle n'apporterait qu'une déception à l'opinion publique française! » La *Germania,* organe du Centre catholique, c'est-à-dire du parti du Chancelier, constatait que la politique de la France avait suscité, outre-Rhin, une profonde amertume. Dans le *Börsen Courier,* le baron von Rheinbaben, dont la plume exprimait souvent les vues de la Wilhelmstrasse, notifiait qu'une entente entre la France et l'Allemagne ne serait possible que moyennant la suppression totale des réparations, l'abandon de la thèse de la culpabilité allemande et la signature d'une convention qui placerait le Reich, en matière d'armée et d'armement, sur le même pied que les autres nations. Pendant ce temps, le comité directeur des associations patriotiques faisait une démarche auprès du Chancelier, pour le prier d'empêcher un voyage qui choquait le peuple, et au « Conseil des Anciens » du Reichstag, le député national-allemand Berndt déclarait qu'à l'heure où la France témoignait son hostilité, la visite des ministres français n'était qu'une dérision.

Dans ces conditions, Brüning aurait, sans doute, volontiers décommandé ses invités. Mais il n'osait pas. Il sentait que Laval tenait à ce voyage. Il ne voulait pas le froisser. Laval, quant à lui, n'était aucunement inquiet. Il lisait peu, écartant les informations désagréables qui auraient pu le rendre hésitant. Il était, avant tout, désireux et curieux de fouler le sol berlinois; il s'imaginait que son voyage constituerait un événement sensationnel et décisif, qui marquerait dans l'histoire. Il jugeait le parlementarisme d'outre-Rhin en homme habitué au nôtre et ne s'arrêtait pas aux manifestations de l'opposition, du moment que le Chancelier avait l'appui du Maréchal Hindenburg et la majorité au Reichstag. Il était sûr de lui, de son pouvoir de séduction et de sa chance. Plus sceptique, plus expérimenté, Briand hochait la tête. Mais on ne le consultait plus qu'à peine. Il emboîtait le pas, un peu étonné de l'aplomb d'un disciple dont il avait facilité l'ascension et qui passait, maintenant, par-dessus sa tête. Rien ne fut donc changé aux dispositions qui avaient été prises. Brüning employa toute son énergie à négocier avec les chefs nationalistes et il finit par obtenir d'eux, et notam-

ment de Hitler, qu'ils s'abstinssent de provoquer des incidents et
des démonstrations dans la rue.

Effectivement, la visite se déroula sans incidents, mais aussi sans
chaleur. A tous les égards l'atmosphère fut tiède. Le temps était
voilé et brumeux, un vent d'automne aigre et mordant soufflait,
quand, le dimanche 27 septembre, à 9 heures du matin, Laval et
Briand, accompagnés de Philippe Berthelot, d'Alexis Léger, de
Coulondre, d'Hesnard et de quelques autres, débarquèrent à la
gare de la Friedrichstrasse, où Brüning et Curtius les attendaient.
La Bannière d'Empire, association démocratique, avait délégué
quelques escouades pour saluer les Français. Celles-ci formaient le
gros d'un public maintenu par les Schupos à bonne distance du
perron. Une vague acclamation s'éleva de leurs rangs, tandis que
les voitures se mettaient en marche vers l'hôtel Adlon. Il y eut
encore deux ou trois cents personnes pour réclamer que les
ministres parussent au balcon; elles se dispersèrent dès qu'elles
eurent obtenu satisfaction et, par la suite, la foule berlinoise ne se
montra ni très nombreuse, ni très bruyante sur le passage des
Français.

L'emploi du temps prévoyait un déjeuner chez Curtius, un dîner
à la Chancellerie, une audience chez le Maréchal et un dîner à
l'Ambassade; dans les intervalles devaient prendre place deux
séances de travail. Ce programme fut exécuté sans accroc ni surprise, sans que l'on parvînt, non plus, à dissiper une sorte de gêne,
d'appréhension obscure, que chacun ressentait et qui conférait à la
rencontre quelque chose de précaire et d'artificiel. Curtius, sachant
que ses jours ministériels étaient comptés et qu'il devrait payer de
sa démission le naufrage de l'Anschluss, était particulièrement
mélancolique. Il me confiait ses regrets d'avoir à quitter bientôt sa
demeure officielle : « Cette maison, soupirait-il, s'habite si bien! »
(*Es wohnt sich so schön hier!*)

Briand avait exprimé le désir de se rendre sur la tombe de Stresemann, une pierre nue, portant en lettres d'or, sans aucune autre
mention, le nom, seul, de l'homme d'État. Il resta longtemps
devant elle, plongé dans une méditation silencieuse, ému par l'évocation de son ancien adversaire et partenaire, touché peut-être également par un instinct qui l'avertissait qu'une période révolue de
l'histoire de l'après-guerre gisait sous cette dalle et que, pour lui

aussi, l'heure du cimetière ne tarderait pas à sonner. L'audience chez le Maréchal fut brève et banale. On y parla de la pluie et du beau temps. Tandis qu'il accompagnait ses hôtes jusqu'à la porte de son cabinet, Hindenburg, qui avait alors 84 ans, fit passer Briand devant lui et, le désignant du regard, et me tirant par la manche, il me dit : « Le voyage a dû être bien fatigant pour ce vieux monsieur ! » Laval, de son côté, avait une marotte. Il s'étonnait qu'à aucun des repas auxquels il assistait on ne lui servît de la choucroute. On avait beau lui expliquer que la choucroute n'est pas un plat national, mais un plat régional allemand, une spécialité de l'Ouest et du Sud, peu répandue dans les provinces du Nord et de l'Est, il ne cachait pas son désappointement ; visiblement, il était ennuyé à l'idée d'affronter, à son retour, les camarades qui lui demanderaient : « As-tu mangé, au moins, une bonne choucroute ? » et auxquels il devrait avouer qu'il n'en avait pas mangé du tout.

Les séances de travail, préparées par des échanges de vues préalables, eurent pour cadre la salle, sévère et sombre, toute tendue de cuir de Cordoue, du Conseil du Reich (Reichsrat), où avait siégé, en 1878, le Congrès de Berlin. Un journal berlinois en fit la remarque et, soulignant le chemin parcouru, depuis l'époque où Waddington représentait la France à ces assises internationales, il ne pouvait s'empêcher d'ajouter : « Pour la France, quelle ascension ! » Il n'y eut, pour ainsi dire, pas de discussion. On convint de créer une Commission économique, composée de 20 membres français et 20 membres allemands ; chacune des deux délégations comprendrait des hauts fonctionnaires de l'administration, des représentants des principales branches de l'activité économique et des représentants du Travail ; la présidence serait exercée, en France, par un membre du gouvernement français, en Allemagne par un membre du gouvernement allemand ; elle serait assistée par un secrétariat général.

La Commission aurait pour tâche d'améliorer, de resserrer et d'étendre les relations économiques entre les deux pays et, en associant ainsi leurs efforts, de contribuer à atténuer le malaise universel ; elle se diviserait en plusieurs sous-commissions, chargées respectivement des problèmes concernant l'état des échanges et les traités de commerce, les transports par fer, par eau et par air, les cartels existants et ceux qui pourraient y être joints, les entreprises nouvelles qui pourraient être organisées en commun dans d'autres pays. La France et l'Allemagne n'avaient au surplus, nulle intention de s'enfermer dans un tête-à-tête; elles faisaient appel à la collaboration des autres nations; elles ne voulaient qu'essayer une méthode, donner un exemple, jeter les bases d'une œuvre constructive, ouverte à tous.

Tel fut le sens du communiqué qui enregistra le résultat positif des négociations de Berlin. En fait, les décisions arrêtées furent promptement exécutées; au cours des mois suivants le secrétariat général fut institué, les membres de la Commission, choisis parmi l'élite de leurs administrations et de leurs professions respectives, furent désignés et se réunirent; les sous-commissions, siégeant alternativement à Paris et à Berlin, commencèrent leurs travaux en novembre et décembre; on put croire un instant que l'on atteindrait le but que l'on s'était proposé. C'était oublier que l'économie ne peut rien, si la politique ne vient l'éclairer et la féconder. Et la politique, au contraire, devait renverser bientôt la fragile construction échafaudée dans la salle du Reichsrat!

La visite des ministres fut clôturée par un dîner de 70 couverts à l'Ambassade de France. Aucun discours n'y fut prononcé; les paroles qui avaient été échangées au dîner de la Chancellerie, et qui s'étaient tenues dans des généralités inoffensives, avaient été jugées suffisantes. J'eus, cependant, à porter la santé des Chefs d'État et j'invitai l'assistance à lever ses verres en l'honneur de Son Excellence M. le Président du Reich allemand et de Son Excellence M. le Président de la République française. C'était la première fois qu'on entendait pareil toast; et ce fut aussi la dernière! Après le repas, un bruit confus s'éleva devant l'Ambassade. On sortit sur le balcon et l'on aperçut dans la rue un petit groupe de gens qui s'agitaient. Tout à coup, un cri monta, jeté en français; on crut comprendre qu'il signifiait : « Sauvez-nous! » Mais Briand, qui avait encore bonne oreille et l'esprit fin, rectifia : « Non! Non! dit-il, la voix a crié : « Sauvez-vous! Allez-vous-en! »

Le lendemain, le départ devait avoir lieu à 8 heures du matin. A 7 h. 30 je me présentai à l'hôtel Adlon. Laval était déjà parti. Je le retrouvai à la gare. Il avait le teint jaune, les traits tirés, la mine défaite. J'appris alors qu'en rentrant à l'hôtel, après le dîner de l'ambassade, il avait commandé une choucroute, obligeant son entourage à la partager avec lui et plongeant, d'ailleurs, à cette heure tardive, le cuisinier et le personnel de l'hôtel dans un extrême embarras. Mal lui en prit! Au milieu de la nuit, il avait été réveillé par une douloureuse indigestion; et pour secouer les vapeurs qui l'oppressaient, il avait dû sortir et faire les cent pas dans l'avenue des Tilleuls, à la stupeur des sentinelles, chargées de lui rendre les honneurs!

Mauvais présage! pensai-je, tandis que le train s'éloignait.

Effectivement, dès le lendemain du voyage de Laval et de Briand, les espérances, les illusions qui m'avaient conduit en Allemagne, commencent à tomber, feuille à feuille... Ni dans le Reich, ni dans sa capitale, la cause du rapprochement franco-allemand ne suscite une sympathie active et qui ait le courage de s'avouer. C'est à peine si quelques journaux, tels que le *Berliner Tageblatt,* osent ouvertement la soutenir. La Commission économique et ses sous-commissions poursuivent leurs travaux dans l'indifférence. Le bureau du Conseil municipal de Paris ayant manifesté le désir de marcher sur les traces de Laval et de rendre visite à la municipalité de Berlin, son président, Latour, et son vice-président, Failliot, sont l'objet d'une réception courtoise, mais froide, et qui n'éveille dans la population aucun écho.

L'atmosphère de la ville est fiévreuse, orageuse, malsaine. On marche sur un sol mouvant. Les esprits sont excités. Les renversements de fortune, les faillites se multiplient. Le chômage augmente. Par une contradiction surprenante, sous un Chancelier vertueux, la corruption, la dépravation des années précédentes ne se sont guère atténuées. La licence des rues s'étale, sans plus de frein qu'auparavant. On continue à voir débarquer de nombreux étrangers qu'attirent les fâcheuses spécialités locales, les spectacles équivoques, l' « Institut für Sexualforschung », de Magnus Hirschfeld, les bars où les danseuses sont des hommes... Les feuilles de chantage se livrent sans gêne à leur industrie. L'une d'elles, qui s'appelle *Friedericus,* s'attaque spécialement à l'Ambassade de France. Elle la dénonce comme un centre d'espionnage. Elle ne ménage ni l'ambassadeur, ni sa femme. Mes plaintes auprès du gouvernement prussien demeurent sans effet, en sorte que je suis obligé de m'adresser au Secrétaire d'État des Affaires étrangères, von Bulow, et de le menacer de me retirer, si le gouvernement du Reich s'avère incapable de faire respecter les diplomates accrédités auprès de lui.

La situation reste dominée, d'ailleurs, par les intrigues et les manœuvres des organisations nationalistes. Divisés entre eux, et rivaux les uns des autres, les nationaux-allemands de Hugenberg, les nazis de Hitler et les groupements chauvins d'inspiration analogue s'avisent de procéder à un rassemblement général de leurs forces et de manifester, par une démonstration tapageuse, sinon leur entente pour une même fin, du moins leur hostilité commune envers le gouvernement de Brüning, envers « le système », le règne des « bonzes », selon la phraséologie et les slogans que les nationaux-socialistes mettent à la mode.

Deux semaines après la visite de Laval, a lieu, le 11 octobre, à Harzburg, un congrès de l'opposition nationaliste. Hitler y paraît, arrogant, impérieux, à la tête de ses milices brunes qui, jugulaire au menton, obéissent à une discipline strictement militaire, établissent des corps de garde, un réseau de sentinelles et de patrouilles, et émettent la prétention de passer avant tous les autres dans le défilé final. A côté d'eux, les Casques d'Acier, conduits par Düsterberg et Seldte, ont l'air, malgré leur uniforme qui rappelle celui de la Reichswehr, de vétérans d'un autre âge. Hugenberg circule dans leurs rangs. Ses lunettes cerclées d'or, son ventre débonnaire, sa moustache blanche, hérissée, lui prêtent l'aspect rassurant d'un brave médecin de campagne ; en réalité, c'est un cerveau étroit et borné, muré dans un entêtement farouche, un sectaire violent, un partisan féroce, un des mauvais génies de l'Allemagne. Les délégués des associations patriotiques sont là, avec le général von der Goltz, ceux de la Ligue pangermaniste, avec l'avocat Class, ceux des Agrariens, avec Kalckreuth. On note parmi les personnalités présentes, Schacht, le financier, Poensgen, l'industriel du Cartel de l'Acier, le général von Seeckt, ainsi qu'un lot de généraux de la dernière guerre, des princes, le duc de Saxe-Cobourg, le prince G. de Lippe, le prince Eitel-Friedrich, fils de Guillaume II.

Les démocrates, qui connaissent ses divisions profondes et la médiocrité de la plupart de ses chefs, ne prennent pas très au sérieux cette assemblée disparate. Ils ont tort; car le contraste qu'elle accuse entre les générations déjà usées, dans lesquelles se recrutent les nationaux-allemands, et la jeunesse dynamique des nazis est saisissant; et il est significatif que tous ces hommes de tendances et de milieux différents s'accordent pour afficher des sentiments hostiles à la France et pour réclamer, dans une résolution commune, le remplacement du Cabinet Brüning par un Cabinet national, l'élection d'un nouveau Reichstag et d'un nouveau Landtag de Prusse, l'abolition du traité de Versailles, la suppression des paiements de réparation, l'égalité des droits en matière d'armement et la lutte contre le bolchevisme.

Le Congrès de Harzburg ne sera, peut-être, retenu par l'histoire que comme un épisode secondaire. A la vérité, il annonce, il préfigure l'avenir. C'est de lui que date la responsabilité, sinon du peuple, du moins des classes dirigeantes allemandes, qui ont été les premières, en excitant l'opinion contre Brüning, à détourner leur pays de la paix, à le pousser dans les bras de Hitler et à l'entraîner ainsi dans l'abîme.

Pour faire face à cette levée de boucliers, de quoi dispose le Chancelier? Quels sont les éléments qui jouent en sa faveur?

C'est, d'abord, la situation parlementaire dont son parti, le Centre catholique, est l'arbitre. Selon qu'il s'oriente à droite, ou à gauche, la majorité est aux nationalistes ou aux démocrates. Or, le Centre refuse obstinément d'aller à droite. C'est, ensuite, l'appui intégral que lui donne le maréchal Hindenburg, toujours prêt à lui signer les décrets-lois par lesquels il gouverne. C'est, enfin, sa propre habileté, son intelligence, son aptitude à négocier.

Mais, à y regarder de plus près, ces armes ne sont pas aussi efficaces qu'elles le semblent. Brüning a beau se délester de Curtius, son ministre des Affaires étrangères, victime de l'avortement de la tentative d'union économique avec l'Autriche, et modifier son ministère, en y appelant des personnalités sans couleur accentuée, sa majorité reste faible; ce n'est que par une vingtaine de voix qu'il fait échouer les motions de défiance déposées contre lui et qu'il obtient, le 16 octobre 1931, l'ajournement à février du Reichstag. Une telle précarité ne saurait se prolonger indéfiniment. Le maréchal Hindenburg, lui-même, arrive à l'expiration de son mandat;

voudra-t-il, en mars 1932, être réélu président du Reich? le pourra-t-il? Ce n'est pas certain. En outre, le Maréchal est un homme de droite; il patronne l'association du Casque d'Acier; les vieux généraux réactionnaires sont ses amis; les personnes qui composent son entourage immédiat, son fils, le colonel Oscar von Hinden-burg, le général von Schleicher, Franz von Papen, sont nationa-listes. C'est eux qui ont recommandé Brüning à son choix. Mais dans quelle intention? Ils attendaient que Brüning amenât son parti, le Centre, à s'orienter vers la droite et fît un gouvernement d'union nationale contre les socialistes et les communistes. Et non seulement Brüning n'a pas réalisé ce programme, mais il s'en écarte de plus en plus. Ce paradoxe, non plus, ne saurait durer.

Quant au talent de négocier, c'est une qualité appréciable; mais la pratique de la négociation éveille l'idée de la faiblesse; elle encou-rage l'opposition. Brüning n'a pas l'attitude, ni le langage d'un chef dont l'autorité s'impose. Il s'adresse au sens national, au patriotisme de ses adversaires; il leur propose une trêve au-dedans, pour mieux lutter au-dehors; il leur dit : « Suspendez vos que-relles! Prolongez ou renouvelez d'un commun accord le mandat du Président! Je vous obtiendrai la suppression des réparations et l'octroi de l'égalité en matière d'armement! » Ses adversaires lui répondent : « Non! vous n'êtes pas notre homme! vous êtes trop mou! vous avez trop d'égards pour l'étranger! vous nous humi-liez! Nous serons avec le Maréchal, s'il est contre vous, mais contre le Maréchal, s'il est avec vous! »

Enfin, la situation économique empire. Le Chancelier prétend y remédier par une rigoureuse et méthodique déflation. Il réduit les salaires, les traitements, les pensions, et s'attire la rancune des ouvriers, des fonctionnaires, des retraités. Il institue un contrôle des prix, qui vexe les paysans, un contrôle des banques, qui lui aliène les financiers. Il choque les industriels, en exigeant la baisse des prix des matières fixés par les Cartels. Sa popularité en subit les conséquences; elle décroît; il mécontente tout le monde. Les socialistes, eux-mêmes, ne dissimulent pas qu'ils ne s'accrochent à lui que par crainte du pire.

Il ne contente pas davantage, au-dehors, les Alliés, ni, surtout, la France. Car le courant nationaliste, qu'il voudrait combattre, l'entraîne. Il hausse le ton, pour prouver qu'il n'est pas un faible.

Au début de janvier 1932, il fait à un journaliste étranger des déclarations imprudentes. L'Agence Reuter annonce qu'il a averti l'Ambassadeur d'Angleterre que l'Allemagne était bien décidée à ne pas reprendre les paiements de réparation, à l'issue du moratoire. La nouvelle est démentie, mais le démenti n'est pas convaincant. Brüning a laissé percer le bout de l'oreille. L'opinion française s'émeut. Voilà donc la raison de la politique de rapprochement ! L'Allemagne a un but intéressé. Le rapprochement doit la dispenser de remplir ses obligations ; c'est une manœuvre hypocrite ! A cette époque, l'idée que les réparations pourraient être supprimées soulève encore, chez nous, l'indignation, aussi bien dans le pays que dans les Chambres.

La position de Laval s'en ressent. Il est renversé, le 13 janvier. Il forme un nouveau Cabinet. Mais lui aussi doit parler un langage plus énergique. Il affirme dans sa déclaration ministérielle qu'il ne laissera pas prescrire le droit aux réparations et qu'on aurait tort d'escompter de la France faiblesse et lassitude. Quelques jours plus tard, il se dira résolu à défendre le plan Young. La presse allemande fulmine. Dans ces conditions, la conférence, qui devait se réunir à Lausanne, d'abord, le 18 janvier, puis le 4 février, est renvoyée à juin. C'en est fait ! le charme est rompu ! Finie, l'idylle avec le doux, le modeste, le captieux Brüning ! Les relations franco-allemandes redeviennent froides et les travaux de la Commission économique se perdent peu à peu dans le sable !

La Conférence du désarmement, qui s'ouvre le 2 février, à Genève, va-t-elle rétablir les contacts et resserrer les liens distendus ? C'est improbable ; car, avec la Conférence, entre en action l'énorme effort que l'Allemagne s'apprête à déployer pour obtenir la cessation de l'inégalité militaire que le traité de Versailles lui a imposée. Ce pays souffre physiquement et moralement d'être privé du service obligatoire, de n'avoir qu'une armée de métier de 100.000 hommes, de ne posséder ni tanks, ni grosse artillerie, ni aviation. Certes, il viole, en secret, et tant qu'il peut, les règles. Mais ce secret même lui est une humiliation. Il réclame « l'égalité des droits » avec les autres, la parité qui le reclassera au rang de grande Puissance. Que chacun descende au niveau de l'Allemagne, ou que l'Allemagne remonte au niveau de chacun ! Telle est sa revendication. Les nationalistes en ont fait leur cheval de bataille ;

le peuple allemand est unanime à la soutenir; le président Hindenburg l'a formulée dans son allocution du 1ᵉʳ janvier au Corps diplomatique; Brüning ne peut pas ne pas la prendre à son compte. Il la
présente, en effet, à la Conférence, le 9 février; mais il l'exprime
en termes prudents, feutrés, afin de ne pas heurter d'emblée et de
front les contradicteurs. C'est là le point de divergence, entre lui et
ses adversaires nationalistes. Le désaccord porte sur la forme, non
sur le fond, sur les moyens, non sur la fin. « Soyons hardis! »
s'écrient ses adversaires. « Mettons le poing sur la table! » « Soyons
habiles! » réplique-t-il « et caressons l'antagoniste! »

L'antagoniste, en la circonstance, c'est, de nouveau, le Français,
et le Français, c'est André Tardieu. Celui-ci a saisi la Conférence
d'un remarquable projet de création d'une force internationale,
préventive et répressive. La presse du Reich le combat aussitôt avec
acharnement. Pourtant, Brüning rapporte de ses entretiens avec
lui une impression favorable. Il pense qu'une entente ne sera pas
impossible. De fait, les deux hommes ont encore une rencontre, le
21 avril, et le Chancelier en revient plein d'espoir. Un nouveau
rendez-vous est pris pour le 29, à Bessinges. Cette fois, Tardieu,
souffrant d'une angine, n'est pas en état d'y aller. Et Brüning,
désappointé, dépité, s'imagine que le ministre français a prétexté
une maladie diplomatique et s'est dérobé à dessein. Car, dans
l'intervalle, la position du Chancelier s'est aggravée; elle est
devenue singulièrement fragile!

Il a réussi sans trop de peine à persuader le vieux Maréchal de
poser à nouveau sa candidature à la présidence du Reich. Mais il
n'a pas réussi à lui assurer une réélection sans risque et sans
concurrence. Malgré de nombreuses entrevues et d'interminables
palabres, Hugenberg est demeuré sourd à tous les appels. Bien
plus, il a déclaré que son parti combattrait le Maréchal, si ce dernier
persistait à garder Brüning à la Chancellerie. Le Casque d'Acier,
l'association des Officiers allemands, ont adopté la même attitude.
Hitler n'a pas consenti davantage à pactiser. Non seulement il a
refusé de concourir à l'élection de Hindenburg, mais il a décidé de
se présenter contre lui. Le Maréchal a donc trois concurrents :
Hitler, chef des nationaux-socialistes, Düsterberg, candidat des
nationaux-allemands, et Thaelmann, candidat des communistes.

Dans la lutte électorale, les nationaux-allemands ménagent le vieil-

lard, qui est, en réalité, des leurs; ils n'en sont que plus durs pour
le Chancelier néfaste, qui le tient sous son influence. Hitler ne
s'embarrasse pas de ces précautions; il oppose cyniquement sa jeunesse à la sénilité du vainqueur de Tannenberg. Cependant, il a
dû user de détours grotesques pour acquérir la nationalité allemande et pouvoir être candidat. Légalement, il était resté Autrichien. Le gouvernement nazi de Thüringe l'avait, d'abord, nommé
commissaire de gendarmerie. Le gouvernement nazi de Brunswick
l'avait, à son tour, nommé professeur d'éducation populaire à
l'École supérieure technique; mais, devant la protestation du corps
enseignant de l'École, il avait dû rapporter cette nomination; il
s'était, alors, avisé d'attribuer à Hitler les fonctions de « Regie-
rungsrat », attaché à la Légation de Brunswick à Berlin. Le public
avait ri; mais on oubliait qu'en Allemagne, le ridicule ne tue pas!

Le premier tour de scrutin a lieu le 13 mars. Il donne
18.662.000 voix au Maréchal, 11.338.000 à Hitler, 4.982.000 à
Thaelmann et 2.558.000 à Düsterberg. Hindenburg réuni 49,6 %
des suffrages. Il ne lui manque que 337.000 voix pour être élu. Il
n'avait eu, en 1925, lors de sa précédente élection, que 14 millions 1/2 de voix. En apparence, il a donc remporté un succès.
Mais ce n'est qu'une apparence. Car ses adversaires l'ont, tout de
même, obligé à un second tour, et s'il a gagné, d'une élection à
l'autre, 4 millions de voix, Hitler, par rapport aux dernières élections où son parti ait eu l'occasion de se compter, c'est-à-dire par
rapport aux élections de 1930 au Reichstag, en a gagné 6. S'il s'était
agi d'une élection au Parlement du Reich, les nazis auraient obtenu
180 sièges, en sorte que le premier tour de scrutin a, surtout, mis
en évidence la marche ascendante et les progrès irrésistibles de la
Croix gammée.

La leçon du second tour, le 10 avril, est encore plus nette. Hindenburg y reçoit un supplément de 700.000 voix, qui lui permet
d'être élu; mais Hitler bénéficie d'un renfort de 2 millions de
suffrages. L'étude des chiffres fait ressortir que les nationaux-
allemands, qui avaient voté pour Düsterberg, ont préféré reporter
leurs voix sur Hitler, plutôt que sur le Maréchal, tandis que quatre
ou cinq cent mille communistes ont voté pour celui-ci. Ainsi, Hindenburg, élu, en 1925, par les nationalistes de droite, est réélu, en
1932, par les démocrates de gauche! Il a, sans doute, infligé une

défaite à Hitler, pour lequel il a de l'aversion; mais cela compense-t-il l'amertume de se voir lâché par son propre milieu, son propre parti? Hindenburg a été renié par ses amis et adopté par ses adversaires. On peut dire aussi qu'il a renié ses amis et passé dans le camp adverse. Comment croire qu'une telle palinodie puisse être de son goût, qu'il puisse se féliciter de sa réélection et en savoir gré au Chancelier qui en a été l'artisan? A supposer qu'il ne soit pas sensible au caractère pénible de la situation dans laquelle il se trouve placé, il y a chance que son entourage le soit pour lui et que le reste d'indulgence qu'il éprouvait envers Brüning se dissipe définitivement. A vrai dire, à partir de ce moment, la Présidence ne sera plus qu'un foyer d'intrigues contre le Chancelier.

Cependant, Brüning ne semble pas s'en douter. L'essentiel, à ses yeux, était que son principal soutien, le Maréchal, ne lui fût pas enlevé. Il l'a conservé. Il le croit solide. Il a triomphé des obstacles dressés sur sa route; il a battu Hugenberg, sa bête noire; il va poursuivre sa tâche; il se montre satisfait. Il a, tout de même, compris que le péril hitlérien devenait menaçant et qu'il fallait lui opposer autre chose que des objurgations et de bonnes paroles. Un homme, à ses côtés, l'a compris mieux encore et est résolu à agir, le général Groener, ministre de la Guerre et de l'Intérieur.

Le 14 avril, un décret-loi, signé du Maréchal, ordonne la dissolution des Sections d'assaut et des formations qui en dépendent, la saisie de leur matériel, drapeaux, avions, camions. Les locaux sont immédiatement occupés et fermés par la police. Éphémère accès de vigueur! Harzburg n'a pas été une figuration vaine! La solidarité nationaliste joue. Devant les protestations qui s'élèvent de toutes parts, Hindenburg invite Groener à dissoudre également l'association de la Bannière d'Empire, soutien du régime et de la légalité. L'assimilation est injuste et absurde. Que le Maréchal admette prouve à quel point il est travaillé par les hommes de la droite. Groener essaie de résister. Il a contre lui la Reichswehr, c'est-à-dire son propre ressort. Brüning ne le défend pas plus énergiquement qu'il n'a, hier, défendu l'infortuné Curtius.

Loin d'être arrêtés dans leur essor, les Racistes enregistrent bientôt un nouveau succès. Le 24 avril, on procède à l'élection d'un Landtag prussien. Les nazis sont vainqueurs sur toute la ligne. De 7 sièges, il passent à 162, tandis que les socialistes reculent de 137 à 93. Désormais, ils constituent, en Prusse, le parti le plus puissant ; ils peuvent revendiquer, et revendiqueront, la présidence de l'assemblée ; le Parlement prussien n'est plus en harmonie avec le Parlement d'Empire ; le bloc gouvernemental, composé des socialistes et du Centre catholique, n'y garde la majorité qu'avec l'appoint des communistes ; le Landtag élu n'est pas viable. En Bavière, en Wurtemberg, dans l'Anhalt, à Hambourg, les nazis enregistrent des progrès analogues.

C'est pour Brüning un échec retentissant. Il est diminué, vacillant. Il devrait en tirer les conséquences et se retirer. Il se cramponne, cependant. Il ne veut pas lâcher la partie. Il livre encore bataille au Reichstag. Il adjure l'assemblée de le laisser accomplir sa tâche extérieure. « Nous sommes, s'écrie-t-il, à cent mètres du but ! » Il obtient provisoirement gain de cause, le 12 mai, par 30 voix de majorité. Mais des scènes d'une violence inouïe, provoquées par les hitlériens, éclatent dans les couloirs du Reichstag et, le 25 mai, dans la salle du Landtag. La tension est extrême. Pareil état de choses ne peut durer. La perte de Brüning est résolue. Et comme il a toujours su éviter d'être mis en minorité, il faudra employer d'autres moyens que les moyens parlementaires, pour se débarrasser de lui.

Le Chancelier a présenté au Maréchal plusieurs nouveaux décrets, relatifs à l'équilibre budgétaire. Il l'a également saisi d'un projet, dû à Stegerwald, ministre du Travail, et selon lequel les grands domaines de la Prusse orientale, trop obérés, seraient morcelés et attribués à la colonisation intérieure. C'est à ce sujet que le Maréchal sera circonvenu, à la fois par la camarilla de son fils et par le vieux Junker Oldenburg-Januschau, son voisin et son ami ; car Hindenburg, depuis qu'il a reçu, en don national, le domaine de Neudeck, est devenu lui-même un grand propriétaire terrien de l'Est, imbu des sentiments et des préjugés de la caste. Tandis que Schleicher, Papen, Meissner, représentent au Maréchal que son Chancelier a failli à sa mission et jeté le pays dans une confusion inextricable, les Junkers dénoncent dans son projet de partage des terres une collusion scandaleuse avec les révolutionnaires, avec les Rouges. Ces reproches rejoignent, chez Hindenburg, des rancunes plus profondes et emportent sa décision.

Le 29 mai, il donne audience à Brüning. Le Chancelier entreprend de lui expliquer les raisons qui justifient les nouveaux décrets-lois. Hindenburg l'interrompt : « J'ai entendu dire, bougonne-t-il, que ces décrets contiennent des plans de colonisation intérieure à tendance bolcheviste. Qu'en est-il exactement ? » Brüning poursuit ses explications. Le Maréchal lui coupe la parole : « Ah ! s'écrie-t-il, il est aussi question de problèmes financiers dans ces décrets ? Je croyais qu'on ne faisait plus que du bolchevisme ! Cela ne peut plus durer ! Il n'est pas possible de faire des projets de colonisation bolchevistes, et des lois sur les salaires, bolchevistes ! Les deux syndicalistes du Cabinet doivent s'en aller, vous et Stegerwald. Mais, bien entendu, vous pourrez rester dans le futur Cabinet, comme ministre des Affaires Étrangères ! »

Stupéfait d'une scène qu'il n'a pas prévue, de la brutalité du ton du vieux Président, autant que de la grossièreté sommaire des reproches qui lui sont adressés et qui révèlent les influences auxquelles Hindenburg a obéi, Brüning n'insiste pas et se retire. Il est mortifié jusqu'au fond de l'âme. Il ne se sent pas seulement congédié, mais exécuté. Le lendemain, il apporte sa démission : « Sept semaines, tout juste, après votre réélection ! » tient-il à dire au Maréchal, en le quittant.

Une si monstrueuse ingratitude, manifestement, l'étonne. Mais, dans son étonnement, que de naïveté ! Lui, à certains égards si fin, il n'a pas eu assez de finesse pour sentir que cette réélection, qui lui a donné tant de mal et sur laquelle il comptait pour raffermir son crédit, a eu lieu dans des conditions qui devaient, au contraire, le ruiner. Orgueilleux, de cette forme inconsciente d'orgueil intellectuel qui s'allie fréquemment, et surtout chez les gens d'Église, à une sincère modestie, il s'est trop fié à sa supériorité sur ses adversaires ; il a sous-estimé leur ténacité, leur audace, leur astuce, leur absence de scrupules. Mieux qu'aucun autre Chancelier du Reich, il a su plaire à l'étranger, et principalement aux Anglo-Saxons. Et cependant, c'est un mauvais psychologue.

Plus qu'aucun autre Chancelier du Reich, il a fait des fautes de psychologie allemande. Il n'a pas vu que, loin de le servir, les éloges qu'il récoltait au-dehors le rendaient suspect au-dedans. Il n'a pas aperçu jusqu'à quel degré de fanatisme aveugle est capable de monter, en Allemagne, la passion nationaliste, une passion telle que les succès qu'il aurait pu remporter ne l'eussent, probablement, pas assouvie. Il n'a pas compris, non plus, qu'il était vain de lutter avec une pince à sucre contre des gens armés de haches. Il voulait pratiquer la politique de la persuasion. Mais le peuple allemand n'apprécie pas le gant de velours. Il aime la main de fer. C'est à ce signe qu'il reconnaît son maître. L'autorité, une fermeté inflexible eussent été d'autant plus nécessaires que le Chancelier prétendait remédier à la crise économique par un programme de déflation et qu'avant de produire ses effets salutaires, la déflation provoque fatalement des souffrances, des remous, une impopularité que, seul, un régime à poigne est en état d'affronter. Brüning n'avait ni l'allure, ni la voix, ni les gestes d'un chef du peuple allemand. Il répugnait aux mesures catégoriques et brutales qui l'eussent sauvé. Il ne s'était jamais résolu à combattre en face les nazis, et à les combattre selon les méthodes qu'ils employaient pour l'attaquer. Il conservait l'illusion qu'il parviendrait à les ramener à lui et à les utiliser.

A deux reprises, pourtant, l'occasion s'était offerte à lui de les briser. Grâce à la dénonciation d'un ancien national-socialiste, la police avait saisi, en décembre 1931, dans la ferme de Boxheim, en Westphalie, un abondant matériel, qui prouvait qu'Hitler et son parti préparaient une révolution. Il y avait là de quoi établir l'existence d'un complot permanent contre la sûreté de l'État. Brüning déféra les sous-ordres, pris sur le fait, à la Cour de Leipzig; mais au lieu d'étendre l'affaire, d'en mettre à jour les ramifications et d'en remonter à la tête, il la laissa circonscrire et étouffer. De ce jour, j'eus l'impression qu'il était perdu.

Plus tard, au moment de la réélection du Maréchal, la police reçut encore communication des mesures que Roehm, chef des milices brunes, avait arrêtées, pour le cas où Hitler aurait été élu; c'étaient des mesures de coup d'État. D'importants contingents des Sections d'assaut avaient été massés aux environs de Berlin. Sur le vu d'un télégramme signé « Max », et qui aurait contenu ces simples mots : « Grand'mère morte », les S.A. devaient envahir la ville et s'emparer des ministères. On avait même découvert une liste de personnalités qui devaient être supprimées. C'est à la suite de ces révélations que le général Groener avait ordonné la dissolution des milices, l'occupation de leurs locaux et la saisie de leur attirail. Le ministre de l'Intérieur de Prusse, Severing avait, d'ailleurs, procédé à des enquêtes et à des perquisitions qui ne laissaient aucun doute sur l'organisation, par Hitler et ses acolytes, d'un État dans l'État, ni sur le danger que faisaient courir au régime leurs menées subversives.

Brüning n'eut pas l'énergie d'exploiter les armes qui lui étaient ainsi fournies; il se contenta d'un semblant de répression. C'était un timide. Il n'osa pas tenir tête aux protestations des nazis et de leurs protecteurs. Il s'imagina que Hitler lui serait reconnaissant de sa mansuétude. Car c'était aussi un calculateur; mais ses calculs péchaient par ignorance des hommes.

Il vivait, du reste, très isolé, très retiré, silencieux, plongé dans la méditation, dans l'oraison, prenant conseil seulement de quelques familiers, dont le principal était Mgr Kaas, leader du Centre catholique. J'avais essayé à plusieurs reprises d'entrer avec lui dans un commerce plus étroit. Il ne m'y avait pas encouragé. Il n'avait pas deviné la part personnelle qu'il avait eue dans la détermination qui avait fait de moi un ambassadeur de France à Berlin. Il n'avait deviné ni mon estime pour lui, ni ma bonne volonté. Il avait passé à côté. Quand il me donnait audience, il ne se laissait jamais aller; il évoquait, en termes vagues, les immenses difficultés qui l'assaillaient; il levait les yeux au ciel; il soupirait; il ne m'éclairait pas sur ses intentions. Il ne connaissait ni le français, ni la France, tout orienté qu'il était vers l'Angleterre et l'Amérique. Il n'avait pas de penchant marqué pour notre pays, dans lequel il voyait l'instigateur et l'âpre défenseur du traité de Versailles et qu'il jugeait, au surplus, comme les Catholiques allemands, sur sa réputation d'anti-cléricalisme. Il se méfiait de nous. Il se méfiait de moi-même et des suggestions que je lui soumettais.

J'avais critiqué, un jour, devant lui, l'opposition que la presse du Reich manifestait unanimement au projet français de création d'une force internationale. J'avais émis l'idée qu'il serait plus adroit, de la part de l'Allemagne, d'adhérer au projet, d'offrir de participer à la constitution de cette force et de réclamer d'y participer dans les mêmes conditions que les autres Puissances; de la sorte, elle aurait chance d'obtenir, plus aisément que par toute autre voie, cette « égalité des droits », à laquelle elle attachait tant de prix. Brüning m'avait aussitôt jeté un regard sombre et soupçonneux. Il n'avait pas songé à examiner ce qu'il pouvait y avoir à retenir de mon propos; il s'était seulement demandé quelle ruse, quel piège il cachait.

Pareillement, il avait la conviction que Tardieu s'était déclaré malade et n'était pas venu au rendez-vous du 29 avril, parce que je l'en avais empêché en l'avertissant que la position du Chancelier était compromise et qu'il était inutile de traiter avec lui. Je savais, en effet, — j'aurais été le seul à l'ignorer — qu'après le succès foudroyant des nazis aux élections du Landtag, ses jours étaient comptés. Mais Tardieu avait été réellement et sérieusement malade, et je ne l'avais nullement conseillé dans le sens que Brüning, mauvais psychologue, imaginait.

Après sa chute, conformément à l'usage allemand, il fit, en sa qualité de ministre démissionnaire des Affaires étrangères, la tournée des ambassadeurs, pour prendre congé d'eux. Quand il me rendit visite, il avait l'air d'un homme déchargé d'un fardeau, délivré, quoique rempli d'amertume. Pour la première fois depuis longtemps, il témoigna d'un certain abandon; il se montra sous un aspect humain, confiant et presque affectueux. Il ne s'abusait pas, d'ailleurs, sur l'avenir. Il prévoyait et prédisait que, si le national-socialisme arrivait au gouvernement, il y resterait plusieurs années et établirait un régime terrible. Mais c'était pour lui, malgré ses appréhensions de patriote, un soulagement évident que d'avoir la certitude de ne plus porter la responsabilité d'un pouvoir pour lequel, à la vérité, il n'était pas fait. Beaucoup d'Allemands doivent penser aujourd'hui que la sagesse eût été de l'écouter et que les destins du Reich, s'il avait continué de les conduire, eussent suivi un meilleur cours. Aurait-il réussi à arracher l'Allemagne au vertige nationaliste ? Arrête-t-on un peuple, quand il s'est mis une fois sur la pente des folies ? Ce qu'il y a de sûr, c'est qu'avec lui tombèrent les derniers vestiges de la démocratie parlementaire, le frein qui retardait le Reich sur le chemin des aventures.

CHAPITRE II

PAPEN ET SCHLEICHER

Les circonstances qui ont obligé Brüning à se retirer font nettement ressortir le caractère du régime auquel l'Allemagne, à cette date, est déjà soumise. Le Chancelier n'a pas été renversé par un vote du Reichstag, mais par l'initiative du Chef de l'État. Dans ces conditions, il est clair qu'ayant à désigner un nouveau Chancelier, le Maréchal ne s'inspirera pas de la situation parlementaire. Celle-ci, d'ailleurs, est sans issue. Brüning parti, le Reichstag, où deux blocs se paralysent mutuellement, est incapable de dégager une majorité de gouvernement. Le Maréchal appellera donc, selon l'expression alors en usage, « un homme de sa confiance » et le chargera de former un « cabinet présidentiel ». Chacun se demande, à Berlin, qui sera cet homme. On cite des noms, von Gayl, qui était ministre de l'Intérieur dans l'ancien cabinet, Gördeler, bourgmestre de Leipzig, le même qui sera, par la suite, à la tête du complot du 20 juillet 1944 et finira au bout d'une corde, Bracht, bourgmestre d'Essen, Schacht, Gessler, voire le comte Westarp, vétéran des luttes politiques du Reich de Guillaume II... Le 1ᵉʳ juin 1932, on apprend que Hidenburg a choisi Franz von Papen.

La décision du Président rencontre, d'abord, l'incrédulité ; on n'y veut pas croire, et puis, quand la nouvelle est confirmée, tout le monde rit, ou sourit. Papen présente, en effet, la particularité que, ni ses amis, ni ses ennemis ne le prennent tout à fait au sérieux. Il porte au front une étiquette de légèreté indélébile dont il ne parviendra jamais à se débarrasser. Ce n'est pas, du reste, une personnalité de premier plan. Ancien officier de cavalerie, ayant couru en obstacles sur les hippodromes, il est surtout connu par son passé malheureux d'attaché militaire à Washington, d'où il a été expulsé en 1917, et par son activité en Amérique du Sud, d'où il aidait l'amirauté allemande à faire torpiller les convois alliés, pendant la dernière guerre. Il a occupé un siège au Landtag de Prusse. Fervent catholique, gros actionnaire de la *Germania*, il appartient au Centre, à l'aile la plus conservatrice du Centre. Mais la direction et la plupart des membres de son propre parti n'ont, à son égard, qu'aversion et méfiance et se sont toujours abstenus de le déléguer à la tribune, ou dans les commissions. On le dit superficiel, brouillon, faux, ambitieux, vaniteux, rusé, intrigant. Il a, en tout cas, une qualité : l'aplomb, l'audace, une audace aimable et comme inconsciente. Il est de ceux qu'il ne faut pas défier de se lancer dans une entreprise dangereuse ; car ils relèvent tous les défis, ils tiennent tous les paris. S'il réussit, son plaisir éclate ; s'il échoue, il s'en tire par une pirouette. Bien élevé, au surplus, de manières parfaites, très homme du monde, fortuné, assidu au Club des Seigneurs et au club de l'Union, le Jockey de Berlin, il parle couramment l'anglais et le français. Sa vie de famille est irréprochable. Il réside souvent en Sarre et par sa femme, Sarroise d'origine, il est en relation avec les milieux français de Lorraine. Il se déclare francophile et partisan du rapprochement franco-allemand. Il a fait partie du comité fondé par l'industriel luxembourgeois Mayrisch pour contribuer à l'entente des deux peuples, ce qui ne l'empêche pas, d'ailleurs, d'appeler de ses vœux l'heure où l'armée allemande prendra sa revanche et entrera victorieusement dans Paris. Sa désinvolture s'accommode de pareilles contradictions. Il ne serait, à la vérité, qu'un amateur élégant, s'il n'était l'homme de la Présidence ; c'est là son principal titre.

On sait le rôle qu'a joué la Présidence dans la chute de Brüning. La Présidence, c'est, bien entendu, le Maréchal ; mais, plus encore que le Maréchal, c'est le petit groupe qui l'entoure et qui lui tient compagnie ; il se compose du colonel Oscar von Hindenburg, épais de visage, brutal et peu éclairé, aussi grand, aussi massif que son père, mais sans la noblesse d'allure de celui-ci, — de Meissner, secrétaire du Maréchal, rougeaud, congestionné, cambré et rebondi, toujours à l'étroit dans ses vêtements, cachant son regard derrière ses lunettes, étrange personnage, fils d'un fonctionnaire des Postes immigré en Alsace, à son aise sous tous les régimes, au courant de tous leurs secrets et qui a été le collaborateur du socialiste Ebert, avant de devenir celui de Hindenburg et, plus tard, celui de Hitler — du général von Schleicher, chef du bureau politique de la Reichswehr, accompagné souvent du général von Hammerstein, commandant en chef de l'armée, bon géant placide aux yeux bleus — enfin, de Papen lui-même. Tous ces hommes sont liés d'amitié ; le colonel, Schleicher, Hammerstein, Papen ont été camarades à l'Académie de guerre et se tutoient. Papen leur sert un peu de tête de Turc ; ils le plaisantent et le taquinent volontiers, sans qu'il s'en offusque. C'est lui, d'ailleurs, qui est le préféré, le favori du Maréchal ; il distrait le vieillard par sa vivacité, son enjouement ; il le flatte par le respect, la dévotion qu'il lui manifeste ; il le séduit par sa hardiesse ; il est, à ses yeux, le type accompli du gentilhomme.

Enfoncé dans son fauteuil, Hindenburg écoute les amis de son fils qui lui apportent les échos du dehors et commentent librement devant lui l'actualité politique. Dans la mesure où il a encore des idées personnelles, il désire se désolidariser le plus tôt possible des éléments de gauche qui l'ont réélu ; socialistes, communistes, sont, pour lui, des Rouges, des bolchevistes, des ennemis de l'État et de la patrie ; il faut les rejeter dans l'opposition, les combattre, unir toutes les forces nationales, faire rentrer dans le rang ces nazis, si turbulents et si équivoques, cet Hitler, si indiscipliné et si arrogant, et qui n'a jamais, dans la guerre, dépassé le grade de caporal, assainir, par la formation d'une majorité stable, orientée à droite, un désordre qui s'aggrave. Sur les moyens à prendre, la tactique à suivre, il s'en remet aux suggestions de ses familiers, et notamment à celles de Schleicher, qui est le cerveau politique du groupe et le porte-parole de la Reichswehr, dont Hindenburg n'a pas cessé de se considérer comme le chef suprême. En recommandant Papen au choix du vieillard, pour succéder à Brüning, Schleicher était certain d'être bien accueilli ; il a pensé aussi que Papen, qu'il tutoie, qu'il appelle Franz, ou Frânzchen, et avec lequel il n'a pas à se gêner, serait un instrument plus docile que Brüning, de sorte que le nouveau Chancelier et le gouvernement qu'il dirigera, constitueront, en réalité, un cabinet de la Reichswehr.

Qu'est-ce donc que cette Reichswehr, qui exerce une si puissante influence sur les destinées du Reich d'après guerre, et que veut-elle, présentement?

La Reichswehr, c'est, essentiellement, le grand état-major général, que le traité de Versailles interdisait, et qui a reparu sous divers camouflages. Le grand état-major est représenté par le commandant en chef de l'armée, le chef d'état-major, et les chefs de ses différents bureaux, ou offices. Il représente, à son tour, l'élite du commandement de l'armée; car la plupart des commandants des grandes unités et les officiers de haut grade, ont, à un moment donné de leur carrière, passé par ses services et reçu son empreinte. Il est le dépositaire, le gardien attentif d'une tradition militaire qui remonte à Frédéric II, d'une conception du rôle de l'armée dans l'État et du rôle de l'officier dans l'armée et dans l'État, qui s'est transmise, sans défaillance, de génération en génération. Il est animé d'un esprit de corps, qui lui assure, ou plutôt, qui lui assurait, une remarquable cohésion; car le bloc qu'il constituait n'est plus intact; la montée du national-socialisme et le problème de l'attitude à tenir vis-à-vis de lui y ont introduit des fissures, qui iront en s'agrandissant, et qui expliqueront certaines des carences ultérieures de l'institution.

Parmi les bureaux de l'état-major, une place spéciale revient à celui qui s'intitule modestement : « Minister Amt », « office ministériel »; c'est lui qui est chargé, sous la direction de Schleicher, des questions politiques et des relations avec le gouvernement.

La Reichswehr estime, en effet, qu'elle a le droit et le devoir de dire son mot dans tout ce qui touche, directement ou indirectement, à l'armée. Elle a toujours exercé une influence considérable sur la conduite politique du Reich. Cette influence n'a pas été moindre après le désastre de 1918 qu'avant. Au milieu du désarroi des gouvernements, du désordre et des crises qui ont caractérisé l'existence de la république de Weimar, elle a été, au contraire, un facteur remarquable, sinon éclairé et bienfaisant, de stabilité et de continuité; par son action persévérante, elle a contribué efficacement au réveil de l'esprit militaire et du sentiment national, dans une Allemagne désarmée et vaincue. En la personne de ses grands chefs, elle est monarchiste; elle reste attachée à l'Empereur et à la dynastie des Hohenzollern. Elle n'entend se lier, toutefois, à aucune forme politique particulière. Elle accepte tout régime qui ne contrarie pas, à plus forte raison, qui seconde ses fins proprement militaires. Elle s'est parfaitement accommodée de gouvernements de gauche et félicitée de l'appui qu'elle a trouvé auprès d'un social-démocrate, comme Noske. Soucieuse de préserver le respect, l'estime, l'affection qu'elle inspire à la majorité de l'opinion publique, elle n'aime pas agir à découvert et préfère se tenir dans l'ombre; elle a conservé mauvais souvenir des épisodes qui l'ont amenée, jadis, à tirer sur la foule, par exemple dans la Ruhr; elle ne voudrait pas être exposée à recommencer; elle a horreur de la guerre civile, qui laisse dans le peuple des rancunes durables contre l'armée; et ce sentiment la paralysera plus d'une fois, dans la suite des événements. Ses sympathies, ses encouragements vont, naturellement, aux partis patriotes, aux nationalistes, qui contribuent à réveiller et à fortifier l'esprit militaire, aux nationaux-allemands, au Casque d'Acier, qui fourmille d'officiers de réserve et de vieux généraux; mais elle n'exclut pas les nazis de sa bienveillance; elle leur sait gré de ranger sous ses emblèmes une jeunesse pleine d'ardeur, qui, sans eux, irait peut-être grossir les contingents du marxisme; elle les a subventionnés; elle a contribué à les équiper, à les organiser.

C'est elle qui, jadis, a inventé Hitler, en le chargeant de la renseigner sur le mouvement politique, à Munich, au lendemain de la guerre. Hitler a, d'abord, été son homme, sa créature. Depuis lors, à divers égards, par certaines de ses idées, par sa propagande anti-religieuse et anti-sémite, par son indépendance et ses prétentions, par la qualité plus que médiocre des collaborateurs dont il s'entoure, Hitler la choque et l'inquiète; mais elle n'en reste pas moins en contact quasi permanent avec lui. De même, les Sections d'assaut, les milices brunes ne lui plaisent qu'à demi; elle déteste qu'on joue au soldat; encore bien moins tolérerait-elle que ces faux soldats prétendissent former une armée à part; elle voit, pourtant, en eux une force utilisable; elle les a aidées à naître; à l'occasion , elle les aide encore; elle souhaiterait de les avoir complètement sous sa coupe. Quand le général Groener rompt avec les S.A., lès dissout et leur interdit de porter l'uniforme, elle se fâche et désavoue Groener ; deux ans plus tard, quand Roehm voudra faire de ses miliciens le noyau d'une armée nouvelle, elle exigera l'élimination de Roehm.

Le but extérieur qu'elle s'est fixé, en cette année 1932, c'est de profiter de la Conférence du désarmement à Genève, pour secouer les chaînes du traité de Versailles et frayer les voies qui lui permettront de doter l'Allemagne d'une armée proportionnée à son rang, semblable à celles des autres grandes Puissances, et munie, comme elles, d'engins blindés, d'avions et de grosse artillerie. Elle ne croit pas au désarmement, ni à la généralisation du type d'armée qui a été imposé au Reich. Dans ces conditions, elle revendique qu'on lui attribue les mêmes droits qu'aux autres États. Elle réclame qu'au moins le principe de l'égalité des droits lui soit reconnu à Genève, quitte à ne le réaliser que par étapes. Et elle pousse l'épée dans les reins de la diplomatie du Reich, pour que celle-ci lui obtienne, coûte que coûte, ce minimum. Elle doute, d'ailleurs, que la diplomatie y réussisse et que rien de positif sorte jamais des délibérations de la S. D. N. Elle attend davantage d'un accord direct avec la France, dont elle a conçu le projet. Ses sentiments envers notre pays sont complexes. Certes, elle voit en lui l'ennemi principal, l'Erbfeind, sur lequel elle a une revanche à prendre. Mais elle le tient aussi pour le seul qui ait une valeur militaire, une armée digne de ce nom ; elle a de la considération, une estime professionnelle pour les vainqueurs de 1918 ; elle médite d'en appeler chez nous à la tradition chevaleresque, à la camaraderie entre adversaires ; elle s'imagine qu'elle aura plus aisément satisfaction par une entente de militaires à militaires ; et c'est, peut-être, la raison pour laquelle ses chefs, Hammerstein, Schleicher, Blomberg, Fritsch, se sont toujours efforcés d'entretenir de bonnes relations avec l'ambassade de France à Berlin et avec moi-même.

Est-elle belliqueuse ? A-t-elle des visées de conquête et d'hégémonie en Europe ? Elle n'en montre rien, du moins à cette époque. Elle semble n'avoir de griefs que contre la Pologne et ne songer qu'à la suppression du corridor polonais. Pour le reste, elle ne parle que de la sécurité du Reich et de la défense du territoire. Elle a conscience de sa faiblesse ; elle craint, et craindra encore dans les années qui viennent, les entreprises qui pourraient déchaîner prématurément un conflit général, auquel elle ne se sent pas de taille à faire face. Elle a peur, surtout, d'un conflit avec l'U.R.S.S.; elle a gardé en Russie des intelligences qu'elle cultive soigneusement; elle est beaucoup moins hostile à ce pays que ne le sera le nazisme.

Cet état d'esprit, ces idées, ont en Schleicher un représentant typique; il est, d'ailleurs, chargé de les mettre en œuvre; aussi est-il étroitement mêlé aux événements de toute cette période. Mais, jusqu'ici, il n'a eu qu'une action de coulisse. Cette fois, il paraît sur la scène; dans le cabinet Papen, qu'il a, plus que tout autre, contribué à faire naître, il a pris le portefeuille de la Guerre. Schleicher passe pour un maître de l'intrigue politique; on le redoute plus qu'on ne l'aime, même dans l'armée, où beaucoup lui reprochent une carrière trop rapide, un avancement qui n'a pas été gagné sur les champs de bataille. Il a une réputation bien établie de réalisme et de cynisme. Glabre, le crâne rasé, plus que blême, blafard, son masque, où brillent deux yeux aigus, ses traits, noyés dans une mauvaise graisse, ses lèvres minces à peine marquées, ne plaident pas en sa faveur. Mais — signe particulier — il a de fort belles mains. Dans la conversation, il est direct, brutal, gouailleur, caustique, souvent spirituel. Il rit volontiers, et bruyamment. On l'accuse de perfidie et de fourberie. En ce qui me concerne, je n'ai jamais constaté qu'il ait cherché à me tromper; les indications qu'à l'occasion, rarement, du reste, il m'a données, se sont toujours révélées exactes. Son intelligence est vive et rapide, plus que solide et profonde. Pourtant, ce n'est pas un militaire fermé aux idées modernes, aux exigences du temps. Je lui avais cité, un jour, la phrase fameuse : « On peut tout faire avec des baïonnettes, sauf s'asseoir dessus! » Il ne la connaissait pas. Il en avait été enchanté et il la répétait à tout bout de champ. Il attachait une grande importance à ne pas laisser se créer un antagonisme entre l'armée et les classes laborieuses. Il rêvait d'une alliance entre l'armée et le syndicalisme ouvrier, d'un État socialo-militaire, qui eût enlevé au nazisme sa clientèle, et pendant le court temps où il sera, lui-même, Chancelier, il s'épuisera à réaliser ce projet que les circonstances et, sans doute, aussi, sa personne et son passé, rendaient chimérique.

En dehors de Papen et de Schleicher, les membres du nouveau cabinet ont ceci de commun qu'ils sont, tous, des amis du Maréchal et qu'ils appartiennent aux milieux de l'ancienne aristocratie : von Krosigck, von Braun, von Gayl, von Elz-Rübenach. Aussi le public a-t-il immédiatement baptisé le ministère : le cabinet des Barons. Le plus intéressant pour moi, dans l'équipe, est le baron von Neurath, ministre des Affaires étrangères, qui dirigera la Wilhelmstrasse jusqu'en avril 1938, pendant six années. Neurath approche de la soixantaine ; dans sa jeunesse, on l'appelait « le beau Neurath » ; c'est encore un fort bel homme ; grand, un peu corpulent, toujours bien habillé, de prestance imposante, il est bon vivant, et, le plus souvent, de bonne humeur, simple, avec dignité ; c'est un Allemand du Sud ; son visage, haut en couleur, est empreint d'affabilité ; il est d'une extrême politesse ; les rapports avec lui sont faciles et agréables. Propriétaire d'un domaine aux environs de Stuttgart, d'où il est originaire, il a servi, autrefois, à la cour de Wurtemberg. Devenu diplomate, il a été ambassadeur à Rome et à Londres. Il en est revenu très peu enthousiaste de Mussolini et très respectueux de l'Angleterre. Quant à la France, pays de démocratie et de parlementarisme, et qui change de gouvernement tous les six mois, visiblement, il n'a pas beaucoup de sympathie, ni de compréhension pour elle. Son intelligence, au surplus, ne brille pas d'un éclat saisissant, et il n'est pas plus cultivé qu'un homme du monde ne doit l'être ; mais il a de l'expérience, du bon sens et du sang-froid ; il est pondéré, modéré et de bon conseil : avantages précieux en des temps agités.

Ses qualités sont, malheureusement, gâtées par de graves défauts : il manque de franchise ; il est retors et assez menteur, comme on dit que le sont les Souabes, menteur maladroit, du reste, car il se trouble, quand il ment. Il est de caractère faible et n'a pas de courage moral ; il cède aux pressions ; et, sans doute parce qu'il en a conscience, il est prêt à faire, ou à accepter, des gestes qu'il blâme, afin d'échapper au reproche de mollesse ou de lâcheté. Enfin, il est paresseux. Mais il a, pour le seconder, un fonctionnaire de valeur, qui était déjà le collaborateur de Brüning, un homme assidu à son métier, aussi plein de zèle et de dévouement que silencieux et discret, digne des traditions d'une famille prussienne qui a donné à l'Allemagne de nombreux et d'honorables serviteurs : le secrétaire d'État von Bülow.

La tâche qu'avec les « Barons », Papen a mission de résoudre n'est pas aisée. Il s'agit, à l'extérieur, d'obtenir l'ajournement, sinon la suppression, des paiements de réparation et l'égalité des droits en matière d'armement. Il s'agit, à l'intérieur, de liquider le règne des socialistes et des démocrates en Prusse, de trouver, dans le présent Reichstag, ou dans un autre, une majorité de droite, d'absorber Hitler et ses partisans dans cette majorité, ou de leur casser les reins; et, naturellement, par surcroît, de remédier à une détresse économique croissante. L'accueil que rencontre, dès le premier jour, le cabinet, auprès du public comme auprès des milieux politiques, est le pire qu'on puisse imaginer. Ce ne sont que quolibets ou invectives. On se moque à qui mieux mieux du Chancelier et de sa troupe de figurants de l'ancien temps. La gauche dénonce ces hobereaux réactionnaires, manifestement destinés à saborder les institutions démocratiques. Hugenberg boude, parce qu'il n'a reçu aucun portefeuille dans la combinaison. Hitler, qui avait, paraît-il, promis à la Présidence de soutenir le ministère, se déjuge et déclare qu'il n'en fera rien. Les plus acharnés à le combattre sont encore les Catholiques, furieux de voir le gouvernement aux mains d'un homme qu'ils considèrent comme un faux frère. Il y aurait là de quoi faire hésiter un cavalier moins téméraire. Mais Papen a du cran. Comme jadis, lorsqu'il était jeune officier, il se lance, à bride abattue, sur la piste semée d'obstacles...

A l'extérieur, il s'en tire assez bien, du moins en ce qui touche les réparations. Le 15 juin, à Lausanne, il entre en conférence avec les Alliés, et plus particulièrement avec Édouard Herriot, président du Conseil depuis quelques jours. La négociation est laborieuse; elle passe par des hauts et des bas; elle est coupée de crises et d'interruptions. Mais, le 8 juillet, elle aboutit. Elle aboutit à l'octroi au Reich d'un nouveau moratoire de trois ans, au bout duquel l'Allemagne paiera un forfait de 3 milliards de marks-or, sous la forme de bons à 6 %, à émettre dès que le cours de 90 % de leur valeur nominale semblera assuré, le service des emprunts Dawes et Young n'étant pas, d'autre part, compris dans l'arrangement. « On a voulu, — déclare le président du Conseil français, — fermer la porte à la passion et l'on a préféré la raison à la violence, avec le désir d'établir une collaboration et la pensée de guérir des maux cruels, à force de patience et de bonté. » Si quelqu'un, dans l'affaire, a consenti un sacrifice, c'est bien la France! La France ne s'en plaint pas. Herriot lui apporte, d'ailleurs, en compensation, un accord de confiance avec l'Angleterre et un engagement selon lequel l'accord de Lausanne n'entrera en vigueur qu'après ratification et conclusion d'un règlement des dettes interalliées. De son côté, l'Allemagne se voit délivrée de tout souci de paiements immédiats, avec la perspective d'être, dans un proche avenir, et au prix d'un versement modéré, définitivement libérée. Elle devrait s'en réjouir. En fait, les 3 milliards ne seront jamais payés et la Conférence de Lausanne aura enterré les réparations. L'Allemagne s'indigne, au contraire! Elle accable de reproches véhéments son malheureux négociateur. Il aurait dû refuser de payer un seul mark! Il aurait dû partir en claquant la porte! Tant le chauvinisme a déjà corrompu les esprits! Tant est général, aussi, le désir de prouver que Papen n'est bon à rien!

A Genève, à la Conférence du désarmement, les choses vont moins bien. Papen y est, d'ailleurs, moins personnellement mêlé. C'est l'affaire de la Wilhelmstrasse et de la Reichswehr. La revendication de l'égalité des droits, l'interprétation allemande du traité de Versailles se heurtent à la plus vive résistance. Les thèses opposées s'affrontent, sans qu'apparaisse le moyen de les concilier. La Reichswehr, qui n'a jamais cru à l'efficacité de ces discussions internationales, met alors à exécution son projet d'entente directe avec la France ; elle a persuadé l'Office des Affaires étrangères de seconder sa tactique et Bülow, le 23 août 1932, m'a averti de la démarche qui allait être entreprise. En effet, le 29 août, le baron de Neurath me convoque à la Wilhelmstrasse ; le général von Schleicher est présent dans son cabinet. Neurath me déclare que le problème du désarmement, de l'avis du gouvernement du Reich, est, avant tout, un problème franco-allemand ; toute solution adoptée par les deux pays sera, automatiquement, ratifiée par les autres ; l'Allemagne désire donc avoir avec la France une conversation à deux et rechercher avec elle les bases d'une entente. La France, vieux pays militaire et qui a le sens de l'honneur, doit comprendre que le Reich ne saurait demeurer indéfiniment dans la situation humiliante qui lui impose une armée dérisoire, une caricature d'armée, indigne d'un grand peuple. Ce que l'Allemagne souhaite est, au surplus, bien modeste. Qu'on lui concède seulement le principe de l'égalité des droits! Elle n'en fera qu'une application restreinte. Elle se contentera d'un petit nombre, de quelques échantillons des armes qui lui sont défendues : tanks, avions, canons de gros calibre. Elle demande, en outre, l'autorisation de lever chaque année un contingent supplémentaire de 30.000 hommes, qui ne serviront que trois mois et seront employés principalement à la garde des côtes et des frontières.

Schleicher confirme les explications de Neurath. Celui-ci laisse entre mes mains une note dans laquelle la requête allemande est consignée et ajoute qu'il désire que sa démarche reste confidentielle ; si elle réussit, on la divulguera ; si elle échoue, personne n'en saura rien et l'opinion n'en sera pas troublée. Après m'être fait dire par mes interlocuteurs que le principe de l'égalité des droits concerne, dans leur pensée, les marines, aussi bien que les armées de terre et, par conséquent, intéresse l'Angleterre autant que nous-mêmes, je transmets à Paris la note que j'ai reçue, sans omettre la consigne de discrétion que l'on nous prie d'observer.

Malheureusement, mon message arrive à Paris en l'absence d'Édouard Herriot, parti pour un voyage aux îles anglo-normandes, avec une troupe de journalistes. Croyant bien faire, son chef de cabinet, Alphand, saute dans le train de Cherbourg, de là, dans un canot automobile, et se précipite à la rencontre du *Minotaure,* sur le pont duquel le Président du Conseil est assis, au milieu de ses compagnons de voyage. De loin, ils ont vu venir le canot. Alphand agite une enveloppe qu'il tient à la main. Il monte à bord.

— Que nous apportez-vous là, Alphand ? des nouvelles d'Allemagne ?

— Oui, Monsieur le Président, un message de Berlin, très important !

Et voilà, du même coup, et d'entrée de jeu, compromise la discrétion que l'on attendait de nous !

Examinée à loisir, à Paris, la note allemande y soulève, d'ailleurs, de graves objections. La conversation à deux qui nous est proposée, à l'insu et derrière le dos de la conférence genevoise, n'est pas jugée compatible avec notre élémentaire devoir de loyauté à l'égard de la S. D. N. Si nous avons, en outre, publiquement contesté que l'égalité des droits puisse être déduite des articles du traité de Versailles, ce n'est pas pour l'admettre davantage dans une négociation séparée. D'ailleurs, les intentions allemandes n'échappent pas au soupçon. Le principe une fois acquis, quelle assurance a-t-on que le Reich n'en fera qu'une application insignifiante et se contentera, comme il le dit, de quelques échantillons? Ce contingent supplémentaire de 30.000 hommes par an, qu'il réclame, n'est-ce pas le premier noyau d'une milice, destinée, selon les idées du général von Seeckt, à doubler l'armée de choc que constituerait la Reichswehr? Il est trop certain, enfin, que l'atmosphère qui règne en Allemagne n'est pas de nature à pousser aux concessions. On y respire un nationa-lisme agressif. Les manifestations de l'esprit de revanche s'y mul-tiplient. Le général von Schleicher, lui-même, au moment où il sollicite une entente à l'amiable, prononce à la radio (26 juillet) un discours presque provocant. Il récidive dans un article de revue (30 août). Il dépasse encore ses précédentes déclarations dans une interview qu'il donne au journal italien *Resto del Carlino*. Il y aurait, dans ces conditions, imprudence à entrer dans la voie qui nous est suggérée.

Le 11 septembre, en termes polis et qui, du reste, ménagent l'avenir, la réponse française décline les propositions de l'Alle-magne. La grande pensée de la Reichswehr a échoué; et cet échec, loin de rester secret, s'étale en plein jour! Le cabinet Papen prend alors une décision brutale; il fait ce que Brüning n'aurait jamais fait; il notifie à Genève que l'Allemagne n'assistera plus, désor-mais, aux réunions du bureau de la Conférence du désarmement; et il annonce la mise en chantier d'un cuirassé de 10.000 tonnes, que Brüning avait ajournée; sous une forme moins accentuée, il prélude, en somme, aux mesures radicales que Hitler prendra, un an plus tard; il en donne, à la France et au monde, un avant-goût. Pour bien marquer son caractère national et satisfaire les milieux que son prédécesseur mécontentait, le gouvernement allemand continue de favoriser les manifestations et les spectacles militaires organisés par les associations patriotiques, notamment par le Casque d'Acier. Il accroît, ainsi, une méfiance qui s'exprime dans un discours à Gramat et un autre à la Chambre, par la voix du Président du Conseil français. Le Chancelier réplique par l'inter-médiaire de l'agence Wolff et persiste dans son refus de rentrer à

Genève ; et quand il démissionne, le 17 novembre, la controverse dure encore.

Quelles que soient, du reste, les difficultés qu'il rencontre dans le domaine des armements, celles-ci ne sont rien en comparaison avec les soucis que lui cause le problème intérieur et les luttes qu'il doit livrer sur ce terrain. Si la Présidence a cru qu'étant plus orienté à droite, Papen réaliserait plus aisément que Brüning la « concentration nationale », dont elle attend la solution de la crise, elle s'est lourdement trompée. La personne du nouveau Chancelier a seulement rendu le conflit plus aigu. Il est vrai que Papen l'aborde avec la volonté de ne pas reculer, pour en finir, devant les grands moyens. Tout de suite, il a compris qu'il n'avait rien à espérer du Reichstag actuel. Le 4 juin, il le fait dissoudre ; les élections nouvelles sont fixées au 31 juillet. Dans l'intervalle, il va essayer de tirer au clair la situation en Prusse. Le Landtag est, lui aussi, ingouvernable. Les nazis y sont le parti le plus nombreux ; cependant, même avec l'appoint des nationaux-allemands, ils n'y ont pas la majorité ; les socialistes unis au Centre catholique, non plus ; les 57 communistes y sont, en fait, les arbitres ; mais, ni la droite, ni la gauche, ne peuvent collaborer avec eux autrement que pour des fins négatives. Si le Centre acceptait de pactiser avec les nazis et les nationaux, il deviendrait possible de nommer un président du Conseil prussien qui remplacerait le social-démocrate Braun. Mais le Centre n'y consent pas.

Dans ces conditions, Papen, le 20 juillet, destitue Braun et le ministre de l'Intérieur Severing. Un décret-loi le nomme lui-même Commissaire du Reich en Prusse, ce qui lui confère le droit de relever de leurs fonctions les membres du gouvernement, d'assumer les fonctions de Président du Conseil et de charger qui lui plaît de diriger les autres ministères. Bracht, bourgmestre d'Essen, est désigné pour le suppléer à la tête des affaires de Prusse. En prévision des résistances qui s'annoncent, un autre décret-loi proclame « l'état d'exception » dans le Brandebourg et à Berlin ; l'armée, sous les ordres du général von Rundstedt, devient responsable du maintien de l'ordre ; des patrouilles circulent dans la capitale ; des troupes campent unter den Linden.

Hors du Reich, le bruit se répand aussitôt qu'une révolution a éclaté à Berlin, que la ville est en alarme et que la situation y est des plus graves. Les journalistes étrangers exagèrent ; la réalité est à l'opposé de leurs télégrammes. Pas un instant le calme n'est troublé. Ce qui frappe, au contraire, c'est la docilité, la passivité avec lesquelles le coup de force du gouvernement est accueilli. Personne ne bouge, ni dans les syndicats ouvriers, ni dans le camp social-démocrate, ni chez les catholiques, ni chez les communistes. Les champions de la démocratie se tiennent cois. Braun, qui se faisait volontiers passer pour un foudre de guerre, Severing, l'indomptable, s'effacent à la première injonction. Le personnel dirigeant prussien, les chefs de la police, quatre présidents-supérieurs de provinces, six présidents sont congédiés et s'inclinent devant les ordres qu'ils reçoivent. On s'étonnera, un jour, de la faiblesse des réactions que rencontrera Hitler, lorsqu'il installera son régime. Mais, de cette faiblesse, on a déjà eu le spectacle, on a déjà pu mesurer l'étendue, sous Papen. Il est vrai qu'autant les résistants ont de prudence dans les gestes, autant ils apportent d'ardeur dans le recours aux procédures judiciaires. Le gouvernement « limogé » de Prusse dépose une plainte à la Cour suprême de Leipzig et se prétend toujours légalement en fonctions. Les gouvernements des États du Sud, la Bavière en tête, prennent bruyamment, mais en paroles, fait et cause pour lui.

En présence de ce tumulte, l'énergie du Chancelier mollit. Il n'ose pas aller jusqu'au bout de sa propre audace. Il en résulte un extraordinaire imbroglio, une confusion sans exemple. La Prusse a désormais deux gouvernements, l'un qui gouverne et ne règne pas, l'autre qui règne et ne gouverne pas ; le drame tourne à la comédie et l'on recommence à rire de Papen.

La campagne pour l'élection d'un nouveau Reichstag se déroule durant le même temps à travers le pays ; elle est dominée par deux figures : celle de Hitler, qui paraît sur les estrades, entouré de l'immense appareil de son parti, orateur féroce dans la critique du « système » actuel, enflammé dans l'évocation de la prospérité, de la grandeur et de la gloire qu'il promet d'apporter à la nation ; et celle de Brüning, froid, pâle, pertinent, défenseur de la liberté et de la légalité dans le cadre de la démocratie autoritaire. Des rixes, des collisions sanglantes se produisent un peu partout ; on enregistre

72 meurtres en Prusse, du 1er juin au 20 juillet, 322 cas d'agression, dus tantôt aux communistes, tantôt aux nazis ; mais les nazis s'assurent de plus en plus le dessus et Hitler s'entoure d'une redoutable garde du corps, revêtue d'uniformes noirs : les Sections de Secours, les S.S.

Le 30 juillet, l'élection a lieu. Elle est, pour les nazis, l'occasion d'une sensationnelle victoire ; ils obtiennent 230 sièges, soit 120 de plus qu'en 1930 et 37 % des voix de l'ensemble du corps électoral. De leur côté, les communistes gagnent 11 sièges. Le national-socialisme, dans le Reich comme en Prusse, représente le parti de beaucoup le plus nombreux et le plus puissant. Pourtant, ni à lui seul, ni avec le suppément des voix des nationaux-allemands de Hugenberg, il ne dispose de la majorité dans l'assemblée. L'élection n'a donc pas résolu le problème. Elle ne permettrait de revenir à la pratique du gouvernement parlementaire que si les nazis, les catholiques et le groupe de Hugenberg, d'ailleurs bien diminué, se prêtaient à la fameuse « concentration nationale ». A première vue, ils n'y sont pas disposés. Papen tentera, cependant, d'en faire l'épreuve. La victoire des nazis n'a pas été sans jeter quelque trouble dans leurs rangs. Certains d'entre eux estiment que l'heure a sonné de franchir, au besoin par la violence, le dernier pas qui les sépare du pouvoir ; certains autres, dont Gregor Strasser paraît être le protagoniste, voudraient entrer en composition pour la formation d'un cabinet, dans lequel le Parti recevrait plusieurs portefeuilles importants ; d'autres, enfin, tels que Gœbbels, Goering et avec eux Hitler, penchent, au contraire, pour la continuation d'une politique d'opposition et d'obstruction, qui, selon eux, les mettra bientôt en mesure d'imposer leurs conditions.

Il s'agit de savoir quelles sont les intentions des nazis dans le nouveau Reichstag. Papen leur a fait des concessions, en rendant aux Sections d'assaut le droit d'exister et de porter l'uniforme. La politique qu'il a suivie, à l'extérieur et à l'intérieur, est à peine différente de celles qu'ils préconisaient. En seront-ils plus conciliants ? Des conversations se nouent entre Papen, Schleicher et Hitler. Elles sont compliquées et enchevêtrées. A elles remonte, semble-t-il, l'origine de la brouille qui ne tardera pas à diviser Papen et Schleicher et qui aura de si grosses conséquences, le premier reprochant à l'autre de manquer de loyauté et d'agir moins en auxiliaire qu'en principal intéressé, le second s'apercevant et s'impatientant de l'obstacle que constitue la personne de son camarade.

Quoi qu'il en soit, la négociation n'aboutit pas. Hitler reste intraitable et décline les propositions qui lui sont faites. Le Maréchal, désireux de le placer publiquement en face de ses responsabilités, le convoque, le 13 août, à la Présidence et lui renouvelle les offres qui lui ont été adressées. Hitler les repousse. Un communiqué officiel précise qu'il a refusé de participer à un gouvernement Papen et qu'il a revendiqué le pouvoir pour lui tout entier. Le communiqué ajoute : « Le Président a rejeté cette exigence d'une façon catégorique, déclarant que sa conscience ne lui permettait pas de confier le pouvoir gouvernemental exclusivement au parti national-socialiste, qui est disposé à en faire un usage arbitraire. » L'entrevue, glaciale, a duré treize minutes.

Avec elle se termine la période des ménagements envers le nazisme. La lutte reprend. L'opinion publique est, d'ailleurs, indignée par les excès que commettent, ici et là, les hitlériens. Dans un petit village de Haute-Silésie, à Potempa, une bande de nazis a tiré de son lit, la nuit, un pauvre ouvrier et l'a, sous les yeux des siens, assommé et lardé de 28 coups de poignard. Le tribunal de Beuthen a condamné à mort les cinq auteurs du crime. Mais Hitler leur envoie un message de sympathie et affirme hautement la solidarité qui l'unit à eux. On commence à entrevoir ce que sont, en réalité, les mœurs des nazis et quel avenir leur règne éventuel réservera au Reich.

Pour faire pièce aux milices brunes, le gouvernement dispense ostensiblement ses faveurs au Casque d'Acier. Il assiste à son congrès annuel, le 2 septembre ; il lui fournit les moyens d'organiser, les jours suivants, une démonstration du « Sport militaire ». (Wehrsport), auquel il entraîne la jeunesse, ainsi qu'un vaste rassemblement de ses effectifs, sur le champ de manœuvre de Tempelhof. Il oppose, par là, le bon nationalisme au mauvais, le nationalisme respectueux des autorités régulières, discipliné et raisonnable, au nationalisme turbulent, insolent et contempteur des lois. Malheureusement pour lui, l'étranger n'apprécie pas ces distinctions. Les évolutions de Stahlhelm lui paraissent aussi dangereuses que celles des Sections d'assaut ; il y voit un motif de refuser

à l'Allemagne les modifications de son statut militaire et l'égalité
des droits qu'elle sollicite à la conférence de Genève et dans ses
tentatives de négociation avec le gouvernement français. Mais c'est,
surtout, dans le cadre du nouveau Reichstag que se déploie l'hostilité entre le cabinet des Barons et le parti des chemises brunes.

Après l'échec de ses pourparlers, Papen s'est résolu à dissoudre
le Parlement à peine né et qui doit se réunir pour la première fois
le 30 août. Du coup, voilà les nazis enragés à défendre l'existence
de l'assemblée, à prouver qu'elle est viable et, de toute façon, à ne
pas la laisser renvoyer, avant qu'elle n'ait eu le temps de voter
contre le gouvernement! Voilà ces ennemis du régime parlementaire mués en champions des droits de la représentation populaire!
Le cynisme hitlérien se donne libre cours et la comédie se poursuit.

Le 30 août 1932, le Reichstag se réunit. L'assemblée inaugure
traditionnellement son activité sous la présidence du doyen d'âge.
C'est la communiste Clara Zetkin. On imagine le tapage qu'eussent
fait les nazis en d'autres circonstances. Mais, cette fois, il s'agit
pour eux d'éviter les excès qui fourniraient un prétexte à la dissolution. Clara Zetkin, vieille femme épuisée par les années, monte
avec peine au fauteuil, soutenue sous chaque bras. D'une voix
fluette et monotone, elle lit un long discours qu'on entend mal,
mais où l'on distingue qu'elle appelle des ses vœux le jour où les
Soviets d'Allemagne rempliront cette salle. A leurs places, dans
l'hémicycle, les députés hitlériens, en chemise brune, culottes
noires et bottes, le brassard à croix gammée au bras, sont d'une
sagesse exemplaire. Pas une interruption. Pas un cri. Pas une
remarque malsonnante. Pourtant, ils crèvent de fureur. Ils rongent
leur frein; mais aucun ne bouge. Quand la doyenne a terminé, on
procède dans le plus grand ordre à l'élection du président et du
bureau.

Goering est élu par 367 voix. Les catholiques ont voté pour lui.
Comme elle n'a pas pour but de soutenir le gouvernement, mais,
au contraire, de jouer un tour à Papen, la concentration nationale
se forme sans difficulté. Elle élimine les socialistes de toutes les
charges. Goering grimpe allègrement à son estrade. Sa voix claire

retentit. Avec une aisance surprenante, il prend possession de ses fonctions, comme si elles lui étaient familières. Il proteste de la loyauté avec laquelle il les remplira ; il remercie ses collègues ; son autorité s'impose immédiatement ; l'assemblée, qu'il semble tenir parfaitement en main, ne se départit pas de sa discipline ; la séance est levée sans incidents ; du commencement à la fin, elle a été édifiante. La manœuvre se développe. Sous la conduite de Goering, le bureau fait une démarche auprès du maréchal Hindenburg, atteste l'existence d'une majorité et prie le Maréchal de recevoir les chefs des fractions, afin d'organiser une collaboration régulière entre lui et le Parlement. Le Maréchal réserve sa réponse. En réalité, il a déjà donné à Papen un décret de dissolution et le bruit ne tarde pas à s'en répandre.

Le 12 septembre, le Reichstag se réunit pour la seconde fois. Dès l'ouverture, les communistes demandent la modification de l'ordre du jour ; ils déposent deux motions, l'une réclamant l'abolition des derniers décrets-lois, l'autre exprimant la méfiance au Cabinet et ils invitent l'assemblée à mettre ces motions aux voix, sans débat préalable. La séance est suspendue. Durant la suspension, le Centre, les nazis et les socialistes se montrent disposés à brusquer les choses et à voter en faveur des motions communistes.

Papen, qui s'attendait à un ample débat, en vue duquel il avait préparé un grand discours, n'a que le temps d'envoyer chercher le décret de dissolution qu'il a laissé à la Chancellerie.

A la reprise, Goering qui préside, constate l'accord intervenu et fait immédiatement procéder au scrutin. Papen s'agite, lève la main pour demander la parole et brandit son papier. Au Reichstag, le gouvernement n'est pas assis dans l'hémicycle, en face du Président, mais sur l'un des côtés de l'estrade où siège le bureau, de sorte qu'il peut arriver que le Président ne voie pas très bien, ou pas tout de suite, ce qui se passe au banc du gouvernement. Dans le cas présent, l'agitation du Chancelier n'a pas échappé à Goering et celui-ci a parfaitement compris que la feuille de papier que Papen tient dans sa main est le décret de dissolution. Mais il feint de ne pas le voir ; il regarde d'un autre côté ; il tourne obstinément le dos au Chancelier, tout en pressant l'opération du vote. Du haut de la tribune diplomatique, où je me trouve, j'aperçois les moindres détails de cette scène singulière. Désespérant d'attirer l'attention systématiquement rétive du Président, Papen fait quelques pas, s'approche de lui, dépose sur le coin de sa table le décret de dissolution et quitte la salle, accompagné des autres membres du gouvernement. Goering ne bronche pas ; il persiste à ne pas se retourner, à faire semblant de n'avoir rien vu ; il déclare le scrutin clos et, quelques instants après, proclame ses résultats : la motion de méfiance des communistes a été votée par 513 voix contre 32. Seulement alors, il s'avise de découvrir la feuille de papier que Papen a laissée auprès de lui. Il donne connaissance à l'assemblée de son contenu et ajoute que ce décret de dissolution est évidemment sans valeur, puisqu'il est contresigné par un ministère régulièrement renversé. On ne saurait mettre plus de sang-froid et de maîtrise dans l'hypocrisie et l'imposture. Un tonnerre d'applaudissements éclate. La manœuvre de Goering, supérieurement exécutée, a permis de gagner le gouvernement de vitesse et de le mettre publiquement en minorité.

Elle reste, bien entendu, sans lendemain, malgré les efforts que déploient les nazis pour la prolonger devant une Commission d'enquête. Elle a, tout de même, porté un coup au prestige, déjà bien relatif, de Papen et fait, derechef, rire à ses dépens. Les 513 voix qui se sont trouvées d'accord pour blâmer le Chancelier se résolvent, de nouveau, en rivalités et en querelles. La Cour de Leipzig, appelée à statuer sur la légalité de l'attitude du gouvernement du Reich à l'égard de la Prusse, rend un arrêt d'une extraordinaire ambiguité (25 octobre) qui donne tour à tour raison aux deux parties et loin de trancher le conflit qui les divise, fournit à chacune un motif d'y persévérer. La situation est d'autant plus chaotique que les mesures prises pour remédier à la crise économique, l'institution des bons d'impôt, l'octroi de primes à l'embauchage, la réduction des salaires et de la durée de la journée de travail, ont pour principal effet d'accroître l'impopularité du Cabinet, sans diminuer le nombre des chômeurs, qui monte jusqu'à 7 millions.

Le corps électoral a été invité à remplacer, le 12 novembre, le Reichstag dissous. Par cette tactique d'élection à jet continu, le Gouvernement espère, peut-être, que le pays finira par lui imposer une assemblée à son goût. Mais il lasse, en même temps, sa patience et achève de discréditer le régime parlementaire. Le scrutin du 12 novembre semble, pourtant, répondre à ses désirs. Cette fois, le national-socialisme enregistre un recul sensible, une véritable défaite; il rétrograde de 230 sièges à 195, de 13 millions à 11 millions de suffrages. Les communistes gagnent 11 sièges; mais les nationaux-allemands en gagnent 14. Les progrès constants du nazisme paraissent enrayés. Déjà, un reflux s'amorce. C'est pour Papen un indéniable succès. Touche-t-il au but? Il peut le croire. Car l'échec que les nazis viennent de subir a augmenté le désarroi et la discorde dans leur camp; les partisans d'une collaboration avec le Gouvernement attribuent la responsabilité de la défaite aux adeptes de l'opposition à outrance; les amis de Strasser s'en prennent aux fidèles de Hitler; de plus, la propagande a épuisé les ressources du Parti et les caisses sont à peu près vides. Il semble que l'on soit parvenu à la phase décisive de ce long duel. Pure apparence! Dans cette Allemagne qui a le goût des machinations ténébreuses et des querelles de personnes, rien n'est simple et il y a toujours place pour des intrigues et des revirements surprenants.

Papen essaie de renouer des contacts avec un national-socialisme qu'il présume assagi, assoupli par l'événement. Mais Hitler, qui est, de tempérament, un extrémiste, s'est prononcé pour l'intransigeance. Avec ses 195 députés au Reichstag il reste l'arbitre de la situation parlementaire. Il refuse de négocier avec Papen. Le Chancelier imagine, alors, avec la Présidence, une procédure qui doit avoir raison de l'obstruction hitlérienne. Il démissionnera. Le Maréchal invitera Hitler à constituer un cabinet appuyé par une majorité au Reichstag. Hitler n'y arrivera pas et devra avouer son impuissance. Papen, rappelé par Hindenburg, fera sa rentrée, et, cette fois, Hitler sera obligé de traiter avec lui.

Tout se déroule selon ce schéma. Le 17 novembre, Papen démissionne. Le 19, le Maréchal convoque Hitler. Il l'investit officiellement de la mission de rechercher les bases d'une majorité parlementaire, capable de soutenir son cabinet, et lui accorde jusqu'au 24 novembre pour mener à bien son enquête. Le Centre et les nationaux-allemands font aussitôt savoir qu'ils n'accepteront pas Hitler comme Chancelier. Chez les nazis les dissensions sont plus vives que jamais. Strasser estime qu'il faut former un cabinet à tout prix. Gœring n'admet qu'un cabinet dirigé par Hitler. Gœbbels est hostile à toute participation ministérielle. Quant à Hitler lui-même, il commence à soupçonner qu'il a été attiré dans un piège. A-t-on prétendu l'enfermer dans la formule, irréalisable, d'un cabinet parlementaire ? Pourquoi ne gouvernerait-il pas, lui aussi, comme Brüning et Papen l'ont fait, au bénéfice de l'article 48 de la Constitution, c'est-à-dire en vertu des pouvoirs discrétionnaires du Président du Reich et à coups de décrets-lois ? Il demande par lettre des précisions au Maréchal. Une correspondance s'engage. Hindenburg la conclut en refusant de confier les pleins pouvoirs présidentiels au chef d'un parti qui a toujours souligné son caractère exclusif et dont l'attitude est négative, aussi bien vis-à-vis de sa personne, que vis-à-vis des mesures politiques et économiques qu'il juge nécessaires. Hitler, ainsi désavoué, renonce à son mandat et proteste qu'il a été le jouet d'une intrigue.

Mais, ici, se produit dans les calculs de la Présidence un accroc imprévu. Au moment où le Maréchal s'apprête à rappeler Papen, Schleicher soulève des objections. Il a compris que Papen n'avait pas réussi, qu'il ne réussirait pas plus aujourd'hui qu'hier, à dissiper, même chez ses propres amis, même dans son propre ministère, les préventions dont il est l'objet et que sa personne complique un problème, déjà suffisamment ardu en soi-même. Il se prononce contre le retour de son camarade, qu'il n'a pas cessé, d'ailleurs, de larder de ses sarcasmes, pendant le cours orageux de son passage à la Chancellerie. Papen en éprouve une profonde amertume. Le colonel Hindenburg, Meissner, le Maréchal lui-même partagent son ressentiment et jugent que, puisque Schleicher est si fertile en critiques, si prompt à trouver mauvais ce que font les autres, il devrait bien assumer à son tour, et directement, les responsabilités du pouvoir et montrer de quoi il est capable.

Schleicher invite Hitler, qui s'est retiré à Munich, à venir conférer avec lui. Il compte bien franchir l'obstacle auquel Papen s'est heurté. Effectivement Hitler prend le train pour Berlin. Mais, à la gare de Weimar, Gœring et Gœbbels surgissent, le font descendre de son compartiment et le dissuadent de se présenter au rendez-vous du général. Hitler écrit à Hindenburg qu'il ne donnera pas plus son concours à Schleicher qu'à Papen. Dans ces conditions, Schleicher voudrait bien s'esquiver et décliner la charge qu'on entend lui confier. On ne lui en laisse pas la liberté. La Présidence le met, en quelque sorte, au pied du mur, et le Maréchal, le 2 décembre, l'oblige à prendre la Chancellerie. Papen rentre dans la coulisse, mais non pour s'y confiner, désormais, dans le rôle d'un spectateur. Il est plein d'aigreur et de rancune. Son goût de la politique et du pouvoir, son ambition, sa vanité blessée ne le laissent pas en repos. Il a gardé intactes l'approbation, la confiance, l'amitié du Maréchal. Il a soif d'une revanche. Sa carrière n'est pas finie.

Si elle s'arrêtait là, faudrait-il ratifier l'appréciation sévère que l'opinion publique porte sur lui ? Du programme dont on l'avait chargé, il a accompli, au moins, la partie négative ; il a obtenu, au-dehors, un règlement définitif et avantageux des réparations ; au-dedans, il a évincé la sociale-démocratie du gouvernement de la Prusse ; les élections qu'il a multipliées ont, il est vrai, révélé, sinon favorisé, les progrès du nazisme ; mais il a également infligé à celui-ci un revers cuisant et ébranlé sa cohésion. Dans le domaine économique, il a échoué, mais pas plus, ni autrement, que ses prédécesseurs, et il est douteux qu'un autre, par des moyens normaux, eût obtenu de meilleurs résultats. Son idée était d'offrir à l'Allemagne, à la place du nationalisme hitlérien, aux prétentions inquiétantes et aux mœurs brutales, conduit par des hommes de sac et de corde, un nationalisme de type wilhelminien, plus respectueux de l'ordre établi et de la légalité, mené par des aristocrates et des grands bourgeois qui eussent, au bout de quelque temps, ramené la monarchie. La paix extérieure n'y eût, peut-être, pas gagné ; le Reich, en tout cas, n'eût pas fait l'expérience du régime affreux et barbare, qu'il allait connaître.

Il est permis, à cet égard, de considérer comme relativement injustes le préjugé hostile, l'antipathie virulente qui ont accompagné, pendant ses six mois de gouvernement, chacune des démarches de Papen, de considérer, en particulier, que le Centre catholique n'a, peut-être, pas été très clairvoyant, en le combattant avec une telle âpreté, pour venger Brüning. En réalité, la faute majeure de Papen, son vrai crime, commence à sa sortie du pouvoir, lorsque, cédant au ressentiment, il tourne casaque, intrigue contre son successeur, se rapproche du nazisme, dont il n'a reçu jusque-là que des rebuffades et des coups, et, après avoir lutté contre Hitler, se réconcilie avec lui et s'occupe d'aplanir les voies qui lui ouvriront l'accès du gouvernement. C'est en ce sens que l'on peut dire qu'il a été, pour l'Allemagne, un homme fatal !

Schleicher arrive au pouvoir avec la réputation d'une intelligence et d'une habileté politiques de premier ordre. Et cependant, il s'y maintiendra à peine deux mois et il y donnera l'impression d'une complète carence, d'un effondrement piteux. Au cours des quelques semaines qu'il a passées à la Chancellerie, je l'ai vu hésitant, désemparé, submergé, plus blême que jamais, épuisé par les veilles. A-t-on surestimé sa valeur? Faut-il le compter parmi ceux qui ne brillent qu'au second rang et s'éclipsent au premier?

Pour comprendre son aventure, il convient de ne pas oublier quel en a été le point de départ. Schleicher a été poussé à la Chancellerie contre son gré. On l'y a poussé, non pour qu'il y réussisse, mais pour qu'il y échoue, pour se débarrasser de lui, pour le liquider, parce que ses amis eux-mêmes étaient fatigués de ses interventions perpétuelles, de ses voltes incessantes, de son ironie mordante et de l'insécurité de son commerce. C'est Papen qui a été l'artisan de l'opération, mais non pas lui seul, Papen, encouragé, aidé en sous-main par la Présidence, qui a fait jouer contre lui tous ses ressorts. Après sa chute, j'ai entendu Schleicher, à un déjeuner auquel assistaient plusieurs personnages officiels, s'écrier, d'une voix sardonique : « Je ne suis resté que soixante-dix jours au pouvoir, et chacun de ces jours, j'ai été trahi soixante-dix fois! Qu'on ne me parle donc plus de la fameuse « fidélité allemande » ! — Mais avait-il, lui-même, toujours donné l'exemple de la fidélité?

Les débuts de son règne éphémère, sont, pourtant, assez calmes, plus calmes que ne l'ont été ceux de Papen. Le Reichstag élu le 12 novembre se réunit le 6 décembre. Comme s'il n'avait pas envie d'aller immédiatement rejoindre dans le néant les assemblées qui l'ont précédé, comme si, de leur côté, les nazis, qui y constituent encore, avec leurs 195 députés, le bloc le plus imposant, se sentaient, tout de même, meurtris de la défaite relative qu'ils viennent d'essuyer, la séance se déroule sans incidents et dans les formes normales. Le Parlement choisit son bureau, élit Gœring à la présidence, examine et adopte quelques projets de loi. Est-il sérieusement assagi? L'instinct de conservation le retient-il dans les bornes

de la prudence? Serait-il viable et gouvernable? Schleicher, justi-
fiant sa renommée, aurait-il réalisé ce miracle? A la vérité, l'accalmie est trompeuse. Ce n'est qu'un répit, une trêve, à l'abri de
laquelle de nouvelles intrigues, de nouveaux complots s'ourdissent.

Le 15 décembre, Schleicher commet une première erreur, dont
le poids, bientôt, l'écrasera. Il prononce à la Radio un discours-
programme. Dans ce discours, préoccupé, surtout, de dissiper les
préventions que peuvent susciter, parmi les classes populaires, sa
qualité de général et le rôle dominant qu'on lui attribue à la tête
de la Reichswehr, il cherche à s'attirer la sympathie des masses.
Il répudie toute intention d'exercer une dictature militaire. Il sera
plutôt un « général social ». Il est bien décidé à gouverner selon
la Constitution, avec le Reichstag. Il fait connaître qu'il annule le
décret-loi autorisant la réduction des salaires. Il annonce également
qu'il affectera 300.000 hectares, provenant des grandes propriétés
en faillite de la Prusse Orientale, à la colonisation intérieure, au
bénéfice de la petite exploitation et de la petite propriété!

Suprême imprudence! Il touche là à une matière éminemment
inflammable. Brüning s'y est brûlé les doigts! Mû par le désir de
désarmer les préjugés de la gauche, il arme ceux de la droite. A
gauche, il est peu probable, malgré ses avances, qu'il recrute des
partisans. Il perd, en revanche, ceux qu'il avait à droite. Il faudrait,
pour comprendre son jeu, plus de finesse qu'on n'en a communé-
ment dans ces milieux. On ne voit dans son attitude qu'une pirouette
d'arlequin. Ne voilà-t-il pas qu'il fait, maintenant, de la démagogie?
C'est un lâcheur, un traître! Les conservateurs, les nationaux-
allemands de Hugenberg se montrent indignés; ils l'appellent « le
général rouge »!

A l'égard du national-socialisme, Schleicher en est resté aux
intentions qui étaient celles de la Présidence et que Papen n'a pu
exécuter qu'à moitié. Il s'agit d'assouplir les nazis et, s'ils persistent dans leur intransigeance, de leur rompre l'échine. Depuis
quelque temps, il s'efforce d'attiser les discordes qui ont éclaté
parmi leurs chefs; il mise sur Gregor Strasser, moins forcené,
plus raisonnable que Hitler et qui jouit d'une grande popularité
dans le Parti. Strasser, considéré comme le principal lieutenant du
Führer, jalousé, à ce titre, par les Gœring et les Gœbbels, va
jusqu'à se séparer de lui, à démissionner avec fracas et à entrer en

dissidence. Schleicher est disposé à lui confier un portefeuille dans son ministère ou à le mettre à la tête du gouvernement prussien.

Tactique dangereuse, dont Hitler se souviendra et tirera vengeance, le 30 juin 1934, mais tactique habile, et qui pourrait aboutir, si, précisément, à la même heure, Papen ne la contrecarrait ! Papen a été, en effet, abordé par les amis qu'il a dans les milieux de la banque et de la grande industrie. Ils lui ont représenté que le moment était venu d'en finir et de traiter avec Hitler et son parti. Le courant national-socialiste est trop fort, pour qu'on puisse espérer qu'il se résorbe. Tant qu'il sera dans l'opposition, la crise intérieure ne cessera pas et l'Allemagne demeurera ingouvernable. Or, les élections du 6 novembre ont été, pour Hitler, un avertissement. Il a compris qu'il ne fallait pas trop tirer sur la corde. Il a de graves ennuis d'argent. On a donc barre sur lui. Il n'aura plus les mêmes prétentions que la veille. L'occasion est favorable ; il faut la saisir. L'attelage Papen-Hitler n'a pas été possible. L'attelage Hitler-Papen le sera, sans doute. Hitler, Chancelier, serait surveillé, réfréné par Papen, Vice-Chancelier. Avec lui, n'entreraient dans le gouvernement qu'un ou deux de ses acolytes. Les autres ministres, aristocrates et nationaux bon teint, amis de Papen et du Maréchal, l'entoureraient d'une garde solide, qui empêcherait les abus et les sottises. Papen est sensible à cette argumentation. La perspective de revenir au pouvoir et de rendre à Schleicher, qui l'a évincé du gouvernement, la monnaie de sa pièce, n'est pas, non plus, de nature à lui déplaire. Il accepte de rencontrer Hitler, le 4 janvier 1933, à Cologne, chez le banquier Kurt von Schrœder.

La conversation prend la tournure souhaitée par ses instigateurs. Mais des journaux ont eu vent de l'entrevue et dénoncent son caractère suspect. Papen s'en explique, en déclarant qu'il n'a fait que continuer à s'enquérir des moyens de sortir de l'impasse dans laquelle la politique du Reich est immobilisée. En réalité, il est acquis à la formule qu'on lui a suggérée et il va, désormais, consacrer tous ses efforts à peser sur l'esprit du Maréchal, à faire revenir le vieillard de la méfiance et de l'aversion qu'il nourrit pour Hitler, à le gagner peu à peu à la solution, à laquelle il s'est, lui-même, converti. Ses amis agissent parallèlement et étendent leur trame dans leurs cercles respectifs. Schacht, Thyssen, Vögler marchent avec eux. Hugenberg, le Casque d'Acier se laissent séduire par la combinaison qui leur est exposée et dans laquelle ils comptent bien trouver place.

Au milieu de ce dédale d'intrigues byzantines, une circonstance va jouer un rôle capital. Le 15 janvier doit avoir lieu dans le minuscule État de Lippe-Detmold le renouvellement de l'assemblée locale. Celle-ci se compose de 21 députés. On répand l'idée que, dans ce cadre exigu, la consultation électorale, qui, à vrai dire, ne devrait pas signifier grand'chose, aura, pourtant, la valeur d'une sorte d'épreuve suprême, de jugement de Dieu. Si le national-socialisme y est battu, ce sera le signe de son irrémédiable déclin. S'il en sort vainqueur, cela témoignera, au contraire, qu'il est marqué pour la conquête du pouvoir. Hitler ordonne de ramasser toutes les forces du nazisme, toutes les ressources qui lui restent, de mettre en action tous les rouages de son appareil de propagande. Le Führer, lui-même, se prodigue. Le petit pays est inondé d'agitateurs, d'orateurs, d'affiches et de tracts. Il subit une pression intense, tandis que l'Allemagne attend l'issue de ce singulier appel au destin. Le résultat répond aux espoirs de Hitler. Les nazis, qui n'avaient qu'un siège dans l'ancien Landtag, en obtiennent neuf. Ils poussent, aussitôt, un immense cri de joie. Démesurément grossi, l'événement est présenté comme le rebondissement irrésistible du Parti ; et dans l'atmosphère ainsi créée, et à laquelle, naturellement, la Présidence n'échappe pas, la perte de Schleicher est résolue.

Les heureuses promesses des débuts du Chancelier ne se sont pas confirmées. Le Reich est retombé à ses troubles chroniques. Les batailles entre hitlériens et communistes deviennent de plus en plus fréquentes et sanglantes, à travers le territoire. A quoi bon avoir un gouvernement dirigé par un général — se plaît-on à répéter — s'il n'est pas capable de maintenir l'ordre et laisse péricliter la notion de l'autorité? Mais c'est sur le terrain économique que Schleicher est le plus vulnérable. En ce domaine, il est sans expérience, sans compétence et il n'a pas, à ses côtés, un conseiller qui l'éclaire et dont il soit sûr. Son ministre de l'Agriculture, von Braun, est en conflit aigu avec son ministre de l'Économie, Warmbold. L'un réclame des droits protecteurs, contre lesquels l'autre s'insurge. Les paysans sont en rumeur, parce qu'ils vendent mal leur lait et qu'on a ordonné de mêler de la margarine au beurre, pour satisfaire les fabricants de margarine. Entre des exigences contradictoires qui l'assourdissent, Schleicher hésite, perplexe.

Le 11 janvier, la puissante association des Agrariens (Landbund), conduite par le comte Kalckreuth, après avoir été reçue par le Maréchal, en présence du Chancelier, publie dans la presse un communiqué violemment hostile à ce dernier. Le 20, à la Commission du budget du Reichstag, les députés du Centre évoquent l'épineuse affaire de l'aide aux grands propriétaires de l'est (Osthilfe). L'un d'eux révèle qu'Oldenburg-Januschau, l'ami de Hindenburg, a touché 620.000 marks. Un autre assure que de nombreux bénéficiaires des subventions de l'État ne s'en servent pas pour payer leurs dettes, mais pour s'acheter des automobiles et s'offrir des voyages à la Riviera. Tout le clan des Junkers frémit de colère et rend la démagogie de Schleicher responsable des insolences du Reichstag. Le 24 janvier, enfin, le parti national-allemand de Hugenberg, qui a pactisé avec les nazis, lance, à son tour, une attaque publique contre le Chancelier. On parle ouvertement d'une crise ministérielle imminente. De fait, on est parvenu à ameuter contre Schleicher les grands industriels, les grands propriétaires terriens, les banquiers, les paysans, les nazis, les nationaux-allemands, le Casque d'Acier, les monarchistes... Papen avait conservé, du moins, l'appui de la Présidence. Schleicher ne l'a même plus; il en est au point où il avait, huit mois plus tôt, réduit Brüning.

Circonvenu, sollicité de toutes parts, le Maréchal finit par accepter la palinodie que Papen lui propose et par admettre qu'il n'y a pas d'autre solution d'un imbroglio qui n'a que trop duré, que de faire, une bonne fois et avec les précautions nécessaires, l'essai de Hitler. Si l'essai réussit, tant mieux! S'il échoue, on sera délivré de ce personnage incommode! Quant à Schleicher, Hindenburg s'en débarrassera sans plus de façons qu'il n'en a mis à liquider Brüning. Le 28 janvier, il l'oblige à donner sa démission, en refusant de signer le décret de dissolution que le général sollicite, en prévision de la réunion toute proche du Reichstag.

Hitler, depuis la veille, est déjà à Berlin. Il s'est installé à l'hôtel Kaiserhof, qui est son siège habituel, quand il réside dans la capitale, à deux pas de la Chancellerie et du palais présidentiel. Une foule considérable stationne sur la place, observe les allées et venues et pousse des cris, quand elle aperçoit le chef nazi. Après la démission de Schleicher, Papen a été chargé par Hindenburg de préparer avec les partis la composition du futur gouvernement. Mais nul n'ignore plus qu'Hitler a, cette fois, les plus grandes chances d'être appelé au poste de Chancelier. La fièvre se propage dans la capitale. Chacun est à l'affût des nouvelles. Chacun sent qu'une heure fatidique va sonner pour l'Allemagne. Gœring, Hitler, Papen négocient avec les représentants des fractions parlementaires. Enfin, dans la matinée du 30 janvier, le Maréchal mande Hitler auprès de lui. En même temps, des bruits étranges courent dans Berlin. On raconte que la garnison de Potsdam, alertée par Schleicher et les généraux, est en marche sur la ville et qu'il faut aller vite, si l'on veut éviter un coup d'État. Rien de vrai, sans doute, dans cette histoire, destinée à brusquer les derniers scrupules de Hindenburg.

A midi, des éditions spéciales, imprimées à la hâte, font connaître officiellement que Hitler a été nommé Chancelier. Le Führer regagne son hôtel, en proie à une émotion visible. Désormais, il n'est plus seulement le Führer du national-socialisme, il est le Führer du Reich. Treize ans d'efforts acharnés, d'idée fixe, de tension de la volonté, de dépense nerveuse, de résistance aux épreuves les plus diverses, treize ans d'audace, de patience et de ruse reçoivent, en cet instant, leur récompense, leur consécration ! Hitler est arrivé à ses fins. Sa plus ancienne prédiction s'accomplit. Le vagabond, le raté d'avant 1914, l'homme de liaison, le « soldat inconnu » de la Grande Guerre, l'orateur à demi dérisoire des brasseries munichoises de l'après-guerre, l'adhérent d'un parti qui ne comptait que 7 membres est, aujourd'hui, au pouvoir et, avec lui, le mouvement qu'il a créé et qui groupe 13 millions d'Allemands. Il semble qu'une protection surnaturelle puisse, seule, expliquer cette prodigieuse fortune.

Hindenburg et les têtes légères qui l'ont influencé connaissent-ils bien l'homme aux mains duquel ils ont remis les destinées du Reich ? Savent-ils quels sentiments, quelles ambitions, quelle moralité recouvrent cette figure aux traits si vulgaires, ces yeux opaques, ce front barré d'une mèche ridicule ? Ils ne tarderont pas, en tout cas, à s'apercevoir qu'il a derrière lui des forces autrement puissantes que celles d'une sociale-démocratie sans ardeur, d'un Casque d'Acier poussiéreux ou d'une Bannière d'Empire essoufflée.

Dans la soirée du 30 janvier, pour fêter la victoire de Hitler, les nationaux-socialistes organisent une retraite aux flambeaux. En colonnes épaisses, encadrés par des musiques qui jouent des airs militaires et rythment la marche du sourd battement de leurs grosses caisses, ils surgissent des profondeurs du Tiergarten ; ils passent sous le quadrige triomphal de la porte de Brandebourg. Les torches qu'ils brandissent forment un fleuve de feu, un fleuve aux ondes pressées, intarissables, un fleuve en crue, qui pénètre, d'une poussée souveraine, au cœur de la cité. Et de ces hommes en chemises brunes, bottés, disciplinés, alignés, dont les voix bien réglées chantent à pleine gorge des airs martiaux, se dégage un enthousiasme, un dynamisme extraordinaires. Les spectateurs qui font la haie se sentent gagnés par une contagion chaleureuse. Ils poussent, à leur tour, une longue clameur, sur laquelle se détachent l'inexorable martellement des bottes et les accents cadencés des chants. Le fleuve de feu passe devant l'ambassade de France, d'où je regarde, le cœur serré, étreint de sombres pressentiments, son sillage lumineux ; il oblique dans la Wilhelmstrasse et roule sous les fenêtres du Palais du Maréchal.

Le vieillard est là, debout, appuyé sur sa canne, saisi par la puissance du phénomène qu'il a, lui-même, déclenché. A la fenêtre voisine, se tient Hitler, salué par un jaillissement d'acclamations, par une tempête de cris. Et toujours, des allées du Tiergarten, accourent de nouveaux flots. Le défilé dure jusqu'à minuit, dans un ordre parfait. On a eu, cependant, si peu de temps pour l'organiser, qu'on n'a même pas songé à prévenir les photographes et les cinéastes. Et l'on recommencera, le lendemain, avec une ferveur intacte, pour fixer à tout jamais par l'image le souvenir de cette nuit historique...

CHAPITRE III

L'IDÉOLOGIE HITLÉRIENNE

Lorsque Hitler accède au pouvoir, seuls, peut-être, ses familiers connaissent la nature profonde, le caractère véritable de cet homme énigmatique, qui est en perpétuelle représentation et que les foules ne voient que sur des estrades, ou à la tête d'immenses cortèges, entouré de ses cohortes de chemises brunes, ou debout, le bras tendu, à l'avant d'une automobile, dans le fracas des musiques ou le claquement des drapeaux. Mais personne n'ignore ses idées, sa doctrine. Il les a exposées dans un livre, *Mein Kampf,* que tout le monde a lu et qui est, pour ses adeptes, un livre saint, une Bible, un Coran. Lui-même et ses lieutenants, ses propagandistes, ses orateurs, ses écrivains, les ont, depuis treize ans, répandues, commentées, développées par la parole, en d'innombrables réunions publiques, et par la plume, dans une infinité de tracts, de manuels, d'affiches, d'ouvrages, de brochures et d'articles de toutes sortes.

Hitler ne se borne pas, en effet, à critiquer — et avec quelle verve féroce ! — le « système » et les gouvernements d'après guerre ; il ne se borne pas à promettre un remède aux maux présents du pays, le chômage, la misère, l'humiliation et le désespoir. Il apporte, en même temps, une conception du monde, une « Weltanschauung » qui doit, selon lui, rénover la face de l'Allemagne et de la terre, la marquer, pour mille ans, de son empreinte, et qui sera, sans doute, pour le monde moderne ce qu'a été, pour le monde antique, l'apparition du christianisme. C'est en ce sens qu'il se déclare révolutionnaire et qu'il peut proclamer que son arrivée

4

à la Chancellerie du Reich est le signe d'une révolution, l'aurore
d'une nouvelle ère, l'ère du IIIe Reich. Car, pour le reste, il ne
s'est pas saisi du gouvernement par un acte de violence, il a été
désigné pour l'exercer par le chef de l'État dans des conditions
strictement légales, en sa qualité de chef de la fraction politique la
plus importante au Parlement et dans le pays.

Cette doctrine, on l'appelle, en France : le racisme. Ce n'est pas
là, à vrai dire, la traduction littérale d'un terme allemand correspondant; c'est plutôt un équivalent; il exprime l'idée contenue à la
fois dans les mots de « Völkisch-Volkstum » et dans celui de
« Rasse »; il a, en tout cas, l'avantage de caractériser très exactement l'assise fondamentale sur laquelle s'appuie tout l'édifice de la
pensée hitlérienne.

D'après Hitler, les lois que la nature impose au règne animal
s'appliquent également à l'humanité. Dans les espèces animales,
les races de pur sang sont supérieures aux races mélangées. La
nature condamne les bâtards. Il en est de même chez les hommes.
Les qualités du sang décident de la qualité d'un homme et d'un
peuple. Un homme vaut, d'abord, ce que vaut sa race. Le « sang-
mêlé » le métis, est un être inférieur. D'autre part, tout ce qui vit,
hommes et bêtes, est soumis à la loi de la concurrence, à l'obligation de la lutte et du combat. Les races s'affrontent; celle qui a le
meilleur sang l'emporte. Sa supériorité au combat témoigne de la
supériorité de son sang. Les animaux ne sont ni charitables ni pacifistes. Les hommes charitables et pacifistes s'écartent des commandements de la nature; ce sont des dégénérés. Ainsi, la guerre est
la pierre de touche de la valeur d'un peuple. C'est un phénomène
naturel, normal, nécessaire. Elle est indispensable au progrès. C'est
elle qui qualifie la race appelée à régner sur les autres, qui justifie
la domination de la race des maîtres, dont les autres ne seront que
les associées ou les esclaves, et qui sera, pour celles-ci, en retour,
créatrice et dispensatrice de civilisation. Car, seules, les races
pures, les races fortes sont des facteurs de civilisation.

Il s'ensuit que le premier devoir des dirigeants d'un peuple, c'est
de défendre l'intégrité de sa race, de la régénérer, si elle est
compromise, et, si elle est rétablie, de l'améliorer sans cesse et par
tous les moyens, afin de la rendre aussi apte que possible à la
guerre. Il leur faut, donc, non seulement éliminer les fléaux

sociaux, les grandes maladies qui rongent un peuple, tuberculose, alcoolisme, syphilis, mais empêcher, en les stérilisant, les individus tarés de se reproduire, interdire, comme un crime, le croisement avec les races impures, les Juifs, avant tout, ou les nègres, entourer le mariage de garanties sanitaires, le subordonner à l'octroi d'un certificat prénuptial, favoriser la sélection des forts, entretenir la santé publique par le développement de l'hygiène, la multiplication des stades et des piscines, la pratique généralisée des exercices physiques et des sports.

Entre les races d'hommes, la meilleure, la plus pure, est incontestablement celle des Aryens.

Qu'est-ce que les Aryens? Hitler ne le précise pas. Il pose en fait leur existence et il affirme leurs mérites. La civilisation européenne est leur œuvre. Certes, ils ont eu des vicissitudes; à travers les siècles et les migrations, ils n'ont pas conservé intacte leur pureté primitive. Il s'agit seulement de savoir quels sont, aujourd'hui, leurs meilleurs descendants, quelle est la race, issue d'eux, dont le sang s'est le moins altéré, celle qui a gardé le noyau le plus pur. Or, sans doute possible, c'est la race nordique; c'est la race germanique, élancée, dolichocéphale, blonde, aux yeux bleus; c'est le peuple allemand!

Mais, si la supériorité du sang se manifeste par la supériorité sur les champs de bataille, comment se fait-il que le peuple allemand, le peuple racé, ait été vaincu dans la dernière guerre?

A cette question, Hitler fournit une double réponse. D'abord, il n'est pas vrai, selon lui, que le peuple allemand ait été vaincu; Hitler partage, à cet égard, l'opinion générale du pays. L'Allemagne a été trahie, poignardée dans le dos par la révolte des éléments impurs, qu'elle avait laissé subsister et prospérer. Elle a été victime également de la fourberie des Alliés, de l'escroquerie des 14 points de Wilson, sur la foi desquels elle avait déposé les armes, et que ses adversaires ont reniés, dès qu'elle a été désarmée. En vertu de cette fable grossière et mensongère que Hitler accepte sans examen, le Diktat de Versailles est une infamie. On peut être contraint de s'y soumettre provisoirement. Il serait déshonorant et mortel de s'y résigner définitivement. On en devra secouer les chaînes, dès qu'on le pourra.

En second lieu, l'Allemagne sous le règne néfaste de la République de Weimar, a laissé vicier son sang; elle s'est laissé envahir, empoisonner par un élément de corruption, par un facteur de dégénérescence redoutable, qui est le Juif. Le Juif est l'ennemi-né de l'Aryen; c'est l'anti-Aryen par excellence; lui, et le Franc-Maçon, sa créature, ont importé en Allemagne les fléaux modernes et l'en ont infectée : démocratie, parlementarisme, individualisme, intellectualisme, marxisme, communisme, pacifisme, internationalisme. Toutes ces formules en « isme » sont d'inspiration juive; elles ont été inventées par une race de mauvais aloi, une race de faibles et de malades; elles n'ont qu'un but : affaiblir les forts, les détourner de leur voie, égarer la masse aveugle, prendre empire sur elle et, grâce à elle, imposer au monde la domination juive, ainsi que l'intention en est avouée et le plan inscrit dans un ouvrage apocryphe, qui n'est qu'une supercherie, mais que Hitler considère, ou présente, comme un document authentique et révélateur : Les Protocoles des Sages de Sion.

L'anti-sémitisme n'est donc pas, dans l'idéologie hitlérienne et nationale-socialiste, un accessoire, une annexe; c'est une pièce essentielle, une clef de voûte. Purifier l'Allemagne, restaurer l'intégrité de la race germanique, la rendre de nouveau consciente de sa mission et capable de l'accomplir, cela revient à dire qu'il faut lutter contre le Juif, l'écraser, l'extirper, l'anéantir, non seulement en Allemagne, mais partout où il se trouve; car, partout où il est, il conspire contre l'Aryen; il s'applique à nuire au Germain, en ameutant l'étranger contre lui. Aussi le national-socialisme, chaque fois qu'il éprouvera une contrariété, ou subira un échec, sera-t-il enclin à en attribuer au Juif la responsabilité et à s'en venger par la persécution.

Malgré l'amour et le dévouement qu'il professe à l'égard du peuple allemand, Hitler n'a pas le respect de la masse; il en parle avec dureté et mépris; il l'appelle : le « bétail électoral prolétarien », « le grand troupeau de moutons stupide, avec sa patience d'ovidé ». Ce troupeau a été assez stupide pour se laisser dénationaliser par les « Judéo-marxistes ». La tâche principale de la révolution sera de renationaliser la masse, de la rééduquer politiquement, pour qu'elle devienne un instrument valable entre les mains de son chef.

Cette tâche est celle du Parti. Le Parti, c'est l'élément dynamique, le moteur de la révolution. Il veille à ce qu'elle garde son élan, qu'elle ne s'arrête jamais, qu'elle reste un « mouvement », une force perpétuellement en marche. Fraction déjà éclairée du peuple, le Parti arrivera à ses fins par la puissance de son organisation ; il étend son réseau sur l'ensemble du Reich, il enserre la population dans ses mailles, depuis l'agent chargé, en bas, de la surveillance d'un pâté de maisons, jusqu'aux bureaux d'en haut, qui dirigent les diverses activités du mouvement, en passant par les chefs de localité, les chefs de cercles, les chefs de province.

Le Parti agit par l'ampleur et la vigueur de sa propagande. Il n'est rien qu'on ne puisse obtenir par les ressources bien employées de la propagande. Elle persuaderait le peuple — dit Hitler — que le ciel, c'est l'enfer, et l'enfer, le paradis. Il suffit de savoir s'en servir. Une bonne propagande populaire est celle qui s'adresse moins à l'intelligence qu'au cœur, à l'imagination, et qui pousse la foi jusqu'au fanastime, le fanatisme jusqu'à l'hystérie ; car l'hystérie est éminemment contagieuse.

Enfin, la prise du pouvoir permettra au Parti de disposer des leviers décisifs. C'est pourquoi, après l'échec du « putsch » de 1923, qui a démontré la vanité du recours à l'action illégale, il a été conduit à utiliser les procédures de la démocratie parlementaire, qu'il déteste, et à s'orienter vers la conquête du pouvoir par le jeu légal de l'élection. Le Parti n'est pas au service de l'État ; c'est au contraire, l'État qui est au service du Parti. L'État n'est qu'un moyen, le moyen d'amener le peuple racé à son plus haut degré de valeur, le degré auquel il devient capable de s'imposer comme peuple-maître et de répandre sa civilisation supérieure. Il incombe, donc, au Parti, de s'assurer par le contrôle attentif de chacun de ses rouages que l'État et ses fonctionnaires administrent le pays conformément à leur devoir raciste et national. Dès lors, la réforme des institutions à laquelle il sera procédé aura sa pleine efficacité.

Plus de libéralisme ! Le nouveau Reich, le IIIe Reich, sera totalitaire. Il n'admettra pas l'existence d'autres partis, à côté du parti national-socialiste. Il éliminera ses adversaires. Il n'admettra pas la critique, ni l'opposition. Il ne tolérera pas d'autre presse, que celle qui se consacre au bien public, c'est-à-dire sa propre presse ! La tolérance engendre le désordre et l'anarchie.

Plus de parlementarisme ! L'Allemagne sait par expérience que ces assemblées de bavards, leurs effets de séance et leurs intrigues de couloirs sont stériles et qu'on ne fait pas de grandes choses par des votes de majorité. A leur place, seront instaurées, sur tous les problèmes importants, de larges consultations, des plébicistes, dans lesquels une question sera posée au peuple, qui y répondra par oui ou par non; et dans l'intervalle, un Reichstag aura qualité pour recevoir les communications du Gouvernement. Une constitution nouvelle ne sera pas substituée à l'ancienne. A quoi bon s'enfermer, s'immobiliser dans un cadre rigide? Les modifications opportunes seront introduites au fur et à mesure des nécessités. Et quant au régime, république ou monarchie, ce n'est pas là un problème actuel et urgent. Il mûrira avec le temps!

Plus d'internationalisme! Le IIIe Reich est exclusivement et passionnément national. Il doit tout sacrifier à cette passion sacrée. Aucun moyen de la servir ne sera considéré par lui comme illicite. La fin justifie tous les moyens, y compris la ruse, le mensonge, la corruption, la provocation, l'assassinat, qui deviennent des devoirs, lorsqu'il s'agit de l'intérêt national. Pour commencer, le Reich ne tolérera plus aucun empiétement sur sa souveraineté. Il ne s'inclinera plus devant les verdicts d'une Société des Nations qui n'a jamais cherché qu'à brimer l'Allemagne et à la tenir en lisière, à l'aide du monstrueux traité de Versailles. Il revendiquera, vis-à-vis des autres nations, une complète égalité des droits; il rejettera toute discrimination, toute capitulation, et, seul, le souci des intérêts spécifiquement allemands le guidera.

Plus d'individualisme! L'individu n'existe que par la collectivité à laquelle il appartient, et pour elle. L'intérêt général passe avant l'intérêt privé. Avant de penser à lui, l'individu doit penser à la communauté populaire, à la Volksgemeinschaft, se consacrer, et au besoin se sacrifier, à elle. Cette notion primordiale du bien commun entraînera une transformation radicale du droit et des codes. Le nouveau droit allemand rompra ses attaches avec les survivances du droit romain et du Code Napoléon. Est juste, ce qui est utile à la communauté, injuste ce qui lui nuit. Et ce criterium de l'utilité est laissé à l'appréciation du juge ou d'un « tribunal du peuple ». Agir contre la communauté, c'est la trahir; la trahison, sous quelque forme qu'elle s'accomplisse, souiller la race, intriguer contre le Gouvernement, calomnier ou critiquer le Parti, aussi bien que dévoiler à l'étranger les secrets de la défense nationale ou ceux de la technique et de l'industrie allemandes, est le pire des crimes; il sera puni avec la dernière rigueur; le code pénal nazi ne connaîtra ni l'indulgence, ni la pitié; il frappera de châtiments implacables tous les ennemis du peuple. Le peuple, lui-même, ne sera plus divisé en classes. Il formera un seul bloc homogène, unifié, où il n'y aura plus de castes séparées par la naissance, la fortune ou la fonction, mais un bloc fraternel. Pareillement, disparaîtront les restes du particularisme, cet individualisme des petits États allemands; du Nord au Sud, de l'Est à l'Ouest, les Allemands seront brassés, fondus en un seul grand État, fortement centralisé.

La personnalité n'en aura pas moins une place de choix, un rôle éminent dans la nouvelle Allemagne. Mais, c'est par les mérites acquis, les services rendus, par son aptitude au commandement qu'elle se dégagera de la masse et prendra rang dans l'élite, parmi les chefs. Le IIIe Reich est régi, en effet, par le « principe du chef », le « Führerprinzip », et la méthode d'autorité. Dans le domaine qui lui est assigné, le chef exerce pleinement son autorité; il n'en est responsable que vis-à-vis du chef immédiatement supérieur, qui l'a nommé; le Reich est, ainsi, traversé par une hiérarchie de chefs à compétence de plus en plus étendue; au sommet, siège le chef suprême, le Führer, émanation du peuple entier, maître des maîtres, et qui n'est responsable qu'au regard de sa conscience.

Plus d'intellectualisme! L'Allemagne n'a eu que trop la superstition des examens et des parchemins. Ce qui importe, ce n'est pas la science livresque, qui encombre les cerveaux; c'est la vigueur physique, l'équilibre moral, la fermeté, la dureté du caractère, le goût de l'héroïsme, l'audace, le sens de la discipline, le dévouement à l'idéal national-socialiste. L'éducation et l'instruction devront changer leurs méthodes, fabriquer un nouveau type d'Allemand, l'Allemand du IIIe Reich. L'enfant n'appartient à la famille que dans le premier âge. Après quoi, il relève de la communauté populaire. Il entre dans les groupements spéciaux qui lui sont destinés : Jungvolk, Hitlerjugend, où il reçoit, par la marche, l'exercice en plein air, la pratique du sport militaire (Wehrsport), la formation physique et morale qui fera de lui un bon nazi, et, plus tard, un bon soldat. Dans les établissements d'instruction, le cycle d'études sera abrégé, l'enseignement de l'histoire profondément remanié, en tenant compte de la notion fondamentale de la race et du souci majeur de diffuser et galvaniser le sentiment national.

Les universités, submergées sous une clientèle trop nombreuse, seront soumises au *numerus clausus* et n'ouvriront leurs portes qu'à un nombre limité d'étudiants. On y abolira la tradition des associations corporatives, où survit, avec l'usage du duel obligatoire, une mentalité périmée, et qui divisent les étudiants en groupes rivaux, selon leur condition et les moyens de leurs parents. Il ne doit y avoir en Allemagne qu'une seule jeunesse, une jeunesse d'État, animée d'une même ardeur et d'une même foi. On remettra, du reste, en honneur les métiers manuels, l'artisanat, la profession agricole, afin de diminuer l'afflux des jeunes gens qui recherchent un emploi dans les administrations et les bureaux. Et tous, astreints à un « service du travail », devront, pendant six mois, manier la pelle et la pioche.

Quant à la littérature, aux beaux-arts, à la presse, à l'édition, on les arrachera à l'influence juive, qui y cause des ravages ; on les délivrera du délire bolcheviste et cubiste qui les a corrompus et asservis aux modèles étrangers ; on y infusera de nouveau l'esprit allemand, c'est-à-dire national-socialiste ; les artistes, les écrivains n'auront le droit de produire que s'ils sont de souche allemande, et si leurs productions contribuent à la régénération du pays.

Bien entendu, le communisme et le socialisme marxiste seront impitoyablement pourchassés et détruits. Ils représentent l'ennemi intérieur n° 1, la création la plus pernicieuse du virus juif, une entreprise d'abaissement et d'asservissement de l'humanité. C'est un devoir impérieux que d'en purger l'Allemagne.

Que l'on n'en conclue pas, cependant que le IIIᵉ Reich n'a pas de préoccupations sociales ! Il veut être aussi social que national. Il se dit, même, socialiste. Il prétend qu'il incarne le vrai socialisme, le socialisme pratique, le socialisme des faits, qui élève et améliore réellement la condition de l'ouvrier, l'entoure d'une protection efficace et veille jalousement au respect de ses droits, par opposition au socialisme marxiste, tout en paroles, en vaines promesses, en mirages, juste bon à nourrir une grasse bureaucratie, indifférente au sort des naïfs qu'elle exploite. Au marxisme, il emprunte la couleur rouge de son drapeau, son vocabulaire, ses usages, l'habitude de ses adhérents de s'appeler entre eux « camarades » (Partei-genosse). Il est plus violent que lui dans ses diatribes contre les bourgeois, les aristos, les Junkers, les Barons, les banquiers, les gros propriétaires et toute la clique de la réaction. Dans son pro-gramme en 25 points, formulé en 1920 et renouvelé en 1926, sont inscrits le droit au travail, la suppression des revenus acquis sans travail, des tantièmes et des intérêts, l'étatisation des grandes socié-tés, constituant des trusts. Ce sont là des revendications typiques de l'extrême gauche. Le Parti les fait siennes; il se pose en adver-saire acharné du conservatisme; il s'affirme comme étant, lui-même, d'extrême gauche, d'une gauche qui n'est ni marxiste ni internationaliste, mais nationale, et qui, pour être nationale, n'en est pas moins farouchement révolutionnaire. Il jette ainsi le trouble dans les rangs des ouvriers, dont beaucoup, demeurent sensibles à la tradition du vieux Bebel et se laissent séduire par ce langage.

En dépit de la sollicitude qu'il affiche pour la classe ouvrière, Hitler est, d'ailleurs, convaincu que l'Allemagne doit être, avant tout, un pays agricole. Ce sont les paysans qui font la force d'une nation. Mieux que tous autres, ils savent le prix de cette terre, qu'ils arrosent de leur sueur. Mieux que tous autres, ils comprennent la nécessité d'en assurer la défense contre les ennemis du dehors; et c'est parmi eux que se recrutent les meilleurs soldats. C'est aussi grâce à leur labeur que l'Allemagne sera rendue capable de subvenir aux besoins de son alimentation, sans dépendre de l'étranger. C'est chez eux, enfin, que se maintient le mieux la pureté de la race. Le IIIᵉ Reich ne les entourera donc jamais d'assez de soins. « Le sang et la terre » (Blut und Boden!) est l'un de ses mots d'ordre. Il organisera la paysannerie en une corporation puis-sante et honorée. Il distribuera des terres aux anciens combattants, afin de protéger et d'enraciner le type du paysan-soldat. Pour éviter le morcellement à l'infini de la propriété et lier le sort d'une famille à celui d'un domaine agricole, il supprimera le partage égal entre les enfants; il instituera le « bien de famille héréditaire », l'Erbhof, qui ne pourra être ni cédé, ni divisé et sera le support d'une élite rurale, de sang pur, réservoir de santé physique et d'ardeur patrio-tique.

En ce qui concerne le problème religieux, Hitler ne s'exprime en public qu'avec réserve et prudence. Il proteste de son respect pour la religion. Bien qu'il ne soit, lui-même, ni croyant, ni pratiquant, il invoque fréquemment le « Tout-Puissant » dans ses discours. Dans la mesure où Dieu le protège, il accepte son existence. Il admet les deux confessions chrétiennes. Mais il dénie aux Églises le droit d'éduquer la jeunesse ; on ne saurait tolérer l'existence d'une jeunesse confessionnelle, à côté de la jeunesse nationale-socialiste. Il dénie également aux Églises le droit d'intervenir dans la politique. Que le catholicisme puisse constituer, en Allemagne, un parti, que les catholiques obéissent à une autorité non-allemande, internationale, et qui siège à Rome, le choque et l'irrite profondément. Que, de leur côté, les protestants se divisent au point de former, en Prusse, jusqu'à vingt-deux sectes, excite son mépris. Autour de lui, certains de ses lieutenants voudraient unifier le protestantisme sur la base d'un « christianisme positif » ou d'un « christianisme allemand », dans lequel la part du christianisme serait singulièrement réduite et la part du nationalisme singulièrement développée. D'autres voudraient en revenir à la vieille religion des Germains, restaurer les vieux rites païens, relever la tradition primitive du baptême et du mariage, le culte des astres et des éléments, la fête des saisons. Hitler les laisse dire et faire et ne décourage pas leurs efforts ; et dans la milice noire, chez les S. S., le néo-paganisme est ouvertement pratiqué.

D'autres, enfin, et c'est évidemment le courant dominant, celui auquel Hitler s'associe, se bornent à une critique acerbe du christianisme, conçu comme une religion orientale, déformée sous l'action de saint Paul, marquée du sceau des Juifs, une religion de dégénérés et de malades, dont la morale, sous le nom de charité, de pitié, de résignation, de pardon des injures, d'amour du prochain, enseigne la faiblesse, la peur, la lâcheté, les scrupules, le déshonneur, s'oppose à toutes les vertus martiales et achemine les peuples à l'esclavage. L'emblème de ceux-ci, c'est la croix brisée, la croix gammée ; elle est devenue l'emblème du Parti, et les nazis la tracent sur les murs des églises, en signe de menace et d'hostilité. Pour eux, le national-socialisme, le dévouement au Parti et à la communauté populaire, le culte du Führer et de la patrie allemande sont une religion suffisante, la vraie religion, qui doit supplanter toutes les autres.

En matière économique et financière, les idées de Hitler sont, du moins dans leurs grandes lignes, d'autant plus arrêtées, qu'il se vante de remédier à la crise dont souffre l'Allemagne et qui se traduit, depuis plusieurs années, par la paralysie croissante des affaires et l'extension formidable du chômage. Selon lui, la cause du mal, c'est la tyrannie de l'argent et la dépendance de l'étranger. Or, l'argent n'est rien par lui-même. L'essentiel, c'est le travail. Le premier souci doit être de tirer du pays lui-même, par un labeur obstiné, toutes les ressources naturelles que recèlent son sol et son sous-sol, d'augmenter le rendement de son agriculture et de ses industries.

Renonçant à acheter au-dehors ce qui n'est pas rigoureusement indispensable, n'achetant, en tout cas, que ce qu'elle peut payer par ses propres exportations, suppléant à ce qui lui manque par le génie de ses inventeurs et, au besoin, par l'esprit spartiate de ses habitants, l'Allemagne devra s'installer dans l'autarcie et vivre en circuit presque fermé. Elle acquerra ainsi le moyen de résister, en cas de guerre, à un blocus éventuel, mieux qu'elle n'a pu le faire en 1914.

A l'intérieur de ce circuit, la politique hitlérienne assurera aux travailleurs de justes salaires ; elle empêchera, avec une rigueur draconienne, toute hausse des prix ; elle combattra la spéculation, la multiplication des intermédiaires, l'accaparement, les monopoles ; elle réprimera les abus du capitalisme, tout en respectant la propriété et en stimulant une initiative privée qui s'exercera sous son contrôle et selon ses directives. Elle entreprendra, enfin, de grands travaux d'intérêt général, occupant des milliers d'hommes, notamment la construction d'un réseau de routes qui sera, en même temps, d'une excellente utilisation militaire. Par l'impôt et par l'emprunt, elle récupérera une partie de l'argent qui lui servira à mettre en chantier ces travaux et n'aura pas à craindre le péril de l'inflation, du moins avant un délai pendant lequel elle aura, peut-être, appris au monde à respecter son prestige et son crédit.

Comme le but suprême que se propose le IIIe Reich est de porter au plus haut degré l'aptitude du peuple allemand à la guerre, d'en faire un peuple essentiellement guerrier, en mesure d'imposer sa domination par les armes, il va de soi que l'Armée tient une place considérable dans ses préoccupations. Hitler l'excepte du réquisitoire virulent qu'il dresse contre l'ancien régime. Alors que le poison juif dissociait peu à peu l'Allemagne, elle ne s'est pas laissé entamer. Elle a continué d'être une école de discipline virile, d'abnégation et de patriotisme. Demain, quand les chaînes de Versailles auront été brisées, elle redeviendra une armée nationale, l'expression la plus haute de la valeur du pays. Dans le nouvel ordre de choses que veut créer le national-socialisme, elle sera, parallèlement au Parti, l'une des colonnes de l'édifice.

Éducateur du peuple, le Parti amènera à l'Armée une jeunesse parfaitement saine, qu'il aura façonnée à son intention, longtemps à l'avance, dans ses groupements spéciaux et dans son service du travail. Le Parti lui-même, dans sa vie intérieure, a adopté les usages et le langage militaires. Avec d'autres dénominations, ses milices brunes (S. A.) et ses milices noires (S. S.), embryon d'une sorte de garde impériale, sont étroitement copiées sur le modèle militaire. Les miliciens sont des « soldats politiques », prêts à devenir, à tout instant, des soldats tout court.

L'esprit militaire se confond avec l'esprit civique. Tout citoyen naît militaire et, quand il a été soldat, reste militaire. Il est revêtu d'un uniforme ; il marche en rangs, au pas cadencé ; il répond à des appels ; il est passé en revue ; il défile.

On peut, sans exagération, dire que le IIIᵉ Reich ne conçoit le civil que comme un militaire détaché à l'usine, au champ, à la boutique ou au bureau. Aussi bien Hitler est-il, à ses débuts, un militaire que ses chefs et les circonstances ont affecté à la vie politique. Il s'est longtemps regardé comme tel, et pendant la période de « ses combats », il est demeuré en rapport direct avec la Reichswehr. L'exemple dont l'image est toujours présente à ses yeux, c'est l'État prussien. Un des héros qu'il vénère le plus, c'est Frédéric II ; l'Allemagne qu'il prétend forger devra être une Prusse agrandie, vivifiée et fanatisée.

Quelle sera, donc, la mission de cette Allemagne régénérée, nationalisée, militarisée et spécialement apte à la guerre ?

Elle aura, d'abord, pour tâche de se libérer des dernières entraves que fait peser sur ses épaules le Diktat de Versailles. Elle devra, ensuite, unir en un faisceau solide les rameaux de la race germanique, réintégrer, en particulier, ses frères d'Autriche dans la patrie commune et constituer avec eux un Reich homogène, d'un seul tenant, peuplé de 70 millions d'Allemands. Elle devra encore établir à ses frontières des glacis de protection, territoires habités par des peuples qui seront volontairement entrés dans son orbite, ou qu'elle aura contraints à devenir ses associés, ou qu'elle aura saturés de ses propres nationaux. Enfin, plutôt que de disperser ses énergies à la poursuite immédiate d'un domaine colonial, elle devra les concentrer pour se procurer, à l'Est, un « espace vital », des terres qui lui fourniront le complément indispensable à sa subsistance, et où elle pourra, selon l'exemple des Chevaliers Teutoniques, installer en colons ses soldats conquérants. Elle s'ouvrira, du même coup, à travers l'Ukraine, des débouchés sur la mer Noire. Elle constituera « le Grand-Reich ». Après quoi, seulement, elle se tournera vers les acquisitions coloniales.

Sans doute, ses ambitions se heurteront-elles à des obstacles. Le principal sera l'opposition de la France, ennemie irréconciliable et incorrigible. Mais la France a des adversaires qui ont le même intérêt que l'Allemagne à la réduire à l'impuissance, à savoir, l'Angleterre et l'Italie. L'Allemagne s'alliera à ces deux pays, réglera, une fois pour toutes, leur compte aux Français et marchera, alors, contre la Russie bolcheviste. Victorieuse, elle restaurera en Europe le règne et les fastes du Saint-Empire-Romain-Germanique ; elle organisera le continent et lui dispensera généreusement les avantages de la civilisation et les bienfaits de la paix germanique. « Aujourd'hui, dit le chant populaire, l'Allemagne est à nous ; demain, ce sera le monde entier ! »

Telles sont les idées d'Adolphe Hitler. Elles ne flottent pas, comme des imaginations plus ou moins vagues, dans son esprit. Il les a longuement méditées, durant ses années de lutte ; il les a nourries de ses lectures et de ses conversations, discutées et mises au point avec ses amis et ses partisans ; chacun de ses principaux collaborateurs s'est spécialisé dans l'étude d'un de leurs compartiments ; pour chacun des chapitres qu'elles recouvrent, il a un conseiller compétent, et, si l'on peut dire, un chef de file : Gœring, Rudolf Hess, pour l'organisation du Parti, Feder, et plus tard Schacht, pour les questions économiques et financières ; Darré, pour l'agriculture ; Ley, pour les problèmes sociaux ; Rosenberg pour les questions religieuses et l'expansion vers l'Est, Tschammer-Osten, pour les sports, Rust, pour l'enseignement, Frank pour les questions juridiques, Gœbbels pour la propagande, etc...

Ces hommes forment autour de lui un état-major, un gouvernement en puissance ; et, comme on les en a accusés avec raison, un État dans l'État. Ils ont, eux-mêmes, sous leurs ordres des services, des bureaux, où travaillent des techniciens. A plusieurs égards, les conceptions de Hitler sont déjà réalisées ; la propagande tourne à pleins tours et avec des résultats remarquables ; le Parti est organisé, hiérarchisé, et dispose d'un immense appareil ; les milices, dont les compagnies, les bataillons, les régiments, les brigades, les divisions, s'appellent Sturm, Sturmbann, Standarte, Gruppe, Obergruppe et comptent plus d'un million d'hommes.

La doctrine nationale-socialiste n'a, donc, aucunement le caractère d'une élucubration de rêveur ; elle a passé dans les faits ; on la voit vivre ; elle est donc viable ; le fond philosophique sur lequel elle s'appuie confère aux applications qui en sont déduites un intérêt, une dignité particulière. Elle offre aux Allemands précisément ce qu'ils aiment : la perspective d'une action pratique, strictement disciplinée et vigoureusement commandée, dans le cadre d'un système de pensée.

Les idées d'Adolphe Hitler n'ont, d'ailleurs, rien d'original. Elles ne sont qu'un habit d'arlequin, un pot pourri. Hitler n'a rien inventé. Nulle part, dans son livre, il ne cite les sources auxquelles il a puisé. Mais on les discerne aisément ; elles sont nombreuses et variées ; c'est Fichte, Clausewitz, Darwin, Gobineau, H.-S. Chamberlain, Bernhardi, le philosophe suédois Kjellen, les historiens Treitschke et Lamprecht, les anthropologistes Günther et Woltmann ; c'est Wagner, Nietzsche et Spengler ; c'est Ratzel, Haushofer, Möller van den Bruck, d'autres encore, à l'influence desquels s'ajoute celle du fascisme italien et du communisme russe.

De toutes ces œuvres, il est évident que Hitler n'a pas fait une étude approfondie, ni même, le plus souvent, une étude directe ; ce n'est pas un homme de cabinet, c'est un homme d'action ; il parle plus qu'il ne lit ; c'est un autodidacte dont la curiosité se tourne vers les sujets qui frappent l'attention de l'esprit public, l'attention de l'homme de la rue. Il recueille ce qui est dans l'air, comme ces détecteurs de sons, dont les pavillons scrutent l'espace. On retrouve dans sa doctrine les courants de pensée qui ont traversé tout le XIXᵉ siècle allemand; car ni le racisme, ni l'apologie du Germain, ni l'anti-sémitisme, ni l'anti-christianisme, ni la condamnation de la démocratie, ni l'éloge de l'économie fermée, ni l'exaltation de la force, du militarisme et de la guerre, ni l'ambition de restaurer le Saint-Empire ne sont des thèmes nouveaux; ils ont retenti à l'oreille de générations successives; ils forment la basse d'accompagnement de l'histoire de l'Allemagne, depuis les lendemains d'Iéna; l'Allemand les reconnaît, alors même qu'il les entend pour la première fois.

Le talent de Hitler, c'est d'en avoir retenu ce qui pouvait être retenu par une cervelle populaire, de les avoir reliés les uns aux autres par une apparence de logique, et de les avoir présentés sous une forme simpliste et vivante, accessible aux intelligences élémentaires. Par là même, il devait séduire un nombre d'Allemands considérable; ce n'était pas seulement à telle ou telle catégorie sociale qu'il avait chance de plaire par les satisfactions qu'il lui promettait, aux ouvriers, aux paysans, aux artisans, aux chômeurs de toute espèce, mais à l'ensemble de la nation, par son pangermanisme. Hitler n'est, après tout, qu'un pangermaniste forcené; il s'est approprié, il a mis en œuvre tout l'essentiel du pangermanisme et dans le cœur de tout Allemand, sommeille, plus ou moins, un pangermaniste, que la défaite, l'humiliation devant l'étranger, l'occupation de la Ruhr, la privation de service militaire, les souffrances consécutives à l'inflation, la crise économique, ont refoulé. Hitler le libère de ce refoulement et fait ressurgir à ses yeux un avenir de prospérité, de grandeur et de gloire, qui lui restitue sa fierté, son orgueil et rend l'essor à ses facultés d'enthousiasme.

Dautre part, le Nietzschéisme rudimentaire de la doctrine nationale-socialiste, par l'évocation d'une morale nouvelle, affranchie des préjugés courants, débarrassée des entraves chrétiennes, d'une morale qui prêche, comme autant de vertus, le cynisme, la violence, le déchaînement des instincts, la lutte sans merci, l'écrasement des faibles et des timides, au profit des forts, appelés à devenir les maîtres, flatte les aventuriers, les individus tarés, les repris de justice, les anciens soldats des corps-francs, les lansquenets, et aussi les intellectuels déclassés, aigris et nihilistes, parmi lesquels se sont recrutées ses premières troupes.

On ne s'étonnera pas que les industriels, les banquiers, les Junkers, la clientèle des nationaux-allemands, de Hugenberg et du Casque d'Acier, qui, sous la conduite de von Papen, ont fait alliance avec Hitler et l'ont amené au pouvoir, aient été sensibles au pangermanisme qu'il professait; leurs idées, sur ce point, rejoignaient les siennes. On comprend moins qu'ils n'aient pas été rebutés par les autres aspects de la doctrine naziste. Eux, qui sont traditionalistes, capitalistes, religieux, et, sinon démocrates, du moins attachés à certaines formes du libéralisme occidental, comment n'ont-ils pas été effrayés par les déclamations révolutionnaires du Hitlérisme, par ses invectives contre les bourgeois, les barons, la réaction, c'est-à-dire contre eux-mêmes, par ses prétentions à la dictature, à la domination exclusive de son Parti, à l'anéantissement de ses adversaires, à l'extirpation radicale des Juifs, à la diffusion d'un néo-paganisme anti-chrétien? Comment n'ont-ils pas craint les répercussions qu'auraient à l'étranger l'accession des nazis et de leur chef au gouvernement du Reich et le surcroît de difficultés qui ne pouvait manquer d'en résulter?

L'attitude de la Reichswehr n'est pas moins surprenante. On conçoit qu'elle ait vu d'un bon œil les efforts du nazisme pour galvaniser le sentiment national et propager à travers la nation l'esprit militaire, qu'elle ait pensé que le nouveau Chancelier l'aiderait, plus qu'aucun de ses prédécesseurs, à doter le Reich d'une armée puissante. Le national-socialisme la comblait d'éloges et déclarait qu'il la considérait, à côté du Parti, comme la seconde colonne de l'État. Mais était-il vraisemblable qu'un Parti aussi envahissant, qui affirmait la volonté de tenir en main tous les rouages de l'État et de faire pénétrer sa doctrine jusque dans les moindres recoins du pays, respecterait l'indépendance de l'Armée, s'arrêterait à la porte des casernes, et se soumettrait docilement à l'influence que l'État-Major avait l'habitude d'exercer?

Les chefs de l'Armée appartenaient à ce milieu de Junkers et de Barons, à ce milieu réactionnaire, contre lequel étaient dirigées les diatribes des orateurs hitlériens. Pouvaient-ils espérer qu'ils resteraient toujours à l'abri de pareilles attaques? La jeunesse éduquée par les soins du Parti répondrait-elle à leurs vœux? Serait-elle animée de l'esprit que, selon eux, devait avoir un soldat? Ils connaissaient par expérience les tendances inquiétantes de certains dirigeants nazis. Les milices brunes étaient loin de leur inspirer une sympathie sans mélange ; ils en critiquaient la tenue et ils avaient dû s'élever déjà contre leurs empiétements et leurs ambitions. L'installation du national-socialisme au pouvoir, n'aurait-elle pas pour effet de rendre les conflits plus nombreux et plus aigus ?

En réalité, la Reichswehr et les Barons, l'État-Major, Hugenberg et les nationaux-allemands, Papen et la Présidence s'imaginaient qu'il leur serait aisé de tenir en lisière Hitler et son parti. Ils avaient trouvé le Führer accommodant et docile, dans les pourparlers qui avaient précédé la décision du Maréchal. Ils le jugeaient affaibli et assagi par sa défaite électorale de novembre 1932. Ils croyaient avoir réussi un coup de maître, en l'enfermant, avec deux de ses collaborateurs seulement, Gœring et Frick, dans un ministère composé en majorité de nationaux-allemands, de barons et d'amis personnels de Hindenburg. Ils estimaient qu'ils s'étaient ainsi réservé le moyen de l'obliger à marcher droit et, dans le cas où il se livrerait à des incartades, de le faire congédier par le vieux Président du Reich. Ils pensaient également que, selon le proverbe allemand, « on ne mange pas la soupe aussi chaude qu'on la sert », et qu'Hitler au pouvoir ne serait pas le même qu'Hitler au gouvernement, qu'il laisserait tomber les parties les plus contestables et les plus dangereuses de sa doctrine. Et puis, n'avaient-ils pas essayé en vain toutes les autres formules ? L'essentiel n'était-il pas de mettre fin à l'anarchie ? Ne fallait-il pas se résoudre, comme ils disaient, « à fumer ce cigare » ?

Rarement s'est rencontré semblable aveuglement politique ! Rarement ont été accumulées autant d'illusions, autant d'erreurs psychologiques ! Hitler et ses partisans, qui n'avaient pas camouflé leurs idées, n'avaient pas non plus laissé de doutes sur leur façon d'agir, leurs méthodes et leur mentalité. Ils avaient, depuis longtemps, inauguré en Allemagne le règne de la brutalité. Le secret des premiers succès du Führer, c'est qu'il s'était avisé, à Munich, dans les débuts de sa propagande, de recruter des équipes de gaillards prêts à tout, qui, à coups de poings et de nerfs de bœuf, expulsaient des réunions publiques les contradicteurs, ou assommaient, dans leurs propres réunions, les socialistes et les communistes. Ce fut l'origine des Sections d'assaut. Depuis lors, celles-ci avaient développé leurs mœurs de gangsters, multiplié les agressions, semé la menace et la terreur dans le pays et commis des crimes odieux, comme cet assassinat d'un malheureux ouvrier à Potempa, qui avait valu à ses auteurs les félicitations publiques de Hitler.

L'arrivée de leur chef au pouvoir changera-t-elle en agneaux ces loups, qui annoncent que « des têtes vont rouler » et que la première nuit de la révolution sera « la nuit des longs couteaux » ? Que pèseront, en face de leurs bandes déterminées et qui ne reculent devant rien, les rappels à l'ordre, les récriminations des Barons, et même les interventions du Maréchal ? La retraite aux flambeaux du 30 janvier a déjà montré le véritable rapport des forces en présence. Plus clairvoyants que les Barons et la Reichswehr, les diplomates étrangers à Berlin ne cachent pas leurs appréhensions. Un jour que je faisais part à von Papen de mes craintes. « Bah ! me répondit-il, quand ils auront jeté leur gourme, tout ira bien ! » Ce mot peint bien la légèreté de l'homme, en même temps qu'il souligne sa responsabilité et celle de ses amis. Le prisonnier, que les Barons se vantent d'avoir enfermé à la Chancellerie sous leur garde, est plus fort qu'eux. Tels seront pris, qui croyaient prendre. Ils ont introduit Hitler dans la place. Appuyé par les centaines de milliers de « soldats-politiques » et les millions de partisans qui lui obéissent au-dehors, Hitler ne tardera pas à leur dire : « La maison est à moi ! C'est à vous d'en sortir ! »

CHAPITRE IV

HITLER AU POUVOIR

L'INCENDIE DU REICHSTAG

Dès le lendemain du 30 janvier 1933, sans aller, comme elles en avaient brandi la menace, jusqu'à « faire rouler les têtes » et « à jouer des longs couteaux », les Sections d'assaut se chargent de signifier quel va être le ton du nouveau régime. D'un bout de l'Allemagne à l'autre, elles s'emparent de la rue, molestent les passants, arrêtent qui bon leur semble, pénètrent dans les maisons et perquisitionnent où il leur plaît, expulsent des bâtiments publics les bourgmestres et les fonctionnaires de l'ancienne administration, assouvissent leurs rancunes et leurs vengeances particulières. Elles s'attaquent, surtout, à leurs adversaires communistes et socialistes, aux libéraux, aux juifs, mais aussi aux étrangers, voire même aux chauffeurs à cocarde des voitures diplomatiques. Ce ne sont, partout, que bagarres, rixes, abus criants, exactions, brutalités sauvages, attentats plus ou moins sanglants. Les consulats, les ambassades sont sur les dents, appelés, à tout instant, à l'aide par des nationaux maltraités. Selon l'expression de l'optimiste Papen, les milices « jettent leur gourme ». Elles la jetteront longtemps et, pour elles, l'ordre et la légalité ne seront jamais rétablis tout à fait.

Cependant, Hitler, à peine installé à la Chancellerie, déploie une extraordinaire activité. Avec une promptitude, une résolution, une sûreté de soi étonnantes, et qui, d'ailleurs, n'excluent ni l'habileté, ni la ruse, il exploite à fond sa victoire. Là où on lui a laissé prendre un pied, il en prend bientôt quatre. Il bouscule, il bouleverse l'état de choses existant. Il culbute les obstacles, il multiplie les mesures législatives de la plus grande portée; dans tous les domaines il amorce la réalisation de son programme. C'est ce que le public appelera *l'Umbruch*, le renversement, le chambardement. On est saisi de vertige devant le spectacle de ce prodigieux remue-ménage. On ne sait, au milieu de l'accumulation d'événements qui remplira toute l'année 1933, comment s'y reconnaître. Mais le peuple allemand ne s'y trompe pas. Dans sa majorité, il est moins choqué que séduit par tant d'élan et d'audace. Il frémit, comme un cheval qui a, soudain, senti la poigne et les éperons de son maître.

Quelque difficulté que l'on ait à suivre le détail des initiatives du Führer, on discerne tout de même, le plan cohérent qui les inspire, les cinq directions principales dans lesquelles elles s'exercent, les buts auxquels elles tendent. Hitler se propose simultanément d'asseoir sa dictature, en prouvant qu'il a le pays derrière lui, et, pour cela, de se faire plébisciter — d'élargir le cercle ministériel, où l'on a prétendu l'enfermer, d'en évincer ses alliés provisoires et d'y introduire ses amis — de supprimer, l'un après l'autre, tous les partis adverses, au bénéfice du parti national-socialiste, qui doit, seul, subsister, et de mater du même coup la Prusse et les États du Sud — de procéder à l'élimination systématique des Juifs — de mettre en place les rouages et les institutions fondamentales de son régime — enfin, de redresser progressivement la politique extérieure du Reich.

Le 1ᵉʳ février, quarante-huit heures après son accession au pouvoir, il dissout le Reichstag; le 4, il dissout également les assemblées provinciales et municipales. Le Maréchal lui a accordé d'emblée ce qu'il avait refusé à Schleicher. Les futures élections au Reichstag sont fixées au 5 mars, les autres au 12. Voilà donc l'Allemagne, une fois de plus, rejetée dans une période électorale! L'enjeu en est plus grave que jamais. Mais, cette fois, un style nouveau va y présider. C'est la police qui dominera la compétition des partis.

En dehors de Hitler, il n'y a, dans le Cabinet d'Empire, que deux nazis authentiques, Gœring et Frick. Mais Frick détient le ministère de l'Intérieur dans le Reich et Gœring s'est fait nommer ministre de l'Intérieur en Prusse, si bien qu'à eux deux, ils ont en main l'ensemble de la police allemande. Ils s'en servent aussitôt, sans vergogne, et, d'abord, pour l'épurer. Ils destituent, ou arrêtent ceux de ses officiers et de ses hommes dont ils ne sont pas sûrs; ils les remplacent par des gens à eux, Diels, Lewetzow, Daluege.

Le 4 février, Hindenburg, dont la docilité est stupéfiante, a autorisé le Gouvernement à prendre toutes mesures utiles « pour la protection du peuple et de l'État », et, notamment, à interdire les réunions publiques et à suspendre la liberté de la presse, en passant outre, au besoin, à l'opposition des gouvernements des États particuliers. Gœring et Frick usent largement de ce blanc-seing. Ils obtiennent que, sous prétexte de les seconder dans sa tâche, les milices brunes soient adjointes, à titre d'auxiliaires, à la police régulière. Cela revient à légaliser les illégalités des Sections d'assaut et à déléguer à ceux qui le troublent le soin d'assurer l'ordre.

Il ne leur suffit pas que l'officier de police qui assiste aux réunions publiques ait le droit de les dissoudre, s'il juge trop vives les critiques adressées au Gouvernement. Par une circulaire du 12 février, Gœring recommande à la police de faciliter les réunions des partis nationaux, invitation transparente à saboter celles des autres. La campagne électorale s'en ressent immédiatement. Les communistes sont traqués. Leur siège central à Berlin est occupé et, comme ils font mine de résister, on leur riposte à coups de grenades et de mitraillettes. Deux perquisitions sont effectuées, à une semaine d'intervalle, à la Maison Liebknecht. A l'issue de la seconde, un communiqué, reproduit par tous les journaux, relate qu'on y a trouvé, non seulement des abris secrets, des trappes, des cachettes mystérieuses, des dépôts d'armes, mais encore une documentation abondante, d'où il résulterait que les communistes préparent une insurrection. On s'applique à solidariser les socialistes avec eux; on les confond sous la même dénomination de « marxistes » et l'on proclame la volonté d'écraser « les marxistes ». Les catholiques du Centre ne sont pas exposés aux mêmes vio-

!ences; leur heure n'est pas encore venue; leurs réunions n'en sont pas moins visitées par les perturbateurs et entravées de toute façon. Des hommes aussi respectés que Stegerwald et Brüning sont malmenés et leurs protestations se perdent dans l'indifférence des autorités.

A cela s'ajoute que, dès le 10 janvier, des détachements de miliciens ont envahi les postes émetteurs de radio. Ne peuvent donc parler à la radio que les orateurs qui ne portent pas ombrage aux nazis. Malgré ces vexations et ces conflits répétés, qui se traduisent fréquemment par des blessés et des morts, les opposants n'abandonnent pas la lutte. Brüning, Kaas, Schæfer, pour les catholiques, Lœbe, Stampfer, Sollmann, pour les socialistes, font tête courageusement et poursuivent, tant bien que mal, leur campagne. Les rapports de police témoignent que leur propagande ne demeure pas sans succès et les nazis s'en montrent irrités et inquiets.

C'est dans ces conditions qu'au cours de la nuit du lundi 27 au mardi 28 février éclate l'incendie du Reichstag.

Il y avait, précisément, ce soir-là, un dîner à l'ambassade de France. Le ministre des Finances, Schwerin von Krosigck était parmi les invités. Au milieu du dîner, vers 9 heures, le portier de l'ambassade me fait remettre une note sur laquelle il avait écrit : « Le Reichstag brûle. » Je sors de table aussitôt et m'approche de l'une des fenêtres qui donnent sur le jardin et d'où l'on aperçoit le dôme du Reichstag. La coupole vitrée est toute rouge, comme si l'on avait allumé au-dessous d'elle un feu de Bengale écarlate. Je rentre dans la salle à manger et communique la nouvelle à mes hôtes. La stupeur se peint sur leurs visages. Mais Krosigck, qui n'est, pourtant pas, ou pas encore nazi, s'écrie dans un étrange accès de joie : *Gott sei dank!* (Dieu soit loué!)

Les premiers renseignements qui me parviennent dans la nuit m'apprennent que l'alerte a été donnée par des passants qui, du dehors, ont vu des flammes jaillir de l'édifice. Les pompiers ont constaté que le feu faisait rage dans la salle même des séances. Leur capitaine, interviewé par des journalistes, a déclaré qu'il avait relevé un grand nombre de foyers d'incendie. Il y en aurait eu une vingtaine. On aurait découvert, dans la salle des séances et à la buvette, des amas de matières inflammables, papiers, chiffons, goudron, étoupe, et même des bidons d'essence. Il semblerait aussi

que les boiseries et les rideaux aient été arrosés d'un produit qui
s'enflamme spontanément au contact de l'air. Aucune hésitation
possible ; ce n'est pas un accident ; c'est un attentat. D'ailleurs, le
criminel a été arrêté à l'intérieur du Reichstag, où il errait, en
quête, évidemment, d'un chemin pour s'évader. Il avait sur lui des
pièces d'identité ; c'est un certain van der Lubbe, Hollandais d'origine, affilié au parti communiste de Hollande, un garçon singulier,
à la mine hagarde et qui ne paraît pas en possession de toutes ses
facultés. Il n'a pas dû agir seul. Le capitaine des pompiers a dit
qu'à en juger par l'ampleur des préparatifs, il n'avait pas fallu
moins d'une dizaine d'hommes pour faire le coup. A l'annonce du
sinistre, Gœring, Gœbbels, Papen, Daluege, Hitler en personne
se sont rendus sur les lieux. Aussitôt après l'extinction de l'incendie, à 23 heures, le Cabinet s'est réuni et a délibéré.

Les journaux du lendemain matin, 28 février, publient les récits
de leurs reporters, les déclarations recueillies par eux, auprès des
policiers et des pompiers. Mais une consigne tarit presque tout de
suite ce genre d'informations. Le Reichstag a été entouré d'un
cordon qui n'y laisse plus pénétrer personne. Il n'y a plus place,
désormais, que pour la version officielle.

D'après celle-ci, on est en présence d'un acte de terrorisme, d'un
crime communiste. Le coupable, qui était également en relation
avec le parti socialiste, a tout avoué. Son crime n'est pas le crime
d'un homme, c'est le crime d'un parti. Il avait des complices qui
ont pu s'enfuir. Les documents saisis récemment à la Maison
Liebknecht expliquent, d'ailleurs, toute l'affaire. Ils établissent, en
effet, l'existence d'un vaste complot sur le modèle bolcheviste. Il
s'agissait de répandre la terreur en incendiant des édifices publics,
des musées, des châteaux, des usines, des centrales électriques.
L'incendie du Reichstag a été, quelques jours auparavant, précédé
d'une tentative analogue dans les combles de l'ancien Château
impérial ; il devait être le signal d'un soulèvement et d'une guerre
civile générale. Les communistes avaient prévu également des
empoisonnements massifs dans les réfectoires des sections hitlériennes et des Casques d'Acier. Si les complices de van der Lubbe
ont pu s'enfuir, c'est qu'ils avaient une parfaite connaissance des
locaux. Ils ne pouvaient la tenir que des députés communistes qui
les y avaient promenés avant l'attentat. Le député communiste

Torgler a été vu, au surplus, dans les couloirs du Reichstag, en compagnie de van der Lubbe. Le soir du crime, le même Torgler et son collègue Kuhn sont sortis les derniers du Parlement d'Empire. L'incendie a éclaté peu après leur départ. Aussi ont-ils été arrêtés tous deux, de même que deux agents bolchevistes suspects, deux Bulgares, Dimitrof et Popof. Une prime de 20.000 marks est offerte à qui aidera à découvrir les autres coupables.

En attendant, le Gouvernement a pris les mesures d'urgence que la situation exige. Tous les membres de la fraction parlementaire communiste ont été mis sous les verrous; tous les communistes notoires ont été appréhendés; toutes les publications communistes, y compris les journaux, ont été interdites en Prusse pour un mois. Les publications socialistes ont été également interdites pour quinze jours, en dépit des protestations du Comité directeur du parti social-démocrate, qui répudie hautement toute connivence avec les communistes.

La suite de l'enquête agrémentera de quelques détails supplémentaires cette présentation de l'attentat; elle n'y ajoutera rien d'essentiel.

Dans les cercles diplomatiques de la capitale, parmi les journalistes étrangers et dans les milieux libéraux allemands, la version officielle rencontre aussitôt un grand scepticisme et suscite de nombreuses objections. Je m'étonne, quant à moi, que les documents saisis à la Maison Liebknecht et dont on prétend qu'ils révélaient l'existence d'un plan d'incendie des principaux bâtiments publics, n'aient pas déterminé les autorités de police à renforcer la surveillance de ces bâtiments. Or, le Reichstag était si peu surveillé que l'incendie a été signalé, non pas du dedans, mais du dehors, et par des passants. N'est-il pas également étrange que ces fameux documents qu'on ne publie pas, n'aient été découverts qu'à la seconde perquisition de la Maison Liebknecht? Est-il possible qu'ils aient échappé, la première fois, à l'attention? Serait-ce qu'ils n'étaient pas encore là où on les a trouvés? Qui donc, alors, les y aurait mis? Certainement pas les communistes, puisque leur Maison avait été placée sous bonne garde? L'insistance avec laquelle le communiqué officiel s'efforce d'impliquer les socialistes dans l'affaire et considère comme acquise leur collusion avec les communistes n'éveille pas moins la méfiance de quiconque sait que les uns et les autres n'ont jamais pu s'entendre. Mais, surtout, s'il est vrai que l'incendie du Reichstag était le signal convenu d'une entreprise de guerre civile et d'un soulèvement général, comment se fait-il que, ce signal une fois donné, aucun essai d'insurrection n'ait été tenté, sur aucun point du territoire? Et si l'incendie du Reichstag ne devait être qu'un acte isolé, peut-on supposer que les communistes auraient été assez fous pour le commettre, à quelques jours des élections, alors qu'il était bien évident qu'un tel geste aurait pour conséquence d'entraîner les représailles impitoyables du Gouvernement et d'indigner la masse des électeurs?

Autant l'incendie est directement contraire à l'intérêt des communistes, autant il est manifestement favorable à celui du Gouvernement. En arrivant au pouvoir, Hitler avait songé à prononcer la mise hors la loi des communistes. Il ne s'y était pas décidé; peut-être parce qu'il manquait d'un prétexte valable. L'incendie du Reichstag lui fournit, aujourd'hui, ce prétexte, à une date et dans les conditions les plus propres à exercer sur les élections prochaines l'influence la plus conforme à ses desseins et à ses vœux. Comment ne pas se rappeler l'adage : *Is fecit, cui prodest?* Il semble, du reste, que les communistes aient eu vent de ce qui se tramait. Car, trois jours avant l'incendie du Reichstag, quand la presse avait relaté qu'on avait cherché à mettre le feu dans les combles du vieux Château impérial, ils avaient averti le public que des attentats seraient, sans doute, simulés et qu'on leur en attribuerait la responsabilité, pour avoir une raison de sévir contre eux.

Ces remarques, ces réflexions s'imposent à moi, en même temps qu'à beaucoup d'autres. La plupart de mes collègues et des journalistes français et anglo-saxons sont d'accord pour écarter la version officielle et regarder comme plausible l'hypothèse d'une machination des nazis. Le 28 février, à 8 heures du soir, j'interroge le baron de Neurath sur l'événement. Il m'affirme que le coupable est bien ce van der Lubbe qu'on a arrêté et que c'est le député Torgler, chef de la fraction communiste, qui l'a fait entrer au Reichstag. Visiblement, le Ministre récite une leçon. J'ai, d'ailleurs, dès 3 heures de l'après-midi, télégraphié mon opinion au Quai d'Orsay. Je ne peux pas certifier que l'incendie du Reichstag ait été monté de toutes pièces par des agents provocateurs. Mais ce que je peux dire, c'est que tout s'est passé comme s'il en était bien ainsi.

A ce moment, une circonstance est encore, pour moi, mysté-
rieuse. Je conçois que les auteurs de l'attentat aient sacrifié van der
Lubbe en le laissant en arrière, pour faire croire qu'il est le seul
coupable et permettre d'incriminer en sa misérable personne le
parti communiste. Mais je ne m'explique pas comment la dizaine,
ou la douzaine, d'hommes qui a été nécessaire pour allumer, dans
un délai relativement court, un pareil incendie, a pu entrer et sortir
du Parlement les bras chargés d'un abondant matériel, sans être
remarquée.

Le 4 mars, un renseignement, venu de l'ambassade des Soviets,
devait me mettre sur la voie de la vérité. L'ambassade russe croit
savoir, en effet, qu'un couloir souterrain relie le Reichstag à l'hôtel
du président de l'Assemblée, c'est-à-dire à la résidence de Gœring.
C'est par là qu'ont dû passer les incendiaires. La source du renseignement n'est pas moins intéressante que sa substance. Il émane
d'un « membre de la Reichswehr » qui a voulu en informer la
représentation soviétique, parce qu'il craint que l'incendie du
Reichstag ne soit utilisé pour rompre les relations diplomatiques
avec l'U.R.S.S. Et dans la Reichswehr, beaucoup d'officiers de
haut grade demeurent attachés à la tradition des bons rapports entre
l'Allemagne et la Russie.

Personne, à l'heure actuelle, sauf en Allemagne, ne doute plus
que le Reichstag n'ait été incendié par une douzaine d'hommes des
milices brunes et que ceux-ci n'aient pénétré dans l'édifice, et n'en
soient sortis, par le couloir souterrain qui fait communiquer l'hôtel
de la présidence avec le bâtiment de l'assemblée. Si les débats du
procès qui s'est déroulé, à la fin de 1933, devant la Cour de Leipzig, ne l'ont pas dévoilé, ils ont, du moins, établi l'innocence de
Torgler et des Bulgares accusés ; ils ont montré également que le
malheureux van der Lubbe, si empressé à s'avouer coupable du
crime et à en prendre d'autres à son compte, tels que la tentative
d'incendie des combles du Château impérial, était un faible d'esprit,
un déchet humain, probablement drogué, par surcroît, avec des
stupéfiants, et qu'il n'a été, entre les mains des véritables auteurs
de l'attentat, qu'un jouet, destiné à égarer les soupçons. Condamné
à mort, la presse annonça qu'il avait été exécuté. Mais on racontait,
à Berlin, que la famille, qui réclamait le corps du supplicié, n'avait
jamais pu obtenir satisfaction.

Maintes circonstances de l'incendie furent, d'autre part, éclaircies par le contre-procès organisé à Londres et qui excita tant de rage chez les nazis. Il est remarquable, toutefois, qu'aucun des miliciens qui furent mêlés à l'attentat n'ait jamais parlé. Certains l'expliquent en disant qu'ils ont tous été, par la suite, supprimés, les uns après les autres. On prétend aussi que le chef qui les a dirigés était le comte Helldorf, préfet de police de Potsdam, aventurier sinistre, le même qui fut pendu pour avoir trempé dans le complot du 20 juillet 1944. Hypothèses plausibles, mais qui, à ma connaissance, n'ont pas été confirmées jusqu'ici (1).

Reste la question de savoir dans quelle mesure Hitler et Gœring ont été les instigateurs ou les complices de l'incendie. Il est bien difficile de croire qu'une pareille opération, si grosse de conséquences, ait pu être préparée et réalisée sans que l'un et l'autre en aient été avertis. Comment Gœring, en particulier, aurait-il ignoré qu'une escouade de miliciens s'était présentée à l'hôtel de la présidence et était descendue dans les caves? Comment ses collaborateurs, ses domestiques, ne l'en auraient-ils pas informé?

Il est plus difficile encore d'admettre qu'à supposer que l'affaire ait été menée à leur insu, l'enquête ne les ait pas très vite instruits de la vérité des choses. Et pourtant, ils se sont tus. Ils ont accepté le bénéfice de cette imposture satanique. Ils ont feint l'indignation la plus véhémente, en face des suspicions qui s'élevaient à l'étranger, donnant ainsi la preuve de leur hypocrisie. Que penser d'hommes assez cyniques pour se livrer à de tels calculs, à de tels crimes? Que verrait-on, le jour où ils appliqueraient des procédés du même genre à la politique internationale? Ils étaient vraiment

1. Un certain Kruse, se disant ordonnance de Rœhm, a raconté, dans une lettre adressée au maréchal Hindenburg et retrouvée par les services d'information anglais ou américains, que l'incendie du Reichstag avait été perpétré par 23 hommes des S. A., sous les ordres de Rœhm, avec l'assentiment de Göring et Göbbels. Lui-même y aurait pris part. Il aurait réussi à se réfugier en Suisse et serait le seul survivant de l'équipe des incendiaires, qui auraient été exterminés au cours des massacres du 30 juin 1934.

On peut tenir cette version pour exacte. L'existence de la lettre de Kruse était, d'ailleurs, connue avant la découverte de son texte.

Il est moins sûr, en revanche, que le rôle joué par Rœhm dans l'incendie du Reichstag et la menace, qu'il brandissait de dévoiler la vérité aient été, comme Kruse l'affirme, la cause de sa mise à mort, le 30 juin. C'en est, peut-être, l'une des causes, une cause accessoire ; ce n'en est pas la principale. On lira plus loin le récit du complot et de la mort de Rœhm.

redoutables ; ils s'avéraient capables de tout. J'en fus profondément frappé ; je ne devais jamais l'oublier.

L'incendie du Reichstag, comme plus tard, les massacres du 30 juin 1934, demeura l'un de ces sujets qu'il ne fallait pas aborder en présence de Hitler. Mais Gœring en parlait souvent. Il en parlait, cela va de soi, pour repousser avec une désinvolture à la fois irritée et sarcastique, les insinuations, les accusations auxquelles il n'ignorait pas qu'il était en butte. Je l'ai entendu, à ce propos, se comparer à Néron et dire que les chrétiens avaient mis le feu à Rome pour pouvoir en accuser Néron, de même que les communistes avaient incendié le Reichstag, pour pouvoir en accuser Gœring. Tout de même, ce souvenir le tourmentait. Un soir qu'à l'occasion du Concours hippique de Berlin, il offrait un dîner aux cavaliers, ainsi qu'aux étrangers de marque, présents dans la capitale, parmi lesquels figuraient un prince royal de Suède et son épouse, ses invités l'attendirent en vain, au salon. Il descendit, au bout d'une demi-heure, de son appartement. Il avait le front plissé et soucieux. Je lui en demandai la cause. Il me répondit, en baissant la voix, qu'il y avait le feu au Landtag de Prusse. Renseignement pris, c'était le reflet des flammes s'échappant de deux torchères placées à la porte de son palais, qui lui avait fait croire à un nouvel incendie.

Certaines visions l'obsédaient, comme Macbeth !

LA COMÉDIE DE POTSDAM

L'idée que le gouvernement puisse mentir n'entre pas aisément dans la cervelle du peuple allemand. Le respect inné qu'il a de l'autorité régulière l'engage à accepter docilement tout ce qui vient d'elle, à plus forte raison lorsqu'il s'agit de l'homme prestigieux que le Maréchal a appelé à la Chancellerie et qui se pose en redresseur de torts.

Tandis qu'à l'extérieur, l'incendie du Reichstag est tenu pour une machination suspecte, en Allemagne, l'immense majorité du public y voit, ainsi qu'on le lui affirme, un crime communiste.

L'événement secoue tout le pays. Une vague d'émotion déferle sur le Reich. On touche, en quelque sorte, du doigt la réalité, la gravité du péril marxiste. Qui oserait en douter, désormais? On cite le cas de paysans qui ont installé des gardes auprès des fontaines et des sources, par crainte de ces empoisonnements massifs, auxquels ont fait allusion les communiqués officiels. En revanche, le scepticisme dont témoigne l'étranger est accueilli avec fureur et excite la xénophobie populaire. Le fossé s'agrandit entre l'Allemagne et le dehors.

A l'intérieur, Hitler peut frapper. Il aura pour lui l'approbation générale. N'est-il pas le protecteur, le sauveur de la nation? Ses décisions ne tardent pas. Il bat le fer pendant qu'il est chaud. Le 1er mars, une deuxième ordonnance « pour la défense du peuple et de l'État » vient renforcer la précédente. Elle crée un état de siège spécial qui ne fait pas intervenir les militaires; car on n'est pas très sûr de la Reichswehr. Elle donne pouvoir au gouvernement central de se substituer aux gouvernements des États confédérés. Elle restreint encore davantage ce qui subsistait de la liberté individuelle, de la liberté de la presse, du droit de réunion. Le secret postal, télégraphique et téléphonique est aboli. Le crime de haute trahison, qui n'est pas, d'ailleurs, exactement défini, les incendies volontaires, les attentats contre le Président d'Empire et les membres du Cabinet sont punis de mort. Non seulement les communistes, dont le chef Thælmann a été incarcéré, mais aussi les socialistes, les opposants les plus notoires sont systématiquement décimés.

En quelques jours 5.000 personnes sont arrêtées en Prusse, 2.000 en Rhénanie. Des écrivains comme Ludwig Renn et Karl von Ossietzky, directeur de la *Weltbühne*, sont parmi elles. D'autres, comme Théodor Wolff et Georg Bernhard se réfugient à Munich, où le gouvernement bavarois offre encore un semblant de résistance. Les prisons regorgent. C'est alors que l'on commence à entendre parler de deux nouvelles institutions, caractéristiques du IIIᵉ Reich; la première est celle des Camps de concentration, où les captifs, parqués dans des baraques en planches, sont traités avec la dernière rigueur, la seconde, c'est la police secrète d'État, la *Geheime StaatsPolizei*, la « Gestapo », qui deviendra bientôt l'un des organes les plus puissants du régime. Sur l'une et sur l'autre courent des bruits sinistres. Le camp de Dachau inaugure sa terrible renommée. Les libéraux, les juifs quittent le pays en nombre toujours croissant. Ils assiègent les consulats pour y obtenir des visas de passeport, et vont grossir en Angleterre, en Amérique, en France, le flot des émigrés.

Pendant ce temps, les nazis accentuent le rythme de leur propagande électorale. Ils multiplient les défilés en fanfare, les parades, les retraites aux flambeaux, les réunions publiques à grand spectacle. L'incendie du Reichstag fournit à leurs discours un thème propice aux développements pathétiques. Hitler prend la parole dans toutes les grandes villes. Des haut parleurs sont disposés aux coins des rues et sur les places, et l'on voit, rassemblés devant eux, des groupes compacts, qui recueillent avec dévotion l'écho de ses cris rauques.

Le 5 mars, dans une atmosphère surexcitée, l'Allemagne vote. Les bureaux sont, naturellement, présidés par des nazis et des pelotons de S. A. stationnent dans les salles. L'affluence des électeurs est considérable; la proportion des abstentions n'est que de 11 %. Le dépouillement attribue aux nationaux-socialistes 288 sièges, au lieu de 195 dans le précédent Reichstag, aux nationaux-allemands 52 sièges au lieu de 51, aux socialistes 120, au lieu de 121, aux communistes 81, au lieu de 100, aux catholiques du Centre 73, au lieu de 70, aux catholiques bavarois, 19 au lieu de 20.

La contagion du dynamisme hitlérien, installé au pouvoir, l'énorme effort de propagande déployé par les nazis, la pression exercée par eux de mille manières, la supercherie colossale de l'incendie du Reichstag ont valu à Hitler un supplément de 6 millions de voix (17 au lieu de 11). Il a donc remporté un succès et ses partisans triomphent avec fracas.

Mais le succès est, en réalité, moins éclatant et, surtout, moins décisif qu'il ne l'avait espéré. Les suffrages qui sont allés à lui ne représentent que 43,9 % de l'ensemble. Son parti est, sans doute, de tous, et de beaucoup, le plus fort. Il n'a, pourtant, pas la majorité absolue et en s'alliant aux nationaux-allemands (8 %), les seuls sur lesquels il puisse compter, il ne l'atteindra que de justesse, il ne la dépassera qu'à peine (52 %).

Le trait le plus frappant du scrutin, c'est donc la constance remarquable des partis d'opposition. En dépit des vexations dont ils ont

été victimes, leurs électeurs leur sont restés fidèles ; ils ont maintenu leurs positions ; même les communistes n'ont perdu que
79 sièges. Fait capital ! Car il en ressort que, la dernière fois que
l'Allemagne a été en mesure de voter, au milieu de mille obstacles,
mais, tout de même, selon des procédures approximativement
démocratiques, elle a donné aux adversaires des nationaux-socialistes presqu'autant de voix qu'aux nazis. Il en ressort également
que, faute de l'appui des nationaux-allemands, c'est-à-dire du parti
du Maréchal, de Hugenberg et des barons conservateurs, Hitler
serait en minorité.

Le 12 mars, les élections aux Landtags des États et les élections
municipales aboutissent à des résultats analogues. Partout, les
nazis gagnent des voix et des sièges et forment un bloc imposant.
Nulle part, sans l'appoint des réactionnaires, ils n'auraient la
majorité. Ce n'est plus le Centre qui est l'arbitre des combinaisons
parlementaires, c'est le petit groupe des nationaux-allemands. Il
faut avoir cette situation présente à l'esprit pour apprécier toute
l'audace dont Hitler va user, en face d'une opposition hésitante et
apeurée, toute la rouerie qu'il va mettre, en même temps, à duper
la naïveté de ses amis.

Sachant que la force de l'affirmation impressionne toujours les
têtes molles, il commence par célébrer sa victoire électorale relative
comme une victoire totale et définitive. Le signe visible en est fourni
au public par la promotion du drapeau rouge à croix gammée du
Parti au rang d'emblème national, concurremment avec l'ancien
drapeau impérial, noir, blanc, rouge. Quant au drapeau républi-
cain, il est jeté aux orties. D'ailleurs, les deux associations répu-
blicaines, l'*Eiserne Front* et le *Reichsbanner,* sont déclarées dis-
soutes.

Loin de s'atténuer, le terrorisme officiel redouble. Les visites
domiciliaires, les séquestrations, les arrestations reprennent de plus
belle. A Dresde, les S. A. font irruption dans une salle de concert
et arrachent le chef d'orchestre à son pupitre. A Chemnitz, l'éditeur
d'un journal socialiste est abattu à coups de revolver, un restaurant
israélite envahi, saccagé, sa clientèle rossée. A Berlin, les grands
magasins Tietz sont dévastés, les Juifs pourchassés. Des Américains
sont molestés sur le Kurfürstendamm. On perquisitionne chez
Einstein. A Gleiwitz, le prélat Ulitzka est frappé. A Cologne, le

socialiste Sollmann est enlevé dans sa propre maison. Un avocat socialiste est assassiné, la nuit, à Kiel ; un conseiller municipal a le même sort à Magdebourg ; le siège des syndicats ouvriers, à Kœnigsberg, est occupé. Interrogé sur ces excès, Gœring répond placidement, à la radio : « Quand on rabote, il est fatal qu'il y ait des copeaux qui volent ! » Des formations de S. A. ayant fait des démonstrations et occupé une caserne dans la zone démilitarisée, à Kehl, je m'en plains à Neurath. Le Ministre s'excuse ; il n'en donne pas moins un communiqué à la presse, dans lequel il se vante de m'avoir éconduit, « *abgeblitzt* ». Lui aussi, ce faible, croit opportun de se conformer à la mode du jour !

Des commissaires, chargés de prendre la direction de la police, sont envoyés dans les États confédérés. La Bavière regimbe. Aussitôt, le 9 mars, le général von Epp reçoit mission d'y assumer l'autorité, au titre de Commissaire du Reich. Il dépose le gouvernement régulier, s'empare des ministères et y installe des chefs nazis, entre autres Röhm et Wagner. Le président du Conseil bavarois, Held, et ses collègues cèdent sans combattre ; l'un d'eux, le ministre de l'Intérieur, est assailli dans son lit et emmené, pieds nus, à la Maison Brune, siège central des S. A. La fameuse « ligne du Main », derrière laquelle les Bavarois croyaient pouvoir s'abriter, s'est évanouie à la première chiquenaude.

Mais tout cela n'est encore qu'un hors-d'œuvre.

Ennemi déclaré du parlementarisme, il est évident que Hitler n'a pas l'intention de gouverner avec le Reichstag. Il a voulu seulement provoquer dans le pays un mouvement démonstratif en sa faveur, prouver que, s'il le voulait, il pourrait faire ce qui n'a réussi ni à Papen, ni à Schleicher : constituer une majorité viable. Cette majorité existe. Mais, de toute façon, elle est trop mince ; elle le placerait trop étroitement dans la dépendance des conservateurs pour qu'il songe un instant à s'en accommoder.

Aussi bien le *Führerprinzip* dont il est imbu, et qui est un article essentiel de sa doctrine, exige-t-il qu'il soit le maître absolu. Le « principe du chef » exclut la demi-mesure, cette *Halbheit* qu'il a condamnée dans son livre comme la faute majeure. Pour cela, il est nécessaire qu'il ménage encore pendant un temps les hommes qui l'ont mis au pouvoir, qu'il les flatte, qu'il les détermine à seconder les desseins dont ils seront, plus tard, les victimes.

C'est à quoi pourvoira la comédie de Potsdam.

L'ouverture des travaux du Reichstag nouvellement élu a été fixée au 21 mars. Mais où tenir séance, puisque l'édifice du Parlement d'Empire a été incendié? Hitler décide que la première séance de l'assemblée aura pour cadre l'Église de la Garnison, à Potsdam. A-t-il eu cette idée de lui-même? Ne lui a-t-elle pas, plutôt, été suggérée par Gœbbels, propagandiste génial? Quoi qu'il en soit, il l'adopte et aperçoit d'emblée le bénéfice politique et moral qu'il en pourra tirer.

L'Église de la Garnison, à Potsdam, est une sorte de sanctuaire du prussianisme. C'est là que repose, dans un cercueil de bronze, le corps du Grand Frédéric, en présence duquel l'histoire rapporte que Napoléon aurait dit : « Si tu n'étais pas là, je ne serais pas ici! » Son architecture est assez sobre, pour l'époque où elle a été construite, sobre comme l'ancienne Prusse, mais harmonieuse et lumineuse, comme l'ancienne organisation de l'État prussien. Elle n'évoque que des souvenirs de gloire et de grandeur, le souvenir des générations qui sont venues y tremper leur âme dans le respect de Dieu, le culte de la discipline et l'amour de la patrie, le souvenir d'une Allemagne austère et militaire, riche de vertus martiales et civiques, le souvenir, aussi, d'une dynastie qui a fait de l'Allemagne une grande nation et l'a conduite au faîte de la puissance. Tout Allemand qui y pénètre est assailli par ces idées et sent sa poitrine se gonfler d'émotion et de fierté.

En y réunissant, pour une Cérémonie d'État, un « Staatsakt » solennel, les députés du IIIᵉ Reich, Hitler est certain d'offrir à l'imagination romantique de son peuple un symbole dont la signification ne lui échappera pas et qui l'emplira d'enthousiasme. Le peuple comprendra que l'Allemagne réveillée par Hitler, l'Allemagne nationale-socialiste, entend rompre avec l'esprit de Weimar, — de Weimar, antithèse de Potsdam, — avec la république de la défaite, de l'humiliation, de la misère et du désordre, renouer, au contraire, par-delà des temps misérables, avec un passé sans tache et marcher vers un avenir digne de ce passé. Le 21 mars est, en outre, le jour anniversaire du premier Reichstag convoqué par Bismarck, en 1871. L'ombre du Chancelier de fer se joindra, ainsi, à celle du Grand Frédéric pour accueillir sous les voûtes consacrées celui dont l'ambition est de poursuivre leur œuvre.

Les journaux se chargent, au surplus, de rendre accessible à tous la pensée du Führer. « Depuis 14 ans, écrit la *Gazette de la Bourse*, les mots d'ordre étaient « Liberté et Paix ». Ce n'était pas une devise prussienne. La Prusse eût prêché la lutte, l'obéissance, les privations. Aujourd'hui, la Prusse, l'esprit prussien, la tradition prussienne ont ressaisi la direction des affaires allemandes. C'est un nouveau baptême. Le mensonge de 1918 est effacé. Tel est le sens de la journée du 21 mars et la raison pour laquelle elle est fêtée à Postdam ! »

L'*Observateur raciste*, organe du parti national-socialiste, écrit, de son côté : « L'Allemagne abolit le marxisme, les divisions, les particularismes qui n'étaient qu'une survivance du moyen âge. Elle renoue la tradition qui avait assuré sa grandeur et pour laquelle sont morts deux millions d'Allemands. » Comment ce langage n'irait-il pas au cœur des hommes qui se considèrent comme les dépositaires de la vraie tradition prussienne, au cœur de Hindenburg et de ses amis, des Junkers et des Barons monarchistes, de Hugenberg et de ses nationaux-allemands, des membres du Casque d'Acier et des associations d'anciens combattants, au cœur des officiers de la Reichswehr ? C'est à eux, en effet, que la cérémonie de Potsdam est plus particulièrement destinée. C'est eux qu'elle a pour but de toucher plus directement, de séduire et d'envelopper dans une illusion rassurante. Après le gage éclatant que Hitler leur donne à Potsdam, ne devront-ils pas renoncer aux appréhensions que les excès de son parti commencent à leur inspirer ? Pourront-ils encore hésiter à lui accorder toute leur confiance, à souscrire à toutes ses demandes, à lui concéder les pleins pouvoirs qu'il revendique ?

Il a plu, durant toute la nuit du 20 au 21. Mais, dans la matinée, un coup de vent a dissipé les nuages. Des taches d'un bleu tendre apparaissent au ciel. Le soleil met des reflets dans les flaques d'eau. L'air vif et tonifiant que l'on respire annonce les approches du printemps. La population a pavoisé ses maisons. Les immenses bannières rouges à croix gammée, qui pendent des toits jusqu'à la rue, voisinent avec les drapeaux noir, blanc, rouge. On peut lire, ainsi, sur les façades, l'opinion des gens qui logent derrière. Les nationaux-allemands, les conservateurs, les monarchistes arborent le drapeau impérial, les nationaux-socialistes l'oriflamme rouge. A

Berlin, celui-ci domine; à Potsdam, c'est l'autre qui l'emporte. Les cloches sonnent à toute volée, tandis que les autos s'élancent sur la route, jalonnée par les miliciens en chemise brune.

A l'Église de la Garnison, le public n'a de place que dans les tribunes. C'est dire que l'assistance, nécessairement réduite et comprimée sur un espace trop étroit, se compose exclusivement de hauts fonctionnaires, de dignitaires du Parti et de leurs familles. La tribune centrale est celle de la famille impériale. En avant, se détache le fauteuil de Guillaume II qui reste vide. Immédiatement derrière, se tient le Kronprinz, en uniforme de colonel des hussards de la Mort. A ses côtés je reconnais son épouse, la Kronprinzessin Cécile, ses frères, ses fils. Dans la tribune voisine est rangé le corps diplomatique, chamarré de plaques et de rubans. La nef entière est occupée par les membres du Reichstag. Les communistes, bien entendu, ne sont pas là; ils sont en prison, et, désormais, pratiquement, sinon encore légalement, exclus de la vie politique. Mais les socialistes manquent également; ils ont préféré s'abstenir. En revanche, les catholiques sont présents et garnissent les bancs qui leur ont été assignés dans cette église protestante. Tout ce monde est relativement silencieux; on ne s'entretient qu'à voix basse, retenu par la gravité du lieu et la solennité de l'heure.

Soudain, la porte s'ouvre. L'assistance se lève d'un seul mouvement. Le maréchal Hindenburg pénètre dans l'édifice. Il porte son uniforme militaire, le grand cordon de l'Aigle Noir et le casque à pointe. Bien qu'alourdi et visiblement serré dans sa tunique devenue trop étroite, il a une belle allure de vieux chef. On admire sa haute taille, son calme, la dignité, la noblesse dont est empreint son visage triste. Il s'avance lentement, appuyé sur une canne. Arrivé devant la tribune impériale, il fait front, s'incline et salue de son bâton de maréchal le fauteuil vide de son maître et les princes qui l'entourent.

Hitler marche auprès de lui, comme le nouveau venu timide qu'un protecteur considérable introduit dans une société qui n'est pas la sienne. Qui croirait que cet homme pâle, aux traits vulgaires, habillé d'une jaquette qui lui va mal, et qui a l'air si respectueux et si modeste, est, des deux personnages, le plus puissant, celui qui primera l'autre? Pour l'instant, à les voir tous deux, côte à côte, l'impression s'impose aux plus réfractaires qu'une loyale et intime alliance associe la génération d'hier et la génération d'aujourd'hui et que celle-ci n'aspire qu'à suivre les exemples et les conseils de sa devancière. Un flot d'uniformes roule derrière le Maréchal et le Chancelier. Gœring et Gœbbels adressent, eux aussi, un salut aux altesses impériales, mais plus désinvolte et du revers de la main.

Au milieu du chœur, un espace libre a été ménagé. Hindenburg et Hitler s'y font face. Le Maréchal chausse ses grosses lunettes d'écaille et lit un discours, dont tout le sens se résume dans ces mots : « Le lieu où nous sommes nous invite à jeter nos regards sur l'ancienne Prusse qui, respectueuse de Dieu, a dû sa grandeur à son travail, à sa conscience du devoir, à son ferme courage et à son amour de la patrie. Puisse l'antique esprit animer également la génération actuelle! »

La réponse d'Hitler est plus abondante. D'une voix d'abord sourde, mais qui s'affermit par degrés, il entreprend de laver l'ancienne génération de reproches immérités. Ni le Kaiser, ni le Gouvernement, ni le peuple n'ont voulu la guerre. Seuls, la décadence de la nation et l'écroulement général ont contraint l'Allemagne à accepter, contre sa conviction la plus sacrée, le mensonge de sa culpabilité. Après avoir stigmatisé les scandaleuses exigences du diktat de Versailles, la folie des réparations, il exalte la jeune Allemagne qui, aux élections du 5 mars, a rétabli l'honneur national. « Nous voulons, s'écrie-t-il, refaire l'unité des esprits et des volontés du pays, sauvegarder les éternels fondements de notre existence, notre caractère racial et les valeurs qui lui sont propres! » Il prononce, ensuite, une fervente apologie de Hindenburg, qu'il remercie au nom de la jeunesse allemande, et comme il n'ignore pas qu'à l'étranger le régime nazi suscite des inquiétudes que la cérémonie de Potsdam risque d'accroître, il termine en se déclarant résolu à gouverner avec autorité, mais en sincère ami de la paix.

Les mains du Maréchal et celles d'Adolphe Hitler se rejoignent devant les députés debout. L'image de Guillaume II plane sur la scène. Il semble que le IIIe Reich, résolu à devenir le continuateur du second, soit disposé, après avoir enterré la république de Weimar, à ramener dans son pays, quand les circonstances s'y prêteront, l'impérial exilé de Doorn.

A l'issue de la cérémonie, une parade militaire se déroule aux portes de l'église. Le Kronprinz, au premier rang des spectateurs, a l'air de passer la revue. La Reichswehr défile en tête, puis viennent les Schupos, casqués, puis les milices nazies, les S. A. brunes et les S. A. noires, puis le Stahlhelm. Les applaudissements de la foule sont particulièrement chaleureux pour les milices brunes et noires. Dans la soirée, une retraite aux flambeaux anime les rues de Berlin, tandis qu'une représentation de gala au grand Opéra clôture la fête.

Le Staatsakt de Postdam n'est, cependant, qu'un prologue. Il a créé l'ambiance dans laquelle va, maintenant, se placer l'acte principal; et l'acte principal doit être l'attribution à Hitler par le Reichstag des pleins pouvoirs. A défaut du palais incendié, c'est dans la vaste salle de l'opéra qu'on appelle, du nom de son fondateur, l'Opéra Kroll, au milieu du Tiergarten, qu'il se jouera, deux jours plus tard.

On a déjà eu, dans l'après-midi du 21 mars, une idée des conditions dans lesquelles fonctionnera, désormais, l'institution parlementaire. Un panneau rouge garnit le fond de la salle et dresse les bras tordus d'une énorme croix gammée au-dessus de l'estrade du bureau et de la tribune des orateurs. Des pelotons de S. A. et de S. S. emplissent les couloirs. Tous les députés nazis sont en uniforme. Les autres, avec leurs sombres vêtements civils, font l'effet de parents pauvres. On procède à l'élection du bureau. Gœring est élu président par toutes les voix, sauf celles des socialistes. Comme la sienne, l'élection des vice-présidents et des douze secrétaires se fait par assis et levés, au commandement; pas une interruption; pas une protestation; en cinq minutes, tout est réglé.

Le 23 mars, l'assemblée est saisie du projet de loi des pleins pouvoirs. C'est la séance décisive. Hitler l'ouvre par un long discours-programme, qu'il lit, les sourcils froncés, d'une voix morne. Discours prudent, d'ailleurs, calculé pour embarrasser les catholiques et les obliger à se rallier, les communistes étant exclus des débats et les socialistes rejetés, d'avance, hors de la majorité. Hitler commence par un rappel de l'incendie du Reichstag et fulmine contre les incendiaires. Il exprime, de nouveau, sa volonté de réaliser l'unité de tous les Allemands. Il laissera aux États confédérés une certaine autonomie, mais déclare qu'à l'avenir leurs conflits ne s'étaleront plus en public. Au passage, il verse une douche froide sur les espoirs des monarchistes. Il fait allusion à d'éventuelles réformes du Reich et de la constitution, mais la question du retour à la monarchie, ajoute-t-il, n'est pas discutable, à l'heure actuelle.

La cérémonie de Potsdam recule déjà dans le lointain. Au reste, Hitler protégera les deux confessions religieuses, tenues pour des facteurs importants de la conservation nationale. Il respectera la propriété et l'initiative individuelles. Il s'abstiendra de toute expérience monétaire, accordera aux paysans endettés les moratoires nécessaires, aux classes moyennes l'aide dont elles ont besoin. Il fournira, sans dire comment, du travail aux chômeurs. Il pratiquera une autarcie relative. La Reichswehr bénéficie de ses éloges et de ses égards particuliers. Il proteste, enfin, de son attachement à la paix, mais à une paix qui ne connaisse plus ni vainqueurs, ni vaincus, et de son désir de vivre en bonne intelligence avec l'Angleterre, la France, le Saint-Siège, la Russie même. Sa péroraison vise nettement les catholiques; ils seront traités selon l'attitude qu'ils adopteront. La salle se lève et entonne le « Deutschland über alles ». Pendant la suspension, j'entends, au-dehors, les pelotons hitlériens crier en chœur : « Nous voulons les pleins pouvoirs; sinon, gare la casse! »

A la reprise, Wels demande la parole au nom des socialistes. Il présente la défense de son parti. Les socialistes ont pris leur part de responsabilité, au milieu de la situation tragique qui résultait de la défaite, et bien que la constitution de Weimar ne fût pas une constitution socialiste. Ils demeurent, quant à eux, fidèles aux principes de liberté, d'égalité, de droit social, d'humanité et de justice. On peut les persécuter, les priver de leur force; on ne les privera pas de leur honneur. Ils ne voteront pas les pleins pouvoirs. Wels a parlé avec une extrême modération, sur un ton d'excuse et de plaidoyer, un peu comme un enfant battu qui s'attend à recevoir de nouveaux coups. Son discours n'en est pas moins, en raison des circonstances, un discours hautement honorable, digne et courageux.

Pendant qu'il le prononçait, je voyais Hitler occupé à prendre fiévreusement des notes. Il demande, aussitôt, la parole pour répliquer et se dévoile, alors, tel qu'il est : un polémiste, un agitateur de réunion publique, un fanatique sans générosité. Avec une extraordinaire passion, mordant, vibrant, vengeur, il foudroie son adversaire; il fonce sur lui, l'écrase dans un réquisitoire véhément,

rappelant les années de lutte, au cours desquelles le national-socialisme a été bafoué, malmené et persécuté. « Ne nous confondez
pas, s'écrie-t-il, avec la société bourgeoise ! L'étoile de l'Allemagne
se lève ; la vôtre va disparaître, votre heure a sonné ! » Après lui,
Mgr Kaas, au nom du Centre, se montre humble et déférent ; il
marche sur des œufs ; il invoque les exigences de l'union nationale ; le Centre se dégagera des considérations de parti ; il tendra,
quant à lui, la main à ses adversaires. Brüning, qui est dans la salle,
garde le silence.

Hitler a gagné la partie ; les pleins pouvoirs lui sont votés par
441 voix contre 94, soit par plus des deux tiers des présents ; seuls,
les socialistes ont osé voter contre. En vertu de ces pleins pouvoirs,
accordés pour quatre ans et qui se fondent sur une apparence de
légalité, Hitler est, désormais, le maître absolu du Reich. Il peut
légiférer à sa guise, dans tous les domaines. La voie est libre devant
lui. Ses décrets n'ont plus besoin, ni de la sanction du Reichstag,
ni de la signature de Hindenburg.

Le Maréchal est dépossédé. L'unique recours qui lui reste est de
retirer sa confiance au Cabinet. Mais comment le pourrait-il, sans
déclencher une formidable guerre civile ? Son Chancelier est plus
puissant que lui. Il aura bientôt en main tous les leviers de l'État.
L'*Observateur raciste* exulte. « C'est une journée historique ! —
écrit-il. Le système parlementaire capitule devant la nouvelle Allemagne. Pendant quatre ans, Hitler pourra faire tout ce qu'il jugera
nécessaire, négativement en extirpant les forces délétères du
marxisme, positivement, en édifiant une nouvelle communauté
populaire. La grande entreprise commence ! Le jour du IIIe Reich
est arrivé ! »

Après l'élimination des communistes, le tour des socialistes n'est
plus éloigné ; les catholiques n'ont obtenu qu'un répit ; Hugenberg,
le Casque d'Acier, les réactionnaires, les monarchistes, flattés tant
que leur concours était indispensable, seront rejetés demain comme
une coque vide. A Potsdam, ce n'est pas l'alliance de deux générations qui a été scellée ; c'est l'éviction de l'une par l'autre ; la
jeune a tiré à l'ancienne un grand coup de chapeau et lui a fait un
pied de nez par-derrière ; et l'acte solennel de l'Église de la Garnison n'a été en définitive qu'une solennelle duperie.

LE PREMIER MAI

Après les communistes, c'est aux socialistes qu'Hitler va s'attaquer. L'incendie du Reichstag n'a pas permis de les anéantir d'un
seul coup, en même temps que leurs camarades et rivaux. L'accusation d'y avoir participé est restée trop fragile, en effet, pour justifier
des mesures immédiatement radicales. Elle a, tout de même, fourni
un prétexte pour en envoyer un bon nombre dans les camps de
concentration. Les autres, surveillés, vilipendés, menacés, ne sont
plus que les réprouvés du régime, le dernier carré du marxisme.
On le détruira en deux opérations, dont la première sera empreinte
du même cachet d'hypocrisie et de cynisme que l'incendie du
Reichstag et la comédie de Potsdam. Elle consistera à retirer à la
sociale-démocratie le support des syndicats ouvriers.

Une « fête du travail », destinée à remplacer la fête révolutionnaire traditionnelle, a été annoncée pour le 1ᵉʳ mai. Elle deviendra,
par la suite, l'une des fêtes nationales du IIIᵉ Reich. Comme c'est
la première grande fête publique du nazisme, depuis son avènement au pouvoir, Hitler, Gœbbels et leurs gens tiennent à bien faire
les choses et à mettre sur pied une manifestation colossale, grandiose, dépassant tout ce qui a jamais été vu jusque-là. Le clou de
la manifestation sera une réunion gigantesque sur le champ de
manœuvre de Tempelhof, une réunion nocturne, couronnée par un
splendide feu d'artifice. Le personnel des usines et des ateliers, des
bureaux et des boutiques, patrons et employés, a été invité à s'y
rendre en cortège, groupé par professions, patrons en tête.

Les dirigeants et les adhérents des « syndicats libres », qui sont,
pour la plupart, des syndicats socialistes, ont été l'objet d'une particulière insistance. On leur a fait entendre qu'on leur serait reconnaissant de donner une preuve de leur bonne volonté. Il ne s'agit
pas d'accomplir un acte politique, mais d'affirmer une foi sociale.
Il s'agit de célébrer la solidarité ouvrière, l'union de tous dans la
religion du travail, la fraternité allemande. Ce serait être infidèles à
eux-mêmes, et à leurs propres idées, que de demeurer à l'écart
d'une pareille démonstration ! Et ils se sont laissé convaincre. D'ail-

leurs, la journée leur sera payée comme une journée normale et au salaire entier s'ajoutera une indemnité spéciale de déplacement et de nourriture. Double appât!

Aux approches de la nuit, les rues de Berlin sont sillonnées de colonnes épaisses qui, en bel ordre, au pas cadencé, précédées de pancartes, encadrées de fifres et de musiques, marchent vers le lieu du rendez-vous. On assiste au défilé des corporations des Maîtres-Chanteurs! Elles se rangent, aux emplacements qui leur ont été assignés, sur l'immense champ de manœuvre.

A l'une des extrémités du terrain, une estrade a été construite pour les hôtes du gouvernement. C'est là que s'assied le corps diplomatique, témoin obligé de ces fastes, dont on attend qu'ils le plongent dans l'admiration et le respect. Une forêt de bannières rutilantes forme le fond de la scène. Une tribune hérissée de microphones se détache en avant, comme une proue. Elle domine un océan de têtes. Au premier plan, des unités de la Reichswehr sont alignées. Derrière elles, un million d'hommes est rassemblé. Les S. A. et les S. S. veillent à la stricte ordonnance de ce formidable meeting. L'un après l'autre, les chefs nazis arrivent, reconnus au passage par la foule. Des paysans bavarois, des mineurs, des pêcheurs, dans leur costume professionnel, des délégations d'Autrichiens, de Sarrois, de Dantzicois montent sur l'estrade ; ce sont les invités d'honneur du Reich. On respire une atmosphère de bonne humeur et d'allégresse générale. Rien ne sent la contrainte. Cette masse est, évidemment, contente d'être là et fière du spectacle qu'elle offre.

A 8 heures, au milieu d'un remous, Hitler fait son apparition, debout, dans sa voiture, le bras tendu, le visage grave et contracté. Il est salué par une longue clameur, un grondement puissant, qui s'échappe de milliers de poitrines. Entre temps, la nuit est venue. Des projecteurs s'allument. Ils ont été installés à une assez grande distance les uns des autres, en sorte que les ondes doucement bleutées qu'ils répandent sont séparées par des zones obscures. La perspective de l'océan humain, d'où émerge, de loin en loin, dans une bande éclairée, un grouillement de silhouettes, s'en trouve prolongée à l'infini ; et c'est une vision extraordinaire que celle de ce fourmillement mouvant et palpitant, qu'on aperçoit, à la fois, dans la lumière et qu'on devine dans l'ombre.

Après quelques mots d'introduction de Gœbbels, Hitler monte à la tribune. Les projecteurs s'éteignent, à l'exception de ceux qui enveloppent le Führer dans un nimbe éclatant, si bien qu'au-dessus de la marée qui ondule à ses pieds, il a l'air de planer dans une nacelle magique. Un silence religieux s'établit. Hitler parle. Je ne l'avais pas encore vu officier en plein air; je ne le quitte pas du regard. Il tient dans sa main, comme un jeu de cartes, un paquet de petits carrés de papier, sur lesquels il a noté d'un mot le développement correspondant, et les cartons se succèdent rapidement entre ses doigts. Il exalte le travail et sa noblesse, le rôle du travailleur dans la société, la fusion de toutes les classes dans la pratique du travail. Puis, il trace le programme de la régénération du pays par le travail. Il annonce que le Service du Travail sera rendu obligatoire, afin que chaque Allemand reçoive la salutaire leçon du travail manuel. Pour supprimer le chômage, de grands travaux seront entrepris; on construira des maisons, un immense réseau de routes, des canaux, des bâtiments de toute sorte; il y en aura pour des années, pour des milliards et pour des centaines de milliers de bras. Il abaissera le taux de l'intérêt. L'économie ne sera plus dirigée par des sociétés, où les décisions se prennent à la majorité, mais selon le principe d'autorité. L'Allemagne nouvelle ne connaîtra plus les conflits sociaux. Elle ne formera plus qu'une seule famille, travaillant de toutes ses forces conjuguées à la même tâche. Elle redeviendra, ainsi, une nation puissante et respectée. Elle reprendra le chemin de sa vraie destinée; elle marchera vers la grandeur et la gloire.

Le plus frappant, dans ce discours, ce n'est pas le fond, qui reste, malgré tout, assez vague; c'est l'action de l'orateur; c'est sa voix chaude et rocailleuse, tranchante et farouche; c'est la passion qui le transporte, le souffle qui l'anime et qui, littéralement, dilate ses narines; il me fait penser au mot de ce Grec, disant que pour apprécier Démosthène, il fallait avoir vu « la bête elle-même ». C'est aussi l'influence qu'il exerce sur son auditoire, une influence d'ordre bien plus physique qu'intellectuel, accrue encore par le décor, la figuration théâtrale, les effets d'ombre et de lumière, et toute cette mise en scène romantique, cet entourage d'étendards et d'uniformes, ces scintillements de casques et de baïonnettes, et l'enivrement qui se dégage du rythme irrésistible des musiques.

Dans la foule qui l'écoute, beaucoup d'hommes, sans doute, ont pour lui des sentiments de méfiance, ou de haine. Mais ils sont, eux aussi, ébranlés, entraînés, comme le batelier par le chant de la Lorelei.

Une ovation formidable accueille la fin du discours; l'hymne national, suivi du chant du Parti, du *Horst-Wessel Lied*, résonne dans la nuit, que trouent bientôt les fusées et les soleils multicolores du feu d'artifice. Oui! vraiment, c'est une belle fête, une fête magnifique! Les Allemands qui y ont pris part et les étrangers qui y ont assisté en emportent l'impression qu'un vent de réconciliation et de concorde à soufflé sur le IIIᵉ Reich!

Mais, le lendemain, 2 mai, à 10 heures du matin, tous les sièges des syndicats libres, tous leurs locaux, leurs coopératives, leurs maisons du peuple, leurs journaux, la Banque ouvrière et ses succursales, sont occupés par la police et les Sections d'assaut; 58 chefs de syndicats, parmi lesquels Leipart, Grossmann, Wissel, sont arrêtés chez eux; les archives, les comptes en banque sont saisis; l'opération est dirigée par un « Comité d'action pour la protection du travail allemand », que préside Robert Ley, l'un des plus vulgaires parmi les chefs nazis, connu pour son ivrognerie et ses mauvaises mœurs. Elle est étendue à tout l'Empire. Ley se félicite publiquement, dans un manifeste, du bon tour qu'il a joué à ses adversaires. « Leur soumission était feinte, ricane-t-il. Nous connaissons cette tactique. On ne nous la fera pas!... Le lien entre la sociale-démocratie et les syndicats est brisé; nous voulons libérer l'ouvrier des dernières chaînes du marxisme! »

Sous le coup, s'effondre l'arbre gigantesque, l'énorme organisation, tant admirée au-dehors, qui comprenait 4 millions de membres et disposait d'un revenu de 184 millions de marks. On n'enregistre nulle part aucune résistance, aucune réaction. Le syndicalisme allemand disparaît comme dans une trappe. Privés de leurs dirigeants, découragés par la mollesse de ceux-ci, démoralisés par les accusations de corruption lancées contre tels ou tels d'entre eux, troublés par les agents nazis qui se sont introduits dans leurs rangs, tentés, peut-être, aussi, par les promesses de meilleur avenir que leur prodigue le nouveau régime, ses adhérents s'inclinent; ils cèdent au courant dont l'impétuosité les déconcerte et les paralyse.

Blessée à mort, la sociale-démocratie se résigne, elle-même, au sort qui l'attend. Hitler la ménage quelque temps encore. Il a besoin d'elle et de ses suffrages pour prouver au monde, et à la Conférence du désarmement de Genève, que le peuple tout entier, y compris les derniers représentants du marxisme, soutient sa revendication de l'égalité des droits. Le 17 mai, les députés socialistes applaudissent, au Reichstag, l'exposé qu'il fait de la thèse allemande et s'associent au vote d'unanimité qu'il obtient de l'assemblée subjuguée. Et, quelques semaines plus tard, ils se voient exclus du Parlement, frappés d'interdiction, dépouillés du droit de réunion et de propagande, relégués dans le néant. La sociale-démocratie a vécu.

Parallèlement, les nationaux-allemands et les catholiques ont été soumis à des vexations quotidiennes, de plus en plus accentuées, et désagrégés par un perfide travail de sape. Les nationaux-allemands se groupent autour du Casque d'Acier et des nombreuses associations qui s'y rattachent. Le chef du Casque d'Acier, Seldte, est ministre du Travail. Le chef des nationaux-allemands, Hugenberg, est nanti, dans le cabinet du 30 janvier, de deux portefeuilles, celui de l'Économie et celui de l'Agriculture. Ces bastions doivent être abattus.

Entre le Casque d'Acier et les milices brunes les relations n'ont jamais été très chaleureuses. Elles s'enveniment de jour en jour. Le Casque d'Acier réprouve la brutalité, les illégalités des S. A.; il blâme la campagne anti-sémite. Il devient, ainsi, le refuge de beaucoup de mécontents, et son drapeau, noir, blanc et rouge, se change, peu à peu, en un emblème d'opposition. Les nazis en conçoivent de l'inquiétude et de la colère. Les rixes, entre les deux camps, se multiplient. Déjà, le 27 mars, six jours après la cérémonie de Potsdam, le chef national-socialiste du Brunswick, Klagges, a ordonné le désarmement et la dissolution du Stahlhelm. La même mesure sera prise, peu après, en Rhénanie. Le 27 avril, Seldte, soucieux de conserver son siège ministériel, désavoue son collègue Duesterberg, qui partage avec lui la direction du Casque d'Acier. Il adhère au national-socialisme et invite ses anciens compagnons à l'imiter.

Le 19 juin, l'association Scharnhorst, la plus importante filiale du Stahlhelm, celle qui assure son recrutement dans la jeunesse, est supprimée. Le 26 juin, le Casque d'Acier est dissous, avalé, bon gré, mal gré, par le parti nazi. C'est, pour Hugenberg, un affront,

en plus d'une perte de substance irrémédiable. Mais cet affront a
été précédé de beaucoup d'autres. Hitler s'est servi de Hugenberg
et de sa sottise pour accéder au pouvoir. Il n'a jamais eu à so'
égard la moindre sympathie et les nazis jugent exorbitant que le
vieux sanglier, têtu et borné, étroitement lié au grand patronat
industriel, régisse deux départements ministériels aussi importants
que l'Économie et l'Agriculture. Hugenberg, lui-même, s'effare de
la violence révolutionnaire et des hardiesses des nazis, sur le terrain économique, religieux, social. Il fait des représentations; on
n'en a cure. La besogne d'épuration expéditive à laquelle le Parti
procède à travers l'Allemagne n'épargne pas les fonctionnaires
nationaux-allemands; ils sont, comme les socialistes ou les catholiques, destitués et remplacés. Hugenberg s'en plaint; on hausse
les épaules. On lâche contre lui la Chambre d'Agriculture de Prusse
orientale, préalablement mise au pas; elle déclare qu'il n'est pas
assez protectionniste et réclame qu'un nazi lui succède. On l'épou-
vante en manifestant l'intention de modifier profondément les rapports entre employeurs et ouvriers et de mettre sous contrôle la
Fédération patronale de l'industrie. Le 18 juin, à la Conférence
économique de Londres, il s'avise de lire un factum de son cru,
dans lequel il revendique pour l'Allemagne, des colonies. On se
moque, on se scandalise de cette insigne maladresse. Il n'en peut
plus. Il finit par capituler, le 28 juin, et, avec lui, le parti national-
allemand disparaît.

Le plus singulier, dans son aventure, c'est qu'aucun de ceux qui
auraient dû être ses défenseurs naturels ne l'a soutenu. Les conservateurs, au sein du Cabinet, les Neurath, les Krosigck, les Papen,
le laissent tomber. Et pourtant, ils sont, eux aussi, des nationaux-
allemands, ou des hommes du même bord. Ils représentent, dans
la formule gouvernementale du 30 janvier, l'appoint d'une fraction,
sans laquelle Hitler eût été en minorité. La chute de Hugenberg
les atteint, les diminue, les livre un peu plus qu'auparavant à la
discrétion des nazis. Ils ne semblent pas s'en douter, ou s'en alar-
mer. Ils acceptent docilement la situation qui en résulte.

D'ailleurs, le maréchal Hindenburg, patron et protecteur du
Casque d'Acier, lié par tout son passé et toutes ses amitiés aux
nationaux-allemands, leur donne l'exemple. Harcelé de tous côtés,
Hugenberg avait insinué que, s'il quittait le Gouvernement,

Hindenburg pourrait retirer au Cabinet sa confiance, puisque la coalition, qui était la raison d'être de ce Cabinet, serait rompue. Mais le Maréchal n'y a pas songé; il a fait la sourde oreille. Il ne peut pas, cependant, ignorer ce qui se passe. Il ne peut lui échapper que l'alliance, scellée à Potsdam, au son des cloches, est déjà morte et qu'il est, lui-même, non plus le maître, mais le captif de son Chancelier. Se sent-il hors d'état de secouer cette tutelle? Préfère-t-il le repos à une crise dont l'issue serait problématique? N'est-il pas, plus simplement, comme son entourage, comme ses amis, les barons du Cabinet, comme la masse populaire, victime de la contagion, entraîné par la force du courant?

Le Maréchal est avare. Le Maréchal a pris goût à la terre. Il se plaît à l'idée de reconstituer la fortune de sa famille. Le 27 août, anniversaire de Tannenberg, Gœring fera connaître que le gouvernement prussien a arrondi le domaine de Neudeck, où réside Hindenburg et qui lui a été acquis par une souscription nationale, en y ajoutant la propriété de Preussenwald, libérée de toutes charges, tant que survivra un descendant mâle. Et voilà qui gênera, sans doute, les historiens, portés à juger avec indulgence le cas du Maréchal!

Après les communistes, les socialistes, les nationaux-allemands, il ne reste plus à Hitler qu'à se débarrasser des catholiques. En vain ceux-ci ont-ils essayé de composer, voté cette loi des pleins pouvoirs, qui permettra à Hitler de les anéantir, et proclamé qu'en matière de patriotisme, ils ne seront inférieurs à personne; Hitler déteste les Brüning et les Kaas. Les procédés qui ont été employés contre les socialistes et les nationaux-allemands leur seront également appliqués.

Attaqués à la fois, du dehors et noyautés au-dedans, en butte aux arrestations individuelles, aux sévices corporels, aux outrages, aux accusations déshonorantes, ils perdent pied; ils se résignent à la perspective de leur disparition. Ils espèrent, cependant, qu'en faisant la part du feu, au prix du sacrifice de leur existence politique, ils obtiendront, peut-être, du nazisme qu'il laisse à leur existence religieuse le minimum de liberté indispensable. Les évêques essaient d'aplanir les voies d'un *modus vivendi* acceptable. Ils ne condamnent pas le nouveau régime. Ils déclarent, au contraire, qu'il n'y a pas d'antinomie entre le catholicisme et le national-socialisme.

Papen les y encourage. Il fonde même une association de catholiques nationaux-socialistes : « L'Aigle et la Croix. » Que ne l'a-t-il appelée : « La Croix Gammée et la Croix? » Il parvient à décider nombre de catholiques à adhérer au parti hitlérien.

On assiste, alors, à un spectacle surprenant : tandis qu'en Allemagne on arrête les prélats, on liquide des dizaines d'associations, affiliées au parti du Centre et on saisit leurs avoirs, tandis qu'on rosse, à Munich, les membres d'un congrès catholique, Papen discute, à Rome, les bases d'un concordat. Le Vatican reconnaît l'Etat national-socialiste, admet que les évêques lui prêtent serment et interdit aux prêtres de s'occuper de politique. On lui promet, en échange, de respecter la liberté de l'Église, la propriété de ses biens, le costume de ses ecclésiastiques, l'existence de ses congrégations. Fragiles engagements d'un jour, qui ne résisteront pas à l'épreuve! Les querelles d'interprétation en renverseront bientôt l'incertain édifice. Après comme avant, la campagne contre les catholiques se poursuivra. Elle assumera des formes de plus en plus brutales, de plus en plus odieuses. Le nazisme, sous l'inspiration de Gœbbels, catholique lui-même, ira jusqu'à monter en série des procès retentissants, dans lesquels il inculpera des prêtres d'attentats à la pudeur, des nonnes de trafic de devises, afin de répandre l'impression que le catholicisme est un abîme d'immoralité.

Comme les syndicalistes, comme les nationaux-allemands, le Saint-Siège a été cyniquement dupé, il faudrait dire : « roulé ». Le 8 juillet, le concordat est paraphé; il entre en vigueur le 10. Mais déjà, le 5, le parti du Centre s'est mis, de lui-même, en dissolution. Et ceux de ses députés, qui voulaient se rallier à la fraction nationale-socialiste du Reichstag, ont essuyé l'humiliation supplémentaire de s'en voir refuser l'accès. Hitler semble étonné d'avoir rencontré tant de docilité. « On n'aurait jamais cru à un effondrement aussi lamentable! » dit-il, le 9 juillet, dans une réunion publique, à Dortmund. « Qui aurait pensé qu'un parti comme le Centre s'évanouirait, dans les conditions où il a, aujourd'hui, disparu! »

En tout cas, l'une des tâches que Hitler s'était assignées est remplie. Le 14 juillet 1933, au milieu d'un train de 19 lois nouvelles, il s'en trouve une qui interdit la formation de tout parti politique en Allemagne et ordonne la confiscation des biens des anciens partis.

Il ne doit plus y avoir, légalement, dans le IIIᵉ Reich, qu'un seul parti, le parti national-socialiste, le Parti unique, le Parti omnipotent. Le nettoyage prévu ne s'est heurté à aucune difficulté sérieuse ; il a été exécuté en six mois !

Dès ce moment, le Cabinet du Reich n'a plus rien de commun avec le Cabinet initial du 30 janvier. Le nazisme l'a envahi par les portes et par les fenêtres et en a complètement transformé la physionomie. Gœbbels, qui s'était fait nommer le 15 février, Commissaire du Reich, a reçu, le 12 mars, le portefeuille de la Propagande, créé spécialement pour lui.

En la personne débile de ce jeune homme, petit, presque difforme, affligé d'un pied-bot, à la tête disproportionnée, coupée en largeur par la plaie d'une bouche énorme, mais illuminée par de magnifiques yeux noirs et un air de vivace intelligence, est entré au Gouvernement un des hitlériens les plus redoutables. Il est, sans conteste, l'un des plus cultivés, peut-être le seul cultivé d'entre eux. On l'appelle couramment « le Docteur » ; car il est docteur en philologie. Il a un don remarquable d'orateur et d'écrivain. Il parle et il écrit une langue harmonieuse, pleine, d'un tour classique, d'une qualité infiniment supérieure à celle du Führer, rare, même, en cette Allemagne où le sens du style s'est si mal conservé. On peut le considérer, comme le type de ces intellectuels dévoyés, qui se sont jetés dans les bras du national-socialisme, pour échapper à leur nihilisme.

Son esprit, plein de ressources, fertile en ruses et en sophismes, a quelque chose de pervers et de diabolique. Son imagination, nourrie de romantisme, et inventive, aime les visions grandioses et les spectacles fantastiques. Dialecticien habile et vigoureux, nul ne l'égale dans l'art de se mouvoir entre le mensonge et la vérité, de prêter aux faits qu'il déforme l'aspect de l'exactitude, d'interpréter les événements dans le sens le plus favorable à sa cause. Nul plus que lui, non plus, n'a le talent d'expliquer en formules claires, et, pourtant, jamais vulgaires, un problème complexe à des foules simples, de trouver les comparaisons qui frappent, les mots qui portent et qui s'impriment dans la mémoire. Il excelle dans la polémique, dans l'ironie supérieure, dans l'invective.

Il est, probablement, trop intelligent pour avoir des illusions sur la valeur de la plupart de ses compagnons, sur les sottises qu'ils profèrent et les fautes qu'ils commettent. Mais il est animé d'une ardeur dans le fanatisme qui l'élève au-dessus de toutes les répugnances. C'est un extrémiste, un tempérament foncièrement révolutionnaire, qui s'est voué à Hitler et à son entreprise, corps et âme, jusqu'à la mort, soutenu par un courage naturel, dont il a fourni maintes preuves, au cours des années où il est parvenu à conquérir, de haute lutte, la Prusse et le Brandebourg au national-socialisme. Sous son impulsion, le ministère de la Propagande, doté de fonds qui s'élèvent à plusieurs centaines de millions de marks, sera l'un des ressorts les plus efficaces et les plus puissants du Reich.

Mais Gœring, qui le jalouse, n'est pas resté en arrière. Tout en gardant le ministère de l'Intérieur en Prusse, il est devenu, le 11 avril, président du Conseil prussien, et il s'est immédiatement entouré de collaborateurs nazis : Kerrl, à la Justice, Rust, à l'Instruction Publique, Popitz, aux Finances. A ces charges, il a ajouté celle de ministre du Reich pour l'aviation. Hubengerg, démisssionnaire, a été remplacé, à l'Agriculture, par Darré, l'expert nazi en matière agricole, à l'Économie par Schmitt, personnalité de premier plan dans le domaine des assurances. Le 30 juin, Rudolf Hess, délégué du Führer à la direction du Parti, a acquis le droit d'assister aux délibérations du Cabinet, en attendant que lui et Röhm, chef des Sections d'assaut, soient nommés ministres d'État.

Les Barons avaient voulu isoler Hitler. C'est eux, aujourd'hui, qui sont isolés. Papen, qui, à l'origine, devait contrôler les actes du Chancelier et lui servir de frein, ne compte plus guère ; il a dû abandonner son poste de Commissaire du Reich en Prusse ; le véritable Vice-Chancelier, ce n'est plus lui, c'est Gœring ; quant à lui, on ne l'emploie plus qu'à des missions spéciales, comme celle d'aller tendre, à Rome, un piège au Vatican ; et sa vanité s'en accommode. Blomberg, ministre de la Guerre, a subi, en dilettante qu'il est, l'attraction personnelle du Führer. L'homme l'intéresse prodigieusement et le captive. Le chef impérieux lui en impose. Blomberg, fasciné, est à sa dévotion. Neurath et Krosigck tiennent surtout à conserver leurs places et ne feront pas d'objections, quand Hitler leur demandera, pour la bonne règle, d'adhérer au Parti. Elz von Rübenach, ministre des Transports, catholique trop fervent pour se sentir à l'aise au milieu de ces ennemis du catholicisme, cédera son portefeuille à Dorpmüller, bon vivant sceptique, qui

portera joyeusement l'insigne national-socialiste. De son côté, le
général von Epp, en Bavière, a composé un ministère entièrement
nazi. Il avait fallu six mois à Hitler pour balayer les partis ; il ne
lui en a pas fallu davantage pour retourner son gouvernement
comme un gant, y changer la majorité en minorité, briser les velléités d'opposition des États confédérés et installer définitivement
sa dictature au sein du Cabinet et dans l'ensemble du pays.

Le nettoyage ne serait pas complet, cependant, s'il n'était accompagné de l'élimination systématique des Juifs. On connaît la haine
de Hitler pour les Juifs ; elle s'étale dans *Mein Kampf,* où elle revêt,
dans son paroxysme, des aspects insensés, une férocité hideuse. A
maints égards, au fil des années, Hitler atténuera ou modifiera
certaines idées et certains sentiments exprimés dans son livre. Sur
le chapitre des Juifs, il ne variera jamais. Il me dira, un jour, qu'à
son avis, la solution du problème juif devrait consister à parquer
tous les Israélites de l'univers dans une île, par exemple, à Mada-
gascar. A la vérité, la seule solution satisfaisante, selon lui, eût été
d'exterminer tous, tant qu'ils sont, ces ennemis de la race aryenne,
ces auteurs responsables de tous les maux dont souffrent l'Allemagne et le monde. Et c'est bien cette arrière-pensée d'extirpation
totale qui inspire sa conduite et celle de son parti.

L'anti-sémitisme a toujours été très répandu en Allemagne ; il y
a de fortes et anciennes racines ; c'est un préjugé et une passion
populaires. Déjà violent avant 1914, il s'est beaucoup développé
à la suite du rôle que les Juifs ont joué dans la république de
Weimar et dans les partis de gauche, de la place qu'ils ont prise
dans les fonctions publiques, où, naguère, ils n'accédaient pas, de
l'enrichissement, aussi, dont ils ont donné le spectacle, durant les
années où régnait la folie de spéculation. En affichant cette haine,
Hitler ne s'écarte pas du peuple ; il s'en rapproche ; il en est le
reflet ; son anti-sémitisme forcené ne nuit pas à sa popularité ; il en
est, au contraire, l'un des éléments.

Les nazis n'ont pas attendu, d'ailleurs, l'avènement de leur chef
au pouvoir, pour molester les Israélites ; c'est, depuis longtemps,
un de leurs divertissements préférés... « *Juda verrecke!* Que Judas
crève ! » est depuis longtemps leur cri de guerre. Après le 30 janvier, ils ont seulement renoncé à toute précaution, à toute
retenue. La persécution est devenue légale. Elle assume une

ampleur telle, des formes si odieuses, que l'étranger en est révolté
et manifeste bruyamment sa réprobation. Rien n'exaspère les nazis
davantage que de se voir ainsi blâmés au-dehors. Leur fanatisme
s'indigne qu'on ose les critiquer. C'est, à leurs yeux, un empiète-
ment sur la souveraineté allemande, une intrusion intolérable dans
les affaires intérieures du Reich. Ils accusent les Juifs d'exciter
contre eux l'opinion étrangère, d'être les instigateurs de ce mouvement de protestation. De persécuteurs, ils deviennent persécutés.
C'est le Reich qui est menacé en leur personne et qui se trouve en
état de légitime défense ! Des représailles s'imposent. L'attitude des
Juifs mérite punition et vengeance.

Avec l'agrément des autorités, un comité se forme, sous la direction de l'immonde Streicher, afin d'organiser, pour le 1ᵉʳ avril,
une grande action de boycott. Au jour fixé, les colonnes de S. A. se
répandent à travers la capitale, arrêtant et frappant au passage les
Juifs qu'elles rencontrent. Elles envahissent les restaurants et les
cafés les plus fréquentés du Kürfürstendamm et en chassent, à
coups de triques, la clientèle israélite. Des piquets de miliciens se
postent à l'entrée des magasins, collent des étiquettes sur les devan-
tures : « Boutique juive ! Allemands ! n'achetez rien ici ! » et
empêchent quiconque d'y pénétrer. A l'intérieur, les commerçants
sont roués de coups, leurs marchandises pillées et, de surcroît, par
la menace de nouveaux sévices, on leur extorque de l'argent.
L'opération se prolonge pendant toute la journée. Elle a des résultats déplorables ; elle soulève, hors d'Allemagne, tant d'indignation
que les membres les moins déraisonnables du Gouvernement s'en
inquiètent, signalent les rapports alarmants des agents diplomatiques et interviennent pour suspendre le scandale. Le boycott
public, les exactions à ciel ouvert cesseront, en effet ; et l'on mas-
quera la retraite, en criant que la leçon a porté ses fruits. Mais la
persécution n'en sera pas moins poursuivie par des voies plus discrètes.

A la vérité, elle ne prendra jamais fin. Elle est inhérente à la
nature même du national-socialisme. Toutes les entreprises privées,
industrielles ou commerciales, les banques, les théâtres, les ciné-
mas, les restaurants, les librairies, les maisons d'édition, les sociétés savantes, les Académies, les orchestres, seront obligés d'expulser leurs dirigeants, leurs membres ou leurs collaborateurs juifs. Le

corps médical, les barreaux des cours de justice seront expurgés de la même manière. En vertu de la loi du 7 avril, qui introduit, dans le nouveau statut des fonctionnaires, la « clause aryenne », tous les fonctionnaires qui ont un juif ou une juive dans leur ascendance directe doivent quitter leur poste. L'étude des arbres généalogiques est mise à l'ordre du jour et « la grand'mère aryenne », au dire de ceux qui ont le courage de sourire de ces innombrables tragédies, devient l'objet de toutes les convoitises. La magistrature, les universités, les différents ordres d'enseignement n'échappent pas à la règle implacable. Les étudiants israélites ne sont plus admis aux facultés que dans une infime proportion. Des milliers de Juifs sont dépouillés de leurs moyens d'existence. Au début, on les laissait s'expatrier. Mais, bientôt, on leur refusera des passeports ; on confisquera leurs biens ; on les maintiendra de force dans une société qui leur rend la vie impossible.

Il semble, en effet, qu'on ne les ait jamais assez piétinés. Les coups qu'on leur porte ne sont jamais les derniers coups. Les lois, dites « de Nuremberg », qui, en 1935, définissent le citoyen du Reich, spécifient qu'il faut, pour être citoyen, être de sang allemand, ou apparenté. Seul, le citoyen du Reich possède l'intégralité des droits politiques. Les Juifs sont, donc, exclus de la communauté nationale. Un Juif ne peut pas être citoyen, ni voter, ni exercer un emploi public. Les anciens combattants, les pères de combattants tués à l'ennemi, en faveur desquels, à l'origine, une exception avait été faite, devront, tous, être congédiés avant la fin de l'année 1935. Tout mariage entre Allemands et Juifs est interdit ou déclaré nul. Les relations sexuelles sont défendues ; elles constituent un délit, passible de peines graves, allant jusqu'aux travaux forcés. Un Juif ne peut avoir à son service une domestique aryenne, que si elle a plus de 45 ans. Toutes les œuvres de bienfaisance juives sont proscrites. L'enseignement hébraïque est prohibé. Deux feuilles spécialisées dans l'anti-sémitisme, le *Stürmer,* de Streicher, et le *Schwarze Korps,* organe des S. S., se chargeront d'entretenir un flot permanent d'injures et d'hostilité contre les Juifs. Le IIIe Reich a reconstitué un ghetto, pire que ceux du moyen âge.

Il s'ampute, ainsi, d'une des fractions les plus industrieuses, les plus utiles de sa population, et, précisément, de celle qui la reliait aux courants dominants du monde extérieur. Le nazisme prétend purifier l'Allemagne : il l'avilit. Il croit la libérer : il l'isole. Il déchaîne ses plus mauvais instincts, sa barbarie latente ; il l'enferme dans son propre aveuglement ; il ouvre, entre elle et la conscience universelle, un conflit dont il n'aperçoit pas les lointaines et fatales conséquences.

L'INSTALLATION DU RÉGIME NATIONAL-SOCIALISTE

L'éviction de la vie publique des communistes, des socialistes, des nationaux-allemands, des catholiques et des juifs ne représente encore que l'un des aspects, l'aspect négatif de l'*Umbruch,* du grand renversement des choses, auquel Hitler procède méthodiquement. D'une main, pourrait-on dire, il déblaie ; mais de l'autre, en même temps, il installe l'ordre nazi. Muni des pleins pouvoirs, il applique les plans qu'il a eu, dans l'opposition, le loisir de préparer avec ses principaux collaborateurs et qui sont, le plus souvent, contenus dans des textes qu'il n'y a qu'à sortir des tiroirs.

De le voir, ainsi, passer de la théorie à la pratique et réaliser sa doctrine, en écrasant froidement tout ce qui le gêne, a quelque chose de saisissant. J'ai l'impression, moi qui l'observe, d'assister à un changement de décor, sur une scène dont on n'aurait pas baissé le rideau. De rudes équipes de machinistes vont et viennent. Les uns enlèvent sans douceur les éléments de l'ancienne décoration ; les autres dressent les portants de la nouvelle ; d'autres arrivent des coulisses, le dos chargé d'un mobilier insolite ; des pans de toile disparaissent sous le plancher, tandis que d'autres tombent du cintre. La transformation ne va pas sans bruit, ni sans cris. On entend des coups de sifflet, des coups de marteau, des jurons, des plaintes étouffées ; des commandements brefs retentissent.

Le spectateur se demande, parfois, si un éclat de bois, un morceau de fer, lancé d'une main trop brutale, ne va pas ricocher et l'atteindre dans la salle. A tout instant, je suis obligé d'intervenir pour protester contre une manifestation injurieuse, pour tirer de prison un compatriote arrêté, pour préserver de l'expulsion un journaliste imprudent, pour aider un malheureux persécuté à passer la frontière. Mais au bout du compte, en dépit des heurts et des

incidents, tout se trouve mis en place ; la substitution d'un monde à
un autre a duré juste l'espace d'un instant. On a devant soi un
nouveau décor, assorti d'un nouvel éclairage. C'est ce nouvel
ensemble qu'il s'agit, maintenant, d'esquisser, sinon de décrire, si
l'on veut faire comprendre comment se présente le régime nazi,
dans quelle atmosphère il se meut, de quelle manière il s'empare de
l'Allemagne, la pétrit et la modèle, pour la rendre plus apte aux
fins qu'il poursuit.

L'un des premiers objets auxquels s'attache Hitler, c'est la construction d'un Reich fortement unifié et centralisé. A la différence
de ses prédécesseurs, le IIIe Reich est résolu à en finir à tout
jamais, non seulement en fait, mais en droit, avec le particularisme,
qu'il considère comme la plaie de l'Allemagne, la cause de l'infériorité dans laquelle elle a vécu, par rapport à ses voisins, l'Angleterre et la France. L'un des slogans favoris du nazisme affirme
que, pour être invincible, l'Allemagne n'a besoin que d'être unie
et unifiée.

Le 31 mars 1933, une loi, dite de « mise au pas » ou d' « unifor-
misation » (*Gleichschaltung*) invite les gouvernements nazis des
États confédérés à légiférer sur le modèle du Reich et en harmonie
avec lui, sans se soucier des constitutions, ni des procédures
propres aux États en question. Un progrès de plus est fait par la
loi du 7 avril, qui crée les Statthalters. Les Statthalters sont des
délégués directs du Chancelier, chargés de veiller, dans les Pays ou
groupes de Pays qui leur sont soumis, à l'exécution des lois du
Reich et des consignes du Führer. Ils ont, dans leur ressort, les
pouvoirs du Chancelier dans le Reich. Ce sont des vice-chanceliers,
affectés au gouvernement des provinces. Ils nomment et révoquent
les chefs des gouvernements locaux, les ministres, les fonctionnaires ; ils peuvent assister aux séances des cabinets, les présider,
dissoudre les diètes, prescrire de nouvelles élections, recevoir le
serment des évêques, conférer des distinctions et des titres ; en cas
de trouble, ils disposent de la force armée ; leur autorité s'étend à
tous les domaines. Il y aura, dans le Reich, onze statthalters de
cette sorte. En Prusse, c'est le Président du Conseil, nommé par le
Chancelier, qui exercera la fonction.

Naturellement, les nouveaux postes seront confiés par Hitler à
des nazis éprouvés, à d'anciens compagnons des années de combat,

à ceux dont la fidélité, la docilité, le dévouement lui sont acquis : von Epp, en Bavière, von Killinger en Saxe, Sauckel en Thuringe, Hildebrandt en Mecklembourg. Des lois ultérieures, notamment celle du 31 janvier 1934 sur « la réorganisation du Reich », aboliront définitivement la souveraineté des Pays, leur représentation parlementaire, leurs fonctionnaires particuliers. Elles supprimeront les nationalités ; il n'y aura plus de Badois, de Bavarois, de Prussiens, mais seulement des Allemands du Reich. Les municipalités des grandes villes perdront, elles aussi, leur autonomie et seront régies par des commissaires ou des bourgmestres désignés.

A la même date du 7 avril 1933, une loi révise et précise le statut des fonctionnaires. Elle permet non seulement d'éjecter, par le jeu du paragraphe aryen, les fonctionnaires juifs, mais encore de renvoyer ceux dont le régime n'est pas sûr et de les remplacer par des nazis, eux-mêmes tenus en lisière par des règlements très stricts. Le 14 février 1934, le Reichsrat, conseil des États confédérés, est aboli. Il n'a plus de raison d'être. Que subsiste-t-il, en effet, de l'ancien particularisme ? A peu près rien ; ici et là, un gouvernement nominal, composé d'un ou deux ministres sans pouvoir réel, vestiges juste bons à rappeler l'existence d'un passé disparu. Hitler a jeté bas l'édifice hérité de Bismarck. Sur ses débris, il a érigé un centralisme rigoureux. Tout part, désormais, de Berlin et aboutit à Berlin, à travers une hiérarchie serrée. Le Gouvernement et son appareil administratif forment un bloc sans contrepoids, soustrait au contrôle de l'opinion et d'un pouvoir extérieur quelconque. Plus audacieux que Bismarck, Hitler peut s'enorgueillir d'avoir accompli sans lutte, et le plus aisément du monde, une des révolutions les plus importantes de l'histoire de son pays. Reste à savoir si son œuvre, si l' « État national », qui réalise le rêve de millions d'Allemands, durera, non pas des siècles, comme il s'en vante, mais seulement autant que l'État fédéral du Chancelier de Fer !

Puisque, dans la conception nationale-socialiste, il incombe au Parti d'animer et de surveiller le fonctionnement des rouages de l'État, encore faut-il qu'il ait, lui-même, une structure appropriée. Aussi est-il, au cours des premiers mois de 1933, soumis à un travail de réorganisation et de mise au point. Le Reich est divisé en 32 régions (Gaù) chaque région en cercles (Kreis) ; chaque cercle en groupes locaux (Ort) ; chaque groupe local en cellules ; chaque cellule en blocs. Au-dessus des chefs de Gau (Gauleiter), et des inspecteurs, nommés par le Führer, siège un État-Major, qui réunit les dirigeants des multiples compartiments du Parti : le chef de la Commission politique centrale, le chef des S. A., celui des S. S., le trésorier du Parti, le président du Comité de discipline, le chef de la Section agricole, celui de la Section juridique, celui de l'Office de politique extérieure, le chef de la Propagande, le chef de la Jeunesse, etc... Tous ces chefs ont, bien entendu, des bureaux et des services. L'ensemble est dirigé par Rudolf Hess, en qualité de suppléant du Führer à la tête du Parti.

Si l'on y ajoute l'état-major particulier de Hess et celui du chef de l'Organisation (Philipp Bouhler), avec les nombreuses sections qu'ils comportent, l'un et l'autre, si l'on se rappelle, également, qu'au Parti se rattachent des groupements considérables, tels que le Corps automobile, les jeunesses des deux sexes, l'Union des femmes, l'Union des étudiants, l'Union des médecins, des juristes, des professeurs, le Front du travail, sans parler des milices brunes et des milices noires, on demeure frappé de l'énormité et de la complexité du système. La marche des affaires n'en est pas simpli-fiée, ni accélérée, et il y a plus d'un conflit entre fonctionnaires de l'État et fonctionnaires du Parti, plus d'une rivalité entre les membres des différents services. Tel qu'il est, le système offre, pourtant, deux avantages : il fournit des emplois, des grades, des traitements à beaucoup de gens ; il nourrit une nombreuse clientèle, que l'intérêt, renforçant la conviction, rend solidaire du régime. En second lieu, il pénètre partout ; il diffuse partout les mots d'ordre venus d'en haut ; il transmet à l'échelon supérieur les faits observés, les réflexions recueillies en bas ; il renseigne sur les choses, et plus encore sur les personnes ; il constitue un remarquable auxiliaire des services de police et de la Gestapo ; il fait, en réalité, de l'Alle-magne un État policier.

L'importance fondamentale attribuée par Hitler à sa théorie de la race devait l'amener à prendre sans tarder des mesures propre-ment racistes. Les lois anti-sémites n'en sont qu'un chapitre. Le 14 juillet 1933, une loi institue la stérilisation obligatoire, pour les individus atteints de maladies héréditaires ou de tares incurables. Elle sera appliquée par un tribunal spécial, avec faculté d'appel devant une Cour supérieure. Des lois subséquentes, destinées à

protéger « la santé héréditaire du peuple allemand », définiront les
cas où le mariage est interdit et imposeront le certificat prénuptial.
En revanche, les mariages « sains » seront favorisés. L'institution
du « prêt au mariage » facilitera aux jeunes gens désireux de se
marier l'acquisition du mobilier indispensable; et la somme qu'ils
auront à rembourser sera diminuée en proportion des enfants nés
de leur mariage. Célibataire lui-même, Hitler prêche le mariage; il
oblige ses lieutenants à se marier, à avoir de nombreux enfants. Il
met les familles nombreuses à la mode.

De fait, la natalité allemande, qui était stationnaire ou en régres-
sion, sous la république de Weimar, recommence à progresser avec
le nouveau régime. Le national-socialisme, hostile au préjugé dont
sont victimes les enfants naturels, fonde, en 1933, la première
année de son règne, une œuvre puissante : *La Mère et l'Enfant,*
qui prodigue aux jeunes mères et à leur progéniture tous les
secours imaginables. Dans les milices noires, chez les S. S., troupe
d'élite du régime, on pratiquera même une sélection raisonnée. On
formera des couples-modèles, en s'inspirant non seulement de la
condition physique des époux, mais aussi de l'étude de leur généa-
logie.

A la même préoccupation d'améliorer la race se relie directement
l'effort déployé pour l'organisation de la jeunesse et la généralisation du sport. Déjà très nombreuses, au moment de la prise du
pouvoir, les associations de jeunesse du Parti, le *Jungvolk*, pour les
enfants à partir de 8 ans, la *Hitlerjugend*, pour les plus grands,
ainsi que l'association des jeunes filles allemandes (*Bund deustcher
Mädchen*), dirigées, les unes et les autres, par Baldur von Schirach,
connaîtront vite un essor remarquable; elles formeront une jeunesse d'État, à laquelle il sera bien difficile aux parents de soustraire leurs enfants. Ceux-ci y seront, d'ailleurs, l'objet des soins
les plus attentifs; excursions en commun, séjour dans des camps
d'été, répartis dans les régions les plus pittoresques de l'Allemagne, participation aux travaux agricoles, danses, chants, divertissements de toute espèce, visites des curiosités naturelles, des
villes et lieux historiques, rien ne sera épargné pour fortifier leur
santé, les instruire, en même temps, et leur apprendre à se conduire
eux-mêmes; car le principe qui les régit est que leurs chefs immédiats se recrutent dans leurs propres rangs.

Il va de soi qu'ils seront du même coup, imprégnés de la doctrine hitlérienne, façonnés selon l'idéal patriotique et pangermaniste, brutal et guerrier du national-socialisme, dressés à la discipline, à l'obéissance et au commandement, à la pratique du désintéressement, du dévouement à l'équipe, élevés dans le culte du régime et de la personne du Führer. C'est sur eux que Hitler fondera ses espoirs d'avenir. En parlant d'eux, il dira : « Ma jeunesse. » Et un jour qu'il haranguait les ouvriers d'une usine, il s'écriera : « Vous pouvez me refuser votre adhésion ! J'aurai, tout de même, vos fils ! »

Sous l'impulsion de Tschammer-Osten, promu chef du Sport dans le Reich, dès juillet 1933, les sports se développent dans toute l'Allemagne avec une non moindre rapidité. Chaque spécialité sportive donne lieu à un groupement particulier, commandé par un chef. Il n'est pas de petite ville, voire de village, qui ne tienne bientôt à avoir son stade et sa piscine. L'éducation sportive est, naturellement, appliquée, d'abord, et selon les méthodes les plus modernes, à la jeunesse scolaire. Mais elle est propagée systématiquement aussi dans les milieux ouvriers. Il n'y a plus de sports aristocratiques et de sports populaires. L'équitation et le ski sont mis, en théorie tout au moins, à la portée des classes laborieuses, comme le foot-ball et la boxe. Et, dès 1933, en prévision des Jeux Olympiques, qui se dérouleront en Allemagne trois ans plus tard, Tschammer-Osten se met en quête des athlètes qui seront appelés à porter les couleurs du Reich. On pose les fondations du stade gigantesque qui sera le théâtre des futures compétitions internationales et l'on construit de toutes pièces, près de Berlin, le village où les athlètes allemands, pris en charge par le Reich, recevront l'entraînement qui doit les mener au succès.

Le Service du Travail répond, également, au désir de doter le pays de générations plus robustes, plus dures, mieux trempées au physique et au moral, qui aient une plus claire conscience de la « communauté nationale » et qui soient, pour la Reichswehr, des recrues déjà dressées. Hitler a annoncé, le 1er mai, que le Service de Travail, jusque-là volontaire, était rendu obligatoire. L'exécution de cette décision suppose, de nouveau, un intense effort d'organisation. A la fin de 1933, le sytème est debout et fonctionne ; il rassemble 250.000 jeunes gens ; l'Allemagne est divisée en trente

régions, chaque région en plusieurs groupes, chaque groupe en plusieurs « camps de travail » (Arbeitslager). Un programme est établi ;
il comprend des défrichements, des assèchements, la construction
de routes et de voies ferrées, des déboisements et reboisements, des
régularisations de cours d'eau, etc...

Des écoles spéciales sont créées, pour la formation des chefs.
Dans les camps, les jeunes gens sont soumis à une discipline militaire, à une hiérarchie, qui correspond, avec des appellations spéciales, aux grades de l'armée ; ils portent un uniforme ; ils ont une
arme, la bêche, qu'ils manient comme un fusil ; ils manœuvrent
en rangs serrés, comme des soldats ; leur exhibition annuelle constituera, par la suite, l'un des plus impressionnants spectacles que
l'on puisse voir au Congrès de Nuremberg. Durant leur passage
dans les camps et leur séjour sur les chantiers, l'éducation politique
qu'ils ont déjà reçue dans la *Hitlerjugend* est reprise et poussée plus
loin. Il s'agit de faire d'eux des hommes sains, affranchis des vieux
préjugés sociaux et qui sachent ce que c'est que d'avoir des
ampoules aux mains. Mais il s'agit aussi d'en faire de bons nazis.

Cette religion du travail, que Hitler a prêchée avec tant d'ardeur,
le jour de la fête mémorable du 1ᵉʳ mai, et dont l'extension donnée
au Service du Travail est une manifestation, se traduit par une série
d'autres initiatives. D'abord, dans le domaine du chômage, où le
régime doit remédier d'urgence à une crise aiguë. A cet égard, une
loi du début de juin prévoit l'ouverture d'une quantité considérable
de travaux de toute nature, à entreprendre par les collectivités,
pays, communes, associations de communes, et dont les moyens
financiers seront fournis par une émission de « Bons de travail »
du Trésor.

En août 1933 est décidée la construction d'un réseau d'auto-
strades, selon le type dont l'Italie fasciste a donné l'exemple, mais
que le IIIᵉ Reich appliquera sur une vaste échelle. Les chemins de
fer du Reich procurent à une société créée à cet effet les fonds
nécessaires, que grossissent des subventions de l'État. Une première tranche de 6.000 kilomètres sera exécutée sous la direction
de l'ingénieur Todt. Elle occupera 200.000 ouvriers. En septembre,
Hitler inaugure les travaux de la route qui reliera Francfort et
Heidelberg et distribue solennellement les outils. Au bout de 4 ans,
le programme prévu sera réalisé et l'Allemagne sera déjà sillonnée

dans tous les sens par ces magnifiques voies rectilignes, aussi
profitables au trafic économique qu'aux déplacements militaires.
Au surplus, les travaux qu'entraîne le réarmement du Reich, immédiatement commencé par le régime et poursuivi en secret, absorbe-
ront un lot supplémentaire de chômeurs. Stimulée par un afflux
de commandes, l'industrie remet en marche ses machines et ses
ateliers se remplissent.

D'ailleurs, un nouveau statut, promulgué en mai 1933, a réglementé sur des bases entièrement nouvelles les conditions du travail.
Désormais, la cellule fondamentale, c'est le « *Betrieb* », la
fabrique, l'entreprise, l'usine, dont le personnel, composé de la
direction (*Führung*) et des collaborateurs (*Gefolgschaft*) forme un
tout solidaire, comme le capitaine et l'équipage d'un navire. Chaque
matin, un appel rassemble tout le personnel. La direction, les
ouvriers, les employés ont des devoirs et des droits exactement
définis. Le personnel délègue auprès de la direction des « hommes
de confiance », choisis sur une liste présentée par la direction,
c'est-à-dire choisis parmi les hommes qui offrent, du point de vue
national-socialiste, toutes les garanties désirables. Les conflits sont
déférés à des tribunaux spéciaux, les « tribunaux du travail ».

Il en est de même pour les infractions à « l'honneur du travail ».
L'honneur du travail commande aux patrons de traiter humaine-
ment leurs ouvriers, de veiller à la propreté, à l'hygiène, à l'élégance des ateliers, d'observer toutes les clauses des contrats
concernant les salaires, l'emploi de la journée, les congés, aux
ouvriers de respecter l'ordre et la discipline, de ne pas empiéter
sur les droits de la direction, de ne pas saboter leur tâche, de ne
pas dévoiler le secret des fabrications. Les grèves sont prohibées.
Les tribunaux du travail prononcent des peines, avertissements,
amendes, suspensions, exclusions, et peuvent aller jusqu'à retirer
au patron indigne la faculté de continuer à diriger son entreprise.
L'observation des règles du travail est assurée par des fonctionnaires particuliers, les *Treuhänder*, les *trustees*, ou préfets du travail, qui administrent une région et interviennent partout où la
paix sociale est troublée.

A la place des anciens syndicats supprimés, le IIIᵉ Reich a institué, dès le lendemain de l'opération de force du 2 mai 1933, une
organisation unique et géante, « *le Front du travail* ». Celui-ci

réunit sous son autorité, à la fois l'Union générale des travailleurs manuels, avec ses quatorze groupements professionnels, et l'Union générale des employés, avec ses huit groupements. Un Conseil restreint, un Conseil général exercent la direction de l'ensemble. Le chef de l'organisation est Robert Ley; c'est lui qui désigne les chefs des groupements. Le Front du travail, qui est lui-même une branche du Parti national-socialiste, a dans ses attributions tout ce qui concerne la politique sociale du pays; il contrôle les assurances sociales et les coopératives, le crédit ouvrier, l'apprentissage, l'artisanat, les salaires. Il s'est approprié les biens des syndicats disparus; il perçoit les cotisations; il dispose d'énormes ressources, et son importance ne cessera de croître (1). En novembre 1933, il s'adjoint un service spécial, « la Force par la joie » (Kraft durch Freude), chargé de l'organisation des loisirs ouvriers. Ce service, à grand renfort de réclame tapageuse, met tous les sports à la disposition des ouvriers, organise pour eux des représentations théâtrales, des concerts, installe des plages, fait construire des paquebots de gros tonnage, à bord desquels les ouvriers et leurs familles passent en croisière le temps de leur congé, et qui, en cas de guerre, seront des croiseurs auxiliaires et des transports tout trouvés.

En octobre, apparaît pour la première fois « l'Œuvre des Secours d'hiver », dont le Parti a pris l'initiative. Elle a pour mission de secourir les plus pauvres, les malheureux, de leur fournir des vêtements, des aliments, du chauffage, des abris et d'attester, ainsi, la conscience sociale, le sentiment de la communauté nationale, qui doivent animer le nouveau régime. D'octobre à mars, elle procède à des quêtes dans les maisons et dans les rues, auxquelles participent personnellement tous les chefs nazis; elle provoque des

1. En 1937, d'après ses propres indications, le Front du travail groupait 12 millions 400 mille ouvriers et 8 millions d'employés, artisans et commerçants.
Il percevait 32 millions de marks de cotisations mensuelles.
Ses dépenses annuelles étaient les suivantes :

84 millions de marks pour les pensions.		
80 —	—	pour l'éducation professionnelle.
25 —	—	pour les secours divers.
6 —	—	pour l'assistance sanitaire.
50 —	—	pour les constructions.
13 —	—	pour la Force par la Joie.
80 —	—	pour les frais d'administration.

dons en espèces et en nature, en échange desquels elle distribue
des plaquettes, qui prouveront que chacun a bien fait son devoir ;
elle invente l'institution du « plat unique », obligatoire à certains
jours, et qui donne lieu au versement d'une somme représentative
de la différence entre ce repas frugal et un repas ordinaire ; elle
distribue, elle-même, ce plat unique à des tables publiques, où
s'asseyent côte à côte, les gens de toutes conditions. Pour ses
débuts, le rendement de l'Œuvre du Secours d'hiver se monte à
350 millions de marks. Il atteindra, les années suivantes, jusqu'à
vingt fois cette somme.

La doctrine hitlérienne, on le sait, attache au travail agricole,
autant, sinon plus d'importance qu'au travail industriel. Le paysan
l'intéresse plus, peut-être, que l'ouvrier, non seulement parce qu'il
fait souche d'hommes de meilleure race et d'excellents soldats,
mais aussi parce que le degré d'indépendance du pays vis-à-vis de
l'étranger dépend, en première ligne, de la production qu'il tire du
sol, pour nourrir la nation. Or, le III° Reich, instruit par l'expérience de la guerre de 14-18, se propose de mettre l'Allemagne en
mesure de résister, à l'avenir, à un blocus éventuel, et, pour cela,
de vivre le plus possible en autarcie.

C'est à Darré, Führer de l'agriculture après le départ de Hugenberg, qu'incombera la mission de réaliser ce programme. Ingénieur
agricole de son métier, peu mêlé, du moins en apparence, aux
questions brûlantes de la politique et confiné dans sa spécialité, à
laquelle il a beaucoup réfléchi, Darré, intelligent, patient et tenace,
est, certainement, l'un des meilleurs lieutenants de Hitler. Comme
il ne peut s'agir, en pareille matière, de bousculer d'un coup les
habitudes et d'en implanter de nouvelles, on se gardera d'aller trop
vite en besogne. Pourtant, dès le mois de mai 1933, a été introduite
en Prusse une institution chère au cœur des nazis, celle du « bien
héréditaire » de l'*Erbhof*.

Ce bien, dont la superficie peut atteindre jusqu'à 125 hectares,
cultivé par le propriétaire, sa famille et ses domestiques, est indivi-
sible, incessible et transmissible seulement par héritage, au profit
de celui des enfants que désigne le père. Le propriétaire d'un
Erbhof doit être de sang allemand, dévoué au national-socialisme et
capable de gérer son domaine. Moyennant quoi, il portera le titre
de « paysan héréditaire », qui le classera dans l'élite agricole. En

septembre, la loi est étendue à tout le Reich. Elle entraîne un travail de remaniement et de remembrement considérable de la propriété rurale, qui porte sur 80 % du territoire, et semble, autant qu'on en puisse juger, donner des résultats favorables. En tout cas, elle est bien accueillie des intéressés.

Pour le reste, on s'est borné à réunir sous une direction d'ensemble tous les syndicats agricoles existants, à créer, par analogie avec le Front du travail un « *Front paysan* », et à préparer le milieu aux réformes futures. Mais, le 1er octobre, on a célébré sur le Bückeberg, près de Hameln, une « fête de la moisson ». Comparable à celle du 1er mai, fête des travailleurs d'industrie, la fête des paysans est une apothéose de la vie des champs. Elle est marquée par des cortèges symboliques, des chœurs, des danses, des discours et couronnée par une manœuvre militaire, également symbolique, exécutée par des unités de la Reichswehr. Elle prendra rang, désormais, sur le calendrier des grandes fêtes nationales du IIIᵉ Reich.

Ce n'est qu'en 1935 et 1936 qu'interviendra la grande réforme de structure, la création de la « Corporation nourricière du Reich » (*Reichsnährstand*). La *Reichsnährstand* prétend assembler dans une étroite collaboration tous les métiers qui assurent le ravitaillement de la nation, les fournisseurs d'engrais et de matériel agricole, les fabricants de denrées alimentaires, les éleveurs, bouchers, charcutiers, boulangers, pâtissiers, marchands de légumes, les entrepositaires et les transporteurs, aussi bien que les agriculteurs eux-mêmes. La Corporation est divisée en groupes régionaux, qui englobent, à leur tour, un certain nombre de groupes de cercles, lesquels comprennent un certain nombre de groupes locaux, tous dirigés par des Führer hiérarchisés, assistés de conseils, où sont représentées les diverses catégories d'intéressés. Des groupements spéciaux s'occupent, en outre, de tout ce qui concerne plus particulièrement les céréales, le lait, les matières grasses, les pommes de terre, le bétail, les produits de basse-cour, etc...; ils étudient, notamment, les méthodes propres à améliorer dans chacun de ces domaines la production.

La compétence du *Nährstand* est sans limite. Il règle l'ensemble et le détail de la production, du transport et de la vente des denrées d'origine agricole; il décide des cultures à entreprendre et les répartit, conformément à l'intérêt supérieur du Reich, augmente les rendements, commande la distribution, réduit le nombre des intermédiaires, assure l'acheminement vers les marchés. Il doit, surtout, déterminer les prix, en laissant aux intéressés une marge de profit raisonnable, et veiller à leur fixité, de manière à stabiliser le prix de la vie dans le Reich. Tâche capitale! Car le sort du système économique et financier, le sort de la monnaie du Reich en dépendent. A ses débuts, la « Corporation nourricière » dont tous les membres doivent être affiliés au Parti, soulève bien des conflits et bien des plaintes. Les paysans s'accommodent mal des instructions qui leur sont signifiées, de la bureaucratie, de la paperasserie qui les gouvernent. Puis, ils s'y acclimatent. Ils obéissent. A la veille de la guerre, les importations ont beaucoup diminué; la production des textiles indigènes, du sucre, du lait, de la volaille, le troupeau bovin, porcin, ovin, se sont sensiblement accrus et l'Allemagne subvient par elle-même, dans la proportion de 80 %, aux besoins de l'alimentation nationale. La Corporation de Darré peut se vanter d'avoir, dans une large mesure, rempli sa mission.

A côté des produits de la terre, les produits de l'esprit sont traités selon les mêmes méthodes d'autorité. Ici, c'est Gœbbels qui légifère. La presse, la littérature, la radio, le cinéma, sont régentés par lui. Il en fera les instruments de sa propagande; l'Allemagne, par ses soins, ne connaîtra plus qu'un art, qu'une pensée d'État, au service exclusif du national-socialisme. La presse d'opposition a été, dès l'abord, supprimée. L'opposition est un crime, dans le IIIe Reich. Les journaux ont donc été immédiatement mis au pas; les éléments impurs en ont été chassés; des commissaires, puis des directeurs nazis leur ont été octroyés. Progressivement, d'ailleurs, leur nombre sera réduit; même amendés et contrôlés, des journaux aussi anciens que la *Gazette de Voss* et le *Berliner Tageblatt* disparaîtront. Les agences d'information, y compris l'agence Wolff, pourtant loyaliste par définition, sont remplacées par une agence unique, le *Deustches Nachrichten Bureau,* le D. N. B., qui est un service d'État.

En avril 1933, un premier texte, en octobre, un second, établissent un « statut de la presse », en vertu duquel sont créées une Fédération et une Chambre de la presse. Ce sont ces organismes qui délivrent la licence de journaliste; ils ne les accordent qu'à des gens qui justifient d'un certain degré de culture et qui ont accompli une période d'apprentissage, mais aussi qui méritent la confiance du Parti. Tous les journalistes leur sont obligatoirement affiliés. Tous relèvent d'un tribunal corporatif, qui sanctionne leurs défaillances éventuelles. Quant aux directeurs et rédacteurs en chef, ils doivent être agréés par le Ministre et sont responsables devant lui de la tenue de leurs feuilles.

Pendant un temps, la presse était soumise à la censure préalable. Puis, ce régime a été modifié. Le ministère de la Propagande a jugé préférable d'indiquer aux journalistes les thèmes à développer, ou à ne pas développer, les informations à publier, ou à ne pas publier, les lignes générales auxquelles ils ont à se conformer. A l'intérieur du cadre ainsi tracé, ils sont libres, à leurs risques et périls, d'écrire comme ils l'entendent et de faire en sorte que leur feuille garde un caractère qui la distingue des autres. Grâce à ce système, Gœbbels, qui ne manque ni d'humour, ni de cynisme, pourra prétendre que, dans le IIIᵉ Reich, la censure n'existe pas.

La radio a été également prise en main par une Société Nationale, et une Chambre de la T.S.F., agissant sur les instructions et sous le contrôle du ministère de la Propagande. 25 postes émetteurs, dont la puissance totale sera peu à peu doublée, diffusent des programmes d'inspiration strictement nationale-socialiste et contribuent assidûment à « l'éducation populaire ». Il faut croire que le public, pour lequel a été construit un type spécial d'appareil récepteur à bas prix, goûte la nouvelle gestion ; car le chiffre des auditeurs est en progression constante.

Dans le domaine du cinéma, Gœbbels fait régner, de la même façon, l'ordre nazi. En juillet 1933, un statut provisoire, confirmé par une loi organique de février 1934, institue une Chambre du cinéma et une banque de crédit. L'industrie du film est expurgée de tous les éléments juifs qui y étaient particulièrement nombreux. Le régime des salles, celui des salaires du personnel réglementé, sont unifiés. Les sociétés de production sont ramenées à quelques-unes. Les films jugés bons sont subventionnés par la banque. Les films historiques, qui réchauffent le zèle patriotique en exaltant le passé glorieux de l'Allemagne, les héros de son histoire, et Frédéric II avant tous les autres, sont mis à la mode et déchaînent les applaudissements. Chaque année, l'œuvre qui, du point de vue national, offre le plus de mérite, reçoit un prix d'honneur.

A leur tour, les écrivains sont épurés, embrigadés, contrôlés, asservis. Sans considération de leur talent ni de leur renommée dans le monde, les écrivains juifs, ou seulement connus pour leurs opinions libérales, sont expulsés des Académies; leurs fauteuils passent à des auteurs généralement médiocres, mais qui rachètent leur médiocrité par l'ardeur de leurs convictions nazistes. Un Blunck, un Johst, deviennent de grands personnages. Heinrich et Thomas Mann, Ludwig Fulda, Arnold Zweig, Döblin n'échappent au camp de concentration qu'en quittant le pays. Ce qui compte, désormais, c'est, d'abord, la tendance; le talent ne vient qu'après. Une « Association professionnelle » et une « Chambre des écrivains », gouvernent la province des lettres. Il faut, pour avoir le droit d'écrire et de publier, en être membre; et l'on ne peut en être membre que si l'on partage, ou si l'on affiche, les idées du jour. La Chambre des écrivains renseigne le ministère de la Propagande sur les bons et les mauvais livres; ceux-ci sont proscrits, ceux-là diffusés. La Fédération de la Librairie, instituée en novembre 1933, doit, pour sa part, contribuer à « l'éducation du peuple ». Elle suscite, dans tous les domaines, un foisonnement d'insipides ouvrages de vulgarisation tendancieuse. Les bibliothèques elles-mêmes sont sévèrement censurées. On ne se contente pas de surveiller leurs achats. On vide leurs rayons de tous les écrits réprouvés.

Ce nettoyage donne à Gœbbels l'idée d'organiser des autodafés littéraires. Le 10 mai, à Berlin, sur la place de l'Université, on voit arriver des camions chargés de livres; les étudiants qui les conduisent ont traversé la ville en chantant, au son des musiques; 20.000 volumes sont entassés sur un bûcher; on les annonce, à haute voix, à mesure qu'on les y jette; et des pompiers arrosent le bûcher de pétrole, tandis que Gœbbels, qui préside la cérémonie, prononce un discours. « La cérémonie d'aujourd'hui, dit-il, est un acte symbolique; elle apprendra au monde que le fondement moral de la république de novembre 1918 est détruit à jamais. De ce tas de cendres va surgir le phénix d'un esprit nouveau! » Étrange cas, que celui de cet intellectuel, dont la perversité se plaît à goûter les jouissances de la barbarie! Plus étrange encore, son illusion que le monde admirera son geste!

Sur le plan religieux, comme sur tous les autres, la doctrine hitlérienne entre en application, aussitôt après la prise du pouvoir. La volonté arrêtée d'unifier l'Allemagne dans le national-socialisme, par le national-socialisme et pour lui, ne pouvait évidemment s'arrêter au seuil des Églises, bien que Hitler ait solennellement affirmé qu'il respecterait les deux confessions chrétiennes, facteurs importants, avait-il dit, de la vie nationale. A travers le parti du Centre, c'est le catholicisme lui-même qu'il avait cherché à atteindre ; et la conclusion d'un concordat avec le Vatican n'avait été, dans sa pensée, qu'un répit, une ruse pour donner le change, pour endormir l'adversaire, avant de lancer contre lui une nouvelle vague de persécution.

L'église protestante ne devait pas être ménagée davantage. Le but qu'il se propose, en ce qui la concerne, c'est d'unifier ses différentes branches en une Église d'État, acceptant les principes du national-socialisme, de créer, en un mot, un protestantisme nazi. A l'intérieur même de ce protestantisme, Hitler n'est pas sans alliés. D'assez nombreux pasteurs, et surtout des pasteurs très remuants, ont été touchés par sa propagande et sont prêts à seconder ses vues. Ils ont fondé une association, les « Chrétiens-allemands », qui lui servira de levier, pour mener à bien son opération. Leurs chefs sont le pasteur Hossenfelder et le pasteur Müller, ancien aumônier militaire. Au début, se produit, chez les protestants, le même phénomène que chez les catholiques. Les politiques, les prudents croient habile de ne pas s'opposer de front à la tendance qui réclame l'unification et qui dispose manifestement de l'appui gouvernemental. Aussitôt, s'imaginant qu'il a déjà gain de cause, Hitler nomme le pasteur Müller, évêque de l'Église unifiée. Mais les thèses professées par celui-ci et par Hossenfelder ne tardent pas à provoquer chez les orthodoxes une vive réaction. Les Chrétiens-allemands ne prétendent-ils pas interpréter l'Évangile de manière à le rendre compatible avec le racisme, débarrasser le christianisme de toutes ses survivances juives, adopter le paragraphe aryen, s'écarter de l'Ancien Testament, voire d'une partie du Nouveau et instaurer un christianisme qu'ils appellent « positif » et qui sacrifie des éléments fondamentaux du dogme ? Les orthodoxes s'insurgent, se séparent d'eux et se groupent autour du pasteur Bodelschwing, qu'ils ont choisi pour évêque.

Le ministre de l'Instruction publique et des Cultes, Rust, intervient alors, pour les mettre à la raison. Il aboutit à une solution qui laisse subsister les différentes fractions protestantes, mais les subordonne à une Union centrale, dirigée par l'évêque Müller, avec le concours d'un Ministère ecclésiastique et d'un synode. Des élections ont lieu, le 23 juillet 1933. Faites sous la contrainte et une pression éhontée, elles donnent aux Chrétiens-allemands une majorité des deux tiers et confirment l'évêque Müller dans ses fonctions. Celui-ci, s'inspirant des brutales méthodes du nazisme, bouleverse d'autorité le protestantisme traditionnel, révoque les pasteurs récalcitrants, les remplace par ses propres adeptes et s'efforce de leur imposer une hiérarchie de prélats et d'évêques.

La minorité dissidente ne lâche pas pied et, sous l'égide du groupe de « l'Évangile et l'Église », persévère dans une opposition sourde, strictement confessionnelle, d'ailleurs, et en marge de la politique. Hitler méprise les querelles de pasteurs ; mais il sent ce qu'elles ont de fâcheux pour le régime ; il s'irrite des plaintes qu'il reçoit et dont, souvent, le maréchal Hindenburg, lui-même, se fait l'écho ; il incrimine la maladresse de l'évêque Müller, personnage falot et famélique, dont les nazis sont les premiers à se moquer. Il chargera finalement le ministre prussien de la Justice, Kerrl, puisque Rust n'y a pas réussi, de couper court à ces discordes. Kerrl essaiera encore une fois, et avec plus de violence qu'auparavant, de la manière forte. Il se heurtera à la détermination et au courage des pasteurs dissidents, parmi lesquels se distinguera le pasteur Niemöller, ancien commandant de sous-marin, héros de la guerre de 1914. Niemöller, et beaucoup d'autres avec lui, seront arrêtés, jetés en prison. Mais la résistance des orthodoxes ne faiblira pas, rejointe, au surplus, par celles des catholiques et de leurs évêques, éclairés enfin, pour la plupart, sur le véritable caractère du nazisme, et persécutés comme eux.

A la faveur de cette lutte, au péripéties multiples, les nazis dévoileront de plus en plus leurs arrière-pensées ; ils ne prendront plus la peine de dissimuler leur hostilité foncière au christianisme en soi et se réclameront ouvertement de la nouvelle religion purement germanique, qui ne doit plus avoir pour dieux que le Peuple, la Race, l'État, le Parti et le Führer.

Tout de même, victorieux partout ailleurs, ayant enlevé du premier élan ses objectifs, le IIIe Reich, dans le domaine spirituel, a subi un échec. Son outrecuidance l'empêche, d'ailleurs, d'en discerner la portée. Il fallait, en effet, plus d'inconscience encore que d'audace, pour défier, à la fois, non pas tant dans l'Allemagne bâillonnée que dans le reste du monde, le judaïsme et le christianisme !

LA RUPTURE AVEC LA S. D. N.

Et, pourtant, l'intention de Hitler, lorsqu'il assume le pouvoir, n'est pas de rompre en visière avec l'étranger. Il est bien résolu, au contraire, à désarmer les préventions, à rassurer les appréhensions que ne peut manquer d'éveiller au-dehors son nationalisme extrémiste. Autant, à l'intérieur, il va de l'avant, sans se laisser retarder par les scrupules ou le souci des transitions, autant, à l'extérieur, il se montre, du moins à l'origine, prudent et circonspect. Le but de sa révolution, c'est de rendre à l'Allemagne la force qu'elle a perdue. Il compte y parvenir en la soumettant à une dictature totalitaire, qui, après avoir supprimé la lutte des classes et la lutte des partis, l'unifie, la fonde en un bloc cohérent et discipliné, animé d'un véritable fanatisme national.

Mais cette force, une fois restaurée, ne se contentera pas de jouir d'elle-même. Elle devra être employée au-dehors. Le redressement intérieur du Reich n'est qu'un moyen, qui doit permettre d'obtenir le redressement extérieur. La fin dernière, c'est la revanche, l'effacement de la défaite de 1918, l'affranchissement des chaînes de Versailles, la restitution à l'Allemagne de son rang de grande Puissance et la conquête de la place qui lui revient de droit, comme à la race supérieure, c'est-à-dire la première en Europe. Mais, comme, de ce point de vue, quand il prend le pouvoir, il juge que l'Allemagne est au plus bas et part de zéro, comme un certain délai s'écoulera, avant qu'elle soit en mesure de dicter, à son tour, sa volonté, Hitler estime opportun d'éviter les conflits qui risqueraient d'entraîner une intervention étrangère, capable d'entraver son relèvement, ou même de renverser le régime. Il a promis, cependant, de rompre avec la docilité dont ses prédécesseurs ont fait preuve et

d'en finir avec les humiliations que l'Allemagne n'a que trop longtemps subies.

Redresser la politique extérieure, assez pour recouvrer l'indépendance, pas assez pour s'exposer à une guerre prématurée, tel
est le programme qu'il a présent à l'esprit et qu'il va s'efforcer de
suivre. Les Puissances alliées comprendront-elles à quel point la
peur de l'isolement, la crainte de la guerre préventive dominent sa
pensée, pendant les premiers temps de sa domination? Même si
elles en avaient pleine conscience, la nature démocratique de leurs
institutions, le pacifisme dont elles sont imbues, la répugnance que
leur inspire, à elles et à leurs peuples, l'idée même de la guerre, ne
les disposeraient pas à user de la menace que Hitler redoute par-
dessus tout. D'épisode en épisode, leur passivité accroîtra l'audace
du « hasardeur »; et quand elles voudront réagir, il sera trop tard;
les rôles seront renversés, et c'est Hitler qui les menacera!

Il n'est, sans doute, pas de mot que Hitler, au début de son règne,
chaque fois qu'il a parlé en public, ait prononcé plus souvent que
celui de « paix ». Lorsqu'il s'adresse pour la première fois au
peuple allemand, à la radio, en qualité de Chancelier du Reich, le
lendemain même de la prise du pouvoir, il se déclare profondément attaché à la paix. A Potsdam, au cours de la cérémonie de
l'Église de la Garnison, il réitère sa protestation pacifique. Le
23 mars, dans le programme qu'il expose au Reichstag, réuni à
l'Opéra Kroll, il affirme encore que le nouveau régime ne désire
rien tant que la paix; il ajoute, toutefois, que la paix, telle qu'il la
conçoit, ne devrait plus connaître ni vainqueurs, ni vaincus; mais
il exprime, en termes prévenants et aimables, son espoir d'entretenir les meilleurs rapports avec l'Angleterre, la France, l'Italie, le
Saint-Siège. Il ne néglige aucune occasion de répéter, comme l'avait
fait, avant lui, Napoléon III : « Le IIIe Empire, c'est la paix! »

En même temps, il marque, à l'égard de l'Italie, une sympathie
particulière, qui s'explique naturellement par la parenté des deux
régimes et par l'admiration qu'il professe pour le Duce, dont
l'exemple lui a tracé la voie. Il entre en conversation amicale avec
Gombös, président du Conseil hongrois. Il flirte avec le Japon,
dont il accueille avec empressement les premiers émissaires; et l'on
peut voir déjà, dans ces démarches, l'ébauche de ses combinaisons
futures. Il n'est pas moins conciliant avec l'U.R.S.S. Il s'excuse,

le 28 avril, auprès de l'ambassadeur de Russie, à Berlin, Chint-
chuk, des perquisitions intempestives qui ont été effectuées au siège
d'une société d'importation de pétrole ; et, le 6 mai, il prolonge
l'accord germano-russe, qui arrivait à expiration.

Il va plus loin encore. A la surprise générale, et, même, au
scandale de certains de ses partisans, il fait des avances à la
Pologne, considérée jusque-là par tous les Allemands comme un
ennemi détesté ; il témoigne au ministre polonais à Berlin, Wysocki,
son désir de détendre les relations polono-allemandes, tandis qu'à
Varsovie, le ministre d'Allemagne s'engage avec le colonel Beck
dans des entretiens inusités. Enfin, sur les instances de Mussolini
et, il est vrai, sans grand enthousiasme, il se prête à la négociation
du « Pacte à Quatre », et il y appose la signature du Reich, le
7 juin. Il espère bien avoir, ainsi, prouvé suffisamment qu'en dépit
des calomnies des émigrés allemands, réfugiés à l'étranger, le national-socialisme n'a pas isolé l'Allemagne et n'est, à aucun degré, une
menace pour la paix de l'Europe.

Mais, pour si pacifique qu'il se prétende, le problème capital, à
ses yeux, n'en est pas moins celui de l'armement de l'Allemagne,
toujours pendant à Genève, devant la Conférence du désarmement.
Dans ce domaine il a vite saisi que l'obstacle principal qui lui barre
la route, c'est la France. Cet obstacle, il ne peut ni le franchir, ni
le renverser de front et de force. Il se souvient de l'occupation de
la Ruhr, qui pourrait se renouveler, et il n'oublie pas, non plus,
que le sort de la Sarre reste incertain. Il faut, donc, tourner, ou
aplanir l'obstacle français ; il faut composer avec la France.

Malheureusement, il a écrit dans *Mein Kampf* des pages impré-
gnées d'une rancune et d'une haine féroces. On y lit des phrases
comme celles-ci : « Le peuple français, voué de plus en plus à la
négrification, constitue un danger latent pour l'existence de la race
blanche en Europe. ... Il faut regarder en face une vérité :
l'ennemi mortel du peuple allemand, c'est, et ce sera toujours, la
France. Peu importe qui la gouverne !... son but sera toujours de
s'emparer de la frontière du Rhin et de s'assurer de ce fleuve, en
favorisant le démembrement et la ruine de l'Allemagne. » En finir
une bonne fois avec la France, lui briser les reins pour toujours,
c'est, pour le doctrinaire de *Mein Kampf,* la première tâche que
devra accomplir l'Allemagne, régénérée par le national-socialisme.

Le nationalisme allemand est, par définition, anti-français; à plus forte raison, le national-socialisme, qui n'est qu'un nationalisme exaspéré. Un des chants préférés du Parti a toujours été le : *Siegreich, wollen wir Frankreich schlagen!* — (Victorieux, nous voulons abattre la France!)

Jamais, au cours de l'année qui a précédé leur accession au pouvoir, aucun chef nazi ne s'est mis en relation, directe ou indirecte, avec moi, ou une personne quelconque de mon ambassade, et la presse nationale-socialiste n'a jamais manqué une occasion de faire éclater sa gallophobie foncière. Sollicité, après le 30 janvier, de recevoir les journalistes français accrédités à Berlin, Hitler s'y est formellement refusé. « Le seul que je verrais avec plaisir — a-t-il ajouté — ce serait Gustave Hervé. » Ses sentiments, depuis l'époque où il écrivait *Mein Kampf* dans l'ambiance créée par la présence des troupes noires en Rhénanie et d'une armée française sur le territoire de la Ruhr, ont pu s'atténuer. Mais il reste évidemment animé contre nous d'un préjugé hostile. Il ne peut pas ignorer, non plus, que nous en sommes informés et que, de notre côté, son régime, sa personne, ses idées, ses actes, soulèvent la réprobation et la méfiance. Il ne lui sera pas facile, dans ces conditions, d'adopter l'attitude que son opportunisme lui conseille.

Il se résout, cependant, à entrer dans cette voie.

Le 8 avril, j'ai une entrevue avec lui à la Chancellerie. Le général von Blomberg y assiste, signe que la question qui le préoccupe est celle du désarmement. La figure, la voix, les gestes, les discours du Chancelier me sont déjà familiers. C'est la première fois, pourtant, que j'ai avec lui une conversation diplomatique. A le voir de près, au repos, je suis frappé, comme je le serai, dans la suite, chaque fois que je l'approcherai, par la vulgarité de ses traits, par l'insignifiance de son visage, bien que je me dise que cette insignifiance même le rend représentatif de la masse qui l'acclame et se reconnaît en lui. Jamais, non plus, je ne serai sensible à son regard, dont tant de gens éprouvent le magnétisme et qui m'a toujours semblé vague, terne, opaque, sauf lorsqu'un sentiment violent le possède et que le courroux l'emporte; et, encore, dans ces moments, ne pourrai-je m'empêcher de trouver sa colère plus comique qu'effrayante. Il se montre, du reste, durant notre entretien, parfaitement courtois, nullement embarrassé de son personnage et très à son aise, quoiqu'assez réservé et plutôt froid. Il s'exprime avec clarté et netteté et a tous les dehors de la franchise.

J'engage le conversation en lui rappelant le passage de son discours du 23 mars au Reichstag, dans lequel il avait dit que l'établissement de bons rapports avec la France lui paraissait souhaitable et possible et je lui fais part de la crainte que je ressens, en face de la propagande du régime et du ton constamment agressif de sa presse à notre égard, que cette amélioration souhaitable des relations de nos deux pays ne puisse être réalisée.

Il me répond par un long développement. La propagande dont je me plains n'implique pas que le III° Reich soit belliqueux. Les relations franco-allemandes dépendent de la France, plus que de l'Allemagne. La France ne veut pas s'habituer à l'idée qu'il est fatal qu'une nation de 65 millions d'habitants se relève. Elle traite l'Allemagne un peu comme les autorités du Reich ont traité le national-socialisme, au cours des dernières années. Pourtant, le gouvernement dont il est le chef est profondément et sincèrement pacifique. Une guerre, même victorieuse, coûterait plus cher qu'elle ne rapporterait. Supprimer le chômage, remédier à la crise économique, nourrir à sa faim la population, voilà les problèmes auxquels il s'attache! La solution ne s'en trouve pas dans la guerre, mais dans un effort de pacification et de collaboration européenne, comme celui dont Mussolini a pris l'initiative, avec son projet de Pacte à Quatre. Il sait bien que la revision des traités est une œuvre complexe et délicate et qui ne s'accomplira pas du jour au lendemain. Mais il n'a jamais envisagé de recourir à la guerre, même pas pour modifier le statut des frontières orientales. De ce côté, la sécurité de l'Allemagne est mal assise. Pourquoi la France ne laisserait-elle pas l'Allemagne veiller à sa propre sécurité, comme elle-même le fait, à sa frontière de l'Est?

J'objecte que le réarmement du Reich ne serait pas un moyen d'écarter les orages, mais, au contraire, les précipiterait. La pacification, la collaboration européenne sont aussi les objectifs de la France. Celle-ci a présenté, à Genève, la suggestion d'un pacte d'arbitrage et d'assistance mutuelle; s'y rallier serait la méthode la plus simple et la plus efficace, pour rasséréner l'atmosphère et permettre la diminution des armements.

Hitler avoue qu'il n'a jamais été au courant de ce projet. Blom-

7

berg en confirme l'existence, non sans ajouter que la plupart des grands pays n'ont pas accepté d'y souscrire. Hitler se livre, alors, à une critique acérée de l'organisme de Genève, dont la machinerie lui semble usée, incapable de conduire aux accords qu'on en attend. A son avis, des conversations directes entre les Puissances intéressées seraient infiniment préférables. Blomberg déclare qu'en tout cas, l'Allemagne maintiendra ses revendications et demandera le droit de posséder les armes qui seront attribuées à tout le monde. Ce ne serait pas, d'ailleurs, un véritable réarmement et il est extrêmement regrettable qu'on ait jeté dans la discussion ce terme inexact, qui n'est bon qu'à tout envenimer. Hitler et le général insistent de nouveau sur le cauchemar que serait, pour l'Allemagne, la conscience d'être entourée de voisins, vis-à-vis desquels elle est sans défense.

Je leur réplique que, s'ils voulaient bien considérer qu'aucun de ces voisins n'a, manifestement, d'intention agressive à leur égard, le cauchemar dont ils parlent cesserait bien vite de les tourmenter. Quoi qu'il en soit, je demande au Chancelier de tempérer l'excitation de sa presse et de l'inviter à s'abstenir de provoquer les légitimes susceptibilités et les méfiances de l'opinion française. Hitler fait un signe de tête affirmatif et l'entretien se termine là-dessus. Visiblement, le Chancelier a voulu surtout prendre contact, se poser en homme de bonne volonté qui n'est pas, par principe, l'adversaire de la France et tâter le terrain dans le sens de ces conversations directes, dont l'expérience n'a pas réussi à Papen. Quant au fond des problèmes discutés à Genève, il n'en a encore qu'une connaissance superficielle et il s'en rapporte à la compétence du ministère de la Reichswehr, qui garde, sur ce point, la direction de la politique allemande.

Depuis le jour où l'Allemagne, sous le règne de Papen, s'était retirée du bureau de la Conférence du désarmement, faute d'obtenir l'octroi de « l'égalité des droits », on ne saurait dire que le débat genevois eût fait de remarquables progrès. Du moins avait-il repris son cours. Il faut croire que la tactique de Papen n'avait pas été mauvaise ; car, après le départ du Reich, on s'était mis activement à la recherche d'une formule qui pût être agréée à la fois par la France et par l'Allemagne.

On l'avait trouvée, le 11 décembre 1932, dans un texte qui déclarait que l'un des objets de la Conférence devait être « l'octroi à l'Allemagne et aux autres Puissances désarmées de l'égalité des droits dans un régime qui comprendrait, pour toutes les nations, la sécurité ». Gouvernée, alors, par Schleicher, l'Allemagne avait accepté cette définition du but à atteindre et avait réintégré sa place à la Conférence. Mais, dès qu'on avait passé à l'examen des conditions dans lesquelles la formule qui devait arranger toutes choses entrerait en application, on s'était aperçu qu'elle n'arrangeait rien du tout; car elle pouvait être entendue de diverses façons, et chacun l'interprétait à sa manière.

On n'était d'accord, ni sur le rapport mutuel des deux termes d'égalité et de sécurité, ni sur leur sens respectif. Fallait-il réaliser, d'abord, l'égalité, et, ensuite, la sécurité? C'était la thèse allemande. L'égalité n'était-elle concevable, au contraire, qu'une fois la sécurité solidement établie? C'était la thèse française. Que signifiait, en outre, le terme d'égalité? S'agissait-il d'une égalité quantitative, ou qualitative? L'Allemagne pourrait-elle posséder, en nombre et en nature, les mêmes armes que les autres Puissances, ou, seulement, des armes de même nature, mais en moins grand nombre? Quelles seraient, au surplus, les armes autorisées? Armes offensives, ou, seulement, armes défensives? On avait appelé « offensives » les armes de gros calibre, « défensives » les armes moyennes et légères. Si l'on ne retenait que les défensives, que ferait-on des autres? Devrait-on les détruire, ou se contenter d'en arrêter la fabrication? Ne les mettrait-on pas, plutôt, à la disposition d'une force internationale, dont la France avait suggéré la création?

En quoi consisterait, d'autre part, cette sécurité, qui semblait conditionner l'octroi de l'égalité? On convenait qu'elle pourrait reposer sur l'organisation d'un contrôle international. Mais, ce contrôle, quand fonctionnerait-il? Dès maintenant, pour vérifier l'état présent de l'armement des Puissances, et, notamment, de l'Allemagne? ou, seulement, après la mise en œuvre de la convention à conclure? Ou, encore, au fur et à mesure de cette mise en œuvre? Serait-il automatique et périodique? ou ne jouerait-il que sur la plainte d'un des signataires de la future convention? En cas de manquement dûment constaté, quelle serait la sanction? et comment serait-elle appliquée? Le manquement serait-il assimilé à une agression ? Dans l'affirmative, l'agression déclencherait le mécanisme des pactes d'assistance, conclus entre les États, dans le cadre de la S. D. N., et qui, avec l'institution du contrôle, contribueraient à l'établissement de la sécurité. La S. D. N., elle-même, devrait intervenir. Il y aurait lieu, par conséquent, de fixer les modalités de son intervention et de préciser comment s'appliquerait l'article 16 du Covenant.

Sur aucune de ces questions, la Conférence du désarmement n'était arrivée à des décisions claires, recueillant l'approbation générale. Elle avait reconnu qu'un type d'armée uniforme était préférable ; mais elle flottait encore sur le point de savoir quel serait ce type : armée de métier, ou armée de milice, fondée sur la conscription et un service à court terme. Elle n'avait pas, non plus, déterminé quels seraient les effectifs attribués à chacune de ces armées.

Une circonstance compliquait et aggravait singulièrement le débat. Et cette circonstance, c'était l'avènement et le comportement du régime national-socialiste. Déjà, du temps de Papen et de Schleicher, il apparaissait que le Reich n'observait pas loyalement les clauses du traité de Versailles, qu'il renvoyait les soldats de la Reichswehr avant l'expiration de leurs sept ans de service, afin d'augmenter d'autant le nombre des effectifs instruits et de constituer des réserves, qu'il grossissait à dessein les effectifs autorisés de la « Schutzpolizei », de la Schupo, pour en faire une sorte d'armée de complément. Pareillement, l'existence du Casque d'Acier, la pratique du « sport militaire » (Wehrsport), à laquelle se livraient cette association et ses nombreuses filiales, avaient suscité bien des objections et des soupçons.

Que dire, maintenant, des Sections d'assaut et des Sections de soutien, des S. A. et des S. S., qui se montaient à plus d'un million d'hommes, dont l'organisation, la hiérarchie, l'équipement, l'entraînement étaient ouvertement militaires et auxquelles ne manquaient que des fusils, pour constituer une véritable infanterie ? Que dire de cette propagande chauvine, menée systématiquement par le IIIe Reich, avec une abondance et une variété de moyens inconnus jusque-là, et qui, en contradiction formelle avec les assurances pacifiques du Führer, tendait à répandre dans le pays une mentalité de revanche, un moral de guerre ?

Était-ce le moment de désarmer, de renoncer à la marge de supériorité dont bénéficiait encore l'armée française? Était-il prudent
de concéder à cette Allemagne le matériel d'artillerie, de chars,
d'aviation, qu'elle ne possédait pas, ou qu'elle ne fabriquait qu'en
secret et en petites quantités? La Conférence du désarmement
aurait-elle rempli son objet, si elle aboutissait, en fait, à légaliser
le réarmement, même limité, du Reich? Fallait-il se résoudre à ce
qu'elle infligeât un démenti à son titre même?

La France ne le pensait pas. Mais ses partenaires, au sein de la
Conférence, n'étaient pas entièrement de son avis. Les Anglais, en
particulier, tenaient beaucoup, et avec eux le président Roosevelt,
à ce que la Conférence aboutît à un résultat positif. Arthur Henderson, leur représentant, qui la présidait, n'était pas éloigné
d'estimer que la discrimination imposée au Reich ne pouvait durer
indéfiniment et qu'il n'était pas déraisonnable d'accéder aux
demandes de l'Allemagne, pourvu qu'elles fussent modérées.
Londres n'était pas moins choqué, ni inquiété que nous par l'attitude des nazis et l'opinion anglaise ne réagissait pas avec moins
d'indignation que la nôtre aux excès et aux persécutions dont les
milices brunes et noires se rendaient coupables. Cependant, le
gouvernement britannique ne se montrait pas disposé à contracter
des engagements qui allassent au delà des stipulations du pacte de
Locarno et qui, en face d'une insécurité croissante, eussent renforcé les garanties de sécurité. Quant à l'Italie, elle était favorable
aux thèses allemandes, tout en se ménageant la possibilité de jouer
un rôle d'arbitre et de conciliateur, au sein de ce Pacte à Quatre,
dont elle poursuivait la difficile élaboration.

Ainsi, la France était presque seule à tenir tête aux prétentions
du Reich. Celui-ci niait obstinément que les milices brunes ou
noires eussent un caractère militaire. Il ne voulait pas qu'on vît en
elles autre chose que des milices politiques. Et puisque nous avions
mis sur le tapis la question des formations para-militaires, il ripos-
tait en soulevant le cas des armées coloniales et en demandant que
les troupes coloniales fussent comprises dans l'évaluation des effectifs totaux de notre armée. Il déclarait qu'il ne ferait usage que peu
à peu de l'égalité de principe qu'il revendiquait et se contenterait
d'une égalité relative. Mais il invoquait la promesse contenue dans
la formule du 11 décembre 1932 et il en réclamait l'exécution.

Sachant que la France ne se résignerait pas aisément à désarmer et s'appuyant sur une interprétation contestable du traité de Versailles, il s'enfermait dans le dilemme qu'il avait, dès l'abord, posé. L'Allemagne, disait-il, a désarmé, conformément à ses obligations. Ou bien les autres Puissances désarmeront à leur tour, conformément à leurs engagements; et, dans ce cas, l'Allemagne ne demandera plus rien. Ou bien, elles ne désarmeront pas; et alors, il faudra accorder à l'Allemagne le droit d'armer, dans les mêmes conditions, sinon dans la même mesure que les autres. Et son argumentation, présentée par l'ambassadeur Nadolny, ne demeurait pas sans effet.

Le 16 mars, Ramsay Mac Donald avait versé au débat un plan de désarmement. Ce plan prévoyait pour les armées européennes un type uniforme, fondé sur un service à court terme de 8 mois ou d'un an, ainsi que sur des effectifs et un matériel limités. Les États fortement armés descendraient progressivement au niveau du statut imposé aux États faiblement armés. L'égalité serait réalisée dans un délai de 5 ans. A la France serait attribuée une armée métropolitaine de 200.000 hommes et une armée coloniale de même importance. L'Allemagne devrait transformer sa Reichswehr en une armée de 200.000 hommes, du type adopté, et ne recevrait d'armes nouvelles qu'à l'issue de cette transformation. Une commission de contrôle veillerait à l'exécution du plan. Des pactes régionaux d'assistance mutuelle seraient inscrits dans la convention projetée.

Ce plan britannique n'avait pleinement satisfait personne. La France n'estimait pas que le contrôle y fût assez exactement défini, ni que les garanties de sécurité y fussent suffisamment précisées. L'Allemagne n'appréciait pas une égalité qui n'interviendrait qu'au bout de 5 ans, et qui entraînerait, pourtant, une modification radicale, sinon un affaiblissement, de la Reichswehr. Mais, comme le projet anglais avait l'avantage d'exister et de fournir une matière concrète, on avait été unanime à le prendre pour base de discussion. Le débat n'avait pas évolué, cependant, dans le sens qu'espérait le Reich. L'ambassadeur Nadolny avait soutenu les thèses allemandes sur un ton nouveau, plus péremptoire, plus catégorique, adapté au style du IIIe Reich.

Les représentants anglais et français, Eden et Massigli, lui avaient répliqué avec énergie. Le conflit s'était rallumé et la majorité s'était montrée défavorable aux prétentions de l'Allemagne. On allait vers une nouvelle crise. Elle avait éclaté le 11 mai, à la suite d'un vote par lequel on avait décidé que les formations para-militaires, c'est-à-dire les S. A., devraient être comptées dans les effectifs de l'armée. Dès ce moment, Hitler avait certainement songé à rompre et à sortir de la Conférence et de la Société des Nations. C'était un des points de sa doctrine. Il avait trop insisté dans sa propagande sur la nécessité de s'affranchir de l'insupportable tyrannie de Genève, pour pouvoir s'en accommoder longtemps. Et l'exemple du Japon était là pour le tenter et le stimuler.

La seule question qui se posait, pour lui, était une question d'opportunité. En l'occurrence, il avait jugé que l'heure propice n'était pas encore venue. Il n'avait pas encore achevé le nettoyage intérieur qu'il avait entrepris. Son crédit n'était pas encore, à son gré, assez solidement assis dans l'opinion de son pays, et l'étranger, non plus, n'avait pas encore assez appris à voir en lui le représentant qualifié de l'ensemble du peuple allemand. Il avait considéré qu'il fallait, tout en gagnant du temps, administrer au-dehors la preuve qu'il avait toute l'Allemagne derrière lui et afficher, d'autre part, une telle modération, un tel pacifisme, qu'il fût, par avance, déchargé de toute responsabilité et conservât, au moins aux yeux de ses compatriotes, l'avantage moral, lorsqu'il exécuterait son dessein, prémédité de longue date, de se libérer définitivement de la tutelle genevoise.

A la nouvelle du vote hostile de la Conférence, il avait aussitôt convoqué le Reichstag. La presse de Gœbbels avait averti le public de l'importance de l'événement qui allait se dérouler et créé l'atmosphère requise d'émotion patriotique et de gravité solennelle. En sous-main, d'ailleurs, des pressions avaient été exercées sur les députés dont l'attitude n'était pas sûre, et particulièrement sur les socialistes. Avec d'autant plus de curiosité qu'on savait que le Président Roosevelt avait adressé un message au maréchal Hindenburg, l'Allemagne et le monde, suspendus, s'étaient demandé ce qui allait sortir de ces préparatifs. Il en était sorti, le 17 mai, un discours fort habile, soigneusement calculé pour prêter à son auteur l'aspect d'un chef de gouvernement plein de modération et de hauteur de vues, disposé à la conciliation, mais ferme et digne.

On y avait relevé, à côté de la condamnation rituelle du traité de Versailles, des phrases comme celles-ci : « L'Allemagne ne veut pas la guerre. L'amour que nous portons à notre propre peuple nous fait respecter les droits des autres nationalités... Nous ne songeons pas à germaniser ceux qui ne sont pas Allemands... Un traité de paix ne doit pas ouvrir des plaies, mais les fermer. » « L'Allemagne, avait dit encore Hitler, ne demande que le droit commun. Elle a montré sa bonne volonté en désarmant. Que les autres témoignent, à leur tour, d'une bonne volonté semblable !... On parle constamment des S. A., des S. S. Ces formations ne reçoivent ni subventions, ni instruction militaire de la Reichswehr ; elles n'ont d'autre tâche que de défendre l'ordre intérieur contre les communistes... La France invoque le souci de sa sécurité. C'est elle, pourtant, qui est armée, et l'Allemagne, qui est désarmée... On désire que le statut militaire de l'Allemagne soit modifié. Elle y consent ! Elle se rallie aux suggestions du plan Mac Donald ; mais à la condition qu'elles établissent un rigoureux parallélisme, une égalité réelle entre les intéressés... Si l'on instituait un contrôle international des armements, le Reich s'y soumettrait et accepterait qu'il s'étendît à ses formations para-militaires... Il est prêt à adhérer aussi à un pacte solennel de non-agression. En revanche, il ne signera aucun texte qui perpétuerait sa discrimination, sa disqualification... Si l'on voulait lui imposer une décision, sous prétexte qu'elle aurait été prise à la majorité, il ne céderait pas et se retirerait plutôt de la Conférence et de la Ligue des Nations. »

Le Reichstag avait applaudi et approuvé les déclarations du Chancelier à l'unanimité, y compris les voix des socialistes, que Hitler devait exclure de l'assemblée, cinq semaines plus tard. En Allemagne, la séance avait eu l'effet recherché. Hitler était apparu, même aux mécontents, comme un homme sage et raisonnable. A l'extérieur, bien qu'on n'eût pas assez remarqué la menace finale qu'il contenait, son discours avait donné l'impression qu'une entente restait possible. Mais cette impression avait été bientôt compromise par le spectacle que continuait d'offrir le Reich, livré aux violences et aux provocations des nazis. Et l'on n'avait pas retrouvé non plus, chez les délégués allemands à la Conférence, l'esprit de conciliation et de concession dont le Führer s'était réclamé. Après une brève accalmie, la discussion avait repris son cours orageux; elle avait été ajournée au mois d'octobre, sans qu'un progrès notable eût été obtenu.

Le 15 septembre, un incident m'avait procuré l'occasion d'un entretien avec Hitler. A l'issue du Congrès de Nuremberg, pendant lequel le Führer avait distribué des drapeaux aux milices, les S. A. de Kehl étaient rentrées chez elles, précédées d'un étendard qui portait le nom de Strasbourg. Je m'en étais plaint auprès du baron de Neurath; mais j'avais cru devoir demander également des explications au Chancelier lui-même.

Hitler n'avait fait aucune difficulté pour exprimer des regrets. L'inscription litigieuse avait échappé à son attention. Autrement, il ne l'aurait pas tolérée. Car il ne songeait nullement à revendiquer le retour de l'Alsace au Reich. Il connaissait les Alsaciens par expérience. Il savait que, rattachés à l'Allemagne ou à la France, ils ne seraient jamais satisfaits de leur sort. Il était, donc, absolument vain de se battre à leur sujet.

Là-dessus, le Führer, beaucoup plus chaleureux qu'à notre entrevue du 8 avril, avait protesté de sa sympathie à l'égard de la France, disant qu'il estimait la dignité de son caractère, sa valeur militaire, la force de son sentiment national. Il avait, même, textuellement, déclaré :

« Si j'ai une ambition, c'est qu'on puisse, un jour, m'élever un monument, comme à l'homme qui aura réconcilié la France et l'Allemagne! » — « Il n'y a entre nous, avait-il ajouté, que le problème de la Sarre qui nous divise. Mais il ne devrait pas être difficile de le régler, sans attendre le plébiscite. »

En s'exprimant de la sorte, il avait un air de parfaite sincérité. Comment concilier, pourtant, ces paroles avec les manifestations anti-françaises, si fréquentes dans le Reich, à la même époque, par exemple avec celle qui s'était déroulée devant le monument du Niederwald, en présence de Hitler et des Sarrois les plus gallophobes? En réalité, persévérant dans son dessein et prévoyant que sa rupture avec l'organisme de Genève n'était plus éloignée, il cherchait à dissiper nos méfiances et à nous gagner à l'idée de la négociation en tête-à-tête, qu'il avait l'intention d'engager.

A la fin de septembre, il était devenu clair que le conflit allait redoubler d'acuité au sein de la Conférence du désarmement. La Société des Nations tenait son assemblée annuelle. Désireux de se rendre compte par lui-même de l'atmosphère qui y régnait, Gœbbels s'était fait adjoindre à la délégation allemande. L'assemblée avait salué de longs applaudissements l'arrivée dans la salle du chancelier Dollfuss, qui défendait, alors, avec courage l'indépendance de l'Autriche contre les menées des nazis. Elle avait, en revanche, accueilli Gœbbels par des murmures et des ricanements. Le ministre de la Propagande n'avait pas eu plus de succès devant les journalistes étrangers, auxquels il avait essayé de présenter le IIIᵉ Reich comme un État essentiellement pacifique.

Nul doute que l'hostilité témoignée à son lieutenant n'ait été ressentie par Hitler comme une offense personnelle. De plus, pendant l'été, la France, l'Angleterre et l'Amérique s'étaient concertées à Paris et mises d'accord sur un projet qui modifiait le plan Mac Donald et l'entourait de précautions supplémentaires. Rien n'exaspérait Hitler davantage que de se trouver en face d'un front commun des grandes Puissances, établi dans des conversations auxquelles il n'avait pas participé. Le système élaboré par la France, l'Angleterre et l'Amérique, avec l'agrément de l'Italie, suggérait que le délai de 5 ans, prévu par le plan Mac Donald, fût porté à 8 ans et divisé en deux étapes.

La première, qui durerait 4 ans, serait une période d'essai. Elle servirait à mettre en marche le contrôle et à s'acheminer vers le type d'armée esquissé dans le plan britannique. La Reichswehr transformerait son armée de métier en une armée de milices. Les autres Puissances prépareraient la réduction de leurs armements. Si les résultats de la période d'essai étaient jugés favorables, on passerait à la seconde étape; le désarmement se poursuivrait et l'égalité de droit et de fait serait acquise au cours de la huitième année.

On avait communiqué ce projet à Neurath, le 28 septembre, pendant la session de la S. D. N. Il avait immédiatement sursauté et déclaré que l'Allemagne ne l'accepterait pas. Quand le Reich prétendait souhaiter le désarmement général, au fond, il ne disait pas la vérité. Ce qui l'intéressait n'était pas le désarmement des autres, mais son propre réarmement, la faculté de se constituer une armée munie de tanks, de canons de 150 m/m, et d'avions, assez forte pour n'avoir plus à craindre personne et pour soutenir ses entreprises politiques. L'égalité par le désarmement, au bout de 8 ans, n'avait, pour lui, aucun attrait.

Effectivement, son gouvernement avait fait savoir, le 6 octobre, qu'il ne pouvait se rallier à un projet qui laissait l'Allemagne discriminée et en état d'infériorité pendant plusieurs années, qu'au surplus l'institution d'une période d'épreuve avait un caractère blessant et qu'enfin, il serait trop facile de se dispenser de passer à la seconde étape, en prétextant que le contrôle avait donné de mauvais résultats. L'Allemagne ne souscrirait, donc, pas à un système qui n'était pas conforme aux promesses qu'elle avait reçues. Elle réclamait le droit de réarmer dès la première étape et de posséder tout de suite, sauf à discuter sur leur nombre, les mêmes armes que les autres. En dépit de l'opposition allemande, les Puissances avaient maintenu leur point de vue et Sir John Simon l'avait, le 14 septembre, exposé et défendu devant le bureau de la Conférence.

Le 14 octobre, une lettre de Neurath à Henderson notifie qu'en présence de l'attitude de la Conférence, qui persiste à lui refuser les satisfactions qu'il est en droit d'exiger, et de l'impuissance où se trouve la S. D. N. de faire respecter un article essentiel du traité, le gouvernement du Reich a décidé de se retirer de la Conférence du désarmement, et, en même temps, de la Société des Nations.

Le moment guetté par Hitler est arrivé. Le Chancelier n'aura pas de peine à émouvoir l'opinion de son pays, en évoquant les conditions qu'on voulait lui imposer, le délai de 8 ans, la période d'épreuve, l'institution d'un contrôle arbitraire. Il y a là de quoi exciter aisément le sentiment national ; et comme, d'autre part, il a, le 17 mai, proclamé son pacifisme, mais aussi affirmé qu'on ne lui arracherait aucune signature déshonorante, il pourra prétendre qu'il avait averti et n'a pas fait de coup de théâtre. L'Allemagne entière lui donnera raison. Tout est, d'ailleurs, arrêté à l'avance. Tout est prêt pour l'éventualité qui se réalise. Les mesures préparées sont immédiatement appliquées. Le public allemand apprend à la même heure que Hitler a rompu avec la S. D. N., qu'il a dissous le Reichstag et qu'il en appelle au peuple, invité, à la fois, à dire, le 12 novembre prochain, s'il approuve la politique de son gouvernement et à élire de nouveaux députés.

Une double proclamation accompagne la diffusion de ces nouvelles ; la première émane du Gouvernement ; elle expose que, les circonstances l'ayant amené à choisir entre la rupture et le déshonneur, il a préféré la rupture ; la seconde émane du Chancelier et annonce le recours au plébiscite. L'une et l'autre ont ceci de particulier qu'elles insistent presqu'à chaque ligne sur la bonne volonté, la volonté de paix, le désir d'entente, de collaboration, de réconciliation qui anime le gouvernement du Reich et le Führer. A les en croire, ceux-ci n'auraient agi que par amour de la paix.

Le soir, dans un discours à la radio, Hitler renouvelle ses déclarations pacifiques et adresse spécialement à la France, qu'il nomme « notre vieil, mais aussi notre glorieux adversaire », des assurances d'estime et de sympathie. « Il faudrait être fou, dit-il, pour imaginer une guerre entre nos deux pays. » Il inaugure, ainsi, une tactique qu'il observera régulièrement par la suite. Elle consiste à noyer l'acte de violence qu'il vient d'accomplir sous un flux de paroles lénitives, d'affirmations chaleureuses et de propositions séduisantes. De la sorte, la rudesse du choc est amortie par la douceur du commentaire et, cependant, la douceur du commentaire ne conduit à rien, à cause de la rudesse du choc.

Méthode assez simpliste, et qui révèle que Hitler n'est pas sans inquiétude, quant aux conséquences de son geste. Méthode, tout de même, efficace et qui vaudra au Führer plus d'un succès. En la circonstance, elle lui réussit. Dans la campagne qui précède le plébiscite, il se montre, avec un aplomb imperturbable, sous son aspect le plus bénin. La paix, la collaboration européenne, à laquelle il vient de tourner le dos, n'ont pas de partisan plus convaincu que lui. Il se pose en chirurgien qui a donné un coup de bistouri, mais dans l'intérêt de la santé du malade ; ou plutôt, ce n'est pas lui qui a quitté la S. D. N. de son propre mouvement ; on l'a obligé à partir, en le mettant en face de solutions incompatibles avec l'honneur de l'Allemagne. Il a bien soin d'indiquer, d'ailleurs, qu'en quittant Genève il n'a pas dit son dernier mot ; il n'a pas torpillé la Conférence ; il a seulement ouvert la voie à une procédure plus féconde, celle des conversations bilatérales ; et il laisse clairement entendre qu'il souhaite d'arriver à un règlement par un accord direct avec la France.

Un détail éclaire son astuce. Le même décret qui prononce la dissolution du Reichstag suspend sans limite de temps les Diètes des États confédérés et augmente les pouvoirs des Statthalters. Hitler a songé à profiter de ce que l'attention publique était retenue par le problème extérieur pour achever d'abolir, à l'intérieur, les privilèges des « Pays ». Il a lié, d'autre part, le litige de Genève à l'ensemble de sa politique et libellé la question posée au peuple dans les termes suivants : « Homme allemand! Femme allemande! Approuves-tu la politique de ton gouvernement et es-tu prêt à déclarer qu'elle est l'expression de ta propre opinion, de ta propre volonté et à t'en réclamer solennellement ? »

On ne saurait, donc, approuver son attitude à l'égard de la S. D. N., sans ratifier du même coup tout ce qu'il a fait, depuis le 30 janvier. Or, il ne manque pas d'Allemands qui voudraient dissocier les deux choses et qui, disposés à donner raison à Hitler dans la question du désarmement, blâment, néanmoins, sa politique intérieure. On leur a enlevé le moyen de le manifester. Toute contradiction étant, du reste, interdite, la propagande officielle a le champ libre et peut faire jouer tous ses ressorts, y compris un appel du Maréchal en faveur de son Chancelier.

Quant aux élections, elles sont, cette fois, conformes aux principes du III⁰ Reich. Il n'y a pas de listes concurrentes. Il n'y a qu'une seule liste, établie par le Gouvernement. Tous les votes contraires sont considérés comme nuls. C'est, donc, le chiffre des bulletins nuls qui traduit, approximativement, celui des opposants; et, de toute façon, il n'y aura plus que des nazis au Reichstag.

Le 12 novembre, l'Allemagne répond par 40.500.000 « oui », et 2.100.000 « non », à la question qui lui est adressée. La liste électorale unique recueille 39 millions et demi de voix, contre 3.300.000 bulletins nuls. Il n'y a pas même, dans le Reich, 10 % d'opposants! Hitler triomphe! « Nous venons, — dit-il dans un message de remerciement au Parti — nous venons de remporter une victoire incomparable. » La démonstration qu'il avait voulu apporter le 17 mai, et qui n'avait pas paru impressionner l'étranger, ne pourra pas, cette fois, être négligée. Elle établit que Hitler n'est pas un aventurier éphémère, mais le chef qualifié d'un peuple, uni sous son égide.

A Genève, le premier moment d'émoi passé, on se résigne. Personne ne parle de sanction. On se contente de réfuter les allégations allemandes et de renvoyer à plus tard la continuation des débats, avec l'espoir que, dans l'intervalle, les échanges diplomatiques normaux permettront de renflouer la Conférence naufragée.

Voilà, donc, Hitler parvenu à ses fins, sur le terrain de la politique extérieure, comme sur tous les autres! Il a opéré le redressement qu'il s'était proposé. Il s'est libéré de la Société des Nations et l'Allemagne n'en a subi aucun dommage apparent. Son habileté, son audace ont porté leurs fruits.

Quand on considère, en cet automne de 1933, l'œuvre qu'il a accomplie depuis le 30 janvier, on est stupéfait. Il a jeté par terre la république de Weimar, édifié sur ses ruines sa dictature personnelle totale, et celle de son parti, balayé ses adversaires politiques et jugulé toutes les libertés, étouffé les États confédérés, brisé la tradition particulariste et centralisé le Reich, plus qu'il ne l'a jamais été, mis en place et en marche, dans toutes ses institutions caractéristiques, un régime nouveau, bouleversé l'État, l'administration, la société, les familles, les individus, secoué l'Europe, enfin, comme il a secoué son pays, et fait surgir, au milieu des conseils internationaux, l'image d'une Allemagne émancipée, réveillée et redoutable! Dans les années qui suivront, il se bornera à développer son œuvre; il n'y ajoutera rien d'essentiel. Dès la fin de 1933, l'Allemagne nationale-socialiste est sur pied, avec ses mœurs, ses procédures, son vocabulaire, ses manières de saluer, ses slogans, ses modes, son art, ses lois, ses fêtes. Rien n'y manque. Le congrès de Nuremberg, — le « congrès de la Victoire », — la montre, au début de septembre, achevée, complète, triomphante. Le Parti voit affluer les demandes d'adhésion; il doit fermer ses portes, pour n'être pas envahi.

L'étonnant, dans cette révolution, c'est la vitesse avec laquelle elle a été exécutée; c'est aussi la facilité avec laquelle elle s'est installée, le peu de résistance qu'elle a rencontré. Il y a, d'ailleurs, dans cette rapidité même, quelque chose d'inhumain, de contre-nature. Ce n'est pas toujours signe de force, ni promesse de longévité, que de grandir trop vite. Ce n'est pas, non plus, nécessairement un avantage, que de vaincre sans vrai combat. Un succès trop aisé engendre le vertige, l'outrecuidance, une foi périlleuse dans la chance et dans les faveurs de la Providence. Que de force d'âme ne faut-il pas pour résister aux entraînements de la fortune!

Est-il exact, au surplus, que Hitler ait écrasé toute espèce d'opposition ? A y regarder de plus près, on s'aperçoit que, s'il n'y a pas d'opposition avouée dans cette Allemagne qui s'est laissé pétrir comme une glaise, il y a une opposition larvée. Elle existe chez les anciennes classes dirigeantes ; celles-ci regrettent qu'il ne soit plus question du retour de la monarchie ; elles réprouvent la violence du régime à l'égard des Églises et des Juifs, sa désinvolture dans le maniement des finances publiques, les excès commis par ses troupes, elles s'inquiètent des sentiments que suscite, au-dehors, le spectacle des événements d'Allemagne. Mais l'opposition existe aussi chez les extrémistes du Parti ; ceux-là, dont les passions ont été surexcitées, ne se jugent pas satisfaits ; ils reprochent au Führer de n'être pas assez radical, de céder à l'influence des chefs militaires et de la bourgeoisie industrielle, de laisser s'affaiblir le dynamisme révolutionnaire ; la révolution, à leur gré, n'a pas frappé assez fort ; elle n'a pas assez duré ; ils réclament une seconde révolution.

Ainsi, dans le moment même où le plébiscite assure Hitler du consentement de 90 % de la population du Reich, des nuages montent à l'horizon.

Sa destinée est de celles qui ne connaissent pas le repos et qui vont d'orage en orage.

CHAPITRE V

1934 — L'ANNÉE CRUCIALE

Il y a, dans la vie des peuples, des années où les événements, parvenus à une sorte de carrefour, et encore flottants, s'engagent tout à coup, dans une direction définie, soit en vertu de leur logique interne, soit sous la poussée des hommes, soit par suite d'incidents, ou d'accidents, dus, eux-mêmes, à ces impondérables qu'on nomme le hasard, ou le destin. Ce sont les années cruciales ; l'avenir y est inscrit ; on devrait pouvoir le lire et le prédire, s'il n'y fallait encore une rare lucidité, une pénétration d'esprit peu commune. 1934 est une de ces années fatidiques. N'a-t-elle pas vu, en effet, se produire, successivement, en janvier, la signature d'un pacte d'amitié germano-polonais, en février, la crise politique française, consécutive au drame de la place de la Concorde, et la mort du roi Albert de Belgique, en avril, l'échec final de la Conférence du désarmement, en juin, la crise allemande, marquée par le massacre de Rœhm et de ses lieutenants, en juillet, l'assassinat de Dollfuss, chancelier d'Autriche, en août, la mort du maréchal Hindenburg, en octobre, l'assassinat d'Alexandre de Serbie et de Louis Barthou, en novembre, la chute du cabinet Doumergue, qui rouvrit, chez nous, l'ère des luttes et des déchirements intérieurs ?

A des degrés divers, tous ces faits favorisèrent les desseins et les ambitions de Hitler et concoururent à fortifier son audace.

UN TOUR DE VALSE

Les premiers mois de 1934 évoquent, surtout, dans la mémoire de la plupart des Français, l'affaire Stavisky et ses conséquences. Combien, parmi eux, se souviennent qu''à la fin de janvier, un pacte fut conclu entre le III° Reich et la Pologne? C'était, pourtant, un événement surprenant et, même, sensationnel, bien digne, en tout cas, de retenir notre attention.

Très vite après son accession au gouvernement, Hitler avait cherché le contact avec la Pologne. Il y avait de quoi s'en étonner. C'était, évidemment, la dernière des initiatives que l'on pût attendre du chef d'un mouvement ultra-nationaliste. L'Allemand a toujours méprisé et détesté le Polonais. Il le haïssait encore davantage, depuis que celui-ci était devenu l'allié de la France, le premier de ceux que l'opinion allemande considérait comme nos satellites, nos vassaux et qu'elle accusait d'avoir pour mission d'assurer l'encerclement du Reich. D'ailleurs, la création du couloir, qui séparait la Prusse orientale du corps de l'Empire, l'attribution à la ville et au territoire de Dantzig d'un statut qui les isolait du Reich, étaient jugées monstrueuses et intolérables par l'unanimité des Allemands. Jamais, semblait-il, ils n'en prendraient leur parti. Entre l'Allemagne et la Pologne, le diktat de Versailles avait jeté une pomme de discorde qui rendait vain tout essai de conciliation. C'était le point le plus fragile, le plus vulnérable, le point de rupture de la paix; et si une nouvelle guerre devait éclater, chacun eût parié qu'elle serait provoquée par la question du Corridor et l'hostilité polono-allemande. En fait, les rapports des deux peuples étaient mauvais, l'avaient toujours été, et nul ne pensait qu'il fût possible, au régime national-socialiste moins qu'à tout autre, de les améliorer. C'est, cependant, la tâche à laquelle Hitler voulut s'appliquer.

Dès le mois de mai 1933, les sondages auxquels il avait procédé étaient assez avancés pour qu'il pût, le 4 mai, annoncer par un communiqué à la presse qu'il avait eu, avec le Ministre de Pologne à Berlin, Wysocki, un entretien important, tandis qu'à Varsovie le

Ministre d'Allemagne, von Moltke, avait eu, avec le colonel Beck, ministre des Affaires étrangères, une conversation parallèle.

Qu'il les fît, ainsi, connaître au public, prouvait que ces échanges de vues n'avaient pas été infructueux. Ils furent suivis d'autres, plus directs, mais non moins féconds ; car le gouvernement polonais estima qu'il convenait, pour les continuer, d'envoyer à Berlin, à la place de Wysocki, trop mêlé à la période d'inimitié entre les deux pays, un nouveau représentant, Lipski, plus jeune et mieux adapté à l'atmosphère de détente et de rapprochement que l'on s'efforçait d'instaurer.

Le 16 novembre, un pas de plus fut franchi. La réception de Lipski par Hitler donna lieu à un second communiqué, par lequel on apprit que les deux gouvernements avaient résolu d'aborder dans des négociations directes les questions concernant leurs pays respectifs et de renoncer à tout emploi de la force dans leurs rapports mutuels.

Les raisons de l'action diplomatique du Führer se laissaient aisément deviner. Préoccupé, avant tout, de désarmer les préventions de l'Europe, d'éviter les complications extérieures, qui l'eussent exposé à des sanctions, ou à une guerre préventive, et de gagner du temps pour installer son régime, transformer l'Allemagne selon la doctrine nationale-socialiste et lui rendre sa force perdue, nous savons déjà qu'il tenait à apparaître sous les traits d'un pacifiste convaincu. Quel témoignage plus frappant pouvait-il fournir de ses dispositions pacifiques, qu'en s'attaquant au problème, de tous le plus menaçant, celui des relations polono-allemandes, en mettant fin à un conflit qu'aucun de ses prédécesseurs n'avait été capable de résoudre et qui était, pour l'Europe, une cause d'anxiété permanente ? Effectivement, par la suite, il ne manqua jamais de se réclamer de ce magnifique alibi, pour prétendre que nul n'avait servi la paix avec plus de sincérité et de liberté d'esprit que lui.

Il avait besoin, d'ailleurs, de cette démonstration, au moment où il allait rompre, ou venait de rompre, avec la Société des Nations. Il n'était pas fâché, non plus, de faire voir qu'on pouvait aboutir à des arrangements réputés impossibles sans passer par la ligue genevoise, et, en même temps, que la méthode des conversations directes et en tête-à-tête, qu'il préconisait, conduisait, plus rapidement et plus sûrement que la publicité tumultueuse des débats de la S. D. N., à des résulats positifs et heureux. Décidé, d'autre part, à libérer le Reich des chaînes de Versailles, il lui était utile d'éprouver la solidité des barrières dont le traité avait entouré l'Allemagne et de tenter de désarticuler le système d'États solidaires, et plus ou moins clients de la France, qui flanquaient la frontière orientale du Reich. Enfin, à la veille de célébrer le premier anniversaire de sa révolution, il souhaitait d'enrichir son bilan par un succès diplomatique, qui achevât de lui prêter, devant son peuple et aux yeux du monde, une figure de grand homme d'État.

Après le communiqué du 16 novembre 1933, le silence était revenu et l'on ignorait généralement comment évoluaient les négociations en cours, lorsque, le 26 janvier 1934, les journaux publièrent la nouvelle qu'une dernière entrevue entre Hitler et le ministre Lipski avait permis la conclusion d'un accord germano-polonais, qui serait signé le jour même par Lipski et le baron de Neurath.

Aux termes de cet accord, les deux parties se déclaraient désireuses d'inaugurer une phase nouvelle de leurs relations; sous réserve de l'observation des engagements internationaux et du respect des affaires intérieures de chacune d'elles, elles s'engageaient à se concerter directement au sujet de toutes les questions relatives à leurs rapports mutuels et à ne pas recourir à la force pour les régler. Elles concluaient, en somme, un pacte de consultation et de non-agression, valable pour une durée de dix ans.

Ce pacte n'ajoutait pas grand'chose au communiqué du 16 novembre. Il ne tranchait aucun des litiges qui séparaient les deux pays. Il équivalait plutôt à une promesse de n'y pas toucher avant dix ans et d'adopter, dans l'intervalle, l'un vis-à-vis de l'autre, une attitude amicale. Il n'en constituait pas moins, à une heure où le national-socialisme et son chef semaient en Europe la réprobation et l'alarme, une manifestation singulière.

Nous avions, à cette époque, les ministres plénipotentiaires de la Petite Entente, le ministre de Pologne et moi-même, l'habitude de nous retrouver, une fois par mois, à dîner, dans un salon particulier du restaurant Horcher. Le patron, en notre honneur, allumait des flambeaux d'argent et disposait sur la table des figurines en porcelaine de Saxe, qui représentaient les douze maréchaux de Napoléon.

Mastny, le Tchèque, Balougdzic, le Serbe, Comnène, le Roumain, Wysocki, le Polonais, étaient tous, dans la diversité de leurs tempéraments, des hommes intelligents, sérieux, expérimentés, d'excellents collègues, entièrement dévoués à leurs fonctions, unis entre eux par l'estime et la sympathie, et aussi par la conscience qu'ils avaient de servir une même cause et des intérêts étroitement solidaires. Souvent, le Belge, le comte de Kerchove, se joignait à nous, toujours pressé, affairé, prêt à rire et à s'exclamer, plein de vie, abondant en récits de toute sorte, la curiosité tendue dans toutes les directions.

Parfois, aussi, nous invitions l'ambassadeur britannique. Ce fut, d'abord, Horace Rumbold, puis Eric Phipps, l'un roide, rouge, grand, flegmatique, l'autre, de taille moyenne, mince, souple, nerveux, deux types d'Anglais opposés, les deux pôles d'une même race, mais tous deux également loyaux, de rapports sûrs, parfaitement droits et honnêtes, et tous deux également révoltés par le spectacle du cynisme et de la brutalité cruelle des nazis. Puisqu'ils sont morts, aujourd'hui, l'un et l'autre, il me sera permis de rendre ici un hommage ému à leur mémoire. Auprès d'eux, j'ai toujours rencontré l'appui le plus constant et le plus éclairé.

Je m'étais, surtout, lié d'amitié avec Eric Phipps, qui fut mon collègue pendant quatre ans, et qui devait, d'ailleurs, terminer sa carrière active à Paris, où il a laissé le souvenir d'un galant homme, d'un charmant homme et d'un grand serviteur de l'Entente cordiale. J'appréciais la délicatesse de ses sentiments, sa bonté profonde, son humour espiègle, sa gentillesse inaltérable. Il avait beaucoup vécu en France, dans sa jeunesse, et avait, de notre pays, une compréhension fine et indulgente. D'un jugement très ferme et très lucide, il avait percé à jour la véritable nature de Hitler et n'avait jamais été dupe du IIIe Reich. Les événements n'auront pas démenti sa perspicacité et il aura eu, du moins, avant de quitter cette terre, la satisfaction de voir s'écrouler l'inhumaine entreprise, contre laquelle s'insurgeait la noblesse de son âme.

Je n'eus pas de moins bonnes relations avec son successeur, Nevile Henderson, bien qu'il fût de ces Anglais qui ne surmontent jamais tout à fait le préjugé traditionnel qu'ils nourrissent, dès le berceau, contre la France et les Français. Écossais têtu et tout d'une pièce, vieux garçon, féru de chasse, de chiens et de golf, n'aimant guère le monde, d'esprit plus simple et de caractère plus difficile que son prédécesseur, il était, lui aussi, d'une loyauté et d'une honnêteté irréprochables. On l'avait envoyé en Allemagne, à la place d'Eric Phipps, parce qu'on trouvait, à Londres, que ce dernier était animé, à l'égard du nazisme, d'un parti pris d'hostilité trop accusé. Le Premier Britannique, Neville Chamberlain, était résolu à sauvegarder la paix du continent, fût-ce au prix de gros sacrifices. Il croyait possible, par les bons procédés, les témoignages de confiance, les ménagements, les concessions, de contenir l'humeur belliqueuse et les ambitions de Hitler. Henderson devait seconder cette politique. « — Ce n'est pas moi — lui avais-je dit, en prenant contact avec lui — ce n'est pas moi qui vous contrarierai ! Tant mieux si vous réussissez ! Mais l'expérience vous instruira ! »

Elle l'instruisit, en effet, à tel point qu'il conçut, en fin de compte, pour Hitler et le IIIe Reich, plus d'horreur que n'en avait jamais éprouvé Eric Phipps.

A ces dîners du restaurant Horcher régnait la plus complète franchise, une confiance mutuelle exempte d'arrière-pensées, un laisser-aller sans réserve. Nous échangions, en bons camarades, nos renseignements ; nous confrontions nos idées et nos opinions ; nous concertions nos démarches. Le ministre de Pologne, Wysocki, apportait à ces libres conversations le même abandon, la même bonne foi que les autres. Après son départ, nous invitâmes Lipski, son successeur. Il venait de Paris, où il avait passé plusieurs années, accueilli et traité en ami par tous les milieux de la capitale. Mais, à notre étonnement, autant Wysocki était spontané et ouvert, autant Lipski se montra silencieux, réticent et fermé. Il écoutait, sans fournir à notre petit clearing d'information aucune contribution personnelle, comme s'il avait eu peur de se compromettre. Nous le questionnions au sujet de la négociation annoncée par le communiqué du 16 novembre. Il répondait de façon évasive et nous laissait croire que les pourparlers n'avançaient pas.

Précisément, le 25 janvier, nous avions dîné ensemble et l'avions, une fois de plus, interrogé. Il nous avait dit que la discussion roulait, présentement, sur des problèmes d'ordre économique et l'établissement d'une ligne aérienne. Le lendemain matin, nous lisions dans les journaux la nouvelle de la conclusion du pacte germano-polonais. Nous fîmes à Lipski d'amers reproches. Il allégua qu'il avait dû obéir à des instructions formelles. Son chef, le colonel Beck, lui avait recommandé de garder un secret absolu. Nous renonçâmes, naturellement, à l'inviter désormais. La place de la Pologne resta vide à notre table.

Au fur et à mesure que Hitler développait son action, notre dîner devenait, d'ailleurs, moins fréquent et moins fréquenté. Il fondait, il rétrécissait peu à peu, comme la peau de chagrin, et l'on pouvait observer sur lui les progrès du travail de dissociation auquel se livrait, en Europe, la diplomatie hitlérienne.

En soi-même, l'accord germano-polonais n'avait rien de choquant. La paix, semblait-il, n'avait qu'à gagner à cette trêve de 10 ans, et l'on aurait dû se féliciter de l'entente intervenue entre deux peuples, dont l'hostilité était regardée comme la source la plus probable des conflits futurs. On s'en serait réjoui, en effet, si le pacte avait été conclu dans des conditions normales, c'est-à-dire à ciel ouvert, dans le cadre des accords analogues, déjà existants, sous l'égide de la Société des Nations, et, plus particulièrement, avec l'agrément, ou la participation de la France, principale amie et alliée de la Pologne. Alors, le pacte germano-polonais aurait pu jouer un rôle bienfaisant et servir de point de départ à l'élaboration de ce « Locarno de l'Est », que la diplomatie des grandes Puissances cherchait en vain à échafauder. Mais la Pologne ne l'avait pas entendu de la sorte. Elle avait tenu à s'isoler dans son tête-à-tête avec l'Allemagne et à surprendre même ses amis par la signature de son pacte.

A peu de temps de là, je causais de l'événement avec Köpke, directeur ministériel de la Wilhelmstrasse, homme pétillant de vivacité et d'intelligence, une des meilleures têtes de la maison, d'où il devait être bientôt expulsé, parce que l'une de ses grand'mères n'était pas de pure souche aryenne. Je disais à Köpke que l'accord germano-polonais aurait eu une autre portée, une portée plus saine, si Paris y avait figuré en tiers. Il me répondit :

« — Vous avez raison. Nous étions de cet avis. Mais les Polonais s'y sont refusés ! »

On ne pouvait s'y tromper. Nous nous trouvions en présence d'un « tour de valse » classique et bien caractérisé !

A quel mobile avait donc obéi la Pologne ?

Il est certain que nous l'avions froissée. Trop de Français répé-

taient, à la légère, qu'ils n'étaient pas disposés à aller se faire tuer
sur la Vistule. D'autre part, le Pacte à Quatre, signé en juin 1933,
et qui paraissait reposer sur l'idée qu'il n'y avait, en Europe, que
quatre grandes Puissances occidentales, et non cinq, avait ulcéré le
cabinet de Varsovie. C'était, pourtant, aux efforts de la France
qu'on devait que cet accord ne pût être assimilé à la formation d'un
directoire européen et qu'après avoir été expressément inséré dans
les procédures normales de la S. D. N., il eût été ramené à de
justes limites. La France avait pris soin, au surplus, d'apaiser par
une démarche spéciale les inquiétudes, ou les susceptibilités, polonaises.

Mais on oubliait, aussi, un étrange épisode, qui s'était produit le
13 mars 1933. A cette date, on avait vu un torpilleur polonais
débarquer, soudain, des unités d'infanterie sur la Westernplatte,
en face de Dantzig. Un vif émoi s'était aussitôt répandu dans les
chancelleries et à Genève. Que signifiait ce geste, dont on n'aper-
cevait pas les motifs et qui avait l'air d'une provocation à l'égard de
l'Allemagne? On avait immédiatement adressé des représentations
à la Pologne, l'adjurant de ne pas susciter un conflit, dont on ne
pouvait prévoir l'issue. Au bout de quelques jours, le détachement
s'était rembarqué et le torpilleur avait disparu. Beaucoup de gens
n'avaient pas saisi le sens de l'initiative polonaise.

En réalité, il semble que le maréchal Pilsudski ait compris très
vite le danger d'avenir qu'impliquait l'avènement du national-socialisme et du régime hitlérien. Il semble qu'il ait compris qu'il fallait
étouffer ce danger, l'écraser dans l'œuf, avant qu'il ne devînt trop
redoutable, et qu'il ait voulu, en créant de toutes pièces un incident,
éprouver l'esprit politique et la résolution des Alliés. Sauraient-ils
profiter de l'occasion qu'il leur offrait? Les Alliés s'étaient bornés
à accabler le gouvernement de Varsovie de leurs objurgations.
Pilsudski en avait tiré les conséquences. Il ne doutait pas qu'un
jour, le IIIᵉ Reich et la Russie soviétique ne dussent s'affronter. Ce
jour-là, la Pologne se trouverait prise entre deux feux. Il préférait
les Allemands aux Russes. Il avait, donc, décidé de s'en rapprocher
et de prendre ses sûretés auprès d'eux. Le colonel Beck s'était
lancé aussitôt dans la voie qu'il lui avait tracée, avec l'ardeur d'un
homme qui n'avait de sympathie, ni pour la France, ni pour les
Etats de la Petite Entente. De là, était né le pacte germano-polonais.

Si le Pacte à Quatre demeura lettre morte, il n'en fut pas de même de l'accord entre Berlin et Varsovie. Il fut suivi d'une longue série d'accords supplémentaires, d'entrevues, d'échanges amicaux, de visites mutuelles. Les incidents de frontière, jusque-là si nombreux, cessèrent, ou ne furent plus mentionnés dans la presse. Gœring prit l'habitude d'aller chasser le lynx et l'auroch dans les forêts polonaises, Beck celle de s'arrêter à Berlin chaque fois que ses déplacements l'amenaient à travers la capitale du Reich, celle, aussi, de ne jamais manquer l'occasion de se montrer désagréable ou hostile à la France. Lipski, qui avait gagné dans l'affaire ses plumes blanches d'ambassadeur, resta toujours affable et courtois; mais il tint soigneusement ses distances. Jamais il ne venait causer avec moi, s'informer, ou m'informer, des sujets qui nous intéressaient tous deux. Il ne voulait pas s'exposer au reproche d'avoir des relations trop étroites avec l'ambassade de France.

Bien plus, la diplomatie polonaise, relâchant les liens qui l'avaient unie autrefois à la Petite-Entente, se plut à courtiser, non seulement l'Allemagne, mais les amis de celle-ci, les Hongrois et les Italiens. Loin de s'intéresser au sort de l'Autriche et de la Tchécoslovaquie, elle chercha à profiter de l'étranglement de son infortuné voisin pour s'emparer du district de Teschen et se donner une frontière commune avec la Hongrie, persuadée, au surplus, que, si les ambitions allemandes se dirigeaient vers le Sud, elles se détourneraient d'autant plus sûrement de la direction du Nord.

De notre côté, nous continuâmes à traiter la Pologne comme si rien ne s'était passé. Avec une remarquable mansuétude, nous laissâmes subsister, sans y apporter aucune modification, les engagements que nous avions contractés envers elle, ces engagements auxquels nous fîmes honneur en septembre 1939; et son ambassadeur à Paris conserva, comme devant, ses grandes et ses petites entrées auprès de nos gouvernements successifs. Pouvait-on, à Varsovie, croire à la sincérité de Hitler? Une dame de la société berlinoise qui appartenait au petit cercle des intimes du Führer m'avait, tout de suite, édifié sur la valeur du pacte qui venait d'être signé. Elle avait, en parlant de Lipski, laissé échapper ce mot :

« — Nous dînons demain chez notre ami *provisoire!* »

Certains Polonais se leurrèrent, pourtant, jusqu'à la fin. En janvier 1939, je reçus à Rome la visite d'un journaliste polonais qui avait combattu dans les rangs français, durant la guerre de 14-18 et qui, après avoir été longtemps un ardent francophile, était devenu un partisan et un auxiliaire de la politique du colonel Beck. Il arrivait justement de Berchtesgaden, où il avait accompagné son patron, qui avait rendu visite à Hitler. Je l'interrogeai sur l'état des relations polono-allemandes.

« — Elles sont excellentes, me répondit-il. Aucun nuage ne les trouble! Je n'en dirais pas autant des relations entre la France et l'Allemagne. J'avoue qu'à cet égard, l'avenir m'inspire des craintes. »

Je le remerciai de sa sollicitude et j'ajoutai :

« — Pensez-vous vraiment que Hitler soit disposé à respecter pendant 10 ans l'existence du Corridor et du statut de Dantzig?

— Certainement! répliqua-t-il avec vivacité. Il n'osera pas y toucher! Sinon, ce serait la guerre! »

Dans leurs fréquents entretiens, au cours de leurs parties de chasse, Polonais et Allemands avaient, cependant, évoqué ces problèmes, restés brûlants sous la cendre dont on les avait recouverts. Hitler avait suggéré qu'un couloir exterritorialisé, parcouru par une autostrade et une ligne de chemin de fer, fût pratiqué à travers le Corridor et mît ainsi la Prusse orientale en communication directe avec le Reich. Le colonel Beck avait déclaré qu'une pareille solution lui paraissait acceptable.

Mais, lorsque Hitler, à la veille de la guerre, la proposa publiquement et solennellement, les Polonais firent la sourde oreille. A ce moment, leurs illusions s'étaient envolées. Ils avaient compris que le pacte n'avait été, pour le Führer, qu'un moyen de les neutraliser, de jeter le trouble dans le camp des Alliés et de faciliter ses coups de force contre l'Autriche et la Tchécoslovaquie, en attendant qu'il se retournât contre eux-mêmes. Mais ils l'avaient compris trop tard.

Leur refus provoqua chez Hitler une violente colère et son ressentiment ne fut pas étranger à sa décision d'envahir la Pologne, ni au traitement impitoyable et barbare qu'il fit subir à ce malheureux pays.

LA NOTE DU 17 AVRIL 1934

Lorsqu'il s'était retiré de la S. D. N., Hitler avait donné clairement à entendre qu'il ne renonçait pas, pour autant, à résoudre le
problème posé devant la Conférence du désarmement. A plusieurs
reprises il avait indiqué qu'une négociation directe avec la France
conduirait au but plus sûrement qu'aucune autre procédure. La
perspective de ce débat à deux ne nous séduisait pas plus qu'au
temps où Herriot avait refusé de s'y prêter. Il était difficile, cependant, de s'y dérober, et de négliger, par principe, le dernier moyen
qui parût s'offrir encore de sortir de l'impasse où la discussion
s'était immobilisée. Les Alliés, eux-mêmes, nous y poussaient. Le
président de la Conférence, Henderson, insistait vivement pour
que nous nous rendions aux invites du Führer. Il était, d'ailleurs,
naturel, puisque le système de la discussion en conférence avait
échoué, d'en revenir à la voie diplomatique ordinaire et à l'entremise des ambassadeurs, comme c'eût été le cas pour tout autre
litige.

Le gouvernement français se rangea, finalement, à ce point de
vue. Mais il eut soin d'éviter tout ce qui aurait conféré à ces pourparlers l'apparence d'un colloque privé et secret, auquel les autres
Puissances n'auraient pas eu à se mêler, tout ce qui l'eût fait res-
sembler au tête-à-tête germano-polonais. Chacune de nos démarches fut portée à la connaissance des autres intéressés, et même
du public. L'Angleterre, l'Italie eurent, ainsi, la faculté d'intervenir dans une controverse qui, pour s'être transportée sur le plan
des chancelleries, n'en garda pas moins, d'un bout à l'autre, le
caractère d'une négociation à plusieurs. Seulement, cette négociation, au lieu de se poursuivre sous la forme d'un débat oral, prît
celle d'un échange laborieux de notes écrites, de questionnaires, de
réponses aux questionnaires, de mémoires et de contre-mémoires.

Le 24 novembre 1933, sur l'instruction de Paris, j'allai voir
Hitler et, me référant à ses nombreuses déclarations antérieures,
je lui demandai de me préciser le sens des paroles qu'il avait pro-

noncées et de me dire comment il concevait que pût être réglée la question du désarmement.

Il m'exposa alors avec abondance et netteté, en présence de Neurath, ses suggestions. Selon lui, il était inutile de s'obstiner à élaborer une convention de désarmement. Dans la situation actuelle de l'Europe, personne ne se résoudrait à désarmer, la France moins que tout autre. Il fallait donc se contenter d'une convention de limitation des armements. L'Allemagne y participerait, à la condition de ne pas demeurer dans l'état humiliant d'infériorité et de discrimination, où l'avait réduite le traité de Versailles, et d'être autorisée à réarmer, dans une mesure, d'ailleurs, modérée. Elle demandait, en conséquence, le droit de lever une armée de 300.000 hommes, basée sur la conscription et le service à court terme. Cette armée devrait posséder, en qualité, un armement de même nature que celui des autres pays, mais les quantités resteraient à débattre. L'Allemagne accepterait, en outre, l'établissement d'un contrôle international. Comme elle ne songeait à attaquer personne, elle était disposée à conclure avec tous ses voisins des pactes de non-agression, valables pour 10 ans. Elle se considérait, au surplus, comme liée par le traité de Locarno, qu'elle avait librement signé. Elle souhaitait, enfin, que l'interdiction de la guerre chimique et bactériologique, du bombardement des lieux habités, et même la suppression totale de l'aviation de bombardement fussent insérées dans la future convention.

A ces revendications, accompagnées de nouvelles protestations de son vif désir d'éclaircir l'atmosphère et d'apurer les litiges entre la France et le Reich, Hitler avait joint une offre concernant le bassin de la Sarre. « Le plébiscite qui doit avoir lieu dans cette région, — avait-il dit, — nous attribuera 90 ou 95 % des voix. Qu'on le veuille ou non, ce résultat sera interprété comme une défaite pour la France et le souvenir de cette défaite pèsera sur les relations franco-allemandes. Ne serait-il pas plus sage de renoncer, d'un commun accord, au plébiscite ? En échange du retour de la Sarre au Reich, celui-ci accepterait que le présent régime économique du territoire fût prolongé et que les mines fussent exploitées, à l'avenir, par des sociétés françaises et des sociétés allemandes, ou par des sociétés mixtes. »

La proposition sarroise du Führer fut, tout de suite, écartée par le gouvernement français. Elle était intéressante, au moins en ce qu'elle laissait deviner les craintes de son auteur. Hitler redoutait qu'à titre de sanction, ou de pression, en cas de conflit avec nous, nous ne nous emparions définitivement du bassin de la Sarre. Il nous jugeait d'après lui-même. En réalité, la France n'eut jamais l'idée d'abuser du mandat qui lui avait été confié et de violer ses engagements internationaux. Elle ne voulut même pas retenir l'hypothèse d'une modification par consentement mutuel des articles du traité qui prévoyaient, au bout de 15 ans, une consultation des habitants du territoire.

Quand au désarmement, les suggestions de Hitler prouvaient que la thèse allemande n'avait pas bougé d'une ligne et restait telle qu'elle avait été, dès l'origine, fixée par la Reichswehr. Elle continuait de heurter la thèse française aux mêmes points névralgiques. Les objections qu'elle suscitait dans notre esprit n'avaient rien perdu de leur force. Il nous semblait toujours aussi paradoxal qu'une entreprise de désarmement général se terminât par le réarmement unilatéral du IIIe Reich, c'est-à-dire de l'État dont l'attitude était la plus menaçante pour l'avenir de la paix. Il nous semblait toujours aussi imprudent de laisser l'Allemagne réarmer, avant d'avoir obtenu de l'expérience la certitude qu'un contrôle éventuel pourrait fonctionner dans des conditions satisfaisantes. Et les milices brunes, dont les effectifs dépassaient un million d'hommes, nous inspiraient toujours les mêmes méfiances. Les affirmations pacifiques du Führer, l'insistance avec laquelle il exprimait la volonté de vivre en bonne intelligence avec nous ne suffisaient pas, non plus, à nous convaincre de sa bonne foi (1).

Nous constatons, en revanche, que son langage n'était pas sans influence sur les gouvernements de Londres et de Rome. Si les efforts de l'Europe en vue du désarmement devaient avorter, il importait que notre intransigeance n'en fût pas rendue responsable et que Hitler ne gardât pas sur nous l'avantage moral. Après tout, les positions qu'il avait prises n'étaient pas nécessairement irréduc-

---

1. Bien que je lui eusse, à maintes reprises, suggéré d'atténuer par une note, indiquant qu'il les avait écrits sous l'impression causée par l'occupation de la Ruhr, les passages les plus violemment anti-français de *Mein Kampf*, Hitler, tout en s'y prétendant disposé, ne voulut jamais s'y résoudre. C'était un « test » parfaitement significatif.

tibles. On l'amènerait peut-être à les modifier. Certaines d'entre elles avaient besoin d'être tirées au clair. Pour ces raisons, le gouvernement français estima qu'il y avait lieu de persévérer dans la discussion. Au surplus, le cabinet britannique s'était montré fort intéressé par les déclarations que le Chancelier m'avait faites et il avait chargé Sir Eric Phipps d'aller, à son tour, interroger le Führer à ce sujet.

Le 11 décembre, j'eus avec Hitler un nouvel entretien. Je lui fis connaître que nous déclinions son offre relative au plébiscite de la Sarre, tout en admettant qu'une conversation sur l'avenir économique du territoire pourrait être utilement engagée. D'autre part, nous étions loin de regarder comme acquis que le désarmement fût impossible. Nous demeurions décidés, au contraire, à chercher dans cette voie la solution du problème. Nous ne refusions pas, toutefois, d'examiner, pour les éclaircir, les suggestions du Chancelier.

Dans quelles conditions, par exemple, et en combien de temps s'effectuerait la transformation de la Reichswehr? dans quel délai le réarmement demandé par le Reich serait-il réalisé? Le chiffre de 300.000 hommes, avancé par le Führer, était-il immuable? Quel serait, en ce cas, le statut des milices brunes? Comment le Chancelier concevait-il le contrôle? Comment entendait-il les pactes dont il avait parlé? Comment ces pactes se raccorderaient-ils au traité de Locarno?

Hitler me répondit qu'il regrettait vivement que nous ne retinssions pas sa proposition touchant la Sarre. Elle aurait eu une grande portée symbolique et aurait frappé les esprits. Isolée du plébisciste, une conversation d'ordre économique n'avait plus de sens et il en abandonnait l'idée. Pour le reste, il me priait de rédiger mes questions par écrit.

Je lui fis parvenir le lendemain un aide-mémoire. L'Allemagne y répondit, le 18 décembre, par une note également écrite. Celle-ci provoqua un second mémorandum français, que je remis à Hitler, le 1ᵉʳ janvier 1934, et qui fut suivi d'une réplique du gouvernement du Reich, en date du 19 janvier.

Il serait, aujourd'hui, fastidieux d'entrer dans le détail de ces divers documents. Ils n'ajoutaient rien de neuf aux arguments maintes fois produits, tournés et retournés sous toutes leurs faces. Tout de même, ils n'avaient pas été absolument vains. L'échange

de notes avait amené Hitler à définir plus exactement les gages de
sécurité qu'?' *donnerait, en contre-partie de l'égalité réclamée par
lui. Le Chancelier s'était déclaré prêt à souscrire à toute organisation du contrôle qui serait acceptée par les autres Puissances. Il
avait ébauché des règles applicables aux formations para-militaires,
et qui empêcheraient celles-ci de devenir des réserves camouflées,
utilisables pour l'armée. Il avait admis que les S. A. et les S. S.
fussent astreintes à l'observation de ces règles et que le contrôle
international eût pouvoir de les surveiller. Il avait précisé la nature
des pactes qu'il offrait de conclure avec ses voisins; ce seraient
des pactes de non-agression et de consultation. Il avait indiqué de
quel armement il demandait que fût pourvue la Reichswehr, transformée en une armée de service à court terme, et spécifié qu'il se
contenterait d'un armement défensif, composé de canons qui ne dépas-
seraient pas le calibre de 155, de tanks de 6 tonnes et d'avions de
chasse, dont le nombre serait égal à la moitié de l'aviation française,
ou au tiers de l'aviation additionnée de la France et de ses alliés.

Mais sur le point principal du litige, à savoir sur l'attribution
immédiate de ce matériel à la Reichswehr, il n'avait pas cédé, non
plus, d'ailleurs, que sur le chiffre de 300.000 hommes, auquel
devaient se monter les effectifs de sa future armée. La France avait
eu beau, de son côté, préciser les délais et les conditions dans lesquels elle désarmerait, en arrêtant ses fabrications de gros matériel, en stockant, et même en détruisant le matériel lourd qu'elle
possédait; elle avait eu beau proposer de diminuer de moitié son
aviation, ou de s'en défaire, au bénéfice d'une aviation internationale, qui eût été la seule aviation militaire autorisée, Hitler n'avait
pas renoncé à ses prétentions. Nous n'avions pas non plus renoncé
à exiger que la convention à établir comportât deux périodes, la
première étant une période d'épreuve et de mise en œuvre du
contrôle, et la Reichswehr ne devant recevoir son armement qu'au
cours de la seconde. L'opposition entre les deux thèses ne s'était
pas atténuée.

Au début de janvier 1934, l'Italie avait versé, elle aussi, un
mémoire au débat, et pris parti pour la thèse allemande du réarmement limité. L'Angleterre, à l'issue d'une enquête parallèle à la
nôtre, s'était efforcée, par un mémorandum daté du 29 janvier, de
concilier les thèses adverses, ou plutôt de les juxtaposer dans un

projet qui combinait l'octroi à l'Allemagne, dans un délai de 4 ans, du matériel demandé et la suppression progressive du gros matériel français. L'essai n'était pas très heureux ; car il aboutissait à affaiblir l'État le moins dangereux pour la paix et à fortifier l'État le plus menaçant ; il n'eût été valable que s'il avait prévu, en même temps, des garanties d'exécution et des garanties de sécurité extrêmement efficaces. Du moins avait-il le mérite de constituer une tentative de synthèse et de rapprochement.

Les choses en étaient là, lorsqu'éclata, en France, le drame du 6 Février. Le Cabinet Daladier s'y engloutit. Le soin de poursuivre la négociation franco-allemande incomba, dès lors, au Cabinet Doumergue, c'est-à-dire à un gouvernement préoccupé de restaurer dans une accentuation du sentiment national l'unité intérieure déchirée. Paul-Boncour, qui avait conduit les pourparlers avec beaucoup de patience, de ténacité et de sang-froid, fut remplacé par Louis Barthou. Le changement d'atmosphère fut, tout de suite, perceptible.

La France répondit, le 14 février, à la note allemande du 19 janvier. Cette réponse n'était pas une fin de non-recevoir. Elle était, cependant, rédigée sur un ton plus sec, plus catégorique que les précédentes ; elle signifiait des refus formels, là où, jusqu'à présent, nous n'avions marqué que des réserves ; elle déclarait inadmissible que la police militarisée et les contingents de milices brunes ne fussent pas inclus dans les 300.000 hommes réclamés par le Reich ; elle repoussait absolument l'idée que l'armée allemande pût être dotée d'un matériel supplémentaire, avant d'avoir achevé sa transformation. Surtout, pour la première fois, elle accusait formellement l'Allemagne d'avoir, dès maintenant, réarmé, outrepassé ses droits et violé les stipulations du traité de Versailles. La controverse, manifestement, s'animait, si même elle ne s'envenimait pas.

Hitler, pourtant, ne prit pas feu. Il comptait sur l'appui anglais et italien, grâce auquel il espérait finalement l'emporter. Un mois plus tard, le 14 mars, il répliqua. Il fit valoir que le désarmement proposé par nous ne descendrait jamais à un niveau qui dispensât l'Allemagne de réarmer dans une certaine mesure. Il répéta que le Reich était résolu à respecter le pacte de Locarno et n'entendait nullement en affaiblir les clauses. En matière de contrôle, il adhérait d'avance aux formules qui auraient l'agrément des Puissances.

Que pouvait-on exiger de plus? Ce contrôle fonctionnerait après la signature de la convention. Quoi de plus naturel? Pour les S. A. il promettait de les soumettre à une réglementation internationale des formations paramilitaires. Mais, de toute manière, l'Allemagne ne se résignerait pas à la prolongation, à son détriment, du régime d'inégalité établi à Versailles. Ses demandes étaient modérées; elles représentaient un minimum; le Reich n'en pourrait rien rabattre.

Ainsi, la discussion tournait en rond et n'arrivait pas à franchir le point mort. Les Anglais avaient, visiblement, hâte d'en finir. Ils nous adressaient notes sur notes et nous pressaient de dire quelles garanties nous paraîtraient renforcer suffisamment la sécurité pour que nous consentions au réarmement relatif du Reich. On sentait qu'une décision ne pouvait plus être ajournée. L'heure approchait d'adopter une attitude nette, positive ou négative.

J'estimais, quant à moi, qu'après plusieurs mois de palabres, le problème ne se présentait plus dans les mêmes termes qu'au début. Il ne s'agissait plus, à mon avis, de choisir entre l'égalité par le désarmement, ou l'égalité par le réarmement limité de l'Allemagne. Il ne s'agissait même plus de choisir entre un réarmement limité immédiat et un réarmement ultérieur conditionnel. De toute évidence, si l'on n'aboutissait pas à une convention, accordant au Reich un réarmement limité et contrôlé par un organisme international, Hitler se considérerait comme affranchi de toute obligation à l'égard du traité de Versailles et réarmerait à sa guise, sans limite et sans contrôle, soutenu par l'approbation enthousiaste de son peuple.

Par conséquent, le vrai problème était de savoir si les Puissances, si la France, en particulier, le laisseraient libre de réarmer autant qu'il le voudrait, ou si elles l'en empêcheraient par la force et frapperaient d'une sanction ses manquements flagrants aux stipulations du traité. Or, toutes les personnalités qualifiées que j'avais consultées à ce sujet, m'avaient déclaré qu'il n'y avait aucune chance qu'une sanction fût appliquée au Reich, dans le cas où il réarmerait en violation du traité; l'Angleterre et l'Italie n'y consentiraient pas; la France, elle-même, ne ferait rien d'autre que de dénoncer le délinquant à la Société des Nations, laquelle ne serait certainement pas en mesure, ni en goût, de le contraindre à rentrer dans l'ordre.

Devant cette carence, malheureusement plus que probable, il me semblait qu'il ne fallait pas être dupe des mots. A quoi bon s'accrocher au mot de « désarmement », si l'on ne pouvait lui donner un contenu réel? Un réarmement limité et contrôlé valait mieux qu'un armement illimité, incontrôlé et non réprimé du Reich qui entraînerait, à son tour, un réarmement généralisé, une nouvelle course aux armements, c'est-à-dire précisément ce que la Conférence de Genève avait pour but de prévenir. Une convention, même médiocre, était préférable à l'absence de toute convention et de toute sanction. Pour éviter le pire, le bon sens ne commandait-il pas de se résigner au moindre mal?

Ce raisonnement s'imposait à mon esprit de façon si impérieuse que je ne négligeai rien pour y rallier nos dirigeants. La tâche était ingrate; car l'opinion publique et l'opinion parlementaire demeuraient hostiles à toute entente avec Hitler. Cependant, les services du Quai d'Orsay reconnaissaient le bien-fondé de mon argumentation. Le 9 avril, je me rendis à Paris, afin d'expliquer ma thèse aux membres du Gouvernement. Le même jour, on apprenait que le budget du Reich, qui venait d'être publié, comportait une augmentation de 50 millions de marks pour la marine, de 132 millions pour l'aviation et de 175 millions pour l'Armée. C'était l'aveu que le Reich commençait à réarmer sans plus attendre; d'où les adversaires d'une convention tiraient une raison supplémentaire d'exiger qu'avant toute chose, un contrôle international déterminât l'état véritable des armements du Reich; mais c'était aussi la preuve que Hitler réarmerait, quoi qu'il advînt; d'où l'on pouvait, en sens inverse, tirer une raison supplémentaire d'essayer de le contenir, ou, du moins, de le surveiller, dans les limites d'une convention qu'il aurait acceptée et signée...

Louis Barthou avait étudié consciencieusement le dossier de l'affaire, et son étude l'avait conduit à penser qu'il convenait de se résoudre à conclure une convention, limitant et contrôlant un réarmement relatif du Reich. Je le vis, dès mon arrivée à Paris. Je lui répétai de vive voix ce que je lui avais déjà écrit, et lui remis, comme il m'en avait prié, un tableau sur lequel j'avais résumé en deux colonnes parallèles les avantages et les inconvénients respectifs d'une solution positive et d'une solution négative. Barthou m'écouta avec la plus grande attention et me dit :

« — Vous avez achevé de me persuader ! »

Mais, le doigt levé et montrant le plafond, il ajouta aussitôt :

« — C'est là-haut qu'il faudra dire tout cela ! C'est celui-là qu'il faudra convaincre ! »

Là-haut, au-dessus de sa tête, se trouvait la pièce dont le chef du Gouvernement, Gaston Doumergue, avait fait son cabinet de travail.

Je poursuivis mes visites. Je rencontrai auprès des ministres avec lesquels je m'entretins le meilleur accueil. Tous m'assurèrent qu'ils jugeaient la situation comme moi et que la décision du gouvernement serait celle que je souhaitais. Mais la scène changea, lorsque je me présentai chez André Tardieu. J'étais lié d'amitié avec lui. J'avais été son collaborateur. Je n'admirais pas seulement ses éminentes qualités d'esprit, son exceptionnel talent ; je connaissais la générosité de son cœur ; j'avais pour lui de l'affection. Entre nous régnait un franc-parler, exempt de toute précaution oratoire, une entière franchise. Quand nous n'étions pas du même avis, nous nous disputions avec rudesse et je clôturais généralement le conflit par ces mots, que je répétais comme un leit-motiv. « Peu importe ! je vous pardonne ; car vous serez le Clemenceau de la prochaine guerre ! » Ma prophétie, hélas ! ne s'est pas accomplie ! Mais qui n'a senti, souvent, que Tardieu nous manquait ?

Ce jour-là, il me reçut fort mal. Dans un langage véhément et brutal, il me dit :

« — Vous perdez votre temps ! la convention dont vous êtes partisan ne sera pas conclue. Jamais nous ne la signerons ! Hitler n'en a plus pour longtemps ! son sort est réglé. Une convention avec lui le consoliderait. Si la guerre éclate, il ne s'écoulera pas une semaine, avant qu'il ne soit déposé et remplacé par le Kronprinz. La situation vous échappe. Je vous conseille de ne pas insister ! »

Je lui demandai d'où provenaient les renseignements qui lui permettaient de se livrer à de tels pronostics. Je contestai qu'ils fussent exacts. Hitler se heurtait, sans doute, à des difficultés intérieures ; mais il s'en fallait de beaucoup qu'il fût déjà à bout de course. Nous entendrions longtemps encore parler de lui. Rien ne me paraissait pire que de le laisser réarmer, sans exercer un contrôle et sans avoir de prise sur lui. Ou, alors, il fallait, au premier manquement, lui tomber dessus et le juguler ! Le Gouvernement oserait-il le faire ?

Tardieu ne répondait pas. Il écartait mes objections de la main. Il secouait la tête, tirait de son fume-cigarettes, démesurément long, des volutes de fumée et refusait de s'expliquer davantage.

L'accueil du président Doumergue, d'un genre tout différent, ne me déçut pas moins. Je passai une demi-heure auprès de lui. Mais il me fut impossible, durant toute l'audience, de placer un mot. Dès que j'essayais d'aborder la question qui m'amenait chez lui, le président me coupait la parole et se lançait lui-même dans un bavardage intarissable, dénué de tout intérêt et ponctué du petit grognement qui lui était familier et qu'il produisait en chassant de l'air contre son palais.

Si l'objet de ma démarche n'avait pas été aussi grave, j'aurais ri de cette comédie, qui était comme une variante de la farce de maître Patelin! Évidemment, le président Doumergue connaissait mon opinion; il était d'un avis contraire; son siège était fait; il ne voulait rien entendre qui risquât de l'ébranler. Je saisis, alors, toute la signification du geste de Louis Barthou, lorsqu'il pointait son doigt vers le plafond. L'hostilité résolue du président du Conseil, d'André Tardieu et de tel ou tel autre membre du Cabinet enlevait beaucoup de valeur à l'adhésion que m'avaient donnée le ministre des Affaires étrangères et plusieurs de ses collègues. Je compris que les chances d'arriver à une convention étaient compromises et je rentrai à Berlin sans illusion.

Effectivement le 17 avril, le gouvernement français rédigeait la note attendue. Dans cette note, il ne s'adressait pas directement au Reich; il répondait aux interrogations et aux pressions du Cabinet de Londres. Il y répondait, cette fois, sans ménagement et de façon péremptoire, comme s'il voulait s'enlever toute possibilité d'un retour en arrière. Il signalait l'augmentation des dépenses militaires de l'Allemagne. C'est la preuve, disait-il, que le Reich réarme; il ruine, ainsi, les bases de toute négociation. Pourquoi discuter avec lui, puisqu'il agit dès maintenant comme il lui plaît? Une convention supposerait que l'Allemagne revînt à Genève. Or, elle n'a pas laissé entrevoir qu'elle eût la moindre intention d'y retourner jamais. Dans ces conditions, la France n'a plus qu'à s'occuper de sa propre défense et la Conférence genevoise qu'à élaborer les garanties efficaces dont la paix menacée a besoin.

A l'issue du Conseil des ministres qui adopta le texte de cette note, fut publié le communiqué suivant : « M. Louis Barthou a soumis le texte, adopté à l'unanimité, de la note qu'il a rédigée, d'accord avec le président du Conseil, pour répondre à la dernière note britannique. Après avoir lu cette note, M. Barthou en a développé les principaux points, qu'il accompagna de commentaires lumineux et éloquents. Un échange de vues a suivi, au cours duquel plusieurs membres du gouvernement ont exposé leur point de vue sur la question. Après quoi, l'unanimité s'est faite sur la rédaction présentée par le ministre des Affaires étrangères. »

Les historiens qui n'auraient que ce communiqué officiel pour se faire une idée de l'épisode, auraient du mal à en imaginer les dessous. Louis Barthou m'a raconté, par la suite, qu'à la veille du Conseil, le président Doumergue avait conféré avec lui. Au moment où le ministre des Affaires étrangères s'apprêtait à lui lire le projet qu'il avait préparé et qui concluait en faveur de la signature d'une convention, le président Doumergue l'avait arrêté et, sortant, à son tour, un papier de sa poche, lui avait dit :

« — Non! mon ami! gardez votre projet et prenez celui-ci ; c'est le bon! Il a été rédigé d'accord entre moi et les deux ministres d'Etat. C'est le texte que nous proposerons au Conseil. »

Barthou s'était trouvé, ainsi, dans la position la plus délicate. S'obstiner, maintenir son avis, l'opposer à celui du chef du gouvernement, c'était s'acheminer vers sa propre démission, entraîner, peut-être, la dislocation du Cabinet, constitué deux mois plus tôt, et rouvrir une crise d'où le pays se relevait à peine. Barthou, membre de l'Académie Française, auteur de la loi de trois ans, patriote éprouvé, pouvait-il provoquer la chute d'un gouvernement d'union nationale, en voulant, coûte que coûte, s'entendre avec l'Allemagne ? L'opinion publique lui aurait donné tort. Car l'opinion était hostile à l'entente. Elle réclamait de l'énergie. Elle souhaitait que l'on tînt vigoureusement tête à Hitler.

Barthou s'inclina donc, déchira son projet primitif et s'appropria une thèse, dont il n'était pas, en son for intérieur, persuadé qu'elle fût la plus raisonnable. Quelques ministres, dans la délibération du conseil, formulèrent des objections. Mais, en présence de l'attitude déterminée des principaux membres du gouvernement, ils n'insistèrent pas et se ralièrent au texte qui leur était soumis.

La France refusait donc de continuer la négociation qui durait depuis six mois. En y mettant le point final, il ne pouvait lui échap-

per que c'était elle, plutôt que Hitler — bien que celui-ci eût quitté
Genève en claquant la porte — c'était elle qui encourrait le
reproche d'avoir fait échouer l'œuvre de la Conférence. Il ne pouvait lui échapper, non plus, que Hitler se considérerait, désormais,
comme en droit d'armer dans toute la mesure qu'il jugerait bonne,
et que nous n'aurions d'autre ressource, contre lui, que d'en appeler à une Société des Nations, peu disposée à user des sanctions
collectives. Elle savait que la course aux armements allait se rouvrir. Mais ses dirigeants étaient convaincus, à l'époque, que nous
garderions, dans cette course, une énorme supériorité. « Nous ver-
rons — me disait le chef d'État-Major Général — combien de temps
il faudra à l'Allemagne pour rattraper les 20 milliards que nous
avons mis dans nos armements ! »

Le chef d'État-Major ne prévoyait pas que le IIIᵉ Reich ne donnerait plus aucune publicité à ses budgets et qu'ayant supprimé
toute cotation du mark à l'étranger, n'achetant plus au-dehors que
dans la limite des ventes qu'il y effectuait, il s'installerait dans un
circuit fermé et impénétrable, à l'intérieur duquel il aurait autant
d'argent qu'il en voudrait. Qu'étaient-ce que 20 milliards de francs
pour un dictateur, secondé par une industrie infiniment plus puissante que la nôtre, et qui devait avouer, plus tard, qu'il avait dépensé
pour l'armement de son pays 97 milliards de marks ?

Dans ce débat, la bonne foi de Hitler était, évidemment, plus que
douteuse. Je ne croyais pas qu'il dût observer scrupuleusement les
limitations et les règlementations que lui eût imposées une convention internationale. Je savais qu'il tricherait. Mais je pensais, aussi,
que l'existence d'une convention le gênerait, le retarderait, que
l'institution d'un organisme de contrôle, auquel parviendraient certainement des dénonciations, entraverait la liberté de ses mouvements, et que les abus signalés par ce contrôle le mettraient en
mauvaise posture vis-à-vis des États trop enclins à lui faire crédit,
et, même, vis-à-vis de son propre peuple. Je pensais, enfin, que la
publicité donnée à ses fraudes constituerait un avertissement, un
signal d'alarme plus efficace que des rapports d'ambassadeur et
inciterait notre gouvernement, et le pays tout entier, à consacrer
toute leur intelligence, tout leur labeur, toute leur ardeur à accroître
la force de notre appareil militaire.

Car, à partir du moment où l'Allemagne réarmait librement, il était clair qu'un des piliers de l'ordre européen s'écroulait. Le statut de l'Europe, établi à Versailles, reposait sur le fait que le Reich était désarmé. S'il cessait de l'être, si l'Allemagne reparaissait sur la scène en tant que grande Puissance militaire, tout changeait ; on entrait dans une phase nouvelle ; l'édifice vacillait ; la paix ne serait plus, désormais, qu'une guerre ajournée ; il fallait que ceux qui avaient intérêt à la défendre ne restassent pas en arrière dans la course aux armements ; il fallait que la France, en particulier, rassemblât ses énergies, redoublât d'activité, se corrigeât de son insouciance, de sa légèreté, se guérît de ses crises politiques, de plus en plus fréquentes, et se réformât en profondeur. Qui pourrait dire qu'elle l'ait fait ?

La note du 17 avril avait, en tout cas, l'inconvénient de nous faire apparaître comme les auteurs de l'échec de la Conférence, alors que le vrai responsable en était le régime hitlérien. L'Allemagne en profita pour jouer l'innocence et rejeter les torts sur nous.

Devant les journalistes étrangers qu'il avait convoqués, le 27 avril, à Berlin, Neurath souligna la bonne volonté, la largeur de vues, l'esprit de conciliation du Reich, qu'il opposa à l'intransigeance d'une France, acharnée à refuser à l'Allemagne les satisfactions auxquelles elle avait droit. Une imprudence lui échappa, d'ailleurs, au cours de son exposé. Il expliqua que l'augmentation des dépenses militaires dont nous nous étions indignés, n'était que la conséquence de la transformation de la Reichswehr, préconisée par la France elle-même. Il confirmait donc que, sans se soucier du résultat des négociations engagées, l'Allemagne avait déjà commencé à organiser son armée nouvelle. En même temps, Hitler envoyait Ribbentrop en mission d'information à Londres et à Rome. C'était la première fois que se manifestait, ainsi, publiquement la confiance accordée par le Führer à cet homme vaniteux et incapable, dont il devait, un jour, faire, pour son malheur, son ministre des Affaires étrangères.

Était-il encore possible de sauver la Conférence du désarmement ? On le tenta. Chacun sentait, pourtant, qu'elle avait reçu un coup mortel. Le 29 mai, elle résolut de mettre à l'étude le problème de la sécurité, dont elle reconnaissait l'importance primordiale. Le 8 juin, après un orageux débat, elle adopta une formule qui déférait aux commissions ordinaires de la S. D. N. l'examen des questions en suspens et laissait à son bureau et aux gouvernements intéressés le soin de persévérer dans la recherche des bases d'une convention générale; en d'autres termes, elle se résignait à l'enterrement.

Pour son compte, la France estima que le meilleur moyen de contenir les ambitions allemandes serait de mettre le Reich, sur ses frontières de l'Est, en présence d'un système de pactes d'assistance articulés les uns dans les autres et qui dresseraient un front commun contre l'agresseur éventuel. La Pologne, la République des Soviets, la Tchécoslovaquie, la France elle-même devaient former les anneaux de cette chaîne de sécurité, dont l'ensemble constituerait un « pacte oriental », analogue au pacte occidental de Locarno. L'Allemagne n'en serait pas exclue de prime abord. Elle serait invitée, au contraire, à y participer et à administrer, par là, la preuve de la sincérité des intentions pacifiques qu'elle affichait.

Plan théoriquement séduisant, mais, pratiquement difficile à réaliser, et combien fragile ! Jamais il n'a été conclu autant de pactes de paix que dans les années qui ont précédé la guerre ! Louis Barthou, qui avait cru bon de resserrer les liens qui nous unissaient à la Petite Entente, avait pu s'apercevoir, à l'occasion des voyages qu'il avait entrepris, en avril et en juin, dans les capitales amies, que la Petite Entente n'avait plus la cohésion d'autrefois et que, si les sentiments de la Tchécoslovaquie et de la Roumanie à notre égard n'avaient pas changé, en revanche, à Varsovie, ceux du colonel Beck manquaient totalement de chaleur.

Il était, d'ailleurs, hardi de penser que l'Allemagne hitlérienne se montrerait disposée à traiter avec la République communiste contre laquelle sa propagande était principalement dirigée. En fait, le IIIᵉ Reich n'accepta jamais d'entrer dans la combinaison. Devant son attitude négative, la Pologne s'empressa de se récuser, elle aussi. Le plus clair du pacte oriental se réduisit à un accord de la France avec l'U.R.S.S. qui fut signé le 2 mai 1935 à Paris et le 14 mai à Moscou. Mais dans cet accord Hitler feignit de voir un retour de la France à l'alliance russe, à la politique d'encerclement, dirigée contre lui, un acte incompatible, malgré les précautions dont nous l'avions entouré, avec le traité de Locarno; et ce fut le prétexte qu'il invoqua pour tenter de justifier la réoccupation brusquée de la rive gauche du Rhin, en mars 1936.

LE MASSACRE DU 30 JUIN 1934

Le complot du 20 juillet 1944, auquel Hitler a échappé par miracle, et dont la répression fut si étendue et si épouvantable qu'au rebours de l'attente du Führer, elle devint l'une des causes de sa perte finale, ce complot ne doit pas faire oublier l'autre, celui qui l'a précédé de dix ans et qui, sauvagement réprimé, lui aussi, permit au monde et à l'Allemagne de prendre la mesure de l'homme et de la bande, que le Reich avait acceptés pour maîtres.

30 juin 1934-20 juillet 1944 !

L'histoire de la sinistre aventure hitlérienne, vue particulièrement sous l'aspect d'un antagonisme entre la Reichswehr et le parti national-socialiste, est, en quelque sorte, encadrée, à dix ans de distance, par ces deux dates et ces deux tragiques épisodes !

Au printemps de 1934, malgré la rapidité et l'aisance avec lesquelles il avait installé son régime et son parti au pouvoir, Hitler était en proie à de nombreuses et graves difficultés intérieures. Le nazisme traversait une crise. Le conflit ouvert avec l'Église catholique et les Églises protestantes, les violences systématiques dont les Juifs étaient victimes, les mesures radicales prises en matière politique, telles que la suppression des derniers vestiges de l'existence des États, ou en matière sociale, telles que la promulgation d'une nouvelle charte du travail, l'énormité des dépenses auxquelles les nazis se livraient sans compter et qui évoquaient le spectre de l'inflation, la multiplication des arrestations et des déportations dans des camps, sur lesquels circulaient des bruits horrifiants, la méfiance et l'hostilité de l'extérieur à l'égard du IIIᵉ Reich, la crainte qu'une politique étrangère maladroite n'exposât l'Allemagne au péril de l'isolement et des coalitions adverses, tout cela, qui ne suscitait aucune révolte apparente, créait, cependant, un malaise profond, répandait le mécontentement et l'inquiétude. On entendait couramment dire : « Où nous mène-t-on ? Les choses ne peuvent pas durer ainsi. » L'opposition était surtout marquée dans les milieux du haut-commandement militaire et des aristocrates prussiens, chez les anciens adhérents du Casque d'Acier, et jusque dans le petit cercle des familiers du maréchal Hindenburg. Papen, Vice-Chancelier, considéré comme responsable de l'accession des nazis au Gouvernement, recevait chaque jour des plaintes amères et des reproches virulents. On parlait également de dissensions qui auraient éclaté dans le Parti ; mais on ne savait pas en quoi elles consistaient, ni quels personnages elles mettaient en cause. La réalité restait masquée par un voile épais. Les nazis, eux-mêmes, dans leurs propos et dans leurs journaux, lançaient des menaces, dont on ne saisissait pas exactement le sens, ni la portée. L'atmosphère était lourde et étouffante : une atmosphère d'orage imminent.

Au milieu de juin, avait eu lieu, à Venise, la première rencontre de Hitler et de Mussolini. L'entrevue n'avait pas produit les résultats espérés. Le Führer, plein d'admiration et de respect pour le Duce, en lequel il reconnaissait son aîné, le créateur, le maître du genre, avait, tout de même, été froissé par la désinvolture et l'air de protection de Mussolini. De son côté, celui-ci avait jugé son hôte exalté, discoureur, confus, insuffisamment attentif à recueillir les avis qu'on désirait lui donner. Il avait, cependant, réussi à faire entendre à son visiteur qu'il aurait tort de se laisser compromettre par des hommes, utiles à l'heure de la révolution, mais encombrants par la suite.

Sur ces entrefaites, le 17 juin, le Vice-Chancelier von Papen prononce, à Marburg, un discours sensationnel. Avec une extraordinaire liberté de langage, il déclare que le système du parti unique ne saurait être que provisoire ; il rappelle que l'Allemagne est chrétienne ; il déplore que l'on qualifie de réactionnaires des conservateurs qui ont toujours été de bons citoyens et des patriotes, que l'on discrédite tout ce qui touche à la vie de l'esprit et aux préoccupations d'ordre intellectuel. Le fondement des États, proclame-t-il, c'est la justice ! On ne doit pas attribuer toute critique à la méchanceté, à la mauvaise volonté. Seule, une explication confiante avec la nation pourra rendre à celle-ci ses certitudes et sa joie dans l'action !

De tels propos, dans la bouche du Chancelier d'hier, du Vice-Chancelier d'aujourd'hui, c'est-à-dire du principal auxiliaire du Führer, provoquent une émotion intense. Que signifie cette sévère mercuriale à l'adresse du régime ? Personne n'ignore que Papen est dans les relations les plus étroites avec le maréchal Hindenburg. Il n'aurait pas tenu pareil langage, s'il n'avait pas été sûr de l'approbation du chef de l'État. Comment sa diatribe va-t-elle être accueillie par ceux qu'elle vise? Que présage-t-elle? A quoi faut-il s'attendre?

Tout d'abord, défense est signifiée aux journaux de reproduire le discours de Marburg, et ceux qui en avaient rendu compte sont saisis. On raconte que Hitler a vertement réprimandé Papen, puis, qu'il est allé à Neudeck, où réside le Maréchal et qu'il a fait à ce dernier le récit de son voyage en Italie. Moins réservés, Rosenberg, le 20 juin, dans le *Völkische Beobachter,* et Gœbbels, le 21, au cours d'une réunion tenue à Berlin, ripostent au discours de Marburg. « Les mêmes gens, dit Gœbbels, qui se sont dressés contre nous, quand nous luttions pour le pouvoir, voudraient nous empêcher de l'exercer. Ce sont de ridicules galopins! L'intelligence ne réside pas seulement chez les Messieurs qui se prélassent dans les fauteuils de leurs clubs. Ces critiqueurs n'ont pas encore compris notre magnanimité. Ils comprendront mieux, sans doute, notre rigueur! Nous leur passerons sur le corps! »

Deux jours après, à Essen, Gœbbels renouvelle ses menaces. Hess, à la radio de Cologne, Gœring, en Franconie, s'expriment en termes analogues. Le 24 juin, au Derby de Hambourg, Gœbbels et Papen se rencontrent dans la tribune officielle. Les assistants font à Papen une ovation démonstrative, devant Gœbbels, vert de rage. Le 25 juin, l'attention du public est éveillée par la nouvelle que les Sections d'assaut, les S. A., seront envoyées en vacances pendant le mois de juillet et ne devront pas porter l'uniforme durant ce temps. Elle est également frappée par un article singulier du général von Blomberg, paru dans les colonnes du *Völkische Beobachter,* et dans lequel le ministre de la Reichswehr affirme que, puisqu'il n'y a plus qu'un Parti, identifié à l'État, l'Armée sera nationale-socialiste et dévouée au régime.

A quoi répond cette protestation de loyalisme? On se le demande en vain. Le calme, pourtant, renaît. La presse annonce que Hitler a assisté, le 28 juin, à Essen, au mariage d'un de ses lieutenants et que, de là, il est allé inspecter des camps de travail, en Rhénanie. Mais, soudain, le 30 juin, un coup de tonnerre éclate!

On apprend successivement qu'un certain Edgar Jung, collabora-

teur immédiat de Papen, et rédacteur présumé du discours de
Marburg, a été arrêté à Munich, où il devait être presque aussitôt
fusillé; puis, que Hitler est arrivé en avion, venant des bords du
Rhin, dans la capitale bavaroise, qu'après y avoir fait incarcérer
quelques chefs de S. A., il est parti pour la station thermale de
Wiessee, où se trouvait Rœhm, chef d'état-major des S. A., et
troisième personnage dans la hiérarchie du Parti, qu'il a, de sa
main, arrêté Rœhm, surpris en plein sommeil, abattu un des camarades de celui-ci, Heines, qui dormait, dans le même hôtel, en
compagnie d'un jeune garçon, d'un « garçon de joie » (Lustknabe),
et fait fusiller un certain nombre de chefs nazis, coupables, comme
lui, d'avoir fomenté une révolte et trahi leur devoir de fidélité
envers le Führer.

A Berlin, à la fin de la matinée du 30 juin, la police politique
cerne un quartier du Tiergarten et occupe le bâtiment où siège
l'état-major des S. A. Elle procède, d'un bout de la ville à l'autre,
à de nombreuses arrestations. Le général von Schleicher, qui aurait
fait mine de vouloir résister, est tué/à son domicile, à coups de
mitraillette. Sa femme, qui essayait de s'interposer, s'écroule également sous les yeux terrifiés de sa fille, une enfant de douze ans.
Aux abords de la caserne de Lichterfelde, dans la banlieue berlinoise, on entend, pendant toute la journée du dimanche, crépiter
des feux de salve. Berlin est figé dans l'effarement et dans la
peur.

De proche en proche, des interrogations s'échangent; des renseignements volent de bouche à oreille; des noms circulent. Grégor
Strasser, un des chefs les plus notoires du national-socialisme, le
seul qui soit de taille à être opposé à Hitler comme rival et successeur éventuel, est parmi les fusillés, ainsi que Ernst, commandant
des S. A. de la région de Berlin, appréhendé à Brême, au moment
où il allait s'embarquer. Deux collaborateurs immédiats de von
Papen, un catholique militant, Clausener, et un membre de son
cabinet, von Bose, ont été tués dans leurs bureaux de la vice-chan-
cellerie. Papen lui-même, serait indemne; mais il serait, assure-
t-on, consigné et gardé chez lui. De Munich arrive la nouvelle que
Rœhm, n'ayant pas eu le courage de se suicider, a été passé par les
armes; en réalité, après avoir refusé de se servir du revolver qu'on
avait mis entre ses mains, pour l'engager à se tuer et présenter sa

mort volontaire comme un aveu de complicité, il a été abattu à l'intérieur de sa cellule par une mitraillette.

D'autres personnages, qui avaient, naguère, joué un rôle, et dont on avait presque oublié l'existence, ont été supprimés, entre autres le vieux von Kahr, chef du gouvenement bavarois, à l'époque du putsch avorté de 1923, et le capitaine Ehrhardt, chef de la brigade qui portait son nom. La répression, les fusillades sévissent ainsi dans une série de grandes villes. Elles durent deux ou trois jours. Combien font-elles de victimes? 300, selon les uns; 1.200, selon les autres; et ce dernier chiffre est le plus vraisemblable.

Dans l'émotion et l'effroi qui s'emparent d'elle, l'opinion publique est désorientée; elle ne comprend pas la raison de ces exécutions sommaires; elle sait qu'il y a des mécontents; elle les situe dans l'aristocratie et la haute bourgeoisie, au « Club des Seigneurs », chez les anciens nationaux-allemands, parmi les intellectuels, les catholiques, dans l'entourage de Papen, et même du vieux maréchal; mais elle ignore qu'il y ait, au sein du parti nazi, des conflits assez aigus pour dresser, en face de Hitler, Rœhm, c'est-à-dire l'homme qui a toujours été son bras droit, qui a, plus que tout autre, en organisant militairement les Sections d'assaut, contribué à sa victoire, le seul, d'ailleurs, qu'il tutoie! Elle n'aperçoit pas non plus quel rapport il peut y avoir entre Rœhm et les frondeurs de la haute société; car ils se détestent et se méprisent mutuellement. Elle est partagée entre une terreur qui la glace et une curiosité qui la passionne! Mais bientôt quelque lumière lui sera fournie. Elle lui est apportée par Hitler lui-même, dans le discours qu'il prononce au Reichstag, le 13 juillet, à 8 heures du soir.

Blême, les traits tirés, la voix plus rauque encore que de coutume, le Chancelier expose que, depuis un certain temps, les agissements de Rœhm lui étaient devenus suspects. Rœhm menait une politique personnelle. Il s'écartait de plus en plus des règles du Parti. Il nommait auprès de lui, dans les grades les plus élevés des milices brunes, des individus tarés, homosexuels comme lui, sans scrupules et prêts à toutes les besognes; il éloignait, au contraire, les meilleurs éléments. Puis, des projets ambitieux avaient germé dans sa tête. Il s'était abouché avec le général von Schleicher et Grégor Strasser et avait jeté avec eux les bases d'une audacieuse manœuvre. Il s'agissait, non pas d'éliminer Hitler, mais, d'abord, de le circonvenir, d'obtenir qu'il chassât Papen et le remplaçât par Schleicher, qu'il se débarrassât également du général von Blomberg, ministre de la Reichswehr, qu'il amalgamât, enfin, les milices brunes avec l'armée régulière et confiât à Rœhm le commandement de l'armée nouvelle.

Hitler s'était déclaré complètement hostile à ce programme. Mais, au lieu d'user de son autorité et de trancher dans le vif, il s'était efforcé, et récemment encore, dans une conversation qui avait duré cinq heures, au début de juin, de détourner le chef d'état-major des S.A. de ses projets et de le ramener, amicalement, dans le droit chemin. Les plans de Rœhm avaient alors changé de nature et carrément tourné au complot. Rœhm avait poussé les milices brunes à la révolte en leur faisant croire que Hitler trahissait la révolution nationale-socialiste et que, tombé sous la coupe de Blomber et de la clique des généraux d'ancien régime, il allait ordonner leur licenciement. Il était donc urgent de le prévenir, de faire une seconde révolution, pour sauver la première, et de saisir les leviers de l'État.

Dans ce dessein, Rœhm aurait rassemblé de l'argent, des armes, pris ses dispositions et, même, spécialement aposté un homme, chargé d'assassiner le Führer. Informé de ces criminelles machinations, Hitler avait résolu de destituer le chef des S. A., lorsqu'il fut averti, le 29 juin, que les événements se précipitaient et que les conjurés allaient passer aux actes. Les Sections d'assaut devaient, en effet, le lendemain 30 juin, à 16 h. 30, s'emparer, à Berlin, des ministères; des camions avaient été préparés à cette fin; dans la soirée du même jour, une opération semblable devait se dérouler à Munich.

Hitler, qui se reposait, à ce moment, à Godesberg, sur le Rhin, avait compris qu'il fallait brusquer les choses. Il avait sauté en pleine nuit dans son avion, accompagné par Gœbbels, et tandis que Gœring recevait de lui la mission d'étouffer le complot à Berlin, il avait, personnellement, abattu sa main justicière sur les rebelles, à Munich et à Wiessee. « J'ai châtié les mutins! » s'écrie Hitler, qui revendique pour lui, en sa qualité de représentant du peuple allemand, le droit de juger souverainement et sans appel. « J'ai décimé les factieux, comme cela s'est toujours fait dans tous les temps! J'ai donné l'ordre de fusiller les principaux coupables et de cautériser les abcès! »

Telle est la version officielle du drame du 30 juin. Elle est, à la fois, véridique et mensongère.

Rœhm était, il est vrai, un aventurier cynique. Avec son nez cassé, sa tête rasée, ses allures de brute, il avait quelque chose de repoussant. Ses mœurs d'homosexuel étaient bien connues; elles ne lui étaient pas particulières, au surplus; il les partageait avec tout son entourage; elles étaient très répandues chez les dirigeants du nazisme; et il n'est pas possible que Hitler, qui le tutoyait et avait vécu avec lui dans une grande familiarité, s'en soit aperçu seulement, comme il a voulu le faire croire, à l'occasion de sa tentative de rébellion.

Officier intrépide, plusieurs fois blessé pendant la guerre de 1914, Rœhm avait des capacités militaires certaines. En Bolivie, où il avait été envoyé à la tête d'une mission d'instruction allemande, il s'était fort bien acquitté de sa tâche. Sans lui, jamais Hitler n'aurait été en mesure d'organiser comme elles le furent les Sections d'assaut, les milices brunes, en sorte qu'il n'est pas exagéré de dire que c'est à lui, en grande partie, que le Führer dut sa fortune.

Lorsqu'il commença de rassembler et de dresser les milices, Rœhm y avait été encouragé, il avait reçu le concours actif de la Reichswehr, qui voyait dans ces formations un ersatz intéressant du service militaire, interdit par le traité de Versailles. Mais, de son côté, il détestait la Reichswehr. C'était un officier du front, plein d'animosité envers les hoberaux à particule qui garnissaient l'État-Major et récoltaient de l'avancement et des décorations, tandis que les vrais soldats se faisaient tuer. Entre lui et les généraux de la Bendlerstrasse, les relations n'avaient pas tardé à s'envenimer. La Reichswehr ne lui pardonnait pas ses allures émancipées, ses propos méprisants, non plus, d'ailleurs, que ses prétentions à la stratégie. Car il se croyait l'étoffe d'un grand chef. Il y avait dans son bureau de Munich, affichée au mur, une carte du couloir polonais et il faisait ostensiblement des plans pour l'invasion du Corridor.

Dans ce conflit, Rœhm considérait qu'il n'était pas soutenu comme il aurait dû l'être par Hitler. Il était aigri, ulcéré. Il estimait que l'avènement du nazisme au pouvoir ne lui avait pas procuré les satisfactions qu'il était en droit d'attendre. Il voulait que le régime issu de la révolution fût doté d'une armée nouvelle, d'une armée d'inspiration révolutionnaire et dont le noyau eût été constitué par les Sections d'assaut; la Reichswehr aurait fusionné avec les milices et, lui, Rœhm, serait devenu ministre de la Guerre. Il reprochait avec violence à Hitler de ne pas le suivre dans cette voie, de se laisser, au contraire, attirer par la Reichswehr et capter par Blomberg, de trahir la cause nationale-socialiste; il en concevait de l'indignation, de la colère; il nourrissait certainement des pensées de révolte, il cherchait à s'ériger, avec les S. A., en pouvoir indépendant; il s'était mis en quête d'argent et il achetait des armes.

Mais ce que Hitler n'a pas dit, c'est qu'il avait été instruit des agissements de Rœhm par le service des renseignements de la Reichswehr; c'est que le commandement de la Reichswehr l'avait mis en demeure d'intervenir et de faire cesser l'activité de son subordonné, faute de quoi la Reichswehr se chargerait de procéder, elle-même, à l'opération, à l'épuration nécessaire. Hitler se trouvait donc placé entre deux exigences contraires, l'une émanant de ses plus turbulents, mais aussi de ses plus anciens compagnons, l'autre émanant des généraux de l'État-Major. Sensible, peut-être, au conseil que lui avait donné Mussolini, il a sacrifié ses compagnons. L'Armée, engagée dans un conflit avec le Parti, pouvait croire qu'elle en sortait victorieuse. Hitler s'était prononcé pour elle, contre les milices brunes; et Blomberg, au cours de la séance du Cabinet, qui eut lieu le 3 juillet, ne manqua pas de le souligner, en remerciant le Führer, non seulement au nom des membres du Cabinet, mais encore au nom de l'Armée.

Faut-il admettre le passage de l'exposé du Chancelier qui est relatif au général von Schleicher et déclare que celui-ci s'était réellement associé avec Rœhm, pour lequel il n'avait, au fond, que mépris? L'allégation n'a rien d'inacceptable. Schleicher n'était pas difficile sur le choix des moyens; il savait se servir, sans y regarder de trop près, des instruments qu'il croyait bons pour arriver à ses fins; il était parfaitablement capable de s'allier à un homme pour lequel, comme ses camarades de l'État-Major, il n'éprouvait aucune estime, quitte à le liquider par la suite. D'autre part, il ne se cachait pas d'avoir juré la perte du régime national-socialiste; il se répandait, sur son compte, en sarcasmes sonores et en menaces non déguisées; il était, du reste, un des rares qui fussent capables de le renverser. Il est donc possible qu'il ait connu et soutenu les projets de Rœhm. Mais on doit ajouter que les preuves de cette collusion n'ont jamais été, jusqu'à présent, produites au grand jour.

Il est beaucoup moins probable, en revanche, que Rœhm et ses acolytes, avec ou sans la connivence de Schleicher, aient véritablement fixé au 30 juin leur tentative de coup d'État. Quand Ernst, qui était le chef des S. A. de la région berlinoise, et, par conséquent, l'un des principaux exécutants du complot, fut arrêté, il venait de monter, à Brême, à bord d'un paquebot, sur lequel il comptait faire, avec sa femme, une croisière de trois semaines aux îles Baléares.

Rœhm soignait ses rhumatismes aux eaux de la petite station bavaroise de Wiessee. Il n'avait pris aucune espèce de précautions. Il dormait comme un loir, lorsque Hitler le surprit. Le sommeil même, dans lequel lui et les siens étaient plongés, semble témoigner que les conjurés n'étaient pas sur le point de se lancer dans l'action. Bien plus, une réunion de chefs des S. A. était convoquée, pour le 30 juin, à Wiessee. Mais elle n'était pas clandestine; Hitler en était informé; et le patron de l'hôtel où devait avoir lieu le banquet final faisait ouvertement ses préparatifs. La réunion aurait-elle abouti à des décisions graves? Peut-être! En tout cas, à supposer qu'elle eût résolu de tenter un coup d'État, il ne pouvait être question de l'exécuter le jour même.

Les renseignements qui attribuaient à Rœhm et à ses partisans l'intention d'agir le 30 juin étaient donc faux. Anticipant sur des événements qui n'étaient encore que du domaine des possibilités et qui, de toute façon, ne devaient se réaliser qu'à une échéance plus ou moins lointaine, on les avait fabriqués. On les avait fabriqués, pour frapper l'esprit de Hitler, pour l'arracher à ses hésitations, pour lui fournir une raison de sévir. Une raison, ou un prétexte! On doit se demander, en effet, s'il a été dupe ou complice de la machination; et la hâte avec laquelle il a ordonné de fusiller les prétendus coupables ne permet pas d'écarter la seconde hypothèse.

Dans son discours du 13 juillet, au Reichstag, si le Chancelier avait longuement parlé de Rœhm, il n'avait presque rien dit d'une catégorie de victimes, pourtant nombreuses, qui n'appartenaient pas aux milices brunes et n'avaient pas de rapport étroit avec le parti national-socialiste. Les Clausener, les Bose, les Jung, collaborateurs de Papen, étaient-ils du complot, du même complot que Rœhm et ses gens, pour lesquels ils professaient la plus vive aversion? Hitler l'a laissé croire; et ce n'est pas croyable!

A la vérité, ces hommes étaient mêlés, non pas aux projets de Rœhm, mais à une vaste intrigue d'opposition, dont les ramifications étaient très étendues. La tête paraît en avoir été cet Edgar Jung, jeune intellectuel ardent et audacieux, non moins imprudent et naïf, qui avait rédigé le brouillon du discours de Marburg. Jung était entré en contact avec les mécontents de l'aristocratie, des milieux catholiques, des classes cultivées, à travers toute l'Allemagne. Il leur écrivait, sans se méfier de la censure. Il leur téléphonait, sans prendre garde à la table d'écoute. Il ne semble pas, cependant, que son chef direct, von Papen, ait été mis par lui dans le secret. Jung craignait les indiscrétions de son patron. Il aurait dû se méfier autant de ses propres bavardages, et de ceux de ses amis. Avait-il des projets d'avenir précis? Que pensait-il faire de ce réseau d'opposants qu'il s'efforçait de tisser? Y avait-il sérieusement réfléchi? Il n'apparaît pas qu'il se soit avancé au delà d'une phase préparatoire. Quoi qu'il en soit, la police le surveillait; elle notait les conversations; elle lisait les lettres; elle dressait des listes, sur lesquelles figuraient des noms hétéroclites.

L'occasion offerte par l'agitation de Rœhm et de ses acolytes fut jugée favorable par les dirigeants du régime pour se débarrasser du même coup de deux catégories d'adversaires sans lien entre elles, pour les unir dans une même opération de nettoyage, pour frapper à droite en même temps qu'à gauche, liquider de vieux comptes, comme celui de von Kahr, en Bavière, assouvir des rancunes plus récentes, rendre les frondeurs, les gens du monde, plus circonspects et rappeler à tous, par un exemple sanglant, que le IIIᵉ Reich savait se défendre et ne se laisserait pas entamer.

Après avoir été interrogé et, sans doute, contraint par la torture aux aveux, Jung fut mis à mort, à Munich. Avec lui périrent sous les balles des agents de la Gestapo, Clausener, Bose, et plusieurs centaines de personnes, à Berlin et en d'autres villes. Quelques-unes, victimes d'une similitude de nom, furent même abattues par erreur. La Gestapo en fut quitte pour renvoyer leurs cendres à leurs familles avec un mot d'excuse.

Papen échappa au massacre, soit qu'il ait été réellement innocent, soit que Gœring, qui dirigeait la répression, l'ait protégé par amitié, ou par égard pour le maréchal Hindenburg, dont il était le favori. Au surplus, le meurtre de ses collaborateurs était un avertissement assez éloquent, non seulement pour lui-même, mais aussi pour l'entourage du Maréchal, dont on n'ignorait pas qu'il avait approuvé, sinon directement inspiré, le discours de Marburg.

Dès les premiers communiqués qui avaient annoncé au public le drame du 30 juin, la presse avait plus ou moins clairement indiqué que les conspirateurs, Rœhm et Schleicher, avaient noué des relations avec l'étranger; elle les avait accusés de haute trahison. A son tour, Hitler, dans son discours du 13 juillet, les avait dénoncés comme des traîtres; il avait cité le général von Bredow, ancien collaborateur de Schleicher, comme l'émissaire chargé par eux de communiquer avec le dehors; il avait fait, en outre, allusion à un dîner secret, au cours duquel ils auraient confié leurs projets criminels à un « homme d'État » étranger. Les journaux avaient donné à entendre que cet homme d'État, c'était moi-même; ils avaient affirmé que la France était parfaitement instruite du complot et que c'était la raison de la politique d'intransigeance de son ministre des Affaires étrangères, Louis Barthou. Tout cela n'était que mensonge!

Je connaissais assez bien Schleicher. Je l'avais vu, pour la dernière fois, le lundi de Pâques; nous avions passé la journée ensemble, à la campagne. Il avait l'habitude de me parler librement et je n'avais jamais constaté qu'il me trompât. Ce jour-là, il ne fit pas plus que dans nos conversations précédentes mystère de son opposition au régime; mais à aucun moment il ne me dit quoi que ce fût qui pût me laisser deviner qu'il eût des projets subversifs ou qu'il fût mêlé à une conspiration quelconque; à aucun moment, il n'eut le langage d'un traître à son pays; et chaque fois qu'il prononça le nom de Rœhm, ce fut avec dédain et dégoût.

Quant au général von Bredow, son ancien adjoint, on avait saisi dans son portefeuille des lettres de recommandation banales, adressées à des officiers belges par l'ambassadeur de Belgique à Berlin, le comte de Kerchove. Mais ces lettres, complètement anodines, étaient vieilles de six mois et remontaient à une date où Bredow, après sa mise à la retraite, avait songé à faire un voyage en Belgique; ce voyage n'avait jamais eu lieu.

Louis Barthou était informé de l'état intérieur de l'Allemagne,
dans ses grandes lignes; mais pas plus que moi, il ne savait de
source sûre qu'un complot fût sur le point d'y éclater; et, contrairement à certains de ses collègues, il ne croyait pas à l'éventualité de
la chute du régime. J'avais eu vent de l'activité secrète de Jung; mais
je n'avais aucune idée des manœuvres de Rœhm; je ne me doutais
pas de l'acuité qu'avait revêtue son conflit avec Hitler. J'avais toujours éprouvé, à son égard, une extrême répugnance et l'avais
évité autant que j'avais pu, malgré le rôle éminent qu'il jouait dans
le IIIᵉ Reich. Le chef du protocole, von Bassewitz, me l'avait reproché et, sur ses instances, je n'avais pas refusé de le rencontrer à une
soirée. L'entrevue avait été peu cordiale et l'entretien sans intérêt.
Peu de temps après, un banquier, très versé dans la société berlinoise, et qui se plaisait à réunir autour de sa table les personnalités
les plus diverses de l'ancien et du nouveau régime, m'avait, à son
tour, instamment prié d'aller dîner chez lui, pour y faire plus
ample connaissance avec Rœhm. J'avais accepté. C'est le fameux
dîner auquel Hitler avait fait allusion dans son discours au Reichstag. Mais Schleicher n'y assistait pas.

Rœhm y était venu, accompagné de six ou huit jeunes hommes,
frappants par leur élégance et leur beauté. Le chef des S. A. me les
présenta comme ses aides de camp. Le dîner n'avait, d'ailleurs,
rien de clandestin. Il était servi par Horcher, le restaurateur le plus
couru de Berlin. Et les invités avaient si peu l'intention de se
cacher qu'ils avaient rangé leurs automobiles bien en évidence, sur
les pelouses qui s'étendaient devant la villa du banquier, du côté de
la rue. Le repas avait été morne, la conversation insignifiante.
J'avais trouvé Rœhm lourd et endormi. Il ne s'était animé que
pour se plaindre de son état de santé et des rhumatismes qu'il se
proposait d'aller soigner à Wiessee, si bien qu'en rentrant chez
moi, je pestais contre notre amphitryon; je le rendais responsable
de l'ennui de cette soirée; mais, lui et moi, après le 30 juin, en
étions les seuls survivants; et lui-même ne dut son salut qu'au
fait qu'il réussit à s'enfuir en Angleterre. Hitler avait, sur ce point
encore, utilisé des renseignements totalement faux.

On s'est étonné à bon droit que la Reichswehr se soit si aisément
résignée à l'assassinat de Schleicher. Celui-ci avait été, pendant des
années, son véritable maître; elle lui devait beaucoup; il l'avait

servie avec passion. Pourtant, il n'avait pas seulement des amis
dans ses rangs. Nombreux étaient ceux qui blâmaient son goût de
l'intrigue politique, ses ruses, son cynisme, son ambition et lui
tenaient rigueur d'un avancement, disproportionné à ses mérites
de guerre. Nombreux, aussi, ceux qui regardaient comme établie
sa collusion avec Rœhm et considéraient qu'en pactisant avec
l'homme des milices brunes, il avait failli à l'esprit de corps et
manqué à son devoir d'officier. Les chefs de l'armée n'en relevè-
rent pas moins l'accusation infamante de haute trahison, publiquement portée contre lui et Bredow, et ils exigèrent une enquête.
L'enquête les innocenta complètement de ce grief et lava la mémoire
des deux généraux, qu'on ne s'était pas contenté de tuer, mais
qu'on avait voulu souiller, par surcroît.

En ce qui me concernait, j'avais déclaré que je ne me laisserais
pas troubler par les insinuations des journaux. Si l'on avait des
raisons de penser que j'avais trempé dans la conspiration de Rœhm,
qu'on le dise franchement! qu'on produise ces raisons! qu'on
divulgue les preuves de ma prétendue complicité! Naturellement,
aucune preuve ne put jamais être trouvée, ni publiée. La Wilhelmstrasse fit parvenir au Quai d'Orsay, par l'ambassadeur d'Allemagne à Paris, Kœster, une note attestant que les soupçons dont
j'avais été l'objet avaient été reconnus dénués de tout fondement,
qu'il n'en subsistait rien et que le gouvernement du Reich se félici-
tait de me voir poursuivre ma mission à Berlin. Pour accentuer
encore le sens de cette démarche, Hitler, un soir que j'assistais en
même temps que lui à une représentation de la *Walkyrie,* à l'Opéra
de Berlin, me pria de le rejoindre dans sa loge et, durant tout un
entr'acte, tint à se montrer causant familièrement avec moi, debout,
face au public.

Telle fut l'affaire du 30 juin 1934. Bien des détails en sont encore
obscurs. On ne saurait, cependant, exagérer l'importance qui lui
revient dans l'histoire du national-socialisme; car elle a achevé de
mettre le régime hitlérien dans sa véritable lumière. Elle aurait pu
avoir des conséquences périlleuses pour le régime. Rœhm comptait
des partisans fougueux. Les victimes avaient des parents, des amis.
L'opinion était bouleversée. Il était permis de penser que des vengeances, des représailles allaient être exercées. Rien de pareil ne
se produisit. Chacun se tapit dans son coin et se tut. Le discours du

Chancelier ne souleva aucune protestation et le Reichstag, à l'unanimité, approuva le gouvernement et remercia Hitler d'avoir, par son énergie, préservé la patrie de la guerre civile.

Bien plus, dès le 2 juillet, le maréchal Hindenburg avait adressé au Chancelier un télégramme largement diffusé par la presse, et qui était ainsi conçu : « Je constate, d'après les rapports qui me sont présentés, que par votre initiative résolue et votre courageuse intervention personnelle, vous avez étouffé dans l'œuf tous les agissements de haute trahison. Vous avez sauvé le peuple allemand d'un grand danger. Je vous en exprime ma profonde reconnaissance. »

De quelles pressions, de quels marchandages, de quels chantages ce texte était-il le résultat ? Ce qu'il y a de sûr, c'est qu'étant donné les sentiments du Maréchal et de son entourage, conformes à ceux qu'avait traduits le discours de Marburg, étant donné le cas de Papen, compromis avec certaines des victimes tombées sous les balles de la Gestapo, et qui n'avait, lui-même, échappé à la mort que de justesse, Hindenburg ne l'a pas rédigé, ou accepté, de son plein gré ; c'est que le vieillard a été intimidé et circonvenu, à la fois trompé par les rapports qui lui ont été présentés, et troublé par les menaces proférées contre son fils, contre son secrétaire, Meissner, contre sa famille et contre sa propre personne. Devant Hitler déchaîné, Hindenburg, lui-même, a dû plier, confus et contrit, enlevant à ceux qui voyaient en lui un suprême recours leur dernière illusion.

L'affaire du 30 juin éclaire ainsi l'un des principaux points d'appui de la dictature nationale-socialiste ; ce point d'appui, c'est la terreur. La Gestapo a montré de quoi elle était capable. Désormais, on vivra dans la peur de sa toute-puissance, dans la peur de l'auto qui s'arrête devant la maison et d'où descendent deux gaillards à figure patibulaire, prêts à faire feu au premier geste. On ne peut plus douter de la vraie nature du régime. Aucune critique, aucune opposition n'est tolérée. Si les mécontents s'agitent, ou parlent trop, ils ne courent pas seulement le risque d'être internés dans l'un de ces camps de concentration sur lesquels courent des bruits sinistres et d'où l'on ne revient pas, ils s'exposent à être purement et simplement supprimés, sans jugement, par un acte arbitraire.

L'Allemagne n'est plus un état juridique, un « Rechtsstaat »; le Führer a revendiqué sur chaque Allemand un droit de vie et de mort dont il ne doit compte qu'à sa conscience. Et qu'est-ce que sa conscience? Le massacre du 30 juin a souligné la brutalité sauvage, la cruauté profonde, qui met fin, soudainement, à ses hésitations, son absence de scrupule, sa dissimulation, son hypocrisie, son aptitude à saisir l'occasion favorable et à l'exploiter jusqu'au bout, la chance, aussi, qui l'accompagne. Il n'y avait pas de complot, fixé au 30 juin. Mais il y avait un commencement d'organisation qui pouvait conduire à une véritable rébellion. Hitler a écrasé dans le sang ces velléités, ces premiers essais de révolte. Six mois plus tard, il aurait peut-être été trop tard.

La Reichswehr a pu s'imaginer qu'elle sortait à son avantage du tragique épisode. En réalité, Blomberg a été pour elle un chef fatal. Ce dilettante, que le cas de Hitler passionnait et qui subissait l'attirance d'un Führer ténébreux, a manqué de perspicacité. Hitler, sans doute, en abattant Rœhm, lui avait donné un gage. Mais ce n'était pas pour passer sous la coupe de l'armée régulière et devenir l'instrument docile des généraux. Il savait que l'État-Major était peuplé d'adversaires qui, tout en se servant de lui pour doter le Reich d'une puissance militaire sans égale, ne lui seraient jamais acquis et ne se convertiraient jamais sincèrement à son régime. Il sentait que ces officiers conservateurs, cette clique de junkers, représentaient pour lui un danger permanent; et il avait bien l'intention de les éliminer. Son désaccord avec Rœhm ne portait pas sur le fond du problème, mais sur le choix du moment. Il n'avait pas voulu s'attaquer à eux trop tôt. Il croyait plus habile, et plus efficace, de les désagréger, de les noyauter peu à peu, d'attendre que les générations nouvelles, formées dans l'atmosphère du nazisme, introduisissent dans l'Armée un esprit différent. Il avait sacrifié, le 30 juin, les Sections d'assaut, les S. A.; de fait, les milices brunes rentrèrent dans l'ombre et ne jouèrent plus dans le Reich qu'un rôle insignifiant; mais, à leur place, il développa les « sections de secours », les S. S., les milices noires, vraie troupe de janissaires, bien autrement redoutables, et qui constituèrent, précisément, ce que l'État-Major se flattait d'avoir rendu impossible : une armée dans l'Armée.

L'antagonisme entre l'Armée et le Parti se poursuivit donc. Il donna lieu à de multiples incidents, dont l'un des plus retentissants fut, en 1938, l'éviction du général von Fritsch. Hitler prit alors le commandement effectif de l'armée, par l'intermédiaire d'un homme qu'il avait complètement gagné à sa cause et qui lui fut dévoué corps et âme, le général Keitel.

A partir de cette date, c'est lui qui fut le maître; c'est lui qui imposa ses décisions à l'État-Major et qui, s'attribuant le génie de Napoléon, lui dicta ses conceptions stratégiques et l'entraîna au désastre, de telle sorte que, pour se débarrasser de lui, les généraux de la Reichswehr durent conspirer à leur tour, conspirer, comme avaient voulu le faire ceux que Hitler, sous leur pression, avait exterminés.

Le 20 juillet 1944, leur complot, lui aussi, avorta; mais moins heureux encore que leurs prédécesseurs, ils ne furent pas fusillés; ils furent pendus!

L'ASSASSINAT DU CHANCELIER DOLLFUSS

L'émotion causée par le drame du 30 juin était à peine calmée qu'un autre crime, commis par les nazis, semait, derechef, l'alarme et l'indignation dans le monde. Le 25 juillet 1934, Dollfuss, Chancelier d'Autriche, était assassiné.

Il avait été tué par des nazis autrichiens; mais ceux-ci étaient en étroit contact avec le parti national-socialiste allemand; et le crime avait été perpétré dans des conditions telles, qu'on y reconnaissait la marque de fabrique du régime hitlérien, celle dont l'incendie du Reichstag et le massacre de Rœhm et de ses compagnons portaient l'empreinte inoubliable. Ce n'était, d'ailleurs, qu'un épisode tragique de plus, qui s'ajoutait à une série déjà longue d'attentats de toute nature, exécutés contre le gouvernement de Vienne et ses partisans. Pourtant, l'un des premiers gestes de Hitler, en arrivant au pouvoir, avait été d'adresser à ce même Dollfuss un télégramme de sympathie et d'amitié, accompagné d'un salut au peuple-frère et de souhaits pour sa prospérité. Comment les choses avaient-elles pu, en si peu de temps, se renverser et s'envenimer à ce point?

Hitler était Autrichien de naissance. L'Autriche était, en réalité, sa vraie patrie. Il avait vécu à Vienne les années décisives de sa jeunesse. C'est dans le milieu viennois qu'il avait puisé son pangermanisme, sa haine des Juifs et des marxistes. Le képi, d'une forme inusitée en Allemagne, dont se coiffaient les soldats des milices brunes, était un témoignage durable de l'origine autrichienne du national-socialisme. Aussi bien, le Parti avait-il, dès ses débuts, lancé un de ses rameaux en Autriche, créé une filiale autrichienne, intimement rattachée à lui, organisée de la même façon, imbue de la même doctrine, appliquant les mêmes méthodes, nourrissant les mêmes ambitions, et qui regardait Hitler comme son chef. Celui-ci ne prétendait pas, du reste, absorber tout de suite l'Autriche dans le IIIe Reich et procéder à un Anschluss qui eût risqué de susciter des complications extérieures, auxquelles il ne se jugeait pas encore de taille à faire face. Mais il ne doutait pas que les événements qui s'était déroulés à Berlin ne dussent avoir leurs répercussions immédiates à Vienne et qu'imitant l'exemple de l'Allemagne, l'Autriche ne se mît, d'elle-même, à l'unisson et ne se donnât, à son tour, un gouvernement nazi. Il y aurait eu, ainsi, deux gouvernements distincts; mais celui de Vienne eût été aux ordres de celui de Berlin, jusqu'au jour où les circonstances, secondées par une propagande appropriée, auraient permis la réunion des deux branches de la famille allemande, premier article du programme de la Grande-Allemagne.

C'était compter sans les scrupules politiques et religieux, patriotiques et moraux, de nombreux Autrichiens, et précisément de ceux qui détenaient le gouvernement du peuple-frère. Catholiques et nationaux, ces Autrichiens ne se souciaient pas d'aliéner leur indépendance, de troubler les bonnes relations qu'ils entretenaient avec les Puissances occidentales, avec la Société des Nations, et particulièrement avec l'Italie de Mussolini, qui s'était instituée leur protectrice, au profit d'un Reich inquiétant, qui, en théorie et en pratique, répudiait la morale chrétienne, entrait en conflit avec les Églises, dissolvait le Centre catholique, et dont, au surplus, l'avenir était problématique. C'était, surtout, compter sans le courage d'un homme, petit par la taille, mais grand par le cœur, qui s'appelait le Chancelier Dollfuss.

La résistance du gouvernement de Vienne eut pour effet de scandaliser et d'exaspérer Hitler et les nazis de Berlin. Leur mentalité de fanatiques et de sectaires ne pouvait admettre qu'un pays de race et de langue allemande ne s'empressât pas de se jeter dans leurs bras. Dollfuss, qui refusait de passer sous leur loi, devint, à leurs yeux, un traître à la cause allemande. Que ce petit cagot, ce pygmée osât les affronter, leur parut, à la fois, ridicule et odieux, les emplit de rage et de mépris. Ils ne cessèrent, dès lors, d'exciter contre lui leurs camarades autrichiens, de les pousser à la révolte, de conspirer avec eux et de leur fournir toutes les ressources nécessaires à une campagne de propagande, d'agitation, de coups-de-main, de sévices contre les individus, de dérision des autorités, extraordinairement tenace, inventive et d'un acharnement diabolique. La frontière du Tyrol bavarois devint le théâtre d'un constant va-et-vient d'émissaires allemands, porteurs d'instructions, d'armes, de tracts et d'argent, destinés aux nazis d'Autriche, et de nazis autrichiens allant chercher secours, ou refuge, en Allemagne. Munich fut érigé en centre directeur du mouvement révolutionnaire ; c'est de là que partaient, c'est là qu'aboutissaient les fils de tous les complots.

En avril 1933, une bande de Hitlériens, venue de Bavière, avait pénétré sur le territoire autrichien et assassiné, dans des conditions restées mystérieuses, un certain docteur Bell, ancien nazi, possesseur, disait-on, de secrets importants. Après quoi, les meurtriers avaient regagné l'Allemagne. Dès ce moment, le bruit courait qu'un putsch allait éclater à Vienne et installer le nazisme au pouvoir. Le 4 mai, le gouvernement autrichien interdit le port de l'uniforme brun et ordonna que les administrations fussent expurgées de leurs éléments nationaux-socialistes.

Ce fut le commencement d'une lutte opiniâtre, qui devait durer cinq ans, lutte fertile en péripéties, tantôt sournoise et souterraine, tantôt brutale et à découvert, et dans laquelle les crises aiguës alternaient avec des accalmies ; au demeurant, la lutte du pot de terre contre le pot de fer ! Car, que pouvait, à la longue, contre un IIIᵉ Reich de plus en plus puissant, une petite Autriche, où les nazis, sensibles à la contagion hitlérienne, croissaient toujours en nombre, tandis que leurs adversaires étaient divisés entre eux par les querelles inexpiables qui opposaient aux catholiques et aux nationaux les socialistes et qui allèrent, en février 1934, jusqu'au

soulèvemént à main armée de ces derniers? De ce duel inégal, deux
épisodes méritent, entre les autres, d'être rappelés, parce qu'ils
donnent une idée des procédés de gangsters employés par les nazis
et qu'ils éclairent, en quelque sorte, à l'avance, le crime dont
Dollfuss fut la victime.

En mai 1933, le Dr Frank, le juriste patenté du parti national-socialiste, le futur tyran de la Pologne occupée, avait fait en
Autriche une tournée de conférences d'un ton si violent et si incon-
venant à l'égard du gouvernement régulier du pays, que celui-ci
l'avait prié de quitter le territoire. Pour le venger, et se venger en
même temps — car il s'estimait atteint en sa personne — le gouvernement du Reich avait soumis, le 28 mai, au paiement d'une taxe
de mille marks, la délivrance des passeports à destination de
l'Autriche. Il voulait, par cette mesure, priver l'Autriche des avantages que lui apportait le tourisme allemand, très abondant et très
rémunérateur. Mais cette fermeture déguisée de la frontière
n'empêchait pas le passage des agents de sédition.

Le 12 juin, des hommes venus d'Allemagne se livrèrent à un
attentat contre le commandant de la garde civique tyrolienne,
Steidle. Leur coup fait, ils s'enfuirent en Allemagne, comme les
meurtriers du Dr Bell. L'enquête établit que l'expédition avait été
montée en Allemagne. Elle devait être le signe de plusieurs actes
analogues et déclencher une révolution générale. L'organisateur de
l'entreprise était le fameux Habicht, sujet allemand, chargé par le
Parti de la direction du nazisme autrichien. Pour s'acquitter plus
facilement de sa tâche et jouir de l'immunité diplomatique, Habicht
avait obtenu de figurer dans le personnel de la Légation du Reich à
Vienne, au titre d'attaché de presse.

Le gouvernement autrichien le fit arrêter; puis, en considération
de sa qualité officielle, il le relâcha et se contenta de l'expulser.
Aussitôt, le gouvernement du Reich riposta par l'arrestation et
l'expulsion de l'attaché de presse de la Légation d'Autriche à
Berlin, le Dr Wasserbeck, qui avait toujours été, cependant, un
fonctionnaire irréprochable. Et comme si cette basse représaille ne
suffisait pas, il nomma insolemment Habicht inspecteur des formations nationales-socialistes en Autriche. Le personnage s'installa à
Munich et se servit, dès lors, quotidiennement, de la Radio munichoise, pour exciter la population autrichienne contre le cabinet

Dollfuss. Quant au rôle singulier, joué par la Légation d'Allemagne, des documents accablants, puisés à bonne source, et publiés par le journal *Reichspost*, révélèrent que la représentation du Reich à Vienne, dirigée par le Dr Rieth, ancien conseiller de l'Ambassade d'Allemagne à Paris, favorisait de son mieux les agissements des factieux, les couvrait de sa protection et mettait à leur disposition les services de la valise diplomatique.

Ce n'était pas, d'ailleurs, un cas isolé. Le régime hitlérien en usait de même dans tous les pays étrangers et, en violation formelle des règles internationales et du droit des gens, changeait ses ambassades et légations en officines de propagande, de corruption et d'espionnage, si, même, il ne les employait pas à fomenter des troubles et des coups d'État. Ainsi s'explique que le Dr Rieth, ministre plénipotentiaire du Reich, ait pu se trouver mêlé, par la suite, à l'assassinat du chef du gouvernement, auprès duquel il était accrédité.

Le bruit causé par l'affaire Steidle n'avait pas rendu les agitateurs nazis plus prudents.

Le 30 août, trois d'entre eux se présentaient à la prison d'Innsbruck, où était incarcéré un chef hitlérien du Tyrol, du nom de Hofer. Ils s'étaient camouflés en policiers auxiliaires et déclaraient qu'ils avaient mission de remettre à l'administration pénitentiaire un détenu qu'ils amenaient avec eux. On leur ouvrit la porte. Ils bondirent, alors, sur le concierge, le ligotèrent, le chloroformèrent, assommèrent un contrôleur et son adjoint, que le bruit avait attirés, sortirent Hofer de sa cellule et s'enfuirent avec lui en automobile. Vingt-quatre heures plus tard, on pouvait voir ledit Hofer, héros de cet exploit de roman policier, fièrement campé aux côtés de Hitler, en plein Congrès de Nuremberg !

Le patronage, publiquement accordé par l'Allemagne aux pires éléments révolutionnaires, gênait évidemment le gouvernement autrichien dans sa politique de répression. Il avait besoin d'un contrepoids, et ce contrepoids, il ne pouvait le trouver que dans une intervention des grandes Puissances; sinon, il était clair que Dollfuss, qui n'avait pour se défendre que des forces de police et des « gardes civiques » (Heimwehren), ne viendrait pas à bout d'une organisation qui comptait déjà, en septembre 1933, 3.900.000 adhérents et bénéficiait de l'appui démonstratif du Reich.

La France, l'Angleterre, l'Italie l'avaient compris. Elles avaient décidé d'effectuer une démarche à Berlin. Par l'article 80 du traité de Versailles, l'Allemagne s'était engagée à respecter l'indépendance de l'Autriche. Le moment était venu de le lui rappeler. Les Puissances pouvaient, en outre, se réclamer du Pacte à Quatre, signé en juin, et qui prévoyait que les parties prenantes se concerteraient sur tous les sujets de nature à troubler leurs relations et à menacer la paix. Ce n'était pas sans peine, pourtant, qu'elles s'étaient résolues à agir. L'Angleterre et l'Italie craignaient que Hitler ne prît ombrage de leur initiative, qu'il n'en conçût une vive irritation et que, loin de s'éclaircir, la situation n'en fût aggravée.

Pour être efficace, il eût fallu que la démarche des trois Puissances demeurât discrète et fût accomplie en commun, avec fermeté. C'est le contraire qui arriva, par la faute, il faut le dire, de la presse parisienne. Celle-ci annonça à l'avance, et à grand bruit, la décision des Puissances, en lui attribuant, au surplus, un caractère comminatoire, qu'elle ne devait pas avoir. Deux jours avant qu'elles me parvinssent, j'avais pu lire dans les journaux de la capitale les instructions qu'allait m'envoyer le Quai d'Orsay. C'était donner à Hitler tout le temps nécessaire pour préparer sa réponse ; c'était, surtout, l'obliger à une réponse négative, s'il ne voulait pas perdre la face devant son peuple et son parti.

Mécontentes de l'indiscrétion de la presse française, l'Angleterre et l'Italie ne consentirent plus à ce que la démarche fût exécutée simultanément par les trois représentants diplomatiques à Berlin. Nous nous présentâmes donc, le 7 août, à la Wilhelmstrasse, en ordre dispersé. Encore n'est-il pas sûr que l'Italien n'ait pas failli à sa promesse et ne soit resté à l'écart. Quant au chargé d'affaires britannique, il atténua autant qu'il put le langage que j'avais tenu avant lui. Le résultat avait été ce que l'on pouvait attendre, en de pareilles conditions. Le gouvernement du Reich avait répondu avec hauteur que la démarche des Puissances était sans objet, que si le Pacte à Quatre devait servir à des interventions de ce genre, l'Allemagne s'en désintéresserait, et qu'enfin, les difficultés entre l'Autriche et le Reich étaient une affaire purement allemande, une affaire intérieure, dont personne n'avait à se mêler. Les trois Puissances avaient accepté sans sourciller cette rebuffade, si bien qu'au lieu d'intimider Hitler, elles l'avaient encouragé, en lui fournissant l'occasion gratuite de constater leurs hésitations, leur mollesse et leur désaccord. Jamais, jusque-là, je n'avais été, pour ma part, associé à une manœuvre aussi lamentable, couronnée par un échec aussi flagrant.

La lutte entre le pygmée et le géant s'était donc poursuivie. Dollfuss avait multiplié les mesures radicales contre les nazis. Ceux-ci n'en avaient pas moins continué le cours de leurs violences. Le 3 octobre, un individu avait tiré deux balles sans l'atteindre sur le Chancelier, à sa sortie du Parlement. Le 6 février 1934, le cabinet de Vienne avait autorisé Dollfuss à saisir la Société des Nations du conflit austro-allemand, en même temps qu'il remettait un mémoire accusateur à Londres, Paris et Rome.

Pour la seconde fois, les trois Puissances avaient estimé opportun de faire un geste en sa faveur. Mais l'expérience, qui aurait dû les rendre plus énergiques, les avait rendues, au contraire, plus circonspectes. Elles s'étaient bornées, cette fois, à publier une déclaration commune, dans laquelle elles exprimaient leur attachement à la cause de l'indépendance autrichienne. Naturellement, leur protestation platonique n'avait pas eu plus d'effet que leur démarche du mois d'août. Cependant, Mussolini, que ne séduisait pas, à cette époque, l'idée de voir Hitler s'établir à Vienne et qui pensait pouvoir se servir de l'Autriche dans sa politique danubienne, s'était intéressé de façon plus positive au sort de ce pays et montré plus disposé à protéger Dollfuss, qu'il semblait avoir pris en amitié.

Les événements de France, l'entrevue de Hitler et de Mussolini, à Venise, le drame du 30 juin avaient, d'ailleurs, détourné l'attention générale vers d'autres problèmes et permis à Dollfuss d'écraser le soulèvement, — incompréhensible en un pareil moment — des ouvriers viennois. En face de cette nouvelle crise, les nazis autrichiens avaient observé une attitude de neutralité; ils ne détestaient pas moins les socialistes que les catholiques et ne voulaient faire le jeu ni des uns, ni des autres. Mais ce n'avait été en aucune façon, de leur part, le signe d'un renoncement, ni d'une volonté d'apaisement.

Aux environs du 20 juillet, en effet, leur activité se réveille, leur terrorisme se livre à de nouveaux exploits. Justement, à cette date, Dollfuss et sa famille ont été invités à passer quelques jours à Riccione, auprès du Duce. Mme Dollfuss s'y trouve déjà. Son mari doit la rejoindre, le 25 juillet.

Dans la journée du 24, des bruits étranges se répandent à Berlin. On raconte que la situation à Vienne est devenue, soudainement, très critique, qu'il faut s'attendre à des surprises, que des événements graves sont imminents. Les rumeurs sont si persistantes et si troublantes, qu'à huit heures du soir, je crois devoir en avertir Paris par télégramme.

Le lendemain 25, au courant de l'après-midi et dans la soirée, circulent dans la capitale allemande des informations sensationnelles, bien qu'encore vagues. Des éditions spéciales des journaux annoncent qu'une émeute aurait éclaté à Vienne, qu'elle aurait pris possession de la station radiophonique et du palais de la Chancellerie, où le Gouvernement serait bloqué! Dollfuss aurait été blessé. Le pouvoir aurait passé aux mains de Rintelen, ministre d'Autriche à Rome. Qui sont les émeutiers? Des socialistes? Des communistes? Des gardes civiques? Des unités de l'armée régulière? La presse allemande ne le dit pas. Pourtant, le ministère de la Propagande éprouve le besoin de lancer un communiqué, pour affirmer qu'en tout cas, il est certain que les nationaux-socialistes ne sont en rien mêlés à l'affaire.

A 21 heures, l'agence officielle D.N.B. publie, à son tour, une extraordinaire dépêche, qui a les allures d'un chant de triomphe. Enfin, dit-elle, la conscience allemande s'est manifestée! Un peuple, dont on avait essayé en vain d'étouffer les aspirations les plus légitimes, s'est soulevé. L'Autriche s'est libérée et a retrouvé le chemin de la patrie commune. Mais, le 26 juillet, toute trace de cette dépêche a disparu; elle a été annulée; aucun journal ne la mentionne. En revanche, les feuilles du matin donnent une version plus complète des événements qui se sont déroulés la veille.

Aux termes de cette version, le mercredi 25 juillet, à 1 heure de l'après-midi, une troupe d'insurgés se serait emparée, à Vienne, du bâtiment de la Radio; c'est elle qui aurait, de là, diffusé la nouvelle que Dollfuss, blessé, avait démissionné et serait remplacé par Rintelen. A la même heure, une autre troupe armée aurait envahi la Chancellerie, où se trouvaient Dollfus, le major Fey et le sous-secrétaire d'État à la Sûreté, Karwinsky. Au cours d'une bagarre, Dollfuss aurait été mortellement blessé, tandis que ses collègues étaient arrêtés. L'émeute semblait victorieuse. Mais l'armée régulière, alertée, aurait repris l'édifice de la Radio et encerclé le palais de la Chancellerie, dans lequel les insurgés s'étaient, avec leurs otages, enfermés et barricadés. Fey aurait, alors, parlementé à la fois avec les émeutiers, qui le retenaient prisonnier, et avec le commandement des troupes. Des deux côtés, on se serait mis d'accord pour appeler le Dr Rieth, ministre d'Allemagne. Celui-ci aurait obtenu que les insurgés relâchassent leurs otages, en échange d'un sauf-conduit qui leur permettrait de gagner la frontière allemande sans être inquiétés.

Exact en gros, le récit de la presse allemande laisse, pourtant, dans l'ombre des détails importants. Il ne dévoile toujours pas qui sont ces émeutiers, qui auraient revêtu l'uniforme militaire autrichien, et si ce sont de vrais ou de faux soldats. Il n'indique pas davantage dans quelles conditions est mort Dollfuss. Mais il revient avec une insistance frappante sur le caractère populaire de l'émeute, qu'il interprète comme la réaction instinctive et spontanée de la conscience publique, dressée contre un régime de tyrannie.

Par Vienne et les capitales européennes, on apprend, enfin, la vérité. Les émeutiers sont, bel et bien, des nazis autrichiens. Au nombre d'environ 150, conduits par un certain Holzweber, ils se sont habillés en miliciens des gardes civiques, de même que les libérateurs de Hofer s'étaient camouflés en policiers. On a cru qu'ils venaient procéder à une relève. On les a laissé passer. Ils se sont emparés facilement de la Chancellerie. Le Gouvernement qui y délibérait aurait dû s'y trouver réuni. Mais, avertis par un coup de téléphone que des mouvements suspects étaient observés en ville, les ministres, parmi lesquels Schuschnigg et le général Zehner, ont eu le temps de rentrer à leurs ministères respectifs, à l'exception de Fey et de Karwinsky, demeurés aux côtés de Dollfuss.

Celui-ci a essuyé trois coups de feu, tirés par un des assaillants. On l'a étendu, mortellement frappé, sur un canapé, dans la salle du Congrès de Vienne. Tandis qu'il agonisait lentement, perdant son sang et réclamant en vain un médecin et un prêtre, on a voulu le déterminer à signer sa démission; il s'y est refusé; on a poussé près de lui un tabouret portant du papier, de l'encre, une plume; en vain; il n'a pas cédé; il est mort sans capituler.

Le major Fey a joué dans cette tragédie un rôle qui n'est pas tiré au clair. Il semble qu'il ait été de connivence avec les insurgés et que, trahissant Dollfus, comme Seiss-Inquardt, plus tard, trahira Schuschnigg, il ait trempé dans le complot, pour obtenir, non la mort, mais l'effacement du Chancelier. Sous l'empire du remords, ou pour échapper au châtiment, il se suicidera, d'ailleurs, quelques jours après.

Au surplus, le président de la République, Miklas, a nommé aussitôt Schuschnigg Chancelier et proclamé l'état de siège. A 7 h. 30 du soir, les émeutiers se sont rendus; l'ordre et la légalité ont été partout rétablis.

Dans ce putsch avorté, qui a coûté la vie à Dollfuss, la responsabilité, la complicité de l'Allemagne sont flagrantes. Elles ressortent du seul exposé des faits et, plus clairement encore, de l'enregistrement des versions successives selon lesquelles les faits ont été portés par l'agence officielle d'information allemande à la connaissance du public. Les bruits recueillis à Berlin dans la soirée du 24 juillet, à la veille de l'assassinat, attestent avec évidence que les milieux dirigeants du IIIᵉ Reich savaient qu'un coup de force serait tenté, le lendemain 25, contre le gouvernement de Vienne. Comment, donc, l'auraient-ils su, s'ils n'y avaient été mêlés en quelque façon, de même qu'ils avaient trempé, par l'entremise de Habicht, dans tous les attentats antérieurs? L'impatience même dont ils étaient visiblement animés, la hâte avec laquelle ils se sont empressés de croire à la réussite de l'opération et d'en célébrer avec emphase, et prématurément, les conséquences, montrent également qu'ils étaient renseignés sur la nature de l'entreprise, sur l'importance de l'enjeu, sur les personnages, sur le personnage qu'elle visait.

Non moins significatifs sont le souci qu'ils ont eu, de prime abord, de mettre le national-socialisme hors de cause, et l'effort qu'ils ont fait ensuite pour cacher, ou ne révéler que très tard, que des nazis étaient, en réalité, les auteurs de l'attentat. Auraient-ils pris toute cette peine pour masquer la vérité, si les rebelles autrichiens n'avaient eu aucune espèce de relations avec l'Allemagne? Ceux-ci, de leur côté, en appelant, quand ils se sont vu perdus, le ministre du Reich à leur aide, n'ont-ils pas, en quelque sorte, avoué à quelle origine remontait leur tentative? Le Dʳ Rieth était, à leurs yeux, leur répondant, leur protecteur naturel, le représentant qualifié des véritables instigateurs de leur équipée. Il y a, d'ailleurs, unité de style entre le coup de force du 25 juillet, et l'attentat contre Steidle et la délivrance de Hofer, qui l'ont précédé.

Lors de son interrogatoire, le meurtrier de Dollfuss, un nommé Planetta, a prétendu qu'il ne connaissait pas ce dernier, qu'il s'était soudain trouvé en face de lui et qu'il avait tiré sur lui dans une minute d'affolement. On admettra difficilement que le hasard, seul, ait dirigé sa main et l'ait amené à tirer sur Dollfuss, et non sur Fey, ou Karwinsky. Il est infiniment plus vraisemblable que l'ordre avait été donné de supprimer Dollfuss. Car il s'agissait non seulement de renverser le Chancelier, mais de l'empêcher d'aller à Riccione et d'y conclure avec Mussolini un accord qui l'eût singulièrement fortifié dans sa résistance au nazisme. Et c'est, sans doute, la raison pour laquelle la date du 25 juillet avait été choisie.

Si une preuve de la connivence allemande était encore nécessaire, on la trouverait dans l'attitude de Hitler lui-même. Lorsque lui parvient la nouvelle de la tragédie de Vienne, il est à Bayreuth, où il assiste au festival Wagner. Il témoigne aussitôt de la plus vive agitation. Avec une précipitation fébrile, il accumule les mesures destinées à établir son innocence et celle de son gouvernement et à dissiper les soupçons qu'il sent peser sur lui. Il annule le sauf-conduit accordé aux rebelles et les fait refouler sur le territoire autrichien, où ils sont arrêtés. Il ordonne qu'une enquête soit ouverte immédiatement pour rechercher si un service allemand quelconque a été en rapport avec les émeutiers.

Les résultats de l'enquête sont, bien entendu, négatifs. Cependant, Hitler, sans les attendre, a révoqué le ministre Rieth, ce maladroit, qui est intervenu en faveur des rebelles, avant d'en référer à Berlin, mais, surtout, sans comprendre le caractère compromettant de son intervention, l'aveu indirect qu'elle constituait. Le Führer a révoqué également, dès le 27 juillet, Habicht, que l'attentat n'a pas découvert et dont personne, jusqu'ici, n'a prononcé le nom. Il reproche à Habicht d'avoir laissé se répandre les nouvelles qui ont égaré l'opinion sur l'issue du putsch viennois. L'aurait-il frappé pour une erreur pareille si, précisément, cette erreur n'indiquait pas que Habicht a participé à l'organisation du coup de main et le croyait si bien monté qu'il était sûr, d'avance, de son succès ?

Hitler, enfin, le même jour, nomme Papen ministre plénipotentiaire du Reich à Vienne, en remplacement de Rieth, et accompagne cette nomination d'une lettre aussitôt rendue publique. Dans cette lettre, il déclare que l'attentat est jugé de la manière la plus sévère par le gouvernement du Reich et profondément regretté par lui. Il affirme que l'Allemagne n'en porte à aucun degré la responsabilité. Il assure Papen de sa confiance « absolue et illimitée », et le charge de rendre aux relations austro-allemandes, depuis longtemps troublées, « leur cours normal et amical ». Tant de confiance étonne, à l'égard d'un homme qui a failli, un mois plus tôt, être l'une des victimes des massacres du 30 juin! Mais Papen est catholique; il a prononcé le discours de Marburg; on sait qu'il n'est pas nazi et qu'il blâme les excès du régime. A ces divers titres, Hitler pense qu'il sera agréable aux dirigeants autrichiens et fournira une caution valable du désir d'apaisement que le Führer a manifesté. Accessoirement, l'envoi de Papen à Vienne le débarrassera d'un Vice-Chancelier mal vu du Parti et devenu plus encombrant qu'utile. Même dans les heures critiques, Hitler garde le don de savoir profiter de l'occasion!

On n'en saurait dire autant des Puissances alliées! Les décisions précipitées de Hitler trahissent sa mauvaise conscience. Mais elles sont, aussi, l'indice de la peur qu'il éprouve. L'émotion produite par l'assassinat de Dollfuss est telle, qu'il redoute une nouvelle démarche de la France, de l'Angleterre et de l'Italie, une démarche qui, cette fois, pourrait bien n'être pas seulement platonique, et précéder de peu une intervention armée.

Effectivement, Mussolini est entré dans une grande colère, une violente indignation. On a tué son protégé, son invité, et c'est lui qui a dû annoncer à Mᵐᵉ Dollfuss la mort de son mari! Le Duce envoie au Prince Starhemberg, chef des gardes civiques, un télégramme menaçant, dans lequel il évoque « les responsabilités proches et lointaines » et proclame que « l'indépendance de l'Autriche sera défendue avec plus d'acharnement que jamais ». La presse de la Péninsule jette feu et flammes. « Il n'y a pas un gouvernement, écrit le *Messagero*, qui n'ait, aujourd'hui, le droit de reprendre vis-à-vis de l'Allemagne, sa pleine et entière liberté d'action! » Le *Popolo di Roma* va plus loin et dénonce dans les événements d'Autriche, la même duplicité dont Hitler a déjà donné le spectacle, lors de l'incendie du Reichstag et de l'assassinat de Rœhm. Et comme l'organe du parti national-socialiste, l'*Observateur raciste*, a haussé les épaules et traité les Italiens d'enfants, le *Popolo di Roma* riposte : « Que sont donc messieurs les Nazis ? — Des assassins et des pédérastes ! »

Quelle distance il faudra franchir pour aller de ces aménités à la formation de l'axe Rome-Berlin et à la conclusion du pacte d'Acier !

Mussolini ne s'en tient pas, d'ailleurs, aux paroles. Il alerte son armée et, sur son ordre, des divisions italiennes prennent position à la frontière du Brenner.

Mais ni l'Angleterre, ni la France ne semblent disposées à lui faire écho, et à appuyer, de leur côté, sa démonstration militaire. Leurs gouvernements ne bougent pas. Ils pensent que les événements se sont chargés d'administrer à Hitler une leçon suffisante et que, désormais, il laissera l'Autriche tranquille. Ils le voient isolé, honni ; ils le jugent affaibli, obligé à la prudence. Peut-être croient-ils aussi que ses intentions ont été dépassées par les extrémistes de son parti et qu'il est sincèrement désolé de ce qui est arrivé ? Du reste, l'Angleterre ne s'engage pas volontiers dans ces affaires d'Autriche ; elle n'est pas loin, au fond, de considérer que l'Anschluss, tôt ou tard, se réalisera et qu'il vaut mieux ne pas aller contre la pente irréversible des choses ; et la politique française n'aime pas s'avancer sans être assurée de la collaboration anglaise. D'ailleurs, la Petite-Entente observe d'un mauvais œil l'intrusion du Duce dans les problèmes du Danube. Mais surtout, un nouvel épisode entraîne la curiosité dans une autre direction et réclame toute l'attention. A peine a-t-on fini de lire le télégramme de condoléance, adressé par Hindenburg au président autrichien, et la lettre par laquelle il a approuvé la désignation de Papen au poste de ministre à Vienne, que l'on apprend que l'état de santé du vieux Maréchal s'est subitement aggravé, au point que sa mort est attendue d'une minute à l'autre. L'actualité a ses exigences. Dollfuss enterré, on l'oublie vite.

Mais Hitler, lui, n'oubliera pas que ses craintes étaient vaines, que les démocraties occidentales ont moins d'esprit de décision, moins de réalisme, moins d'énergie qu'il ne leur en supposait. Avec elles, pensera-t-il, on peut beaucoup oser, sans courir trop de risques.

Et Mussolini n'oubliera pas non plus que l'Angleterre et la France ne l'ont pas soutenu dans un moment critique. Il en parlera souvent, par la suite. Pour lui aussi, et l'orientation future de sa politique, l'assassinat de Dollfuss aura été une pierre de touche.

LA MORT DE HINDENBURG

Hindenburg est mort depuis plus de dix ans. Et pourtant le mystère qui entoure sa disparition n'est pas encore dissipé.

Sa mort, en elle-même, n'a rien eu que de naturel. Il était très vieux. Il avait 88 ans. Depuis plusieurs mois, il déclinait à vue d'œil. On savait que, parti, aux approches de l'été, pour sa terre de Neudeck, celui qu'on appelait « le vieux Monsieur » — *der alte Herr* — n'en reviendrait pas. Vers la fin de juillet, il avait, lui-même, demandé au célèbre médecin Sauerbruch, qui était venu le visiter :

« — L'ami Heinz (c'est ainsi que la tradition populaire allemande désigne la mort), l'ami Heinz est-il déjà dans la maison ? »

« — Non ! avait répondu le médecin, il n'est pas encore dans la maison ; mais il rôde dans le jardin ! »

Le 2 août 1934, Freund Heinz entrait et fermait les yeux du vieillard.

C'est, du moins, le 2 août que la mort du président du Reich fut annoncée à l'Allemagne et au monde. Le communiqué officiel précisa qu'il était mort, le même jour, à 9 heures du matin. Mais n'est-il pas mort plus tôt ? N'a-t-on pas caché sa mort, pendant un jour ou deux ? C'est une partie de l'énigme.

Quand on publia l'événement à Berlin, vers midi, on apprit, en même temps, que la succession du Maréchal était réglée. Une loi, immédiatement promulguée par le Cabinet, avait établi l'union personnelle entre les fonctions de Président du Reich et celles de Chancelier d'Empire. En vertu de cette loi, Hitler était chargé des fonctions de Président du Reich. Il devait, d'ailleurs, faire connaître, le lendemain, qu'il renonçait au titre de Président, entaché d'un relent de démocratie et désagréable, sans doute, aux narines des nazis, et qu'il préférait qu'on le dénommât : Führer et

Chancelier du Reich. Par les soins de Blomberg, dans cette même matinée, l'Armée et la Marine avaient déjà prêté serment au nouveau chef de l'État. Soldats et matelots, levant deux doigts de la main droite et rythmant les syllabes, avaient juré :

« Je fais, devant Dieu, le serment sacré d'obéir sans réserve au Führer du Reich et du peuple allemand, commandant suprême de la force armée. Je serai prêt à tout instant à exposer ma vie en brave soldat pour tenir ce serment. »

Que de rapidité dans l'exécution de mesures qui faisaient litière de la Constitution de Weimar et n'étaient rien de moins qu'un véritable coup d'État! Est-il plausible qu'une révolution de cette portée ait été accomplie entre 9 heures et midi?

Il est vrai que la mort du Maréchal était prévue et attendue. C'était même un tournant, auquel on guettait le régime. On était encore sous l'impression accablante qu'avaient causée les massacres du 30 juin et, tout récemment, l'assassinat de Dollfuss. Le régime avait beaucoup d'adversaires. Il en comptait beaucoup parmi les généraux de la Reichswehr, pour lesquels Hitler n'était qu'un aventurier dangereux et les nazis une racaille. Aux mécontents, la mort du Maréchal apparaissait comme une occasion toute trouvée de soumettre Hitler à une autorité supérieure, plus apte à le tenir en main que ne l'avait été Hindenburg, ou de se débarrasser de lui. Le bruit courait dans le public que Guillaume II pourrait remonter sur le trône, ou, plutôt, déléguer son fils, le Kronprinz, dans les fonctions d'administrateur de l'Empire — *Reichsverweser* — et encore aujourd'hui, il n'est pas sûr que des démarches n'aient pas été entreprises dans ce sens.

Hitler ne pouvait l'ignorer. Il avait assez d'expérience politique pour comprendre qu'en laissant se prolonger la vacance du pouvoir, en laissant s'établir un intervalle entre la mort du Maréchal et la désignation de son successeur, il ouvrait la porte à toutes les tentations, à toutes les tentatives, et encourait de graves dangers. On peut donc admettre qu'il avait arrêté ses décisions et fait ses préparatifs à l'avance, en sorte qu'il n'eût plus qu'à presser sur un bouton, le moment venu, pour déclencher le mécanisme mis en place.

Ce qui m'étonne dans cette hypothèse et la rend pour moi peu vraisemblable, c'est que le secret en ait été rigoureusement gardé, c'est qu'il n'en ait rien transpiré. Étant donné les mœurs politiques qui régnaient alors à Berlin, on aurait dû y avoir vent des combinaisons tenues prêtes. Hitler, du reste, ainsi que les journaux l'enregistrèrent, n'était pas arrivé à Neudeck le 2 août, mais le 1ᵉʳ. J'en conclus qu'il est probable que le Maréchal était mort la veille, et qu'on l'a caché pendant vingt-quatre heures, pour se donner le temps de rédiger et de faire imprimer le texte de la loi de succession, celui des diverses proclamations aux S. A., S. S. et autres formations nationales-socialistes, et d'organiser la prestation de serment des militaires. De toute façon, ce n'est qu'une partie, et la moins importante, de l'énigme...

Une autre circonstance frappe, en effet, l'attention. Aussitôt après la notification officielle de la mort du Maréchal, Gœbbels, ministre de la Propagande, éprouve le besoin de déclarer publiquement qu'aucun testament du défunt Président n'a été trouvé, que Hindenburg n'a pas laissé de testament. Et, tout à coup, deux semaines plus tard, le 15 août, von Papen apporte à Hitler, à Berchtesgaden, une enveloppe scellée de cinq cachets rouges. C'est le testament de Hindenburg ! Le colonel, fils du Maréchal, l'aurait trouvé, le 13 août, onze jours après le décès de son père. Sur l'enveloppe, on lit la suscription suivante :

« Au peuple allemand et à mon Chancelier. Ceci est mon testament. Cette lettre est à remettre par mon fils au Chancelier du Reich. »

Et pourtant, il a fallu onze jours pour la découvrir ! Et ce n'est pas le colonel Hindenburg qui l'a remise au Chancelier du Reich, comme son père le lui enjoignait, c'est von Papen ! Pourquoi von Papen ? Une coïncidence curieuse veut, au surplus, que la découverte du testament ait lieu à la veille du plébiscite par lequel le peuple allemand est invité à dire s'il approuve, ou non, l'union dans la personne de Hitler des fonctions de Chancelier et de chef de l'Etat. N'y a-t-il pas là quelque sujet d'étonnement ?

Naturellement, la presse publie de larges extraits du document, dont elle explique qu'une moitié, ancienne, a été écrite à Hanovre, en 1919, l'autre, toute fraîche, date du 11 mai 1934 et a été rédigée à Berlin. Dans cette seconde moitié, Hindenburg se répand en éloges sur Hitler :

« Je remercie la Providence de m'avoir laissé vivre, au soir de ma vie, l'heure où nous sommes redevus forts. Mon Chancelier, Adolf Hitler, et son mouvement ont franchi un pas décisif, d'une portée historique, et amené le peuple allemand à l'unité intérieure, par-dessus toutes les divergences de classes et de conditions sociales. Je quitte mon peuple dans la ferme espérance que ce que je désirais en 1919, et qui a mûri lentement jusqu'au 30 janvier 1933 (date de l'accession de Hitler au poste de Chancelier), continuera à se développer, en vue de l'accomplissement plein et entier de la mission historique qui nous incombe! Animé de cette foi dans l'avenir de la patrie, je peux fermer les yeux tranquillement! »

Or, les sentiments ainsi exprimés ne concordent en aucune manière avec ceux que l'on sait que le vieux Maréchal éprouvait, peu de temps avant sa mort. Il avait dû surmonter bien des hésitations et des répugnances, avant de confier le pouvoir à Hitler. Il s'était aperçu qu'en dépit de ses promesses, celui-ci avait établi sur l'Allemagne la dictature d'un parti et brisé les barrières par lesquelles on avait cru le contenir. On a prétendu que Hindenburg avait spontanément donné son approbation et son absolution aux massacres du 30 juin. Affirmation peu digne de créance; car ces massacres avaient failli coûter la vie à Papen, son favori; et c'est avec son agrément que le même Papen avait prononcé, à Marburg, un discours qui déchaîna, précisément, l'horrible répression.

Il ne pouvait, en tout cas, entrer dans l'esprit du Maréchal de recommander au peuple allemand que Hitler fût son successeur. Il était beaucoup trop sincèrement monarchiste et légitimiste pour concevoir pareille idée. Le drame secret de son existence, c'était, au contraire, que l'homme qu'il considérait comme son maître et souverain, Guillaume II, auquel il avait prêté son serment d'officier, lui gardât rancune d'avoir occupé, sinon son trône, du moins sa place. Expliquera-t-on par la sénilité les déclarations du testament, écrites, cependant, dans un style plein et lucide? Ce n'était pas la version qui courait à Berlin, en ce mois d'août 1934.

On racontait dans la capitale du Reich que le testament de Hindenburg avait été falsifié, que toute la seconde partie en était postiche, qu'elle avait été écrite par celui qui avait aidé naguère Hindenburg dans la rédaction de ses Mémoires, qu'en réalité le vrai texte exprimait le regret de laisser l'Allemagne aux mains d'un homme inquiétant, protestait de la fidélité du Maréchal envers son Empereur et désignait, enfin, Papen comme le plus digne d'assumer, après lui, la présidence du Reich. Le délai qui s'était écoulé jusqu'à la découverte et à la publication du testament aurait été employé à en altérer, à en retourner les termes, afin qu'il assurât le succès du plébiscite et servît de caution à Hitler et à son régime, dans un moment particulièrement critique pour eux. L'opération supposait des complicités. Elle n'avait été possible qu'avec la connivence du colonel Hindenburg, de Meissner, secrétaire d'État du Maréchal, et de Papen, lui-même. Or, le colonel Hindenburg fut nommé, peu après, général. Meissner, qui avait été le collaborateur du socialiste Ebert, avant d'être celui de Hindenburg, demeura, en cette qualité, auprès de Hitler. Papen devint un personnage tabou et jouit, dans ses ambassades, des attentions et des égards du régime. Chacun aurait, ainsi, reçu, pour ses bons offices, une équitable récompense.

Je n'ai pas entendu dire que les Alliés aient saisi, en Allemagne, la personne du colonel Hindenburg. Mais Meissner a été arrêté et von Papen est prisonnier à Nuremberg. Il vaudrait la peine de les interroger sur le testament de Hindenburg et de leur demander de fixer l'Histoire à ce sujet. Car il n'est pas indifférent de savoir si le IIIᵉ Reich, incendiaire du Reichstag, assassin de Dollfuss, doit être également considéré comme un faussaire. Ce détail achèverait de lui imprimer sa marque!

Les funérailles du Maréchal furent magnifiques et empreintes de ce romantisme dont se grisaient les nazis, criminels ou non. Le corps, placé sur un affût d'artillerie, et traîné par six chevaux noirs, fut emmené, à la nuit, de Neudeck et défila, pendant des kilomètres, entre deux haies de flambeaux. Au jour, on le déposa sur un catafalque, au milieu de ce monument de Tannenberg, qui était un enclos de huit tours carrées et massives, réunies entre elles par une muraille crénelée, et qui ressemblait à une forteresse des Chevaliers Teutoniques. De grands feux étaient allumés au sommet des tours. Des soldats formaient une chaîne sur le chemin de ronde. Des oriflammes flottaient sur le mur d'enceinte ; mais, parmi eux, nulle bannière à croix gammée ! A cet égard, du moins, on avait respecté les sentiments du mort !

Après un pasteur embarrassé et banal, Hitler parla. Il était plus nerveux que jamais, exalté, saccadé, le sang aux joues, nullement en correspondance avec la gravité recueillie de l'assistance, et c'est d'une voix provocante qu'il lança, en guise de péroraison, l'apostrophe : « Et maintenant, général mort, entre au Walhall ! » Hindenburg est, peut-être, au Walhall. En tout cas, il n'est plus à Tannenberg, dans la crypte où huit robustes sous-officiers de la Wehrmacht avaient cru lui procurer un éternel refuge. La forteresse teutonique a été renversée par l'artillerie russe, et le cercueil du vainqueur de Tannenberg retrouvé près de Salzbourg, au fond d'une mine de sel... Il y a des temps où même les cimetières ne sont plus des lieux de repos !

Dans le train spécial qui, après la cérémonie, nous ramenait à Berlin, j'évoquais la figure du vieillard que nous voyions, dans le courant de notre vie diplomatique, quatre ou cinq fois par an. Il frappait par sa haute taille. C'était presque un colosse, d'un seul bloc, comme la statue de bois qui le représentait et que l'on avait érigée, en 1917, sur une place de Berlin, pour que les patriotes vinssent y planter des clous. Il paraissait éprouver beaucoup de peine à se mouvoir, comme s'il avait été, lui-même, à demi lignifié. Barré par une épaisse moustache qui se relevait en crocs, au-dessous de la commissure des lèvres, couronné par des cheveux en brosse, gris et drus, son visage aux traits pleins et réguliers aurait donné une impression de force martiale et de robuste équilibre, n'eussent été la lassitude et la tristesse qui s'y peignaient et que soulignaient un teint cireux et des yeux ternes, voilés par des paupières de plomb.

Il y avait, pourtant, de la bonté dans ce regard et dans cette grosse voix bourrue, qui parlait par monosyllabes, et sur un ton militaire. Un vieux chef fatigué, un bon grand-père, ennuyé d'avoir été enlevé à son fauteuil, tel était l'aspect sous lequel il se présentait. Il se souvenait d'avoir été, en qualité de page, attaché au général de Mac-Mahon, envoyé à Berlin par Napoléon III en 1861, pour le couronnement de Guillaume Ier, comme roi de Prusse. Il me répétait la même anecdote, chaque fois qu'il me rencontrait. Une grande tente africaine, dressée dans le jardin de l'ambassade de France, avait frappé l'esprit du jeune page et le vieillard ne manquait jamais d'y faire allusion. J'essayais d'aiguiller la conversation sur Mac-Mahon, dont la destinée offrait avec la sienne une grande analogie. Mais il ignorait, ou avait oublié, l'histoire de Mac-Mahon...

Il était, cependant, un représentant typique de la génération qui avait grandi sous Guillaume Ier. Il lisait la Bible tous les soirs, avant de s'endormir. Il n'aimait pas le faste et vivait chichement. Il était avare. Le général Grœner, qui ne l'aimait pas, me raconta, un jour, que, lorsqu'il changeait de garnison, il vendait ses chevaux avant de quitter son ancienne résidence et en achetait d'autres dans la nouvelle, tout en faisant payer à l'État le prix de leur transport fictif. Une autre fois, Grœner me dit qu'il n'avait accepté d'être candidat à la Présidence du Reich qu'après qu'on lui eut donné l'assurance qu'il continuerait, s'il était élu, à toucher sa pension militaire de retraite. Il voulait reconstituer la fortune de sa famille, jadis prospère. Le don national d'un domaine en Prusse-Orientale, à Neudeck, l'avait changé en un Junker, partageant tous les préjugés de la caste des hobereaux. C'est ainsi qu'on parvint à le brouiller avec Brüning. Brüning, durant trois mois, s'était acharné à obtenir sa réélection à la Présidence. Il y avait réussi. Mais Hindenburg avait été réélu par les voix des partis de gauche. Il ne pardonna pas à son Chancelier l'acte par lequel celui-ci croyait s'être acquis, à tout jamais, un droit à sa reconnaissance. J'ai raconté comment il le congédia brutalement. Éclatant exemple d'ingratitude! Mais connaît-on bien la psychologie des grands vieillards?

En vérité, le *De Senectute* est à récrire...

L'ASSASSINAT D'ALEXANDRE DE YOUGOSLAVIE

Nul n'a oublié que l'année 1934, si fertile en drames de toute sorte, a pris fin sur le plus tragique de tous : l'assassinat du roi Alexandre de Yougoslavie et du ministre des Affaires étrangères de France, Louis Barthou, à Marseille, le 9 octobre, par deux Croates, appartenant à la bande des Oustachis. Mais on se tromperait, si l'on croyait que cet événement, tout à fait extérieur au national-socialisme, fût sans rapport avec lui et ne l'a pas intéressé directement.

En réalité, l'attentat du 9 octobre met en cause, lui aussi, quoique d'une manière moins immédiate et moins évidente que la mort du chancelier Dollfuss, la responsabilité allemande. Il s'inscrit au chapitre, encore plein d'énigmes, des dessous les plus ténébreux de la politique du IIIᵉ Reich.

Quelques jours après l'assassinat, des journaux français, les *Débats*, l'*Œuvre*, le *Temps*, s'étaient permis des allusions à une complicité de l'Allemagne. La presse d'outre-Rhin avait, aussitôt, réagi avec colère contre des insinuations qu'elle qualifiait d'abominables. Gœring, lui-même, dira, le 17 octobre, à Belgrade, devant les journalistes yougoslaves, que les enquêtes faites en Allemagne ont prouvé qu'aucun terroriste, dans les limites de l'Empire, n'avait eu un rapport quelconque avec l'attentat de Marseille. « L'Allemagne, ajoutera-t-il, n'est pas un pays disposé à tolérer sur son territoire la présence et l'activité d'éléments terroristes ! »

En dépit de ces déclarations péremptoires, il est certain, cependant, que, si les Oustachis qui s'exerçaient au tir au revolver et à la technique de l'assassinat dans une ferme de la Pusta, étaient principalement à la solde de Mussolini, ils étaient également en étroites relations avec un groupe d'agitateurs croates, dont le centre était à Berlin. Ce groupe avait fondé une agence « Croatia-Presse », et publiait des brochures et des tracts de propagande ; il avait une activité révolutionnaire. J'en avais été frappé et l'avais signalé à Paris, longtemps avant le drame du 9 octobre. Il est vrai que le gouvernement hitlérien avait interdit ses publications en janvier 1934. Il n'en avait pas moins survécu. Rosenberg le connaissait, l'encourageait et lui versait probablement des subsides, de même qu'en sa qualité de chef du département de politique étrangère du parti national-socialiste, il entretenait le groupe ukrainien de l'hetman Skoropadski, et, d'une manière plus générale, les représentants des minorités étrangères hostiles aux gouvernements établis. C'était, chez lui, une question de méthode. Il lui paraissait utile d'avoir sous la main des gens capables de provoquer des mouvements d'opposition ou d'insurrection, dans les pays dont l'Allemagne avait à se plaindre, ou qu'elle voulait contraindre à plus de docilité.

La connivence de Rosenberg avec les Croates est d'autant moins douteuse qu'elle m'a été confirmée, le 24 octobre, au cours d'une conversation, par le baron de Neurath. Trois jours plus tard, Gœring m'avouait, lui aussi, que Rosenberg avait été « imprudent. » D'ailleurs, il est avéré que le chef des Oustachis, instigateur et organisateur de l'attentat de Marseille, Ante Pavelic, dont l'Italie et l'Allemagne devaient faire le chef de la Croatie émancipée, se trouvait dans la capitale du Reich à la veille de l'attentat et qu'il en partit précipitamment à cette date, pour se rendre à Milan.

Après le crime, un commissaire de la Sûreté Nationale française vint à Berlin, afin d'y enquêter, précisément, sur le rôle et les agissements de Pavelic et de sa bande. On le reçut fort bien. Gœring en personne promit de l'aider de son mieux dans ses investigations et de lui ouvrir tous les cartons. Mais, le lendemain, les services auxquels il eu affaire eurent une attitude toute différente. Ils se montrèrent froids, distants, gênés, évasifs; et leurs cartons ne s'ouvrirent pas. Ils contenaient, probablement, des pièces qu'il valait mieux soustraire à la curiosité de la police française; et notre commissaire s'en retourna bredouille...

D'un autre point de vue, l'assassinat d'Alexandre de Serbie et de Louis Barthou marque, dans l'évolution des pensées des dirigeants hitlériens, un moment dont l'importance ne doit pas être négligée. La scène de l'arrivée du Roi à Marseille et du meurtre qui la suivit de si près avait été filmée. Une copie de ce film avait été apportée à Berlin. Hitler et ses compagnons l'avaient longuement et avidement regardée. Ils avaient été surpris de la médiocrité de la réception faite au souverain, frappés de la faiblesse du service d'ordre, mais, plus encore, de l'affolement, du tourbillonnement, du désarroi total qui s'étaient emparés de la foule et des autorités, après l'attentat, et dont la bande cinématographique restituait le troublant spectacle. Hitler avait, du reste, défendu que le film fût projeté sur les écrans des salles allemandes, estimant qu'il était désobligeant pour la France, et, sans doute, aussi, qu'il risquait d'éveiller l'émulation de quelque ennemi de son régime. Gœring m'en avait parlé à plusieurs reprises; il voulait absolument me le montrer; je refusai obstinément; car je savais que l'entourage du Führer, y compris Gœring, malgré les condoléances qu'il me prodiguait, s'était réjoui, sinon du malheur qui nous atteignait, du moins des insuffisances et des défauts qui se révélaient à cette occasion et qu'il en concluait qu'il y avait chez nous des rouages, des ressorts, une armature qui faiblissaient. Hitler et les siens avaient une assez haute idée de la France. Ils la croyaient redoutable. L'assassinat d'Alexandre et de Louis Barthou fut un des événements qui contribuèrent à modifier leur opinion et les amenèrent peu à peu à considérer que notre pays serait, éventuellement, un adversaire moins dangereux qu'ils ne l'avaient supposé.

Ils procédèrent, au surplus, à ce que l'on pourrait appeler l'exploitation politique de l'épisode avec une habileté consommée. La Yougoslavie était un terrain qu'ils avaient repéré et qui leur semblait propice à leurs manœuvres. Ils croyaient pouvoir y répandre leur influence, y exercer, comme en Pologne, une action qui contribuerait à ébranler la cohésion des États limitrophes. à disloquer la Petite-Entente, et à isoler, finalement, Bénès et la Tchécoslovaquie. Leurs efforts pour se rapprocher de la Serbie présentaient, en outre, à leurs yeux, l'intérêt de constituer un avertissement, une menace, une représaille, à l'adresse de l'Italie, dont l'attitude, au lendemain de l'assassinat du chancelier Dollfuss, les avait violemment irrités. Peu de temps avant l'attentat de Marseille, ils avaient déjà conclu avec Belgrade un traité de commerce, avantageux pour les Yougoslaves.

Au fond, la mort du Roi favorisait leurs desseins, en supprimant une forte personnalité, qui n'eût pas été dupe de leur jeu et ne se fût pas laissée détourner de ses alliances. Ils n'en affectèrent pas moins une douleur sincère, une noble commisération. Ils multiplièrent les manifestations de la sympathie la plus chaleureuse. La presse du Reich abonda en éloges pompeux et sans réserve du souverain, en protestations insistantes d'amitié pour le peuple serbe. Elle n'hésita même pas à stigmatiser les autonomistes croates, auxquels Berlin avait, pourtant, donné asile et secours, et à leur reprocher de n'avoir pas compris la grande idée balkanique du monarque.

Une mission, conduite par un diplomate, avait été désignée pour se rendre aux obsèques. Au moment où elle allait partir, on voulut en relever l'éclat. Gœring fut placé à sa tête. Il devait représenter spécialement l'armée allemande à la cérémonie funèbre. L'une des couronnes qu'il déposa sur le cercueil royal portait l'inscription suivante : « A son adversaire héroïque d'autrefois, l'armée allemande, douloureusement émue. » Pendant son bref séjour à Bel-

grade Gœring ne négligea rien pour se mettre en vedette. Au cours
de la réception que lui fit le parlement yougoslave, il déclara :
« Hitler m'a envoyé ici, afin de témoigner son admiration pour
votre grand Roi, son ennemi d'hier, devenu son ami. » Aux journalistes, il affirma que l'Allemagne, dans son propre intérêt et dans
celui de la paix, désirait que la Yougoslavie fût un État aussi puissant que possible, comme si l'intérêt de la paix et celui du III⁰ Reich
se confondaient ! Dans ce pays où la France comptait beaucoup
d'amis, il rechercha ostensiblement le contact avec le maréchal
Pétain et se plut à se montrer en public à ses côtés ; ce qui n'empê-
cha nullement la presse allemande de relater que le peuple serbe
éprouvait une vive rancune à l'égard des autorités françaises, qui
n'avaient pas su protéger la vie du roi Alexandre, et de noter, avec
un secret contentement, que la popularité de la France avait subi
auprès des Yougoslaves une atteinte durable.

De ce déclin de l'influence française, qu'il croyait observer, le
III⁰ Reich espérait profiter. Il y travailla, par la suite, avec persévérance ; et ni ses efforts, ni son espoir ne furent absolument vains.
La mort du roi Alexandre a fait sauter, en réalité, un maillon de
plus dans la chaîne, forgée à Versailles, que Hitler s'est juré de
briser. Quand l'armée allemande sera reconstituée, le Führer
compte bien que d'autres céderont également. Au lendemain du
crime de Marseille, une feuille nazie l'avouait sans détour. « La
foi en la France, écrivait-elle, disparaîtra, à mesure que l'on s'aper-
cevra qu'en dépit de Versailles et de la politique d'après guerre, le
Reich recouvre sa force et son prestige. »

CHAPITRE VI

LA RECONSTITUTION DE L'ARMÉE ALLEMANDE

Malgré le cours tourmenté qu'elle a suivi, l'année 1934 s'est bien terminée pour Hitler. La crise du 30 juin, la mort du maréchal Hindenburg, l'assassinat de Dollfuss l'ont fait passer par des moments difficiles; il s'en est tiré sans dégât et même à son avantage, et il a pu constater la vérité de l'adage qui dit que la fortune aime les audacieux.

Le début de 1935 lui apporte un événement désagréable et un événement agréable. L'événement désagréable, c'est la signature des accords de Rome, entre la France et l'Italie, le 7 janvier, preuve que Mussolini, après l'assassinat de Dollfuss, garde rancune au Führer et s'écarte de lui. Or, Hitler a toujours désiré l'alliance des deux régimes, qui ont tant d'affinités, tant de points communs. Il a écrit là-dessus, dans *Mein Kampf,* des pages qui éclairent son sentiment. Sa déception, son amertume sont grandes de voir l'homme qu'il persiste à considérer comme son devancier, son maître, s'éloigner de lui et se tourner vers la France; il en est d'autant plus blessé et préoccupé que les accords de Rome manifestent l'intention de veiller à la défense de l'intégrité et de l'indépendance de l'Autriche et d'entourer ce pays d'un réseau de pactes protecteurs.

L'événement agréable, c'est le plébiscite de la Sarre. A ce sujet, Hitler a été longtemps anxieux. Non qu'il ait eu des doutes sur le résultat du plébiscite. Il m'avait dit qu'il était sûr de recueillir 90 ou 95 % des voix. Mais il avait peur, et il aura peur jusqu'au bout, que nous ne nous servions de ce gage pour exercer une contrainte sur lui ou des représailles, soit en en prenant possession, soit en ajournant la date fixée pour la consultation des habitants. Ces craintes se révèlent vaines. Le plébiscite a lieu, le 13 janvier. 90,36 % des votants se prononcent pour le retour du territoire à l'Allemagne. C'est ce que Hitler avait prévu.

Les Français s'étonnent qu'il y ait eu si peu de partisans du maintien du *statu quo,* sinon de l'union à la France. Ils n'ont pas compris la force d'attraction, le pouvoir de contagion d'un régime qui plaît aux Allemands, précisément par les aspects qui nous déplaisent, à nous, et nous repoussent. Ils n'ont pas compris, non plus, que les Sarrois savaient parfaitement qu'en votant contre le retour à l'Allemagne, ils auraient plus de coups à recevoir et de persécutions à subir d'un côté, qu'ils n'auraient de bénéfices et de récompenses à récolter, de l'autre. Les opérations se sont déroulées normalement. S'il y a eu pression sur les électeurs, elle n'est pas venue de la France, mais des agents du Reich.

Le dépouillement du scrutin, la proclamation des résultats n'ont soulevé aucune critique. Les Allemands en ont été surpris. Ils s'attendaient à des contestations et des incidents. La Société des Nations a accepté avec une correction et une loyauté exemplaires la décision des Sarrois. Elle n'a pas cherché à reculer le moment où le Reich rétablirait sa souveraineté sur le pays. Elle l'a fixé au 1er mars. Le 1er mars a été un jour de grande liesse, de débordement joyeux, de triomphe. 7.000 hommes des S. A. et des S. S. sont entrés en Sarre et avec eux tous les chefs nazis. On a sonné les cloches, hissé la croix gammée sur tous les édifices, défilé au pas cadencé pendant des heures et prononcé de multiples discours. Hitler s'est écrié, pour sa part :

« Nous espérons que le retour de la Sarre au Reich améliorera définitivement les relations de la France et de l'Allemagne. De même que nous voulons la paix, nous pensons que le grand peuple voisin est prêt à rechercher la paix, lui aussi. Nous espérons que nous nous tendrons la main pour cette œuvre commune qui assurera le salut de l'Europe ! »

A la suite de ces paroles, un vent d'optimisme s'est levé et a soufflé un instant. Hitler allait peut-être s'adoucir, se rallier aux pactes en voie de discussion, collaborer à l'organisation de la sécu-

rité — ce qui permettrait, alors, de régler le problème des armements et, dans ce cas, rien ne s'opposerait à ce que l'Allemagne
reprît sa place à Genève? Ces illusions seront de courte durée.
Délivré du souci que lui causait la Sarre, et qui était comme un
boulet à son pied, Hitler ne s'attardera pas aux effusions senti-
mentales. Il a hâte d'user de la liberté d'action qu'il vient d'acquérir
et de passer au chapitre suivant de son programme. C'est un chapitre d'un intérêt primordial, c'est celui qui concerne la reconstitution officielle de l'armée allemande.

Il aurait fallu beaucoup de candeur pour croire que, n'ayant pas
obtenu l'agrément des Puissances à son réarmement limité, et après
l'échec de ses pourparlers directs avec la France, Hitler allait se
croiser les bras, jusqu'à ce qu'une solution approuvée par tous ait
pu être trouvée. A la vérité, dès son accession à la Chancellerie, il
avait commencé de réarmer. C'était, du reste, la raison pour laquelle
la Reichswehr, entraînée par Blomberg, et surmontant les répugnances que le IIIe Reich inspirait à bon nombre de ses officiers,
lui avait donné sa confiance et son appui. Pendant un temps, le
problème avait été, pour lui, de faire légaliser le réarmement auquel
il était en train de procéder clandestinement, au niveau qu'il se
proposait d'atteindre.

Aujourd'hui, le problème est différent. Il ne s'agit plus de solliciter l'agrément des Puissances à une formule discutée et négociée
avec elles, mais de leur faire connaître l'organisation militaire dont
il a décidé souverainement de doter son pays. Les progrès mêmes
du travail en cours l'y forcent. Le réarmement s'est poursuivi,
sinon dans un secret rigoureux, du moins derrière un rideau.
Quelque transparent qu'il soit, ce rideau est incommode. Le moment est venu, où il est nécessaire de le tirer. On ne peut gonfler
indéfiniment les effectifs des divisions existantes de la Reichswehr,
ni accumuler les tanks, les canons dans la cour des usines, ni
continuer à camoufler les avions militaires en avions civils. Il faut
sortir d'une situation devenue intenable. Mais la révélation publique
de l'état réel du réarmement du Reich et du programme selon
lequel il doit encore se développer provoquera, tout de même, en
Europe, une profonde sensation, causera un choc, dont les répercussions pourront être dangereuses.

Comment amortir le coup? Comment présenter la chose, de

manière à ce qu'elle paraisse naturelle et légitime et suscite le
moins d'émotion, le moins de scandale possible? Hitler est perplexe. Dénoncera-t-il, pour justifier sa conduite, les projets militaires de la Russie des Soviets? Se prévaudra-t-il des projets français d'allongement de la durée du service? Se confiera-t-il aux
Anglais, qui ont toujours été les plus enclins à admettre et à faire
admettre ses prétentions? L'attitude des journaux allemands, à cette
époque, montre que le Führer hésite entre ces diverses hypothèses.
On ne sait pas, il ne sait, probablement, pas lui-même à quel parti
il s'arrêtera. Mais on pense qu'il devra de toute façon se déterminer
avant le 1ᵉʳ avril.

Le 3 février, à l'issue d'une rencontre des ministres français,
Flandin et Laval, avec les membres du cabinet britannique, les deux
gouvernements, soucieux de ne pas laisser le champ libre au maître
du IIIᵉ Reich, de le rattraper, pour ainsi dire, de le ramener dans le
cadre des Puissances, et de l'enfermer dans des engagements qui
le rendraient plus ou moins inoffensif, avaient rédigé une déclaration qui contenait l'exposé d'un plan pour l'affermissement de la
paix.

Cette déclaration condamnait les gestes unilatéraux et se réclamait d'une fidélité inébranlable à l'égard de la S. D. N. Mais elle
exprimait aussi le vœu qu'une collaboration avec l'Allemagne
demeurât possible. Elle recommandait la conclusion d'un pacte
oriental de non-agression et d'assistance mutuelle et d'un pacte
danubien analogue, moyennant quoi serait souscrite une convention
d'armement, qui remplacerait la partie V du traité de Versailles et
donnerait à l'Allemagne les satisfactions désirées par elle ; en outre,
pour préciser les conditions d'application du pacte de Locarno et
renforcer la sécurité à l'Ouest, en même temps qu'à l'Est, le plan
franco-britannique suggérait un accord régional d'assistance par
l'aviation, en cas d'agression, accord auquel auraient participé
l'Italie, l'Allemagne, la Belgique, l'Angleterre et la France.

L'ambassadeur Eric Phipps et moi-même avions remis personnellement ce document à Hitler, en insistant, selon nos instructions,
pour qu'il l'examinât dans un esprit favorable. Le 14 février, le
Reich avait répondu. Réponse brève, un peu sèche, d'un ton gêné,
mais non négative. Le Reich promettait de s'associer aux efforts des
deux Puissances pour consolider la paix et éviter que l'Europe ne

se lançât dans une course aux armements effrénée. Il restait évasif sur la question du pacte oriental et du pacte danubien ; il acceptait l'idée d'une assistance aérienne, complétant le pacte de Locarno ; mais il ajoutait qu'il demeurait sceptique, quant à l'efficacité des discussions à plusieurs, qu'il préférait procéder par conversations particulières et qu'il souhaitait de commencer par un échange de vues avec l'Angleterre.

Hitler avait gardé l'impression que la Grande-Bretagne, plus conciliante que la France, avait regretté la note du 17 avril 1934 et l'échec de la Conférence de Genève, qu'elle était acquise à la thèse du réarmement limité et qu'elle donnerait beaucoup pour aboutir, quand même, à une transaction. Peut-être aurait-il avec elle plus de chance qu'avec la France ? L'appel qu'il adressait à l'Angleterre, dans la réponse allemande du 14 février, laissait supposer chez lui l'intention d'avertir les Britanniques de son programme d'organisation militaire et d'essayer de les y convertir.

Londres s'était empressé, d'ailleurs, de relever l'invite contenue dans la note allemande. Et il avait été entendu que Sir John Simon se rendrait à Berlin, le 6 mars. Des préparatifs avaient été faits pour cette visite dont la presse du Reich avait semblé se réjouir vivement et attendre de grands résultats.

Mais un incident imprévu va bouleverser toute cette tactique.

Le 4 mars, deux jours avant la date prévue pour le voyage de Sir John, paraît, à Londres, un « Livre blanc », signé de Ramsay Mac Donald. Un débat doit s'engager aux Communes, à propos de l'augmentation du budget des dépenses militaires. Le Livre blanc est destiné à l'éclairer. Il explique que cette augmentation de 4 millions de livres est due au réarmement de l'Allemagne, à l'esprit qui règne dans ce pays, à l'éducation qu'y reçoit la jeunesse et à l'insécurité qui en est, pour l'Europe, la conséquence.

La publication du Livre blanc déchaîne à Berlin une tempête de vociférations. Les journaux écument de rage. A qui mieux mieux, ils s'indignent qu'on ose, dans un document officiel étranger, représenter l'Allemagne comme un danger pour la paix et prétendre que l'esprit public, la jeunesse y sont soumis à une propagande belliqueuse. C'est une calomnie, une insulte, un affront intolérable ! Cette colère, si elle est sincère, n'est, cependant, pas livrée à elle-même. Elle est dirigée. Et l'on aperçoit, derrière les thèmes qu'elle

développe avec passion, le bout de l'oreille de ceux qui la dirigent.
« Jamais, écrivent les feuilles, l'Angleterre n'a augmenté dans ces
proportions son budget de guerre. L'Angleterre réarme ; elle donne
l'exemple du réarmement ; nous sommes donc libres d'en faire
autant ; et puisqu'elle nous accuse de réarmer, nous aurions bien
tort de nous en priver ! Le réarmement de nos voisins menace, au
surplus, notre sécurité. Notre sécurité en péril exige que nous réar-
mions ! »

Le lendemain, 6 mars, par l'intermédiaire de son ministre des
Affaires étrangères, Adolphe Hitler prévient l'Ambassadeur d'Angleterre qu'il a pris froid au cours de son passage à Sarrebruck,
qu'il souffre d'une extinction de voix et qu'il est obligé de renoncer
au plaisir de recevoir Sir John Simon. A Berlin, personne ne s'y
trompe. Tout le monde comprend qu'il s'agit d'une maladie diplomatique et de la manifestation d'une irritation qui n'affecte pas
seulement les cordes vocales. Neurath me confirme, en tout cas,
que Hitler est hors de lui. Il est furieux de constater que le pacifisme qu'il affiche en toute occasion n'est pas pris au sérieux, mais
plus furieux encore de voir que l'Angleterre, dont il escomptait les
bonnes dispositions et dont il pensait que l'entremise l'aiderait à
faire accepter son programme de réarmement, ne le juge pas autrement que la France. Le projet qu'il avait conçu s'effondre. Le
voyage du ministre anglais n'a plus de sens. C'est pourquoi il l'a
décommandé brutalement.

Il songe certainement, à ce moment, à riposter au Livre blanc
par la notification des mesures qu'il a décidé de prendre pour
reconstituer l'armée allemande. Il est, pourtant, retenu par un reste
de prudence. Il ne veut pas lâcher tout l'aveu, ou tout le défi, d'un
seul coup. Il le divisera en deux. Il se contentera de répliquer à
l'Angleterre dans le domaine où celle-ci est le plus susceptible,
celui de l'aviation.

Le 10 mars, Gœring annonce à Ward Price, correspondant du
Daily Mail, dont Hitler et lui se servent souvent, lorsqu'ils ont à
faire une communication importante à l'opinion publique étrangère, que le Reich va, désormais, posséder une aviation militaire,
distincte de l'aviation civile. On propose à l'Allemagne, dit-il, de
participer à un pacte aérien. Comment le pourrait-elle, si elle
n'avait pas d'aviation ? Le même jour, les attachés de l'Air, ou, à

leur défaut, les attachés militaires des missions diplomatiques des grandes Puissances, sont invités à se rendre au ministère de la Reichswehr.

Là, le Commodore Wenninger les avise, non sans embarras, qu'une armée de l'air allemande est née. Elle sera composée d'un certain nombre d'escadres, de régiments et d'escadrilles, à raison de 3 groupes de 3 escadrilles de 9 à 12 appareils par régiment, répartis en six régions aériennes. Il parle au futur. Mais il est évident que tout ce que l'on pouvait réaliser de ce programme, sans trop frapper l'attention, existe déjà. Dès l'arrivée du nazisme au pouvoir, Gœring avait ouvertement déclaré sa volonté de doter le Reich, en dépit des interdictions du diktat, d'une aviation militaire. Il s'était fait nommer ministre de l'Aviation. Ce n'était pas pour présider aux destinées de l'aviation marchande. On n'ignorait pas, d'ailleurs, que les Usines Junkers, à Dessau, et Heinkel, à Warnemünde, travaillaient à plein, depuis des mois.

Dans sa conversation avec les attachés, le Commodore Wenninger n'a cité aucun chiffre. Quelle sera la force de l'armée aérienne allemande? Il ne l'a pas dit. Il n'a pas mentionné cette limitation à la moitié de l'aviation française, ou au tiers du total de l'aviation de la France et de celles de ses alliés, dont Hitler parlait, lorsqu'il négociait avec nous. Ce qui valait, il y a un an, ne vaut plus aujourd'hui. Un pas considérable a été franchi. Il ne s'agit plus de réarmer dans une mesure modeste pour effacer une humiliation et obtenir une satisfaction morale, mais pour obéir aux exigences de la sécurité allemande. Il ne s'agit plus de laisser à la France une marge de supériorité, mais de revendiquer, vis-à-vis d'elle, au moins la parité.

L'Angleterre a fourni l'occasion de divulguer l'existence, contraire au traité de Versailles, d'une armée de l'air allemande, et cette divulgation a été effectuée selon une procédure bien singulière. C'est, maintenant, la France qui va donner le prétexte de notifier, par des voies plus normales, l'existence d'une nouvelle armée de terre. Il était visible qu'on la guettait. Les journaux du Reich suivaient avec trop de soin la question de l'augmentation de la durée du service militaire français, pour qu'il n'y eût pas sous roche quelque combinaison. Le 15 mars, Flandin présente à la Chambre des Députés un projet, tendant à suppléer au déficit des

classes creuses par une prolongation provisoire de la durée du service militaire. Les arguments invoqués à l'appui du projet révèlent
l'état, déjà inquiétant, du réarmement allemand.

Le lendemain, à 5 heures de l'après-midi, Hitler, à l'improviste,
me fait appeler. Je le trouve dans son cabinet de travail, à la Chancellerie, flanqué de Neurath, qui assistera à l'entretien. Sa voix ne
décèle aucune trace d'enrouement. Il est sûr de lui, concentré,
solennel, conscient de la gravité du moment. Il me déclare qu'il a
voulu m'avertir, et par mon intermédiaire le gouvernement français, qu'il venait de promulguer une loi rétablissant la conscription
et le service obligatoire et fixant la composition de l'armée allemande à 12 corps et 36 divisions. Il fera la même communication à
l'ambassadeur de Grande-Bretagne et à l'ambassadeur d'Italie. En
même temps, il me remet le texte de la loi, qui tient en peu
d'articles. Mais ce texte est précédé d'un exposé des motifs, qui est,
en réalité, un manifeste à l'usage de l'Allemagne et de l'opinion
mondiale.

Le manifeste rappelle les événements qui se sont succédé, après
Versailles. L'Allemagne a désarmé conformément aux stipulations
du traité. Le désarmement promis des autres nations n'a pas suivi ;
les efforts pour le réaliser ont échoué. Les principales Puissances
ont accru et continuent d'accroître leurs armements. La Russie a
créé 101 divisions. M. Stanley Baldwin n'a-t-il pas dit qu'un grand
État ne devait confier qu'à lui-même le soin de sa sécurité ? Voici
que la France retourne au service militaire de deux ans. Dans ces
conditions, le Reich ne pouvait pas demeurer désarmé, ou doté seulement d'une armée dérisoire. La nation assumera, désormais, par sa
propre force la garantie de l'honneur et de la sécurité du pays. Au
surplus, l'Allemagne ne songe à attaquer personne et son plus cher
désir est de vivre en paix avec tout le monde.

Je réponds aussitôt à Hitler qu'en ma qualité de représentant
d'un pays signataire du traité de Versailles, je proteste contre la
notification qui m'est faite d'une violation flagrante de ce traité. Il
n'est pas exact que la France ait augmenté les effectifs de son
armée. Elle les a simplement maintenus à leur niveau, en remédiant
au déficit des classes creuses par des dispositions qui n'ont qu'une
valeur provisoire. J'exprime le regret qu'en promulguant cette loi,
sans contact et sans discussion préalables, le Führer ait cru pouvoir

nous placer, par une décision qu'il n'était pas libre de prendre unilatéralement, en face d'un fait accompli.

Hitler rétorque qu'il est toujours prêt à toutes les conversations. Dans l'échange de propos qui s'engage, il donne des indications d'un haut intérêt. Comme je soulignais ce que le chiffre de 36 divisions a d'excessif, il m'oppose les 41 divisions dont dispose, selon lui, l'armée française et ajoute que l'Allemagne réclame la parité avec la France. Il se livre à une diatribe véhémente contre l'U.R.S.S. Jamais il ne consentira à garantir les frontières de ce pays, qui n'est pas limitrophe de l'Allemagne et qui est une menace pour le Reich. Inutile, donc, d'espérer l'adhésion de Hitler au pacte oriental! Bien plus, c'est à partir de ce moment, à partir de la reconstitution officielle de l'armée allemande, que va commencer la campagne systématique d'excitation, menée à découvert par le IIIᵉ Reich et son chef, contre la Russie des Soviets.

A ces déclarations significatives, Hitler joint le couplet rituel sur ses sentiments envers la France; la frontière franco-allemande est, à ses yeux, définitive; il ne fera jamais rien pour la remettre en question; si nos rapports mutuels ne sont pas meilleurs, ce n'est pas sa faute; nous avons éconduit ses avances; il regrette que nous ne nous soyons pas prêtés à un contact direct entre ministres français et ministres allemands.

Hitler a prétendu que la loi militaire du 16 mars n'était que la conséquence du retour de la France au service de deux ans. Les précisions que je recueille sur les conditions dans lesquelles le Führer a pris sa décision achèvent de démontrer qu'il n'en est rien. Les préparatifs nécessaires étaient faits depuis longtemps. Le Führer n'attendait qu'une circonstance opportune. Le geste de la France n'a pas été une cause, mais un prétexte.

Pendant la semaine qui a précédé le 16 mars, Hitler était à Berchtesgaden, où il était censé soigner sa gorge. A la vérité, il y méditait. Il avait emporté de Berlin le texte de la loi militaire, ainsi qu'une note établie par les bureaux de la Wilhelmstrasse et, d'après cette note, il s'appliquait à rédiger le manifeste qui devait accompagner la publication de la loi. Il l'écrit et le récrit jusqu'à trois fois. Puis, satisfait, sans doute, de la troisième version, il rentre soudainement à Berlin, dans l'après-midi du vendredi 15 mars; il réunit ses intimes et leur donne lecture de son factum. A cette heure, on

ne connaît pas encore le vote de la Chambre française. Le lendemain, le Cabinet du Reich est convoqué pour 13 heures. Hitler
communique à ses ministres la loi et le manifeste dont il a arrêté les
termes. Un frisson d'enthousiasme saisit les membres du Gouvernement. Ils se lèvent de leur siège et, au commandement de Blomberg, poussent trois « hurrahs » en l'honneur du Führer, avant de
lui serrer la main, de le remercier et de l'assurer de leur dévouement inaltérable.

Pourquoi Hitler a-t-il ainsi précipité ses mouvements? Il aurait
pu laisser s'écouler quelques jours après le vote de la Chambre
française, puisqu'il entendait justifier par ce vote sa détermination.
En réalité, préoccupé de son rôle historique et cédant à la pente
naturellement romantique de son imagination, il a voulu faire coïn-
cider la proclamation du retour de l'Allemagne à la conscription et
au service obligatoire avec la date du 17 mars, anniversaire du
manifeste, adressé par Frédéric-Guillaume de Prusse à son peuple,
en 1813, et qui donna le signal de la « guerre de libération ».

Dans le Reich, la décision du Führer produit un effet considérable. A Berlin, on s'arrache, dans la rue, les éditions spéciales des
journaux. Des groupes se forment. Les gens crient : « Bravo!
Enfin! » Une foule s'amasse devant la Chancellerie et fait à Hitler
des ovations délirantes. La presse célèbre une des grandes dates
de l'histoire allemande, l'événement le plus important qui se soit
produit depuis quinze ans. « La honte de la défaite est, désormais,
effacée. C'est la première grande mesure de liquidation de Versailles! », écrivent les feuilles; on compte donc qu'il y en aura
d'autres. « Nous armions en secret — avouent ingénument certains
journaux — maintenant, on sait ce que nous faisons, où nous
allons; c'est plus sain! » La journée du 17 est fêtée par d'éclatantes
cérémonies. Blomberg, dans un discours prononcé à l'Opéra,
exalte la tradition militaire allemande, de Frédéric II à Ludendorff.
Hitler décore des drapeaux et assiste à un défilé où figurent des
détachements de toutes les armes, y compris l'aviation et la marine.
Il apparaît, flanqué à droite du vieux Mackensen, à gauche, de
Blomberg, l'un symbolisant l'ancienne et l'autre, la nouvelle armée.

Hors d'Allemagne, l'initiative hitlérienne cause également une
vive sensation. Mais les réactions sont faibles, la surprise n'est que
relative. Le sujet est, en quelque sorte, défloré. La décision de Hitler

n'apprend rien à personne. On se doutait bien que l'Allemagne réarmait. Beaucoup raisonnent comme les feuilles allemandes qui disaient : « Mieux vaut savoir à quoi s'en tenir ! » Tout de même, après les accords de Rome et la déclaration franco-britannique, qui condamnaient les gestes unilatéraux, les ruptures d'engagements mutuels sans accord préalable, l'attitude de Hitler est un véritable soufflet aux Puissances, une provocation, un défi ; c'est aussi une nouvelle épreuve de force ; l'avenir y est impliqué ; si une barrière ne lui est pas opposée, si un coup d'arrêt ne lui est pas porté, le Führer finira par se croire tout permis et fera la loi en Europe. Il est clair qu'on ne lui a déjà que trop cédé.

Les Puissances comprennent qu'elles ne peuvent pas accepter l'événement, qu'une riposte de leur part s'impose. Cependant, l'idée que le Reich a créé un *casus belli* n'entre pas dans les esprits. Nul n'envisage que la force des armes puisse être employée pour le contraindre à l'obéissance. On considère généralement que l'affaire est du ressort de la ligue genevoise et que c'est à la politique et à la diplomatie qu'il incombe de mettre l'Allemagne hors d'état de nuire.

J'ai suggéré, quant à moi, dès le 17 mars, que les Puissances rappellent immédiatement leurs ambassadeurs et qu'en hâtant la conclusion du pacte oriental et danubien, elles forment sans délai une association de défense anti-allemande. Naturellement, l'Angleterre devrait signifier que, toute négociation étant désormais superflue, Sir John Simon abandonne définitivement le projet d'une visite à Berlin. Ma suggestion, jugée, probablement, trop radicale, n'a pas été retenue. Les Puissances réagiront, mais sur le plan du papier et de la procédure. Comme il m'avait été indiqué, lorsque je demandais, à la veille de la note du 17 avril 1934, quelle serait leur conduite, en présence du réarmement flagrant de l'Allemagne, elles ne parleront pas le langage de la force, le seul auquel Hitler eût été sensible ; elles parleront le langage du droit, dont il se moque ; elles protesteront et se tourneront vers la Société des Nations.

Le gouvernement anglais, qui a poussé la mansuétude jusqu'à feindre de croire à la sincérité des maux de gorge de Hitler et à lui souhaiter prompte guérison, adresse à Berlin une note dans laquelle il blâme le comportement du Führer, contraire aux dispositions dont il avait témoigné antérieurement, et qui tranche d'autorité la question qui était précisément en litige. Après quoi, la note britannique exprime le désir, vraiment inattendu, de savoir si l'on est encore prêt, à Berlin, à recevoir la visite de Sir John Simon et à s'entretenir avec lui sur la base du communiqué franco-anglais du 3 février et de la réponse allemande du 14. C'est déjà, par avance, l'erreur d'appréciation, la faute de tactique que commettra plus tard Neville Chamberlain. Hitler s'empresse de répondre qu'il sera heureux de causer avec Sir John. Comment veut-on que cet homme, malgré tout simpliste, n'ait pas l'impression que la protestation anglaise est toute formelle, qu'au fond l'Angleterre lui est favorable et ne lui fera pas sérieusement obstacle?

Du côté français, on montre un peu plus d'énergie. On convoque d'urgence l'Angleterre et l'Italie, pour le 23 mars, à Paris. On décide de saisir le Conseil de la Société des Nations. On propose qu'après le 23 mars, quand Sir John Simon aura eu son entrevue avec Hitler, les trois Puissances se réunissent à Stresa, ou à Milan. Le 21, Flandin fait au Sénat un discours très ferme, sans évoquer, pourtant, l'hypothèse de la guerre; et c'est tout ce que Hitler peut souhaiter. Je remets, le même jour, à Neurath, la protestation officielle française. Elle constate la violation du traité, la rupture de la procédure de discussion qu'avait de nouveau ouverte le communiqué du 3 février. Elle rappelle qu'on n'a pas le droit de se délier d'un engagement sans l'accord des co-contractants. Elle formule les plus expresses réserves, touchant les conséquences de l'attitude allemande. Mais sa conclusion enlève toute portée à son début. La France s'y déclare disposée à continuer de rechercher la conciliation et à faire tous ses efforts pour dissiper le malaise. La protestation italienne est conçue en termes semblables. Hitler a donc, dès ce moment, la certitude d'avoir doublé le cap le plus dangereux. Le 23 mars, Eden et Suvich confèrent à Paris avec le gouvernement français. La solidarité des trois Puissances s'affirme. Il est convenu que le voyage de Sir John n'aura qu'un but d'information et que le ministre anglais ne sortira pas du cadre, tracé le 3 février. Eden accompagnera Sir John à Berlin et se rendra ensuite à Moscou, à Varsovie et à Prague. Et les trois Puissances se retrouveront à Stresa, le 11 avril.

On pourrait croire que Hitler, en face de Simon et d'Eden, va s'appliquer à apaiser leur mécontentement, à endormir leur méfiance, à rassurer leurs craintes. Mais, puisqu'ils sont là, c'est qu'ils n'ont pas contre lui de griefs bien graves. Hitler n'a donc pas à se gêner. En fait, il ne se gêne pas. Sans précaution d'aucune sorte, rudement et crûment, avec un tranquille aplomb, il étale ses prétentions; il signifie à ses interlocuteurs les positions qu'il a résolu d'adopter et dont il ne se laissera pas détourner. Il veut bien conclure des pactes de non-agression à l'Est, mais il rejette toute clause d'assistance mutuelle; il ne contractera pas d'engagement de non-immixtion dans les affaires autrichiennes, tant qu'on n'aura pas défini en quoi consiste l'immixtion; il ne reviendra pas à Genève avant la liquidation des problèmes en suspens et la réforme profonde de l'institution.

Quant au réarmement du Reich, il lui est imposé par le développement des forces russes. Son armée, à lui, aura 555.000 hommes. Il n'abaisserait ce chiffre que si la situation politique de l'Europe le permettait. Cette armée sera munie de grosse artillerie et de gros matériel, si les armées des autres Puissances en sont, elles-mêmes, pourvues. Il ne saurait plus être question d'arrêter les fabrications et de laisser aux Puissances qui en possèdent le bénéfice du matériel lourd existant. Hitler n'est pas hostile à l'élaboration d'un pacte aérien de l'Ouest, complétant Locarno; en pareil cas, il revendiquerait pour l'Allemagne une aviation égale à l'aviation anglaise ou française, c'est-à-dire à la plus forte des deux. Il renouvelle, d'ailleurs, l'expression de son attachement au traité de Locarno, librement discuté et signé par son pays. Il aborde, enfin, un chapitre sur lequel il n'avait pas insisté jusqu'ici, celui de la marine, et il fait connaître à ses visiteurs son intention de construire une flotte de guerre égale en tonnage à 35 % de la marine britannique; il serait prêt, du reste, à s'engager à ne pas dépasser cette proportion.

Entre le Hitler qui parle ainsi et celui qui, il y a un an, déclarait se rallier au plan Mac Donald, sollicitait l'autorisation de lever une armée de 300.000 hommes et offrait de renoncer à l'artillerie de fort calibre et aux tanks de gros tonnage, quelle différence! Comme il a acquis de l'assurance! Comme ses prétentions ont grandi dans l'intervalle! Et vis-à-vis de ses interlocuteurs, quelle désinvolture! Il ne les traite pas comme des mandataires venus pour ouvrir une discussion, mais comme des délégués, chargés d'enregistrer ses volontés. John Simon en est, intérieurement, stupéfait. Pourtant, il n'en marque rien. Il écoute avec beaucoup de politesse; il semble s'intéresser vivement aux propos du Führer, il ne le contredit pas, il ne lui adresse pas d'objections. On racontera plus tard que Hitler lui aurait demandé : « Est-ce que Wellington, quand il vit arriver Blücher à son secours, aurait songé à s'enquérir de quel droit l'armée prussienne avait dépassé les effectifs qui lui étaient imposés ? »; et l'on prétendra que Sir John aurait beaucoup goûté ce trait. Au fond, la franchise du Führer l'effraie, mais elle ne lui déplaît pas; l'homme ne lui est pas antipathique; et la perspective d'un tonnage de guerre allemand qui n'irait pas au delà de 35 % du tonnage anglais porte le ministre à la réflexion.

Hitler, pour sa part, est certain qu'il a séduit Sir John, qu'il l'a convaincu du bien-fondé de ses thèses et qu'il peut désormais compter sur l'appui britannique.

Lorsque se réunit, le 11 avril, la conférence de Stresa, à laquelle assistent Mac Donald et Mussolini, la presse du Reich n'est nullement inquiète de ses résultats. Elle souligne les divergences qui, d'après elle, sépareraient les participants. Elle ne doute pas que ces divergences ne soient insurmontables et prévoit que les suggestions de la France ne recueilleront pas l'adhésion de ses partenaires. Bientôt, les nouvelles qu'elle reçoit ébranlent sa sérénité. Mais, quand elle prend connaissance du communiqué final, elle n'en croit pas ses yeux, elle est atterrée. Sensible, en effet, au récit que Sir John a rapporté de son entrevue avec Hitler et Eden de ses visites à Moscou, Varsovie et Prague, la Conférence a compris la nécessité d'attester la pleine solidarité, l'accord étroit de ses membres. Elle a fait bloc, aussi bien dans l'affirmation de sa fidélité à la S. D. N. et l'approbation des pactes oriental et danubien, que dans le blâme qu'elle adresse à l'Allemagne et la décision qu'elle proclame de s'opposer à toute répudiation unilatérale et dangereuse pour la paix des traités en vigueur.

Deux jours plus tard, le 16 avril, la même scène se répète à Genève, au Conseil de la Société des Nations. La France l'emporte sur toute la ligne. Le mémorandum qu'elle a déposé ne rencontre aucune contradiction, et c'est le projet de résolution qu'elle a rédigé qui est adopté à l'unanimité des votants. Non seulement ce texte réitère, avec plus d'insistance encore, la condamnation portée à Stresa contre l'Allemagne, mais il charge un comité de préciser les mesures économiques et financières qui pourraient être appliquées à l État, membre, ou non, de la S. D. N., qui menacerait la paix en répudiant unilatéralement ses obligations internationales. On voit, ainsi, pour la première fois, les Puissances se préoccuper sérieusement des conditions pratiques dans lesquelles des sanctions efficaces pourraient être prises contre un État récalcitrant.

Le 18 avril, les ambassadeurs d'Italie et d'Angleterre ont rappelé à la Wilhelmstrasse que leurs gouvernements maintenaient toutes les garanties souscrites par eux dans le pacte de Locarno. Enfin, le 2 et le 14 mai, un accord franco-soviétique de consultation et d'assistance mutuelle en cas d'agression a été signé à Paris et à Moscou.

Toute cette procédure est tardive, puisqu'elle n'intervient qu'un long mois après le défi hitlérien. Elle s'accommode du passé, puisqu'elle n'exige pas l'abolition de la loi militaire allemande. Elle n'a qu'une valeur hypothétique, puisqu'elle se réfère à un avenir incertain. A ce triple égard elle est caractéristique de l'attitude des Puissances, moins soucieuses, à chaque coup de force du IIIᵉ Reich, de réprimer la violence accomplie, que d'empêcher la violence suivante, alors que Hitler, au contraire, trouve dans le gain réalisé une raison d'en poursuivre un autre. Tout de même, les Puissances sont arrivées à former une ligue de défense anti-allemande; l'Angleterre et l'Italie en font partie; et la France a renoué avec la Russie ses liens d'autrefois.

Avril 1935, Stresa et Genève, marquent le point culminant de la solidarité européenne contre les ambitions du Reich. L'Allemagne se voit dénoncée, surveillée, isolée. Son opinion publique en est très frappée. Sa presse se répand en protestations, en imprécations, qui trahissent le dépit et la rage. Jamais, quant à moi, ses chefs, ses diplomates, ses journalistes officieux ne m'ont paru plus désemparés, plus découragés. Il semble que l'horizon se soit refermé devant eux et que le rêve de grandeur qu'il avaient caressé leur échappe. Nul doute; si les Puissances avaient su maintenir leur cohésion en face du IIIᵉ Reich, bien des malheurs eussent été épargnés au monde et, d'abord, à elles-mêmes!

Mais deux mois se sont, à peine, écoulés que cette cohésion

vacille déjà. Pour sortir d'embarras, Hitler a recours à sa recette ordinaire. Il se fait ermite. Le 21 mai, il prononce au Reichstag un discours dans lequel, sans rien renier du passé, il évoque la perspective d'un avenir de rapprochement et d'entente et se montre, en termes conciliants, désireux de participer à l'organisation de la sécurité générale. Il propose de fixer un plafond aux armements des divers États, de limiter, en particulier, ainsi qu'il l'a déjà offert, sa flotte au tiers de la flotte anglaise, de supprimer les armes offensives lourdes, tout en laissant à la France le bénéfice de sa ligne Maginot, de pacifier les opinions publiques, de définir l'immixtion afin de pouvoir s'engager en connaissance de cause à la non-immixtion, de souscrire à des pactes de non-agression avec ses voisins, etc...

L'Angleterre mord à l'appât qui lui est tendu. Baldwin salue la lueur qu'Hitler vient d'allumer et marche vers cette lueur. Alors que la France, en avril 1934, n'a pas voulu conclure un accord de limitation du réarmement terrestre de l'Allemagne, le gouvernement britannique, négociant sans bruit et pour son compte, autorise, le 18 juin 1935, par un accord à deux, le réarmement naval du Reich, limité à la proportion de 35 % de sa propre flotte.

Ce n'est encore qu'une brèche dans le mur de la solidarité anti-hitlérienne! Mais, dans le même temps, l'affaire d'Ethiopie s'envenime. Les tentatives de médiation échouent. Mussolini se lance dans une entreprise de conquête qui va le brouiller avec la Société des Nations, avec l'Angleterre et la France. Stresa n'est bientôt plus qu'un lointain souvenir.

Et la défection italienne, exploitée par le Reich, rapprochant les deux dictatures, rouvre à l'ambition de Hitler les voies qu'on avait cru lui fermer.

CHAPITRE VII

LA FIN DE LOCARNO

Hitler, dans *Mein Kampf* déclare qu'il n'y a rien de pire que de faire les choses à moitié. Il condamne sévèrement la demi-mesure, *die Halbheit*. Ce qu'il appelle, d'ailleurs, la demi-mesure, c'est ce que d'autres appelleraient la mesure ; en quoi il est représentatif d'un trait du caractère allemand. Celui-ci va aux extrêmes. Il veut tout, et tout de suite ; et, comme les enfants gâtés, il n'est pas satisfait, il se croit lésé, s'il n'a pas immédiatement tout ce dont il a envie. A peine un gain réalisé, il est hanté par le désir d'obtenir le suivant. Ne pas savoir s'arrêter à temps a toujours été la cause des effondrements de l'Allemagne.

Hitler, au moment de la conférence de Stresa, s'est vu bloqué, paralysé par l'entente des trois Puissances. Il a eu un instant de découragement. Mais, bientôt, sa chance lui revient. La guerre italo-éthiopienne lui rend l'espoir. L'Italie entre en conflit avec la S. D. N., l'Angleterre et même la France. La coalition se disloque ; la barrière qu'elle lui opposait s'abaisse ; il va pouvoir poursuivre l'exécution de son plan méthodique, achever de libérer l'Allemagne de ses chaînes, lui restituer sa pleine souveraineté, avant de passer à la phase d'expansion et de conquête. Le désarmement du Reich, un des piliers sur lesquels reposait le traité de Versailles, a pris fin. Le Reich a récupéré l'égalité des droits, ou plutôt, il s'est, d'autorité, assuré l'égalité de fait, en matière militaire.

Reste l'obligation de ne pas tenir garnison sur le Rhin, la démilitarisation des provinces rhénanes. Les nationalistes allemands considèrent cette clause comme une limitation pénible de l'indépendance de leur pays, comme une lourde servitude, Hitler partage leur opinion. Seulement ni lui, ni eux ne peuvent dire, en l'espèce, qu'ils soient en face d'une exigence imposée par la force, d'une stipulation du « Diktat ». L'Allemagne a librement discuté et signé, le 16 mars 1925, le traité de Locarno, dont elle a, elle-même, provoqué la négociation ; par ce traité, elle s'est engagée à respecter le statut de la frontière franco-allemande du Rhin, tel qu'il a été établi à Versailles, y compris la démilitarisation de la Rhénanie ; elle y a, du reste, trouvé son avantage, ainsi qu'aux pactes d'arbitrage avec la Belgique, la Pologne et la Tchécoslovaquie qui ont accompagné le pacte rhénan ; car elle vivait, alors, sous l'impression laissée par l'occupation de la Ruhr ; elle voulait éviter le retour d'une pareille sanction, se mettre à l'abri des mesures de coercition que la France et ses alliés pourraient être tentés de prendre, de nouveau, à son égard ; et la caution de l'Angleterre et de l'Italie, qui s'étaient portées garantes de l'observation de l'accord, lui avait été précieuse.

Mais, avec le temps, la situation s'est renversée ; l'Allemagne n'est plus à la merci de ses voisins ; elle estime qu'elle est devenue assez forte, ou que ses voisins sont devenus assez faibles, pour qu'elle puisse s'émanciper des contraintes qui la gênent. Locarno ne lui apparaît plus comme une sauvegarde, mais comme un obstacle, un obstacle d'autant plus embarrassant qu'elle a contribué à le dresser de ses propres mains. Le pacte locarnien, garanti par l'Angleterre et l'Italie, constitue le fondement, la charte de ses relations avec la France. En le violant, elle se place dans son tort, dans un cas plus grave encore que celui du rétablissement de la conscription ; son initiative risque d'être assimilée à une agression et de lui attirer les représailles, non seulement de la France, mais encore des Puissances garantes, celles de l'Angleterre, sinon celles de l'Italie. Il lui faut donc trouver un détour, un prétexte, qui la soustraie à l'accusation de renier sa signature et de considérer ses promesses comme de vulgaires chiffons de papier.

Pour y parvenir, Hitler ne se mettra pas en frais d'imagination ; il usera d'un procédé analogue à celui qu'il a employé pour justifier la promulgation de la loi organique, déterminant la composition de l'armée allemande, et qui lui a réussi. Il a dit, le 16 mars 1935, que

le retour de la France au service de deux ans, joint à l'augmentation
des divisions russes, l'obligeait à veiller lui-même à la sécurité du
Reich. Il prétendra, un an plus tard, que la conclusion d'un pacte
entre la France et la Russie des Soviets est incompatible avec le
traité de Locarno, qu'elle annule ce traité et, par conséquent, libère
l'Allemagne de ses engagements. Il se fera accusateur, pour échapper à l'accusation, et s'érigeant lui-même en juge de son grief,
créera, de nouveau, par une décision brusquée, le fait accompli.

Il est vrai que l'Allemagne a, dès l'origine, combattu les efforts
de la diplomatie française en vue d'aboutir à un pacte de l'Est, ou
pacte oriental, dont le pacte franco-soviétique n'était qu'un élément. La préoccupation de la France était de donner corps à une
sécurité collective que la Société des Nations n'avait jamais pu faire
passer du domaine de la théorie et des principes dans celui des
réalités, en organisant, pratiquement et durablement, des sécurités
partielles, au moyen d'accords régionaux, précis et efficaces. Le
pacte de Locarno était un exemple valable d'entente régionale. Il
enregistrait l'engagement solennel, contracté par l'Allemagne, la
Belgique et la France, de respecter leur frontière commune et les
articles du traité de Versailles qui l'avaient fixée. L'Angleterre et
l'Italie, co signataires de l'accord, en avaient garanti l'exécution ;
s'il était violé, elles devaient prêter immédiatement assistance à la
partie lésée ; et parmi les cas de violation éventuelle, le texte citait
expressément le rassemblement de forces armées dans la zone rhénane démilitarisée. Le pacte s'insérait, au surplus, dans les règles
et procédures de la S. D. N. et contenait une réserve, par laquelle
la France stipulait que ses obligations antérieures envers la Pologne
et la Tchécoslovaquie n'en pourraient être affectées.

C'est sur ce modèle qu'après la note du 17 avril et l'échec de la
Conférence du désarmement, la politique française, soucieuse
d'organiser la sécurité européenne, va tenter de mettre sur pied un
pacte oriental. S'il s'y ajoutait, ensuite, ou en même temps, un
pacte danubien, réglant les rapports des États de l'Europe centrale,
on pourrait se flatter d'avoir entouré la paix du maximum de garanties possible. Ainsi, le pacte oriental grouperait la Pologne, les
États baltes, la Tchécoslovaquie, la Russie, la France et l'Allemagne. Tous ces pays se lieraient entre eux par un engagement de
non-agression, de respect du *statu quo,* de consultation et d'assis-

11

tance mutuelle. Attaqué, l'un d'eux recevrait le secours des autres.
Ce serait un Locarno de l'Est; et comme la France y prendrait
part, ainsi que l'Allemagne, il y aurait une connexion entre l'Est et
l'Ouest, une barre de renforcement, qui assurerait la solidité du
système. Louis Barthou a exposé cette conception, le 6 juin 1934,
à Genève; il l'a fait approuver à Londres, en juillet. Mais, le
10 septembre, le Reich nous a adressé une note dans laquelle il la
critique et s'y oppose formellement.

Quelles raisons fait-il donc valoir contre les pactes régionaux?
Je m'en suis bien souvent expliqué avec le secrétaire d'État, von
Bulow; car c'était lui, manifestement, qui, sur ce point, avait été
chargé d'établir la doctrine du Reich, de la munir d'arguments
appropriés et d'en assumer la défense. Il y apportait beaucoup de
douceur, une grande politesse, mais aussi une obstination, rebelle
à tous les assauts.

Bulow était un charmant homme, d'humeur toujours égale,
d'excellentes manières, un solitaire, un vieux garçon un peu
maniaque et qui vivait dans un modeste appartement, assez à l'écart
du monde berlinois. Il était très représentatif de cette ancienne aristocratie prussienne, qui avait su garder des habitudes de vie fort
simples, et qui, tout imprégnée d'un patriotisme quasi religieux,
considérait comme sa vocation naturelle de se consacrer, dans
l'Armée ou dans la diplomatie, au service de l'État. Son teint rose,
sa figure pleine et un peu poupine contrastaient avec des cheveux
prématurément blanchis. Ses yeux, d'un bleu de myosotis, répan-
daient sur son visage fin et distingué une expression de mélancolie.
Son plaisir, quand il pouvait s'échapper de la capitale, était de se
perdre dans la nature et de descendre les rivières en canoë. Grand,
penché en avant, la tête inclinée vers l'épaule, une blessure de
guerre l'empêchait d'ouvrir complètement la main droite; et cette
légère infirmité accentuait le caractère réservé de sa personne. Il
n'avait évidemment pas les qualités brillantes de son oncle, l'ancien
Chancelier, dont il avait reçu le prénom. Mais il était sérieux, précis, ponctuel, et connaissait à fond le dossier des affaires dont il
s'occupait. Il avait été le collaborateur de Stresemann et de Brüning
et semblait s'être particulièrement attaché à ce dernier. En
revanche, il est probable que Neurath ne lui inspirait qu'une médiocre considération. Les violences, les audaces du nazisme

n'étaient sûrement pas de son goût. Il estimait de son devoir, cependant, de l'aider de toutes ses forces dans l'œuvre de redressement national qu'il avait entreprise. Spécialisé dans l'étude des problèmes qui relevaient de la Société des Nations, il n'aimait pas l'institution genevoise; il lui imputait un parti pris d'hostilité contre l'Allemagne, un excès de docilité envers la France et l'Angleterre; ses sympathies allaient, pourtant, à la Grande-Bretagne, plus qu'à la France, qu'en son for intérieur il tenait pour l'adversaire principal. Il n'en avait pas moins avec moi les relations les plus courtoises et savait se montrer aimable, jusque dans la contradiction la plus résolue. C'était, d'ailleurs, un contradicteur redoutable; car il était bon juriste, bon dialecticien, ne s'échauffait jamais et ne perdait jamais le fil de son raisonnement.

Au début de nos discussions sur l'organisation de la sécurité par les ententes régionales, l'Allemagne se dérobait, en disant qu'elle ne possédait pas les mêmes droits que les autres États, qu'elle n'avait pas de véritable armée et que, par conséquent, elle n'était pas en mesure de contracter des engagements d'assistance, à égalité avec les autres. Nous essayions de la persuader qu'une fois résolu le problème de la sécurité, celui de l'égalité des armements ne soulèverait plus de difficultés. Elle demeurait insensible à cet appât; car elle était bien décidée à s'octroyer ce qu'on lui refusait, sans fournir en échange aucune contrepartie.

Mais quand elle eut officiellement reconstitué son armée, après le 16 mars 1935, il lui fallut changer ses positions. Les arguments ne lui manquaient pas. Bülow avait une préférence pour celui-ci : les pactes multilatéraux, les ententes régionales détruisent le principe même de la Société des Nations; ils en sont la négation; s'il y a des amitiés particulières, il n'y a plus d'amitié générale; ces combinaisons réintroduisent dans une institution destinée à les abolir la pratique des groupes hostiles; elles menacent la paix, qu'elles prétendent consolider.

Si je lui objectais que les pactes en question se référaient aux stipulations du Covenant, s'y subordonnaient et n'étaient qu'une manière de les mettre en œuvre, qu'ils étaient essentiellement défensifs et avaient pour but d'enlever à quiconque l'envie de troubler la paix, il répondait :

« Ils suscitent la méfiance. Imaginez, dans une réunion, des gens qui se concertent, à voix basse, dans un coin ; leurs conciliabules intriguent, inquiètent ceux qui n'en font pas partie ; à leur tour, ils se cherchent des appuis et voilà reparus les blocs antagonistes ! Les ententes régionales engendrent fatalement les blocs antagonistes ; ils ont, en outre, pour effet de généraliser les guerres, alors que la sagesse est de les circonscrire. Leurs incidences amènent un pays à se battre par ricochet, bien qu'il n'en ait nulle envie ; elles l'exposent à servir de champ de bataille ou de terrain de passage aux armées étrangères, éventualités également déplorables. Les pactes entrent en jeu, lorsque se produit une agression. Mais la définition de l'agression ouvre la porte aux appréciations les plus arbitraires. Le fait de pénétrer sur le territoire adverse, que l'on retient comme constituant le cas typique de l'agression, peut n'être que le résultat de provocations, qui, elles, constituent la véritable agression et, pourtant, échappent aux sanctions. L'immixtion est encore plus difficile à définir. Où commence-t-elle ? Où cesse-t-elle ? De toute facon, les pactes régionaux ne devraient être conclus qu'entre voisins. Pourquoi la France intervient-elle dans des régions qui ne la concernent pas, à l'est de l'Europe, où elle n'a que faire, en Russie, ou en Tchécoslovaquie, où ses intérêts ne sont pas en cause ? La seule procédure raisonnable est celle des ententes entre voisins, des ententes à deux, dont les signataires conviennent de ne pas s'attaquer l'un l'autre et de se consulter dans les circonstances délicates, mais ne se promettent pas d'assistance mutuelle et s'engagent, seulement, à ne pas aider l'agresseur de l'autre partie.

Telle était la thèse de Bülow, élaborée par lui et par Gaus, le jurisconsulte de la Wilhelmstrasse, dans le dessein évident de ménager à l'Allemagne, comme Hitler le désirait, toute la liberté d'action possible et de débarrasser sa route des obstacles qui eussent entravé sa marche.

Nous le réfutions vigoureusement. Les ententes régionales, disions-nous, n'ont rien de suspect. Elles s'étalent au grand jour. Les pactes qui les enregistrent sont publiés. La S. D. N. les contrôle et en surveille l'application. En quoi, d'ailleurs, des pactes à deux seraient-ils moins suspects que des pactes à plusieurs ? L'Allemagne n'est pas exclue de nos combinaisons. C'est elle qui s'en exclut volontairement. Nous lui demandons d'y adhérer. Nous insistons pour qu'elle entre dans le pacte oriental. Si elle y entrait, elle bénéficierait des mêmes garanties de sécurité que les autres participants. Pourquoi rejette-t-elle un système qu'elle a jugé bon à Locarno? Les pactes régionaux ne généralisent pas la guerre; ils la rendent impossible par les risques auxquels le jeu de l'assistance mutuelle expose celui qui voudrait la provoquer. La définition de l'immixtion n'est pas d'une difficulté infranchissable. Quant à l'agression, le criterium de la pénétration en territoire étranger est parfaitement valable; car celle-ci, quelles qu'en soient les causes, devrait être subordonnée aux règles et aux décisions de la S. D. N. Enfin, il est naturel et légitime que des pays éloignés des régions sur lesquelles portent les pactes, soient, cependant, associés aux ententes régionales; car leurs intérêts sont généraux, européens et mondiaux; et ils sont, en quelque sorte, les trustees de la paix.

Sur ce canevas la controverse franco-allemande se déroula durant des mois. Comme la question du désarmement, elle donna lieu à d'abondants échanges de notes, et ces échanges de notes ne servirent à rien qu'à permettre au Reich de gagner du temps et de développer ses forces militaires. Le système des ententes régionales était manifestement conçu pour défendre le statu quo européen, issu du traité de Versailles, et pour réduire à l'impuissance, en lui opposant une coalition supérieure à lui, l'État qui s'aviserait de vouloir le modifier par la violence. Comment le III⁰ Reich aurait-il pu s'y agréger, lui qui ne songeait qu'à bouleverser à son profit l'ordre né de la défaite allemande et qui avait quitté la Société des Nations, précisément pour se soustraire au réseau de précautions dont ses membres s'efforçaient d'entourer le maintien de la paix?

S'il paraissait s'accommoder du pacte de Locarno, c'est que le remaniement de sa frontière de l'Ouest ne figurait pas en tête de son programme de relèvement. L'annexion de l'Autriche, l'élimination du bastion de Bohême, la suppression du couloir polonais lui semblaient plus urgentes. Les projets de conquête du nazisme étaient tournés vers l'Est. Il avait besoin, il souhaitait pour les réaliser, de conserver la paix à l'occident. Mais il comprenait clairement que ses plans d'avenir seraient compromis, s'il tolérait que le mécanisme locarnien fût étendu à l'est et au centre de l'Europe. Aussi, pesa-t-il de tout son poids politique et diplomatique pour faire échouer l'entreprise française. Il trouva, pour le seconder, un appui précieux à Varsovie et réussit, de la sorte, à empêcher l'adhésion de la Pologne et des États balte   Finalement, le pacte oriental se réduisit à un projet d'entente entre la France et l'U.R.S.S. A partir de ce moment, la susceptibilité d'Hitler devint particulièrement vive et il fut évident qu'on allait au-devant d'une nouvelle crise.

Jamais, en effet, le Führer ne voulut croire sincère la proposition que nous lui adressions de participer en tiers à un accord avec la Russie des Soviets. Oubliant que son premier geste, en arrivant à la Chancellerie, avait été de prolonger le traité de Rapallo, il déclarait que nous ne lui faisions pareille suggestion que parce que nous savions bien qu'il ne l'accepterait pas. Pouvions-nous sérieusement supposer qu'il fût capable de contracter un engagement politique avec les ennemis les plus dangereux de l'Europe? Si nous nous y résolvions, nous-mêmes, c'était qu'une arrière-pensée hostile à l'Allemagne nous inspirait, c'était que nous en revenions à la tradition de l'alliance franco-russe dirigée contre l'Allemagne, à la vieille politique d'encerclement, qui était la véritable cause de la guerre de 1914.

Là-dessus, le langage de Hitler et celui de Bülow ne varièrent jamais. Il est juste de reconnaître qu'ils nous indiquèrent, en même temps, afin de nous intimider, qu'à leur avis, notre pacte éventuel avec les Russes porterait un coup funeste au pacte de Locarno. Ils en donnaient pour raison qu'à la faveur d'une machination soviétique, notre obligation d'assistance à la Russie nous entraînerait à attaquer l'Allemagne, alors que la clause de non-agression du pacte de Locarno nous l'interdisait. L'arrangement locarnien avait admis deux exceptions, l'une concernant la Pologne, l'autre, la Tchécoslovaquie. S'il fallait, désormais, y joindre une troisième au bénéfice de l'U.R.S.S., il n'en resterait plus rien. Locarno n'aurait plus de sens.

Il était aisé de répondre que l'obligation d'assistance n'avait pas un caractère d'automatisme, que la S. D. N. aurait à déterminer l'agresseur, que, s'il y avait machination, elle n'en serait pas dupe, que le Covenant primait les pactes, qu'au surplus, les Puissances garantes de Locarno, qui n'avaient élevé aucune objection contre le projet d'accord franco-russe, auraient, de toute façon, leur mot à dire. Mais moins encore qu'au sujet des ententes régionales, nous parvenions à nous faire entendre. Nos interlocuteurs répétaient obstinément que la S. D. N. n'était pas impartiale et agirait à notre convenance et que, s'il y avait, un jour, en France, un gouvernement communiste, il obéirait docilement à toutes les instructions de Moscou. Dûment stylée, la presse allemande reprenait et développait à l'infini cette argumentation. L'arrière-pensée que les nazis prétendaient constater chez nous existait beaucoup plus sûrement chez eux. Si encore l'attitude du III⁰ Reich avait été orientée vers la paix, nous aurions pu être tentés de tenir compte de son opposition. Mais tout, dans ses paroles et dans ses gestes, était inquiétant. A défaut d'une entente régionale de l'Est, avec participation allemande, le souci de notre sécurité nous commandait de nous rabattre sur le pacte à deux avec la Russie, sans participation allemande. Aussi bien la proclamation officielle du réarmement du Reich, par la loi organique du 16 mars 1935, nous enlevait-elle toute hésitation. Contre les empiètements incessants, les audaces croissantes du nazisme, aucun frein n'était superflu.

Le 2 et le 14 mai 1935, à Paris et à Moscou, passant outre aux représentations de l'Allemagne, la France signe le pacte francosoviétique.

Une semaine plus tard, le 21 mai, dans le grand discours qu'il prononce au Reichstag, en réponse aux décisions de la conférence de Stresa et du Conseil de la Société des Nations, et où il étale des intentions pacifiques, afin d'ébranler la coalition qui s'est affirmée contre lui, Hitler commente l'accord qui vient d'intervenir. Il déclare que l'alliance franco-russe, qu'il qualifie opiniâtrement d'alliance militaire, ressemble aux anciennes alliances et présente les mêmes dangers qu'elles ; il ajoute qu'entre autres inconvénients, elle a celui d'introduire dans la valeur du traité de Locarno un élément de trouble et d'incertitude. Cependant, dit-il, l'Allemagne respectera les engagements qu'elle a souscrits librement, même avant l'avènement du III⁰ Reich ; par conséquent, elle respectera le traité de Locarno. Mais l'assurance qu'il donne ainsi publiquement est suivie d'une restriction significative ; l'Allemagne respectera le traité de Locarno, *tant que les autres signataires le respecteront euxmêmes.* Par là, il se garde une porte ouverte et se réserve le moyen de soutenir, quand il le jugera opportun, que, les autres signataires, c'est-à-dire la France, ayant violé le traité, celui-ci est caduc.

Le 1ᵉʳ juin, la Wilhelmstrasse nous saisit d'un mémoire, dans lequel elle expose que le pacte franco-soviétique est incompatible avec Locarno. Le 25 juin, nous réfutons, dans un contre-mémoire, les allégations allemandes. Puis, le débat s'interrompt. L'Allemagne n'insiste plus. Hitler paraît résigné. En réalité, il ne l'est nullement. Mais il sait que la conclusion du pacte franco-soviétique doit être ratifiée par le Parlement français ; il n'ignore pas qu'une vive opposition s'est manifestée chez nous contre le pacte et il suppute qu'elle pourrait faire échec à la ratification. Il a appris, également, que le gouvernement britannique ne regardait pas d'un œil très favorable le rapprochement entre la France et la Russie bolcheviste ; de ce côté aussi, une aide pourrait lui venir. D'ailleurs, la coalition de Stresa est encore trop solide ; il faut laisser à la guerre d'Éthiopie le soin de la relâcher et d'en écarter l'Italie. Enfin, l'œuvre de reconstitution de l'armée du Reich, bien qu'on y travaille fébrilement, n'est pas encore assez avancée. Pour ces motifs, il lui suffit d'avoir posé des mines. Hitler les fera sauter, quand l'occasion sera bonne. En attendant, il répète et fait répéter par ses collaborateurs qu'en dépit des objections graves que lui suggère le pacte franco-russe, il continuera, pour sa part, d'observer fidèlement l'accord de Locarno.

Au début d'octobre 1935, à Bruxelles, Ribbentrop le confirme à Van Zeeland. Le 26 du même mois, recevant en audience d'adieu le comte de Kerchove, à Berlin, le Führer lui réitère la même assurance. Il la renouvelle à Sir Eric Phipps en décembre, à moi-même, en novembre et en janvier. Neurath s'exprime dans le même sens à Londres, où il assiste aux obsèques du roi George V. Et il en sera ainsi, jusqu'au jour où l'Allemagne dénoncera, brusquement et brutalement, le traité qu'elle promettait, la veille encore, de respecter.

Je ne me fie pas, quant à moi, à ces déclarations qui voudraient être apaisantes. Trop de signes m'avertissent que l'état d'esprit de Hitler reste alarmant. A Nuremberg, le 10 septembre, il s'est fait remettre une réplique de l'épée de Charlemagne, symbole de la force du Reich allemand et le Congrès annuel du Parti s'est terminé par une grande parade militaire. Le 15 octobre, ont été inaugurés solennellement les locaux de l'Académie de guerre, rappelée à la vie. Mais, surtout, le dixième anniversaire de la signature du traité de Locarno, qui tombe précisément le 16 octobre 1935, a été complètement passé sous silence par la presse. Une des rares feuilles qui en aient parlé, la *Börsen Zeitung*, s'est bornée à dire que Locarno était une combinaison dont l'Allemagne avait, d'avance, payé tous les frais et qui ne lui avait rien rapporté. La consigne donnée à la presse émane de gens qui considèrent l'accord comme ayant, déjà, cessé d'exister.

Le 21 novembre, je rends visite à Hitler au milieu de l'après-midi. J'ai été chargé de l'informer que le débat sur la ratification du pacte franco-soviétique viendrait prochainement devant les Chambres françaises et de lui rappeler, une fois de plus, à ce propos, que le pacte en question n'est en aucune manière dirigé contre l'Allemagne, qu'il a un caractère uniquement défensif, qu'il n'est qu'un fragment d'un ensemble, inspiré par le désir d'organiser, avec le concours du Reich, la sécurité collective, et qu'enfin, toute idée d'exclusion, ou d'encerclement de l'Allemagne en est absente.

Hitler se montre sensible à la démarche que le Gouvernement a tenu à me faire accomplir auprès de lui. Mais il ne s'en livre pas moins à une longue diatribe contre le pacte qu'il incrimine. C'est, à n'en pas douter, affirme-t-il, une alliance militaire tournée contre lui. La Russie est une menace permanente pour l'Europe; elle n'appartient pas à l'Europe; elle ne songe qu'à la culbuter; on a commis, en l'introduisant dans la S. D. N., une faute capitale. Le conflit italo-abyssin qui se déroule présentement souligne l'absurdité du système de la sécurité collective. La France ne se trouve-t-elle pas entraînée à prendre position contre l'Italie, avec laquelle elle a noué, quelques mois plus tôt, des liens d'amitié? L'Angleterre ne va-t-elle pas être acculée à établir un blocus, à entrer dans la guerre? Qui sait à quelles manœuvres les Soviets auront recours pour brouiller les cartes entre la France et l'Allemagne? La France interprète, aujourd'hui, le pacte franco-soviétique d'une certaine façon. Mais, demain, un gouvernement différent l'interprétera autrement. Hitler s'indigne encore contre les sanctions, qui bouleversent la vie économique, non seulement de l'État auquel elles s'appliquent, mais de tous les autres, et qui amèneront le développement des produits de remplacement.

« — Je peux vous assurer, me dit-il dans une phrase révélatrice, que nous allons, plus que jamais, nous attacher à l'industrie des Ersatz ! »

Visiblement, le cas de Mussolini l'inquiète ; il le juge en mauvaise posture ; il craint une défaite du fascisme, qui serait fâcheuse pour le national-socialisme ; il craint aussi que la réalisation des projets qu'il nourrit dans son esprit ne l'expose, un jour, aux mêmes épreuves que le Duce. Mais surtout, la violence avec laquelle il a fait le procès du pacte franco-russe ne me laisse aucun doute sur ses intentions futures. S'il a prononcé un tel réquisitoire, c'est qu'il est décidé à une riposte ; et cette riposte ne peut être que la dénonciation de Locarno et l'occupation de la zone démilitarisée.

J'en ai déjà instruit le Quai d'Orsay. Je l'ai averti qu'à mon avis, Hitler n'hésitait plus que sur le choix du moment. Après ma conversation avec le Führer, je reviens à la charge et dans une longue dépêche du 26 novembre je demande que le Gouvernement étudie la conduite qu'il conviendra d'adopter, le jour où Hitler passera aux actes, comme il l'a fait quand il a promulgué la loi militaire. Je suggère, pour ma part, que l'on n'attende pas ce jour, que l'on prenne les devants, que l'on pose la question ouvertement et que l'on oblige le Führer à abattre son jeu. Peut-être obtiendrons-nous par cette initiative qu'au prix de quelques garnisons limitées en nombre et en effectifs dans la zone rhénane, Hitler s'engage à n'y élever aucune fortification ? Ou, alors, menaçons-le de nous opposer par la force à l'accomplissement de son dessein !

Ma suggestion n'est pas approuvée. On m'objecte que, si nous paraissons admettre que l'accord de Locarno puisse être revisé, il y a lieu de redouter qu'il ne s'évanouisse tout à fait, que l'Angleterre ne reprenne sa liberté et que l'Italie, absorbée par la guerre d'Ethiopie, ne se désintéresse du problème de la frontière de Rhénanie. Les circonstances nous enferment, ainsi, dans une méthode qui nous condamne à recevoir les coups sans être en mesure de les parer ou d'y répliquer immédiatement, et à être constamment surpris par les événements que nous attendons. Le commandement de notre armée, qui a eu connaissance de ma dépêche, a demandé, lui aussi, quelle serait l'attitude du Gouvernement, si l'éventualité que j'annonce se présentait réellement. On lui a répondu qu'en pareil cas, nous aurions recours aux procédures régulières de la Société des Nations. L'expérience nous a, semble-t-il, laissé encore quelques illusions sur l'efficacité des mécanismes genevois.

Je demeure si préoccupé de la situation dans laquelle nous ris-
quons de nous trouver à bref délai que j'en fais l'objet de mon
dernier télégramme de l'année 1935. Le 31 décembre, j'insiste sur
la recrudescence frappante de la campagne des journaux allemands
contre le pacte franco-russe et l'accord de Locarno. « L'effort de la
diplomatie du Reich, dis-je, tendra manifestement, en 1936, à libérer l'Allemagne d'une servitude jugée trop lourde et à rendre possible, en invoquant les exigences de la sécurité nationale, l'établissement de garnisons et de fortifications sur sa frontière de l'Ouest.
Les voies que les dirigeants du Reich emprunteront dépendront des
circonstances, du cours des événements, des dispositions de la
S. D. N., de l'état de nos relations avec nos amis, notamment avec
la Grande-Bretagne, et de la fermeté de notre attitude. »

Le 1er janvier 1936, ayant à présenter au Chancelier les condoléances du gouvernement français à propos de la mort de l'ambassadeur Kœster, je me plains à lui des articles que continue à publier
la presse de la capitale. Hitler me déclare qu'il n'a pas l'intention
de remettre en cause l'accord de Locarno. Le 10 et le 13, au cours
de deux conversations, j'adresse à Bülow de vifs reproches.

« — Vous vous comportez, lui dis-je, comme si vous cherchiez,
dès maintenant, des titres juridiques pour justifier une action ultérieure, dont le projet est déjà dans votre tête, et qui consisterait à
occuper, un beau jour, la zone démilitarisée... Il ne doit pas vous
échapper qu'en ce cas, la situation deviendrait, aussitôt, fort
grave ! »

Bülow reste évasif et proteste, lui aussi, que l'Allemagne ne
songe pas à dénoncer Locarno.

Le 11 février, le débat sur la ratification du pacte franco-soviétique s'ouvre à la Chambre des Députés. Le 25, le Ministre des
Affaires étrangères, P.-E. Flandin, démontre que ce pacte est parfaitement compatible avec celui de Locarno. Il offre, néanmoins,
puisque l'Allemagne est d'une autre opinion, de soumettre le problème à l'appréciation de la Cour de La Haye. La presse allemande
laisse tomber cette proposition et réagit contre la France qu'elle
accuse, en termes plus furieux que jamais, de préparer l'encerclement du Reich.

La signature, survenue dans le même temps, d'un pacte similaire
entre l'U. R. S. S. et la Tchécoslovaquie, lui fournit un argument

supplémentaire. Le 27 février, la Chambre des députés ratifie, par 353 voix contre 164, l'accord avec la Russie. « Geste lourd de conséquences! », écrivent les journaux du Reich. Mais, le lendemain, 28, à l'étonnement général, paraît, dans le journal parisien *Le Matin*, une interview que le Führer a donnée à Bertrand de Jouvenel. Hitler y fait preuve, à l'égard de la France, des sentiments les plus chaleureux, des dispositions les plus conciliantes. Il y exprime, avec une remarquable insistance, un désir d'amitié, une volonté d'entente et de rapprochement. On se frotte les yeux. A-t-on bien lu? Le 29, le Gouvernement m'invite à dire au Chancelier qu'il n'est pas indifférent aux déclarations recueillies par le journaliste français et à lui demander comment il conçoit ce rapprement, qu'il a semblé si vivement souhaiter.

Le 2 mars, Hitler me reçoit, en présence de Neurath. Il a le teint plus animé, les yeux plus brillants que d'habitude; il est nerveux, agité, troublé; il a l'air fort impatient et fort mécontent. Tout de suite, il évoque l'interview qui motive ma démarche. C'est une supercherie! On s'est moqué de lui! Les déclarations qu'il a faites à Bertrand de Jouvenel, et dont il ne conteste pas l'exactitude, remontent à huit jours; elles devaient être publiées avant le vote de la Chambre; on en a retardé exprès la publication; c'est, sans doute, une manœuvre du gouvernement français ou de son ambassade à Berlin! A l'heure actuelle, elles sont dépassées par l'événement. Cependant, Hitler répondra à la question que je suis venu lui poser. Une étude est en cours. Sous peu, il me saisira de propositions précises et détaillées.

Je proteste que ni mon ambassade, ni le gouvernement français ne sont pour rien dans le retard apporté à la publication d'une interview qui ne leur avait pas été communiquée. Mais le Chancelier reste incrédule; il s'imagine qu'en France la presse est, comme dans le IIIe Reich, aux ordres des autorités. Son aspect, le ton de sa voix ne sont pas rassurants et je ne présage rien de bon des prochaines propositions qu'il m'a annoncées.

Le 6 mars, on apprend, à Berlin, que le Reichstag se réunira, le lendemain, à midi. C'est le signe que quelque chose de grave va se produire. Effectivement, dans la matinée du 7, le baron de Neurath m'appelle à la Wilhelmstrasse et m'y remet, ainsi qu'aux ambassadeurs d'Angleterre et d'Italie et au chargé d'affaires de Belgique, une note dénonçant le traité de Locarno. Je lui demande si je dois considérer cette note comme constituant les propositions attendues. Il répond affirmativement et me prévient que des détachements de troupes, « de caractère symbolique », prétend-il, ont commencé de pénétrer dans la zone démilitarisée. La nouvelle m'en est, d'ailleurs, confirmée peu après par nos consuls, qui me rendent compte que la Reichswehr est en train de défiler sur les boulevards des principales villes de la Rhénanie, au milieu de l'enthousiasme populaire. Seulement, les détachements « symboliques » dont parlait le rusé Neurath se montent déjà à 19 bataillons d'infanterie et 13 sections d'artillerie.

En présence de la conduite de Hitler, on ne peut douter qu'il n'ait été résolu, depuis plusieurs mois, à dénoncer le traité de Locarno, si le pacte franco-soviétique était ratifié. Sur la foi d'informations inexactes, il a pensé que la ratification échouerait ; c'est pour en dissuader les milieux parlementaires et influencer l'opinion française qu'il a fait à Bertrand de Jouvenel des déclarations de nature à les troubler. Son interview étant demeurée sans écho et son espoir ne s'étant pas réalisé, il a, alors, exécuté le programme arrêté dans son esprit. Le moment lui a paru opportun. La victoire italienne en Afrique est acquise ; la Société des Nations n'a pas été capable de sauver l'Abyssinie et le ressentiment de Mussolini rend improbable que le Duce veuille intervenir, au nom de la ligue genevoise, dans le conflit locarnien. Les renseignements qui lui parviennent d'Angleterre ne lui donnent pas lieu de croire que le gouvernement britannique soit d'humeur belliqueuse. Il n'a pas non plus l'impression que la France soit disposée à aller aux extrêmes ; les luttes politiques y sont vives ; les élections législatives y sont prévues pour avril et retiennent les préoccupations du Gouvernement et du public. Et puis, l'armement du Reich est en progrès considérable et la Wehrmacht représente déjà une force importante. L'aventure peut être tentée...

De nouveau, Hitler a pris sa décision en mars, et un samedi ; le samedi est un jour avantageux, parce que, le dimanche, qui le suit, étant jour de congé, les mouvements de l'adversaire en sont gênés ; quant aux ides de mars, si elles furent fatales à César, il estime qu'à lui, elles sont favorables. Au surplus, la tactique dont il s'inspire est, en tous points, la même que celle qu'il a employée précé-

demment et qui a eu d'heureux résultats. Il frappe son adversaire
en plein visage et, dans le même instant, il lui dit : « Je vous propose la paix. »

La dénonciation du traité est accompagnée, en effet, de la remise
d'un mémorandum. C'est le contenu de ce mémoire qui a permis
à Neurath de prétendre qu'il constituait la réponse promise par
Hitler à ma question du 2 mars et les propositions détaillées qu'il
m'avait annoncées. Le document est divisé en deux parties. La première réédite la thèse, que le Chancelier, Bülow, la Wilhelmstrasse
m'ont maintes fois soutenue, sur l'incompatibilité du pacte franco-
soviétique avec les stipulations de Locarno. Mais la seconde énonce
des offres d'une assez ample portée. Le Reich, y est-il déclaré, est
prêt à ouvrir immédiatement des négociations en vue de créer une
nouvelle zone démilitarisée, mais, cette fois, des deux côtés de la
frontière et dans des conditions d'égalité pour la France et pour
l'Allemagne; il est prêt à conclure avec la France et la Belgique
un pacte de non-agression d'une durée de 25 ans, complété par un
pacte aérien; l'Angleterre et l'Italie y participeraient, au titre de
Puissances gar...., la Hollande y serait incluse, si elle le désirait;
aux États qui s... ses voisins, à l'Est, il propose de conclure des
pactes analogues au pacte germano-polonais; il laisse entendre,
enfin, que, l'égalité des droits étant désormais rétablie, il pourrait
rentrer à Genève où des conversations amicales traiteraient du
problème des colonies et des réformes à introduire dans le statut
de la S. D. N.

Au Reischtag, Hitler, exalté, farouche, très ému, se borne à
paraphraser le mémorandum, tandis que Gœring notifie que des
élections auront lieu le 29 mars et qu'elles auront le sens d'un plébiscite, soumettant au jugement de la nation la politique pratiquée
depuis trois ans « pour l'égalité des droits et la réconciliation des
peuples ».

A Paris, la dénonciation de Locarno, l'entrée des troupes allemandes dans la zone démilitarisée retentissent comme un coup de
tonnerre. On les avait, pourtant, vu venir d'assez loin et l'on avait
eu tout le loisir de s'y préparer ! L'événement prend, tout de même,
nos dirigeants au dépourvu. Un communiqué du Gouvernement
relate les faits qui ont précédé le geste du Führer, souligne le caractère scandaleux de cet acte unilatéral, que son auteur a cherché en

vain à justifier par une interprétation arbitraire et fausse du pacte franco-soviétique, et qui, une semaine après des protestations d'amitié à l'égard de notre pays, déchire sans vergogne un traité librement conclu avec lui.

Dès la matinée du 7 mars, les ministres siègent en conseil; ils siègent encore dans la soirée; cette fois, les trois chefs d'état-major assistent à leur délibération. Le 8 mars, ils se réunissent, de nouveau, à l'Élysée. On annonce que les signataires de Locarno se rencontreront le 10, à Paris, et que des mesures de sécurité vont être prises d'urgence à la frontière de l'Est. Le soir, le Président du Conseil, Albert Sarraut, adresse un message radiodiffusé à la nation. D'une voix pénétrée de gravité, il trace un tableau de la situation; il déclare qu'il refuse de retenir les offres de Hitler. Comment croire que l'Allemagne sera jamais fidèle à ses engagements? Et, d'ailleurs, la France ne consent pas à négocier devant le fait accompli et sous la menace. « Nous ne sommes pas disposés, ajoute-t-il, à laisser Strasbourg exposé au feu des canons allemands! »

On pourrait croire, après cela, que, sans attendre les décisions des Puissances garantes et des États intéressés, la France va agir et envoyer des troupes dans la zone rhénane pour en chasser les Allemands. Le Reich pouvait dénoncer le pacte de Locarno. Il n'avait pas le droit de tirer immédiatement les conséquences de cette répudiation brutale et d'occuper les villes rhénanes. L'abus, le défi sont flagrants. L'attitude de Hitler équivaut à une agression. Elle crée un *casus belli*. La guerre est-elle donc sur le point d'éclater ? Beaucoup de gens le pensent.

Il n'en est rien, cependant. Les troupes françaises se contentent de garnir la ligne Maginot. Le 10 mars, le Gouvernement explique à la Chambre qu'il n'est pas animé d'une hostilité de principe contre le peuple allemand; mais, négocier, aujourd'hui, n'aurait pas de sens; il négociera quand le respect de la loi internationale aura été assuré; pour sa part, il est résolu à joindre, dans le cadre de la S. D. N., toutes ses forces à celles des autres sociétaires, afin de répondre à un véritable attentat à la confiance internationale, à la foi des traités, à la sécurité collective, à l'organisation de la paix. En dépit de la vigueur de cette condamnation, il est visible que le ton a baissé; la France n'agira pas seule; elle se concertera avec les Puissances locarniennes et la Société des Nations, comme elle l'a fait, l'année précédente, dans un conflit moins aigu. L'heure de la guerre est passée.

On a taxé de faiblesse le Gouvernement d'alors. On lui a reproché d'avoir manqué l'occasion d'infliger au nazisme une leçon qui eût, peut-être, entraîné sa perte. On apprendra, pourtant, un peu plus tard, qu'il a examiné très sérieusement l'hypothèse d'une démonstration militaire. Une force, composée de quelques corps d'armée, aurait pénétré dans la Sarre et occupé Sarrebruck. Les ministres civils étaient partisans de l'opération. Mais les ministres militaires y étaient opposés, tous les trois. Le général Gamelin avait émis l'avis qu'une opération de guerre, même limitée, comportait des risques imprévisibles et que, par conséquent, elle ne pouvait être entreprise sans qu'il fût procédé à la mobilisation générale.

Le Gouvernement a reculé devant pareille éventualité. Il n'était pas sûr de lui. Il n'était pas unanime. Il n'était pas sûr de pouvoir s'appuyer sur un large et enthousiaste concours de l'opinion, malgré l'aversion que celle-ci éprouvait pour le régime hitlérien. Il n'était pas sûr de l'approbation des Chambres, dont il aurait dû solliciter le vote. A cette époque, le courant pacifiste est encore très puissant. L'idée de la guerre heurte le sentiment dominant. On persiste à attendre de la S. D. N. qu'en vertu de son seul poids, elle oblige les récalcitrants et les rebelles à rentrer dans l'ordre. L'expérience de mars 1935, celle de la guerre d'Ethiopie n'ont pas suffi à modifier l'état des esprits. On demeure attaché au principe de la sécurité collective, résultant d'une politique de solidarité et de coopération. On répugne à la perspective d'agir de sa propre initiative, sans être cautionné et assisté par tous les autres, et surtout sans être assuré d'un plein accord et d'une étroite collaboration avec la Grande-Bretagne.

Or, l'Angleterre, en mars 1936, en est exacfement au même point qu'il y a un an, à pareille date. Le secrétaire d'État au Foreign Office avoue, le 9 mars, à la Chambre des Communes : « L'occupation de la Rhénanie par la Reichswehr est un coup sévère pour le principe de la sainteté des traités! » Mais il ajoute aussitôt : « Il n'y a, heureusement, aucune raison de supposer que la présente action de l'Allemagne comporte une menace d'hostilités. » A la vérité, le « truc » employé par Hitler se révèle, cette fois encore, efficace. Les offres de négociation qu'il a formulées dans son memorandum et dans son discours au Reichstag ont retenu toute l'attention, tout l'intérêt de la diplomatie britannique. Celle-ci y accroche son espoir et son effort; elle y voit le moyen de sortir d'une situation critique, qu'elle est résolue à empêcher à tout prix de dégénérer en un conflit belliqueux, parce qu'elle craint d'y être entraînée et qu'elle ne veut pas faire la guerre, ou ne se juge pas en mesure de la faire. En sacrifiant le passé, sans doute préserve-t-elle le présent; mais, loin de sauvegarder l'avenir, elle le rend plus redoutable, plus inéluctable. Si Hitler était un sage, il se contenterait des satisfactions qu'il obtient; mais c'est un joueur, un « hasardeur »; ses gains le stimulent; après chaque coup, après chaque capitulation de l'adversaire, il remet au jeu et double la mise. L'illusion de la politique anglaise sera tenace; elle résistera longtemps à ces épreuves sans cesse renouvelées; Simon en a été dupe, et, après lui, Eden la partagera, et quand elle se sera dissipée chez Eden, elle renaîtra chez Neville Chamberlain.

Au lendemain de l'occupation de la zone démilitarisée, la Grande-Bretagne se comporte moins en Puissance garante d'un traité dont elle devait assurer le respect, et qui a été cyniquement violé, qu'en arbitre d'un litige entre la France et l'Allemagne. Le 29 mars, aux Communes, Eden s'exprime en ces termes caractéristiques :

« Je voudrais dire à la France que nous ne pouvons pas renforcer la paix, à moins que son gouvernement ne soit prêt à aborder sans préjugé les problèmes qui l'éloignent de l'Allemagne... Je voudrais dire à l'Allemagne que nous ne pouvons aborder des négociations avec une chance de succès si elle n'est pas prête à faire quelque chose pour apaiser les inquiétudes qu'elle a suscitées en Europe. »

L'attitude de Londres est définie en ces quelques lignes. Non seulement l'Angleterre ne nous encourage pas à recourir, vis-à-vis du Reich, à la force des armes, mais elle nous donne à entendre qu'elle ne nous seconderait pas dans une entreprise de coercition. Elle essaie, cependant, de calmer notre ressentiment et nos appréhensions d'avenir en acceptant de préciser ses engagements envers nous, pour le cas d'une nouvelle crise, et notamment d'ouvrir avec nous des conversations d'états-majors. En même temps, elle essaie de déterminer l'Allemagne à fournir, de son côté, des apaisements, après lesquels une ample négociation permettrait, sur la base des offres du Chancelier, de ramener en Europe l'harmonie et la concorde.

Durant 48 heures, tandis que ses troupes s'installaient dans les villes rhénanes, Hitler a attendu, le cœur battant, le développement qu'allaient prendre les événements. Gœbbels reconnaîtra, par la suite, l'anxiété que le Führer et ses lieutenants ont, alors, éprouvée. Si les armées françaises avaient pénétré en Rhénanie, il est probable que la Reichswehr se serait retirée derrière le Rhin, laissant à de faibles contingents le soin de défendre la lisière des lieux habités et de retarder la marche de l'adversaire. En revanche, il est beaucoup moins certain que l'échec de sa tentative eût provoqué l'effondrement du régime. Celui-ci exerçait, déjà, une trop forte emprise sur le pays. Plus vraisemblablement, il aurait monté une riposte, dans la rage et la fièvre, et la guerre eût éclaté. Reste à savoir si elle se fût présentée, à ce moment, dans de meilleures conditions pour nous qu'en septembre 1939 et si l'Angleterre et nos autres alliés nous y eussent soutenus. Les historiens qui ont, à cet égard, tant d'avantages sur les contemporains, en pourront longtemps discuter. Quoi qu'il en soit, au bout de deux jours, quand il s'aperçoit que la France ne mobilise pas et qu'elle emprunte le chemin des conférences et des procédures de la Société des Nations, Hitler respire. Il retrouve, du coup, son aplomb, son arrogance, comme à l'époque de son entrevue avec Sir John Simon; il sent, en effet, qu'il a partie gagnée.

A Paris, d'abord, le 10 mars, puis, à Londres, le 12 et le 13, les Puissances signataires de Locarno donnent libre cours à leur indignation. Eden demande à l'Allemagne de diminuer les effectifs qu'elle a envoyés en Rhénanie. Hitler répond que le Reich ne laissera pas limiter ses droits, mais qu'il consent, néanmoins, non pas à diminuer, mais à ne pas augmenter la densité de ses armées, pourvu que la France et la Belgique en fassent autant. A quoi l'on peut voir qu'il est, de nouveau, sûr de lui. Le Conseil de la S. D.N. se réunit, à son tour, le 14 mars et les jours suivants. Il invite l'Allemagne à se faire représenter auprès de lui. Hitler lui délègue Ribbentrop. Malgré les protestations de ce dernier, qui prétend que ce n'est pas l'Allemagne, mais la France, qui a violé le traité de Locarno, le Conseil met la violation à la charge du Reich. Les

Puissances locarniennes font, ensuite, connaître leurs décisions : l'accord de 1925 reste valable pour elles ; la Cour de La Haye sera consultée sur le problème de la compatibilité du pacte franco- soviétique avec le pacte de Locarno ; une zone neutralisée de 20 kilomètres de largeur sera créée en Rhénanie et contrôlée par des forces internationales, en attendant l'adoption d'un nouveau système de sécurité ; l'Angleterre, la France et la Belgique concluront entre elles des accords d'états-majors, tandis que l'Allemagne devra renoncer à construire dans la zone rhénane des fortifications permanentes.

Malheureusement, les Puissances locarniennes ont pris leurs désirs pour des décisions et leurs décisions pour des réalités. Elles se sont abusées à la fois sur elles-mêmes et sur l'Allemagne hitlérienne. P.-E. Flandin s'est trop pressé de se vanter, le 20 mars, devant la Chambre, des résultats obtenus à Londres comme d'un éclatant succès. Hitler signifie, le 24, par l'entremise de Ribbentrop, qu'il n'entend pas de cette oreille ; il ne s'inclinera pas devant des résolutions à allure de diktat ; il n'acceptera pas de discrimination à son détriment ; il a rétabli la souveraineté allemande en Rhénanie ; ce n'est pas pour tolérer qu'elle soit restreinte, ou abolie ; il présentera, pour sa part, des suggestions en vue de consolider la paix, mais il refusera toutes les stipulations déshonorantes que l'on voudrait y ajouter.

De cette hautaine rebuffade qui menace de rendre au conflit toute son acuité, l'opinion britannique s'émeut. Elle craint que son gouvernement ne se soit trop avancé dans la voie des garanties militaires, promises à la France. Eden bat en retraite, aux Communes, le 26 mars, précipitamment ; les Puissances locarniennes n'ont pas formulé un diktat, mais des propositions ; les conversations d'états-majors n'ont pas la portée qu'on leur attribue ; l'Angleterre conseille la modération, aussi bien à la France qu'à l'Allemagne... Et Stanley Baldwin invite Ribbentrop à déjeuner.

De son côté, l'Italie, qui a assisté en témoin muet aux conciliabules de Londres et dont on a interprété le silence comme une adhésion, fait savoir qu'il lui est impossible de s'associer au programme qui a été établi par les Puissances locarniennes. La guerre d'Ethiopie l'a brouillée avec la S. D. N., avec l'Angleterre et la France et rapprochée du Reich. Elle se désintéresse du problème de la frontière rhénane et de la sécurité collective. Qu'on s'arrange sans elle ! Il n'est donc plus question de reconstituer le front de Stresa. En face du coup de force de Hitler, plus grave, puisqu'il est une récidive, plus menaçant, puisqu'il amène l'armée allemande au contact immédiat de la frontière française, les Puissances sont plus divisées et plus hésitantes que jamais.

Entre temps, le plébiscite ordonné par le Reich a eu lieu, le 19 mars. 98 % des votants ont approuvé la politique étrangère du Chancelier ; l'opposition n'a rassemblé que 543.000 voix sur 44.950.000.

Fort de l'assentiment massif de son peuple, Hitler saisit les Puissances, le 1er avril, d'un « plan de paix », précédé d'un long et virulent réquisitoire contre la politique de la France, de cette France vis-à-vis de laquelle, au cours de la campagne pour le plébiscite, il a dit qu'il voulait « enterrer à tout jamais la hache de la guerre ». Il récuse, naturellement, la compétence de la Cour de La Haye et proteste contre les conversations d'ordre militaire entre la France et la Grande-Bretagne. Que veut la diplomatie européenne ? Prolonger la distinction entre nations honorables et nations non-honorables, en peuples libres et en peuples enchaînés ? ou vraiment construire un édifice neuf et solide ?

Si la dernière hypothèse est la bonne, l'Allemagne propose que l'avenir soit divisé en trois périodes : la première, de quatre mois, servira à détendre l'atmosphère ; pendant ce temps, le Reich n'augmentera pas ses effectifs en Rhénanie sous condition de réciprocité ; dans la seconde étape, l'Allemagne, la Belgique et la France concluront un pacte de non-agression d'une durée de 25 ans, complété, au besoin, par un pacte aérien ; avec ses voisins de l'Est et du Sud-Est, l'Allemagne signera également des pactes de non-agression ; au cours de la troisième période, le Reich se mettra en mesure de rentrer à Genève, avec l'espoir que l'on y examinera ses revendications coloniales et que l'on y modifiera la statut de la Ligue des Nations, en séparant définitivement le texte du Covenant de celui du traité de Versailles.

Il n'y a, dans tout cela, rien de nouveau. Hitler reprend, purement et simplement, les termes de son mémorandum. Pour les étoffer, il les assortit, cependant, de quelques paragraphes supplémentaires. Il suggère que la France et l'Allemagne veillent à ce que dans l'éducation de la jeunesse de leurs pays, comme dans la tenue de la presse et des ouvrages imprimés, soit évité ce qui serait de nature à envenimer les relations mutuelles. Il suggère également que soient arrêtées en commun des règles destinées à humaniser la guerre, telles que l'interdiction de l'emploi des gaz asphyxiants, toxiques ou incendiaires, ou les bombardements des villes situées à plus de 20 kilomètres de la zone de combat. Il se donne, enfin, l'apparence de souhaiter une limitation des armements, en proposant une renonciation aux chars du plus lourd tonnage et à l'artillerie du plus gros calibre.

Hitler croit-il sincèrement que « son plan de paix » fournit des bases de négociations sérieuses, d'où pourra résulter un accord général ? Qu'y a-t-il au fond de cet homme étrange et troublant ? La question m'est posée, le 3 avril, par P.-E. Flandin et Albert Sarraut, qui ont convoqué à Paris les ambassadeurs de France en Angleterre, en Italie, en Belgique et en Allemagne, Corbin, Chambrun, Laroche et moi ; seule réunion de ce genre, à laquelle j'aie jamais, du reste, été appelé à prendre part.

Je réponds au ministre des Affaires étrangères et au Président du Conseil qu'il ne faut pas considérer Hitler comme un chef d'État ou un chef de gouvernement du type courant ; c'est un pirate, qui n'applique ni les usages, ni la morale de la marine régulière. Il a en tête un programme d'action. Il veut se libérer des conséquences de la défaite de 1918, établir sa domination en Europe centrale et agrandir le Reich, au détriment de la Russie. Ce programme, qui concerne des régions où il estime que la France et l'Angleterre n'ont rien à faire, il préférerait le réaliser, il essaiera de le réaliser sans guerre, mais si la France et l'Angleterre prétendent barrer la route à ses ambitions, et si une guerre est nécessaire pour renverser cet obstacle, il fera la guerre. Quand il parle de la paix, il s'agit de la paix allemande : *pax germanica*.

Pour l'instant, ce qui semble lui importer, c'est d'alimenter la discussion. Car, pendant que l'on discute, ses troupes demeurent en Rhénanie et l'on s'habitue à leur présence.

La France avait déclaré qu'elle ne négocierait pas, tant que l'Allemagne n'aurait pas retiré ses garnisons de la zone démilitarisée et restauré le *statu quo ante*. Un mois plus tard, elle n'en est déjà plus là ! Elle a abandonné cette position. Le 7 avril, elle répond au plan

du Chancelier par un mémoire adressé au gouvernement britannique et communiqué à Bruxelles et à Rome. Les choses se passent
comme si les avocats de deux parties en litige échangeaient des
plaidoiries devant un tribunal fictif.

Le document français consiste, tout d'abord, en une verte
réplique au réquisitoire hitlérien, accompagnée de contre-de-
mandes, directes et précises. L'Allemagne dit qu'elle a cédé à la
contrainte en signant le pacte de Locarno. Dira-t-elle la même chose
pour toutes les clauses du traité de Versailles, et, notamment, pour
celles qui sont relatives à Memel, à Dantzig, à l'Autriche ? Est-elle
prête à reconnaître sans réserve le statut territorial et politique
actuel de l'Europe ? Admet-elle que la paix soit assurée par la
collaboration de tous dans le respect des droits de chacun, ou pré-
tend-elle que chaque État soit libre de régler ses différends en tête
à tête avec celui dont il aura surpris la bonne foi ?

Au plan de paix allemand, Paris oppose, ensuite, un plan de paix
français. Mais ce plan, à son tour, n'est qu'une réédition de la
thèse constamment soutenue par nous et obstinément repoussée par
le Reich, la thèse de la sécurité collective, organisée par des
ententes régionales, elles-mêmes fondées sur des pactes de non-
agression et d'assistance mutuelle, dans le cadre de la S. D. N. et
d'une Commission européenne, qui disposerait d'une force internationale, pour réprimer les infractions et les manquements éventuels aux engagements contractés.

Comme dans la controverse sur le désarmement, les positions
respectives ne varient pas. Le débat se prolonge sans avancer et
l'on n'aperçoit aucun moyen d'arriver à une solution.

Dans cette impasse, le principal souci des Anglais reste d'éviter
à tout prix la rupture des pourparlers. Tant que la controverse se
poursuit, on peut espérer qu'on finira par aboutir à quelque arrangement ; et, en tout cas, les décisions pénibles sont ajournées et le
risque d'une guerre s'évanouit. Sous prétexte d'éclaircir certains
aspects des propositions de Hitler, le Cabinet de Londres rédige un
questionnaire, inspiré des demandes contenues dans le mémoire
français, et le verse à la discussion, comme on jette du bois au feu
pour l'empêcher de s'éteindre.

Il s'éteindra cependant. Au questionnaire anglais, qu'il a jugé
blessant, Hitler ne donnera jamais aucune réponse. Les efforts qui

tendent à substituer au pacte déchiré par l'Allemagne une combinaison de remplacement se traîneront encore jusqu'en juillet, sans résultat. D'autres préoccupations les relégueront peu à peu dans l'ombre et dans l'oubli. Un clou chasse l'autre. Les élections françaises ont eu lieu, le 26 avril et le 2 mai, et amené au pouvoir, avec une majorité nouvelle, un gouvernement de front populaire ; d'où, pour la France, une série de difficultés intérieures, qui accaparent son attention. La Société des Nations cherche à liquider décemment l'affaire d'Éthiopie, d'où elle est sortie vaincue, l'Italie victorieuse, et à la faveur de laquelle s'échafaude l'axe Rome-Berlin. Et, surtout, la guerre civile espagnole a fait surgir un danger de guerre générale, singulièrement plus pressant que le règlement du problème de la frontière rhénane. La célébration des Jeux olympiques, au mois d'août, à Berlin, a scellé le triomphe d'Adolphe Hitler.

Locarno est bien mort. On ne le ressuscitera pas !

CHAPITRE VIII

JEUX. FÊTES. VISITES... VEILLE D'ARMES

Dans l'histoire du régime nazi, la célébration des Jeux olympiques, à Berlin, en août 1936, marque un haut moment, une sorte de point culminant, sinon d'apothéose, pour Hitler et le III° Reich. A certains égards, elle évoque le souvenir des journées napoléoniennes d'Erfurt, en 1808. Las des émotions qui, à la suite de l'occupation de la Rhénanie, leur ont fait redouter d'être, de nouveau, emportés dans la tourmente d'une conflagration générale, les esprits s'abandonnent avec soulagement à une sensation de détente ; ils se laissent aller à l'impression qu'un cauchemar s'est dissipé, à l'espoir que des temps meilleurs s'annoncent, au sein d'une paix qui ne sera plus troublée, puisque l'Allemagne a réalisé son dessein avoué, qui était de se libérer des chaînes de Versailles.

Hitler s'est imposé à l'Europe comme un personnage extraordinaire. Il ne répand pas seulement la crainte ou l'aversion ; il excite la curiosité ; il éveille des sympathies ; son prestige grandit ; la force d'attraction qui émane de lui s'exerce au delà des bornes de son pays. Des rois, des princes, des hôtes illustres se pressent dans la capitale du Reich, moins, peut-être, pour assister aux rencontres sportives qui doivent s'y dérouler, que pour s'approcher de l'homme fatidique qui paraît tenir entre ses mains la destinée du continent, pour voir de près cette Allemagne qu'il a, sous son étreinte irrésistible, transformée et galvanisée. Et tout le monde, en face d'une organisation sans lacune, d'un ordre et d'une discipline sans fissure, d'une prodigalité sans limite, toute le monde s'extasie.

De fait, le tableau est magnifique. Les nazis, dès leur arrivée au pouvoir, ont préparé l'échéance de ces festivités. Ils ont construit, aux portes de Berlin, dans cette banlieue de l'Ouest, parsemée de lacs et de forêts, un stade gigantesque, qui contient cent mille spectateurs. Du dehors, l'édifice déçoit; il a moins d'allure que le Colisée romain; il ne s'élève pas suffisamment sur l'horizon; il est collé, tapi au sol; car l'architecte, utilisant une dépression naturelle, a descendu l'amphithéâtre en profondeur. Mais celui-ci, vu de l'intérieur, est d'une frappante beauté. De larges accès permettent à la foule de le remplir et d'en sortir en quelques instants, sans bousculade; il a été muni de tous les aménagements, de tous les perfectionnements adaptés à son objet; les vestiaires des champions, les installations réservées à la presse, les restaurants, la tribune des autorités ne laissent rien à désirer, tandis que le brun-rouge du sable de la piste, le vert éclatant de la pelouse, le gris tendre des murs et des gradins composent une harmonie de couleurs qui séduit les regards.

Hitler, cependant, n'en est pas satisfait. Il m'expliquera qu'il reproche à ce stade d'avoir été construit en ciment armé. C'est une matière qu'il n'aime pas. Elle n'aura jamais, me dit-il, la noblesse de la pierre; et l'on ne sait pas comment elle se comporte avec le temps. Dans sa jeunesse, le Führer s'est cru peintre. Mais il a découvert que sa véritable vocation était l'architecture. On ne construit pas, dans le Reich, un bâtiment public, voire un simple pont, qu'il n'en ait examiné le projet. Il y a, dans un coin des chantiers de Nuremberg, une allée où sont disposés des échantillons de toutes les espèces de pierre que l'on peut extraire du sol de l'Allemagne; et pour chaque édifice important c'est lui qui décide celle qui devra être employée. Il rêve de remanier et d'embellir à sa manière toutes les grandes villes du Reich, à commencer par Berlin, et de les orner de monuments massifs qui laisseront de lui une trace impérissable. L'architecte du stade n'est, d'ailleurs, pas de son équipe; ce n'est pas un homme à lui. Le Chancelier a une moue de dédain quand il en parle. Il est difficile. Ce Werner March n'est, peut-être, pas un nazi authentique; il s'est tout de même assez bien acquitté de sa tâche.

La cérémonie d'inauguration offre aux assistants, le 1er août 1936, un spectacle grandiose. Déjà, en février, à Garmisch-Partenkirchen, les Jeux d'hiver avaient été d'un pittoresque et d'un éclat remarquables. Ce n'était rien, en comparaison de ce que l'on voit aujourd'hui.

A l'heure fixée, devant une foule haletante qui l'accueille par une puissante clameur, surgit, au poing de l'ultime coureur, la torche symbolique, apportée d'Olympie, de relai en relai. Elle allume une flamme qui jaillit d'une vasque, placée sur un trépied à l'entrée du stade, et qui brûlera tout le temps des Jeux. Le drapeau olympique élève lentement au sommet du mât ses anneaux enlacés. Une cloche au son grave et profond ponctue ces minutes solennelles.

Face à la tribune officielle, où siègent, aux côtés de Hitler et de ses lieutenants, le roi de Bulgarie, le prince de Piémont, la princesse Marie de Savoie, les princes héritiers de Suède et de Grèce et les fils de Mussolini, les membres du Comité international, le col ceint d'un chapelet de médailles d'or, magistrats d'une république idéale, un instant matérialisée, annoncent l'ouverture des Jeux et reçoivent le serment de l'athlète. Un chœur entonne l'hymne écrit pour la circonstance par Richard Strauss et des milliers de pigeons s'envolent sous le ciel bleu, dans un grand battement d'ailes. Puis, les équipes concurrentes défilent. Les Autrichiens provoquent des applaudissements démonstratifs. Les Français récoltent une ovation plus chaleureuse encore. On avait craint qu'après la rupture du traité de Locarno, ils ne vinssent pas. Mais Léon Blum a compris qu'il y aurait de la petitesse à se contenter du coup d'épingle, pour ceux qui n'avaient pas eu l'énergie du coup d'épée. Les Français sont précédés d'un géant qui brandit un vaste drapeau tricolore. Ils ont bonne figure et marchent d'un pas vif. Aux approches de la tribune, ils exécutent au commandement le salut olympique : le bras droit replié se détend et se fixe horizontalement, à la hauteur de l'épaule. La foule prend ce geste pour le salut hitlérien. Elle l'interprète comme un hommage chevaleresque, adressé au IIIᵉ Reich et à son chef, et elle se livre à un débordement d'enthousiasme, fondé sur une méprise...

A vrai dire, les épreuves qui se succèdent, les jours suivants, attestent la force élémentaire du sentiment national, plutôt que l'existence d'une vigoureuse solidarité internationale. Chacun applaudit surtout ses propres compatriotes, s'enorgueillit de leurs succès et s'afflige de leurs défaites. Hitler, le visage crispé, observe avec passion les performances de ses athlètes. Quand ils l'empor-

tent sur les autres il s'épanouit; il se donne de grandes claques sur
les cuisses; il se retourne en riant vers Gœbbels. Quand ils sont
battus, sa mine se renfrogne. Les Américains surpassent tous les
concurrents. Les Allemands, entraînés avec méthode depuis deux
ans, se classent derrière eux. Les exploits individuels de quelques
Français et Anglais ne cachent pas le défaut de préparation de leurs
équipes. Les Japonais s'effondrent dans les derniers kilomètres de
la course de Marathon. Les résultats de ces compétitions pacifiques
donnent, ainsi, une image anticipée de ce que sera la guerre future.
Aucun incident désagréable ne se produit, d'ailleurs. L'esprit spor-
tif domine les agitations du stade. On a devant soi la vision d'une
Europe réconciliée, vidant ses querelles à la course, au saut à la
perche, au jet du poids et du javelot.

Au-dehors, des fêtes splendides plongent les hôtes d'honneur, les
diplomates, les personnalités marquantes, venues de tous les coins
de l'univers, dans l'étonnement et l'admiration. Hitler reçoit à sa
table les majestés et les altesses royales. Gœbbels offre un souper
et une fête de nuit à un millier de personnes, sur les gazons de l'île
des Paons. Comme il a plu dans la journée, on a envoyé des avions
chercher dans toutes les directions un matériel neuf. Les arbres
sont devenus des candélabres lumineux. Les pontonniers de la
Reichswehr ont jeté un pont de bateaux pour relier l'île à la terre
et font la haie, rames hautes, au passage des invités, accueillis et
conduits à leurs places par un essaim de jeunes filles, costumées en
pages de la Renaissance. A minuit, un formidable feu d'artifice, qui
suggère à tous les esprits l'idée d'un bombardement d'artillerie,
lance dans les airs ses fusées crépitantes.

Ribbentrop, qui vient d'être nommé ambassadeur d'Allemagne à
Londres, a réuni, dans sa belle villa de Dahlem, sous une énorme
tente, sept cents personnes, pour célébrer à la fois les Jeux olympiques et son élévation au premier poste diplomatique du Reich.
Ses domestiques versent à flots un Pommery de la meilleure qualité
— la marque dont il a été longtemps le représentant — tandis
qu'il promène de groupe en groupe, sous les yeux d'une famille
émerveillée par sa fortune, un visage où se reflètent l'assurance et
le contentement de soi.

Pour sa part, Gœring a fait pousser, dans les jardins de son ministère, tout un village du XVIII° siècle en miniature, avec son auberge,

son bureau de poste, sa boulangerie, ses boutiques d'artisans. Lui-même tourne à perdre haleine sur un manège de chevaux de bois. A l'Opéra de Berlin, entièrement tendu à neuf de satin crème, il a organisé en outre un dîner fastueux, suivi d'un bal. Un plancher réunit la scène à la salle ; une profusion de laquais en livrée rouge et perruque poudrée, élevant au bout de longs bâtons de hautes lanternes, jalonne des chemins au milieu des tables où fourmille une multitude d'uniformes, d'habits chamarrés et de femmes en grande toilette. Tout l'état-major du régime est là, rutilant, rayonnant, empressé ; les accents de l'orchestre emplissent la vaste nef et l'on se demande comment ces hommes, qui prennent un plaisir si évident à ce divertissement mondain et raffiné, peuvent être en même temps des persécuteurs de Juifs et des tortionnaires de camps de concentration.

Le IIIᵉ Reich a toujours eu le goût et le sens des fêtes. Il leur attribue une valeur sociale et civique de premier ordre, une précieuse vertu de propagande. Aussi leur confère-t-il une ampleur, une splendeur que l'Allemagne n'a jamais connues avant lui. Le calendrier en est rigoureusement fixé. Le corps diplomatique y est régulièrement convié et le Chancelier tient à la présence des chefs de mission, à la fois pour les éblouir, et pour que la foule ait le sentiment que ces étrangers sont éblouis par l'Allemagne hitlérienne. Le complexe d'infériorité se combine, chez le peuple allemand, comme chez son maître, avec celui de l'orgueil.

Au début de mars se place la fête des Héros (Heldentag), consacrée au souvenir et à l'exaltation des combattants tombés dans la guerre ou dans les luttes du Parti. Elle comporte une cérémonie à l'Opéra Kroll ou à l'Opéra de Charlottenbourg, avec discours de Gœbbels et du ministre de la Reichswehr, une autre cérémonie au temple du soldat inconnu — où Hitler, flanqué du vieux maréchal von Mackensen, dépose une couronne, — et un bref défilé militaire. Le 20 avril, l'Allemagne célèbre l'anniversaire de la naissance du Führer, comme, jadis, elle célébrait le Kaiser-geburtstag, l'anniversaire de l'Empereur, mais avec plus de pompe, plus de drapeaux et plus de discours. De toutes les parties du pays, les délégations affluent, porteuses de cadeaux somptueux, que les journaux décrivent en s'attendrissant. Une grande revue de la Reichswehr se déroule à midi le long de l'artère rectiligne qui traverse le Tiergarten et Charlottenbourg. Le 1ᵉʳ mai est la fête du Travail et, plus spéciale-

ment, celle des ouvriers, des employés et des artisans. Elle s'inspire du modèle créé en 1933 et, chaque année, s'efforce de dépasser
ses propres records. Au commencement de septembre a lieu le
Congrès de Nuremberg, qui est la fête du Parti. Elle dure une
semaine. Un mois plus tard, la colline du Bückeberg, près de
Hanovre, sert de cadre à la fête de la Moisson, qui est la fête des
paysans. Ceux-ci, en costumes de leurs différentes provinces, chantent et dansent, en présentant les produits de la terre. Hitler parle
et la journée se termine par une exhibition de la Reichswehr, afin
de bien marquer que l'Armée est la protectrice naturelle du sol de la
patrie et que le paysan est un soldat.

Le clou de toutes ces fêtes, c'est le Congrès de Nuremberg, l'une
des institutions les plus originales du IIIe Reich. Nuremberg n'a pas
été choisi au hasard. Ce n'est pas seulement une ville qui a le
mérite d'avoir bien accueilli les Hitlériens, quand ils n'en étaient
encore qu'à la période souffrante de leur histoire. C'est aussi la
ville impériale, la ville du Saint-Empire, qui, par sa puissance politique, sa richesse matérielle et son éclat artistique, a illustré un des
moments les plus brillants de l'ancienne Allemagne et de la renaissance de la culture occidentale. Pendant plusieurs siècles, les insignes impériaux y ont été conservés, avant qu'une partie d'entre
eux ait été transférée à Vienne, et l'un des premiers soins de Hitler
sera de les y faire revenir, lorsqu'il aura ramené l'Autriche au
sein de la famille allemande. Sur Nuremberg plane encore l'image
de Richard Wagner, prophète du IIIe Reich, et dans ses ruelles,
bordées de maisons à pignons sculptés, autour de ses églises flam-
boyantes et remplies de trésors, résonne en permanence l'écho des
Maîtres-Chanteurs. Décor prédestiné pour la secte de ces fanatiques,
qui se vantent d'avoir réveillé l'Allemagne et prétendent, en renouant
avec sa tradition la plus glorieuse, lui restituer le rôle éminent
qu'elle a joué en Europe ! Munich restera la capitale où le nazisme
s'est formé et d'où il s'est élancé à la conquête du Reich. Berlin est
le centre gouvernemental et administratif. Entre les deux, Nuremberg est devenu un lieu de pèlerinage où la réflexion et le sentiment
se rejoignent dans le culte des grands souvenirs du passé et des
grandes ambitions d'avenir.

Le Congrès est baptisé chaque année d'un nom qui lui imprime
son signe distinctif : Congrès de la Victoire, de l'Honneur, du

triomphe de la Volonté, de la Foi. Pendant une semaine, une foule immense s'y presse, doublant la population normale de la ville. Une organisation remarquable trouve moyen d'acheminer, de loger, de nourrir, de guider sans confusion cette crue humaine. Mais, plus étonnante encore, et proprement indescriptible, est l'atmosphère d'enthousiasme collectif dans laquelle baigne la vieille cité, l'ivresse singulière dont sont saisis des centaines de milliers d'hommes et de femmes, la fièvre romantique, l'extase mystique, l'espèce de délire sacré qui les possèdent.

Huit jours durant, Nuremberg est une ville en liesse, une ville en folie, et presque une ville de convulsionnaires. Cette ambiance, jointe à la beauté des spectacles qui leur sont offerts, au luxe de l'hospitalité dont ils bénéficient, agit profondément sur l'esprit des étrangers que le régime n'oublie pas d'inviter à ses assises annuelles. Il s'en dégage une contagion à laquelle beaucoup ne résistent pas; et ceux-là rentrent chez eux, séduits et conquis, mûrs pour la collaboration, sans avoir aperçu les réalités sinistres qui se cachent sous le faste trompeur de ces prodigieuses parades...

Hitler a fait aménager, à Nuremberg, plusieurs forums, de diverses dimensions, bordés de hautes et longues tribunes de pierre. C'est là qu'il prononce ses harangues, lui-même soulevé par la vague de passion qui émane de son être, se propage jusqu'aux extrémités de l'arène et reflue vers lui dans le fracas des clameurs et des applaudissements. Une voie dallée, où peuvent marcher au moins cent hommes de front, relie le forum principal aux camps qui abritent les figurants des démonstrations de plein air. En revanche, c'est dans « la salle du Congrès » que l'on entend les comptes rendus, les rapports présentés, tour à tour, par les lieutenants du Führer, Gœbbels, Rosenberg, Hierl, Darré, Todt, Franck, et qui résument l'effort accompli, les résultats acquis par eux, dans leur domaine respectif, au cours de l'année écoulée. Mais, cette salle, Hitler la juge trop petite. Il a établi le plan et commencé la construction d'une salle géante, qui sera la plus grande salle couverte du monde entier. Sans doute rêve-t-il d'y réunir les délégués et d'y recevoir l'hommage de l'univers, quand il s'en sera rendu maître !

La semaine de Nuremberg a ses rites immuables. Une journée est assignée à chacun d'eux : la journée d'inauguration, marquée par la lecture de la proclamation du Führer, la journée du Service du Travail, où 40.000 jeunes hommes exécutent d'impeccables manœuvres en chantant des hymnes, composés par eux et pour eux et qui retracent leur labeur, tandis que les fers des pelles, qu'ils manient comme des fusils, jettent des éclairs; la journée des jeunesses hitlériennes, filles et garçons; la journée des chefs politiques et des gradés du Parti, qui réunit jusqu'à 150.000 hommes, anneaux de l'étroit réseau de surveillance et de commandement dont les mailles enserrent toute l'Allemagne; la journée des milices brunes, qui défilent pendant trois, quatre et cinq heures sur la place du marché, devant un Hitler au bras tendu, figé dans une pose hiératique; la journée de la Reichswehr, avec un exercice de combat simulé; la journée de la clôture et du feu d'artifice final. Le soir, des centaines de projecteurs de l'Armée, disposés en cercle, dessinent au-dessus de la ville un immense dôme bleu.

A toutes ces manifestations, qui revêtent la forme d'un rassemblement et d'un appel, Hitler prend la parole; il est là dans son élément et dans son rôle d'orateur populaire; aussi bien vient-on à Nuremberg principalement pour le voir et pour l'entendre; infatigable, il multiplie les discours. Mais trois sont particulièrement importants; le premier, au début de la semaine, traite de l'idéologie ou de l'esthétique nationale-socialiste; Hitler s'applique à y apparaître comme un penseur profond; dans le second, prononcé au milieu du Congrès, et le troisième, à la clôture, il trace un tableau de la situation politique, il expose un programme, il laisse voir ses intentions et fait retentir ses mots d'ordre. Ce ne sont pas les discours d'un chef d'État, ni d'un chef de gouvernement, mais ceux d'un chef de parti, des diatribes d'un caractère polémique très accusé et d'un ton extrêmement violent, qui déchaînent des tempêtes d'acclamations.

Précisément à cause de ces débordements d'éloquence, dans lesquels Hitler, imité par ses lieutenants, non seulement s'attaque à la démocratie, aux institutions parlementaires, au libéralisme occidental, mais profère des menaces non déguisées contre certains États, notamment contre la Russie des Soviets et la Tchécoslovaquie, j'ai refusé, jusqu'en 1937, d'assister au Congrès de Nuremberg. Car les diplomates sont, naturellement, au premier rang des invités. Comme il n'y a pas, en ville, assez d'hôtels pour les héberger, l'usage est de les loger dans le train de wagons-lits qui les a amenés et dont les installations sont complétées par un salon de coiffure et des salles de bain. Hitler les y visite et donne, en leur honneur, au Deutscher-Hof, où il habite, un thé, au cours duquel des allocutions sont échangées.

Tel est le protocole. Je m'y suis soustrait pendant quatre ans, ainsi que mes collègues anglais et américain. Notre absence simultanée avait un sens réprobateur qui n'échappait pas au Chancelier et dont il était fort vexé. Mais, en 1937, l'ambassadeur de Grande-Bretagne, Eric Phipps, a été remplacé par Nevile Henderson, et ce dernier ne veut rien négliger pour être agréable au régime et acquérir du crédit auprès de lui. Il décide de se rendre à Nuremberg. Afin d'éviter que la solidarité franco-britannique ne paraisse ébranlée, je me résouds à y passer moi-même une journée, en spécifiant, d'ailleurs, que, si des paroles offensantes pour la forme de gouvernement que je représente sont prononcées en ma présence, je me retirerai aussitôt.

A mon arrivée, j'apprends qu'une exposition anti-communiste a été ouverte et qu'on y voit, reproduites sur de grands panneaux, les scènes les plus tragiques de la révolution française. Je proteste immédiatement et j'obtiens que les panneaux en question soient supprimés. En ma qualité d'ambassadeur le plus ancien, c'est à moi qu'il incombe d'adresser à Hitler l'allocution de circonstance. J'en profite pour relever un propos de Gœbbels, qui m'a été rapporté. La veille, le Ministre avait comparé les peuples démocratiques aux veaux les plus stupides, qui, selon un proverbe allemand, choisissent eux-mêmes leurs propres bouchers. Je remercie le Führer d'avoir donné un démenti à son ministre de la Propagande, car je n'imagine pas qu'il nous aurait invités, s'il avait considéré que nous représentions les plus stupides des veaux. Hitler rit avec toute l'assistance, pendant que Gœbbels, rougissant, me transperce d'un regard furieux.

Dodd, l'ambassadeur des États-Unis, a persisté, quant à lui, dans son attitude d'abstention. Rien n'a pu le déterminer à fouler le pavé de Nuremberg. Peu fait pour le métier diplomatique, qui oblige, parfois, à dissimuler sa pensée et ses sentiments, ce vieux professeur, tout d'une pièce, spécialiste de l'histoire intérieure de son pays, libéral endurci et intransigeant, éprouve pour le national-socialisme une répulsion qu'il ne songe pas à cacher. Il discerne et

il dénonce avec clairvoyance les ambitions et les projets belliqueux
du IIIe Reich. Mais, comme il prévoit, depuis longtemps, la guerre
générale pour la fin de la semaine courante, on sourit de ses prédictions. Ce n'en est pas moins un homme excellent, de caractère
ferme, foncièrement honnête et loyal, un descendant authentique de
la race des fondateurs, un exemplaire singulièrement honorable de
cet idéalisme américain, qui a su, au milieu d'un réalisme accentué, demeurer si fervent. Et si les nazis avaient étudié ses réactions
avec plus de soin, ils se seraient épargné bien des surprises ultérieures!

Malgré les complications croissantes et les conflits incessants que
soulève la guerre civile espagnole, le détente inaugurée, en 1936,
par la célébration des Jeux Olympiques se prolonge l'année suivante. Il y aura, en 1937, plus qu'il n'y en eut jamais, du Reich
aux autres pays, et, surtout, entre la France et l'Allemagne, abondance de visites, d'échanges de politesses, d'essais d'apaisement et
de rapprochement. Depuis 1934, une équipe d'officiers de cavalerie
français se rendait, tous les ans, au concours hippique de Berlin, où
elle trouvait le meilleur accueil. En mai 37, les officiers allemands,
accueillis avec une égale courtoisie, participent pour la première fois
aux épreuves internationales du concours hippique de Paris.

Pendant tout l'été, l'Exposition des Arts et des Techniques attire
au bord de la Seine nombre de touristes allemands. Les Gœbbels,
les Gœring, les Himmler n'y vont pas, non que l'envie leur en
manque, mais ils craignent que leur présence ne provoque des
incidents ou des attentats. En revanche, les chefs nazis moins en
vue, dont la plupart n'ont jamais été en France, découvrent Paris
avec un plaisir manifeste; et Hitler, à leur retour, les interroge et
se fait minutieusement renseigner par eux sur tout ce qu'ils ont
observé. Le IIIe Reich a mis, du reste, son point d'honneur à
donner de lui une idée avantageuse. Son pavillon, voisin de celui
de l'U.R.S.S., dont le fronton s'orne de deux figures qui ont l'air
de vouloir se jeter sur lui, en brandissant la faucille et le marteau,
est l'un des plus intéressants et des mieux composés de l'Exposition. Schacht est venu l'inaugurer. Il a exprimé à cette occasion le
désir de compréhension mutuelle dont le Reich serait animé. Au

cours d'une semaine de manifestations artistiques, présidée par le
secrétaire d'État Funk, la troupe de l'Opéra de Berlin a fait
entendre son répertoire wagnérien. Les visiteurs allemands se
déclarent enchantés de leur contact avec la capitale française.

En juin, une exposition de peinture française moderne est organisée à Berlin par l'Académie des Beaux-Arts de Prusse. Hitler,
dont les goûts, en la matière, ne vont pas au delà de la peinture
romantique du milieu du XIXᵉ siècle et pour lequel l'impression-
nisme et le cubisme, qu'il confond, ne sont que des produits de
l'esprit juif, prend, cependant, la peine de venir la voir et d'y
acheter une statuette. En juin encore, le croiseur-école *Jeanne d'Arc*
fait escale à Kiel et son état-major est reçu à Berlin par le grand-
amiral Raeder. En juillet, les diplomates étrangers sont invités à
l'inauguration d'un musée d'Art allemand, fondé par Hitler à
Munich, et assistent à un cortège historique et allégorique dont les
chars et les milliers de figurants promènent à travers la ville pavoi-
sée l'évocation des grandes époques de l'histoire allemande. En
novembre, enfin, a lieu, à Berlin, une Exposition internationale de
la Chasse. Elle est patronnée par Gœring, en sa qualité de Grand-
Veneur du Reich. Il en a fait son entreprise particulière et la réussite
qui la couronne marque, en quelque sorte, son triomphe personnel.

De tous les grands chefs nazis, Gœring est celui avec lequel les
diplomates berlinois entretiennent les meilleurs rapports, et les plus
fréquents. Les autres, Gœbbels, Himmler, Hess, Frick, Darré,
Lutze, Rust, Ley, sont plus réservés, soit qu'ils éprouvent pour
ces étrangers de l'hostilité, ou seulement de la méfiance, soit qu'ils
se sentent intimidés, ou gênés, ou qu'ils craignent de se compromettre. Gœring ne connaît pas ce genre d'inhibition. Il a des origines plus bourgeoises que la plupart de ses compagnons. Son père
était gouverneur des colonies. Lui-même, après avoir fréquenté une
école de cadets, était officier de carrière en 1914. Il occupe, en
outre, dans le IIIᵉ Reich, une place qui l'élève au-dessus des autres.
Il exerce une prérogative dont il est fort jaloux et qu'il défend
âprement contre les rivaux qu'il soupçonne de vouloir le supplanter. Un jour, à brûle-pourpoint, il m'a demandé :

« — Savez-vous ce qui se passerait, si le Führer disparaissait ? »

Je lui ai fait un vif plaisir en lui répondant, comme si la chose
allait de soi et ne souffrait aucun doute :

« — Mais, oui! bien sûr! C'est Gœring qui lui succéderait! »

Effectivement, il est le successeur désigné; il est le Prince-Héritier, le « Kronprinz » du régime. Il en a les traits classiques. Il est dévoué, corps et âme, à Hitler; il s'en proclame « le premier paladin »; pour rien au monde il ne le trahirait; tout de même, il le critique, il le fronde et, en son for intérieur, il trouve qu'il règne un peu trop longtemps. Il y a souvent des brouilles, entre les deux hommes. Gœring, susceptible et facilement froissé, se retire sous sa tente, comme Achille. Mais Hitler le rappelle, lui tape sur l'épaule, lui dit : « Mon brave Gœring! » et Gœring rougit de plaisir; et tout s'arrange...

L'héritier présomptif du III⁰ Reich a une belle tête, un visage régulier, empreint d'énergie, un front dégagé, des yeux clairs, froids, dont l'expression est dure et inquiétante. Malheureusement pour lui, il est obèse, et cette obésité fait son tourment. De temps en temps, il s'astreint à une cure rigoureuse; il perd d'un coup 30 kilos; un mois plus ard, il en a repris 35. L'embonpoint est dans la famille. Sa sœur, qui lui ressemble, n'est pas moins grosse que lui. Infirmité plus grave : il est morphinomane. Il a contracté ce vice en soignant ses blessures. Il essaie, aussi, périodiquement, de s'en corriger, et il y parvient; mais, à cet égard, également, il a des rechutes.

Il a de brillants services de guerre. Il s'est faufilé, de sa propre initiative, de l'infanterie dans l'aviation. Il y a montré un courage intrépide; il y est devenu un « as » et, à la mort de Richthofen, c'est lui qui a pris le commandement de la fameuse escadrille. Après la guerre, il a dû, pour gagner sa vie, se faire pilote de ligne. Il conduisait un appareil assurant la liaison entre l'Allemagne et la Suède, quand, un soir, une panne l'a obligé à atterrir en Suède, sur les pelouses d'un château. Accueilli par le châtelain, il voit paraître, au dîner, une jeune femme d'une grande beauté. Il s'éprend d'elle, comme le héros du Vaisseau Fantôme. Elle divorce pour lui. Il l'épouse; et c'est en souvenir d'elle qu'il baptisera Karin-hall le palais qu'il bâtira par la suite.

A Munich, il a l'occasion d'entendre Hitler dans une réunion publique. Le voilà, aussitôt, fasciné, conquis! Il adhère au national-socialisme, participe au putsch manqué de 1923, tombe blessé aux côtés du Führer, échappe à la prison et se réfugie, grâce au dévouement de sa femme, en Italie. Amnistié, devenu veuf, il sera, désormais, l'un des principaux lieutenants et conseillers de Hitler et, comme tel, étroitement mêlé à tous les épisodes de l'histoire du nazisme.

Il a une intelligence souple et prompte, à défaut d'une culture très étendue. Il est perspicace. Il n'est pas dupe de la médiocrité de certains collaborateurs du Führer. Il ne se gênera pas pour me dire que Rosenberg est un bafouilleur, l'évêque Müller un famélique, et le prince Auguste Wilhelm un pantin. Il est pénétré, pourtant, de l'idéologie hitlérienne et la première fois que j'ai une conversation avec lui, il m'explique pendant deux heures, avec l'accent de la plus ardente conviction, les théories fondamentales du racisme. Il a de l'habileté, de la ruse, du sang-froid, une audace qui ne recule devant rien, une volonté de fer. On a vu de quoi il était capable, quand il présidait le Reichstag. Les scrupules ne l'arrêtent pas; il est cynique, et, bien qu'il ait des mouvements de générosité et des gestes chevaleresques, il peut être d'une cruauté implacable. Il l'a prouvé, lorsqu'au moment des massacres du 30 juin 1934, il a été chargé de réprimer, à Berlin, le complot de Rœhm et de ses acolytes. On ne saurait oublier, non plus, qu'il est l'inventeur de la Gestapo et des camps de concentration.

Hitler l'apprécie, l'associe à toutes ses décisions et s'en remet à lui du soin d'accomplir les tâches qu'il juge les plus importantes. Il l'envoie en mission en Pologne, en Italie, en Yougoslavie, en Grèce, afin d'y frayer les voies à la diplomatie du Reich, dans ses efforts pour détacher ces pays de leurs alliances. C'est Gœring qui dote l'Allemagne d'une aviation puissante. C'est encore à lui que le Führer confie la direction du second plan de 4 ans, c'est-à-dire la préparation économique de la guerre.

Il a, cependant, des faiblesses, et des faiblesses énormes, à l'échelle de sa personne. Plus encore qu'ambitieux, il est vaniteux, et plus que vaniteux, avide d'argent. Il n'a jamais assez de décorations, ni de titres. Il cumule les fonctions les plus diverses; il est président du Conseil de Prusse, ministre de l'aviation du Reich, président du Reichstag, dictateur de l'Économie, président des Usines Hermann-Gœring, Grand-Veneur du Reich. Il était capitaine; on le nomme général, puis feld-maréchal; mais, comme il y a d'autres feld-maréchaux, il réclame encore un grade de plus, un grade qui n'appartienne qu'à lui; il sera super-maréchal, maréchal du Reich; il ne veut être inférieur qu'à Hitler. A l'inverse de

celui-ci, il ne se plaît qu'aux beaux costumes, aux uniformes ruti-
lants, qu'il compose à sa fantaisie. Il n'a jamais, non plus, assez
d'argent. Les traitements alloués à ses nombreux emplois ne lui suf-
fisent pas ; il touche des tantièmes et des dividendes des entreprises
qu'il contrôle, ou qu'il crée, en vertu du plan de 4 ans. Avec cet
argent, il jouit de la vie. Il aime le faste, le luxe, les bijoux, les
pierres précieuses, les œuvres d'art, les tableaux, les tapisseries, les
reliures ; mais, sauf, peut-être, en ce qui concerne les pierres, dont
il a, souvent, un lot sur lui, à même la poche, il n'est pas vraiment
connaisseur ; il aime, surtout, ce qui est cher, ce qui fait riche. Il a
des rabatteurs, des experts qui le guident dans ses achats ; il n'hésite
pas, au surplus, à s'emparer des biens juifs confisqués, ni à préle-
ver dans les musées nationaux les objets qui sont à son goût. A
cet égard aussi, il dépasse tous ses compagnons...

Il s'est construit, à 70 kilomètres au nord de Berlin, près d'un
lac, au milieu des pins et des bouleaux, une somptueuse résidence.
Ce n'était, à l'origine, qu'un rendez-vous de chasse, une maison
rustique, faite de troncs d'arbres mal équarris. Il y a offert, en
1934, au corps diplomatique, une garden-party, pour laquelle il
avait revêtu le costume de Siegfried, dans l'opéra wagnérien.
Depuis lors, la maison de bois s'est changée en un vaste palais, où
s'entassent ses richesses et qui est pourvue de tous les raffinements
du confort, y compris une étuve finlandaise et une salle de gymnas-
tique, où il peut se livrer, grâce à des appareils spéciaux, aux
mouvements de tous les sports. Il promène volontiers ses hôtes à
travers les merveilles de son logis. On admire la salle d'apparat,
haute comme une église, dans laquelle, habillé d'un uniforme blanc,
la poitrine ceinte d'un grand cordon, les doigts chargés de bagues,
le satrape accueille noblement ses invités. Sous sa conduite, on
passe d'une pièce à l'autre. « C'est ici, dit-il, que je reçois ! »
« C'est là que je pense ! » « Voici où je travaille ! » La pièce où il
pense est semblable à la cellule de saint Jérôme, sur la gravure d'Albert Dürer. C'est à peine s'il y manque un lion, couché à ses pieds ;
car il possède un lionceau, ou, plutôt, une jeune lionne qui lui a été
donnée en cadeau, et dont il prétend qu'elle est amoureuse de lui.

Autour du palais s'étend un vaste domaine, qui renferme des
bois, des landes, des étangs. On y peut voir paître en liberté un
troupeau de rennes et une harde de bisons, que le Grand-Veneur

s'est juré d'y acclimater. Sur une pente inclinée vers le lac a été disposé un cimetière germanique. Des menhirs s'y érigent en cercle. Une dalle de granit rouge en marque le centre, et sous la dalle, dans une crypte divisée en deux loges parallèles, repose le cercueil de Karin. La loge vide est réservée au maître de céans.

Dans ce décor surprenant, Gœring mène, à l'ordinaire, une existence bourgeoise et familiale, entre sa femme et sa petite fille. Il a, en effet, épousé en secondes noces Emmy Sonnemann, une actrice un peu mûre, qui jouait les rôles de reine au théâtre de Weimar et que le destin préparait ainsi à sa carrière future. C'est une personne blonde et simple, pleine de bonne grâce. A son mariage, célébré en grande pompe, dans la cathédrale de Berlin, tout le corps diplomatique a assisté. A l'issue de la cérémonie, des amis ont lâché un vol de cigognes. Et ce geste a été d'un heureux présage ; car, en dépit de prédictions contraires, déplaisantes pour lui, le Maréchal du Reich a été, bientôt, père d'un enfant. Avec les siens, Gœring est indulgent, affectueux, prévenant. Il les comble d'attentions et de présents, qu'il choisit lui-même. Ce cynique, cet aventurier, qui, dès sa prime jeunesse, sautait le mur de son école et s'en allait chercher fortune au loin, ce condottiere, ce chef de pirates, féroce dans l'action, a de la bonhomie et de la naïveté, lorsqu'au retour de ses expéditions, il se retrouve parmi ses parents, dans l'abri où il a rangé ses trésors. On frémit de ces contrastes ; mais ils sont dans la nature de milliers et de milliers d'Allemands.

Il a fait installer, dans l'immense grenier de son palais, un petit chemin de fer électrique, don du personnel des théâtres prussiens d'État. Ce chemin de fer, dont les mouvements sont commandés par un clavier pareil à un harmonium, évolue dans un paysage figuré, au-dessus duquel se croisent des fils mystérieux. Il circule au milieu de prairies, de champs cultivés, de forêts, traverse des rivières, des villages et des villes, franchit des tunnels et des viaducs ; il comporte tout un appareil de signaux, de disques, d'embranchements, d'aiguillages, de stations, un hangar où des trains de divers types attendent d'être lancés sur les lignes. Le Maréchal du Reich passe des heures à jouer avec ses neveux à ce jeu féerique.

Un jour, il me l'a montré et l'a fait fonctionner devant moi. Mais, tout à coup, oubliant, peut-être, ma présence, l'un de ses neveux s'est écrié :

« — Oncle Hermann ! Faites donc sortir le train français ! »

Le train en question sort du hangar. Alors, sur un des fils qui dominent le paysage, le neveu fait, à son tour, glisser un avion minuscule et, de cet avion, tombent des bombes garnies d'amorces, avec lesquelles le jeune garçon s'efforce d'atteindre le train français... Chez les nazis, il n'y a pas de jeux innocents !

Longtemps, Gœring a été populaire, d'une popularité nuancée d'ironie. Il offrait une large cible aux plaisanteries de la foule, qui lui pardonnait ses rapines et se moquait de son goût pour le faste, pour les décorations et les uniformes. Loin de s'en irriter, il s'en amusait. « Unser Hermann ! » disait le public. Mais pendant la guerre sa popularité a décru. Il s'était vanté que jamais les avions de l'adversaire ne violeraient le ciel de l'Allemagne. « Ou alors — avait-il ajouté — je consens à m'appeler Hans Mayer ! » ce qui était comme s'il avait dit : je consens à m'appeler Durand, ou Dupont. Et il vint un temps où le peuple ne l'appela plus que Hans Mayer !

Pour nous, diplomates, il offrait un avantage précieux. Non seulement il n'évitait pas de nous rencontrer, mais il recherchait notre contact. Il acceptait et rendait nos invitations ; et dans ces soirées, dont il appréciait l'ordonnance et l'éclat, la bonne chère et les bons vins, il causait familièrement ; il répondait aux questions indiscrètes ; dédaigneux des précautions et des périphrases, il parlait crûment et librement ; il soulevait pour nous un coin du voile dont la Wilhelmstrasse et la presse de Gœbbels enveloppaient la réalité. Nous lui en savions gré et lui procurions volontiers les satisfactions de vanité auxquelles il était sensible.

Conçue par lui, réalisée par lui avec le concours de nombreux pays étrangers, l'Exposition de la Chasse, qu'il préside, connaît un succès sans précédent. Jamais pareilles collections n'ont été rassemblées. Mais, plus que les trophées et les armes, les sonneurs de trompe et les équipages qu'elle réunit, plus que les cavaliers finnois en bonnets de fourrure, qui, juchés sur leurs petits chevaux hérissés, et la lance au poing, montent la garde à ses portes, plus que les fêtes qui figurent à son programme — un dîner monstre dans la « Salle blanche » du vieux château impérial, un bal dans la salle des séances du Landtag de Prusse, que Gœring a transformée en un club luxueux pour ses aviateurs, — la visite qu'elle reçoit de lord Halifax, membre du Cabinet britannique, lui confère un intérêt exceptionnel.

Le noble Lord ne se contente pas de passer plusieurs jours à Berlin et d'y déjeuner avec Neurath. Il se rend à Berchtesgaden, où il est l'hôte de Hitler et s'entretient longuement avec lui. Dans cette ambiance, comme dans celle qui entourait les Jeux Olympiques, on pourrait croire la paix solidement établie, la guerre bannie pour toujours. Hitler n'a-t-il pas, au début de l'année, le 31 janvier 1937, dit, dans un discours au Reichstag : « L'époque des surprises est terminée. La paix est notre bien suprême. »

Cependant, derrière ce décor et ces manifestations, on continue d'observer bien des faits et bien des symptômes inquiétants.

La guerre civile espagnole menace, à tout instant, d'allumer sur l'Europe un incendie généralisé. Il faut toute la patience, tout le pacifisme de l'Angleterre et de la France pour la confiner dans ses limites. L'Allemagne et l'Italie rivalisent d'impudence et d'hypocrisie dans le concours qu'elles apportent à Franco. En septembre 1937, Mussolini vient, lui-même, en voyage officiel, à Berlin. Sa visite met le sceau à l'entente des deux dictateurs ; le nazisme et le fascisme dressent, désormais, leur Axe en travers de l'Europe, et, tout en se proclamant hautement voués à la cause de la paix, développent, avec plus d'activité que jamais, leurs armements.

Dès le lendemain de la violation de Locarno, le 20 avril 1936, jour de la fête de Hitler, on a vu, d'ailleurs, pour la première fois, défiler en public, dans les rues de la capitale du Reich, une division cuirassée. Elle porte le numéro 3. Il y en a donc déjà deux autres, à cette époque. Le défilé comporte 500 chars d'assaut, de petit et moyen modèle, des batteries de 77 et de 105 et de l'artillerie de gros calibre motorisée, des chars de gros tonnage, des engins de défense contre les avions et les tanks, des sections d'autos-mitrailleuses, des unités d'infanterie portée, un équipage de ponts, des sapeurs, des radio-télégraphistes également montés sur véhicules mécaniques, enfin, une nuée de side-cars à trois places, garnis de fusils-mitrailleurs et de mitrailleuses lourdes.

C'est une véritable armée, avec tous ses services, toutes ses annexes, qui roule d'un mouvement uniforme, au rythme régulier de ses moteurs, sans bruit de ferraille, sans accroc, sans interruption. L'ensemble, tout battant neuf, est d'une remarquable homogénéité et d'une souplesse étonnante. Les hommes paraissent absolument familiarisés avec leur matériel, et celui-ci semble parfaitement au point. En rédigeant, le soir, le récit du spectacle saisissant que j'ai eu sous les yeux, j'exprime l'espoir que nos experts ne manqueront pas d'attirer l'attention du commandement français sur cette exhibition, qui marque, peut-être, une date dans l'art de la guerre.

Les progrès de l'aviation allemande ne sont pas moins évidents. A toute heure du jour, où que l'on soit, le ciel est sillonné d'appareils en vol. Aux abords de toutes les villes du Reich, on aperçoit des aérodromes encombrés d'avions. Dans les environs immédiats de Berlin, des casernes gigantesques, réservées aux aviateurs, surgissent comme par enchantement. A Berlin même, Gœring a édifié un ministère de l'Air, dont les dimensions sont, à elles seules, révélatrices. En 1937, les usines allemandes sont déjà en mesure de construire 500 appareils par mois.

Pendant tout le temps de ma mission en Allemagne, j'ai été, du reste, en relation suivie avec notre État-Major général. Je ne suis, pour ainsi dire, jamais allé à Paris, sans m'arrêter boulevard des Invalides, pour y faire part de mes observations et impressions. En dehors des officiers attachés à mon ambassade, j'ai toujours eu auprès de moi un intermédiaire spécial, chargé de transmettre, sans passer par la filière administrative, tout ce qui, dans mon travail quotidien, télégrammes, documents, rapports, renseignements, était de nature à intéresser nos chefs militaires. Ceux-ci avaient, bien entendu, d'autres sources d'information. Mais, par moi, ils ont été régulièrement avertis du développement de l'effort de guerre du Reich et des formes qu'il revêtait.

A partir de 1936, les nazis, au surplus, ne prennent plus beaucoup de précautions pour le cacher. A tout instant, on tombe sur des familles d'où le père, ou les fils sont absents, appelés à une période d'instruction. En août 1936, Hitler prolonge d'un an la durée du service militaire, ce qui élève à un million le chiffre des effectifs en permanence sous les drapeaux. En 1937, malgré la loi organique qui a fixé à douze le nombre des corps d'armée, il crée deux corps supplémentaires. Chaque année, le salon berlinois de l'automobile laisse voir que les constructeurs travaillent principale-

ment pour répondre aux besoins de l'armée; pour une auto de tourisme, ils exposent cinq camions de divers modèles.

Le Chancelier a décrété l'élaboration et la mise en route d'un
nouveau « plan de quatre ans ». Ce plan, dont l'exécution est confiée
à Gœring, poursuit le but avoué de préparer le Reich, on dit : à
soutenir, mais on sous-entend : à entreprendre, une guerre. L'Allemagne commence à accumuler des stocks de toutes les matières
indispensables. Elle renonce au beurre, pour avoir des canons,
selon le mot fameux de Gœring; elle pousse ses laboratoires à
l'étude et au perfectionnement des Ersatz, dont les sanctions infli-
gées à l'Italie, durant la guerre d'Abyssinie, lui ont prouvé la
nécessité. En mai 1937, une exposition intitulée : « Donnez-moi
4 ans! » se propose de stimuler les sympathies du public pour
l'œuvre en cours; on n'y voit que des avions militaires, des sous-
marins et des chars de combat.

Ce ne sont pas les seuls indices des pensées et des projets que
Hitler roule dans sa tête. Le ton des discours qu'il prononce ne cesse
de s'élever, notamment quand il parle de la Russie des Soviets.
Jamais un chef de gouvernement, et encore moins un chef d'État,
ne s'est exprimé en termes d'une pareille violence à l'égard d'un
gouvernement étranger, avec lequel son pays a des relations diplomatiques et économiques normales. Ses lieutenants, sa presse lui
font écho; toute l'Allemagne résonne d'une campagne d'excitation
systématique contre l'U.R.S.S. en sorte qu'il est permis de dire
que c'est Hitler qui, de ses mains, a armé la Russie et forgé l'instrument qui, par un juste retour, causera sa perte. La Tchécoslovaquie n'est pas mieux traitée. En dépit des dénégations les plus
officielles, les nazis s'obstinent à la représenter comme une
complice des Russes et à l'accuser de constituer une plate-forme,
d'où l'aviation soviétique s'envolera pour bombarder la pauvre
Allemagne. En Autriche même, l'accalmie qui a succédé à l'assassinat de Dollfuss et à l'accord du 11 juillet 1936 fait place, peu à
peu, à une reprise de l'agitation, fomentée par des agents du Reich,
et l'on devine que cet accord du 11 juillet n'a été qu'un expédient,
destiné à rassurer Mussolini et à faciliter la formation de l'axe
Rome-Berlin. Quand le Duce sera trop engagé dans les filets allemands pour pouvoir reculer, l'accord n'aura plus que la valeur d'un
chiffon de papier.

Enfin, l'éloignement de Schacht, qui abandonne, le 26 novembre 1937, le ministère de l'Économie, est un avertissement qu'on ne saurait négliger.

Schacht est, lui aussi, un cynique, un fanfaron d'audace, un ambitieux effréné. Ce grand diable sec et maigre, dont le visage taillé à la serpe, le long cou rugueux d'oiseau de proie, le menton fuyant, le faux-col ridiculement haut évoquent une caricature de l'ancien Simplicissimus, a misé sur le national-socialisme; il a prévu son accession au pouvoir; il y a contribué; il en a été récompensé, non pas, toutefois, au point d'estimer que les avantages qu'il en a retirés soient à la taille de ses mérites; car il a pensé, un moment, qu'il pourrait être le successeur de Hindenburg, et même, si les choses tournaient mal, celui de Hitler. C'est lui qui a organisé le circuit monétaire et financier, à l'abri duquel le régime a pu disposer d'énormes ressources sans encourir un danger immédiat d'inflation. Il n'a pas hésité non plus à fournir aux dépenses du réarmement l'appui de la Reichsbank et à fabriquer discrètement des billets destinés à le faciliter.

Seulement, Schacht est un homme intelligent, beaucoup plus intelligent que les nazis, qu'il juge et qu'il jauge. Son ambition, ses appétits n'ont pas oblitéré sa lucidité, sa perspicacité. Il a parfaitement compris les fautes dont Hilter se rendait coupable en persécutant les Juifs et en soulevant contre lui l'opinion anglosaxonne. Car il a l'expérience de l'étranger, à l'inverse des dirigeants du IIIᵉ Reich. Il est l'ami de Montaigu Norman; il connaît les milieux financiers de Londres et de New-York, dont il est, d'ailleurs, fort estimé. Il n'a pas eu assez de courage, ou d'influence, pour empêcher des excès qu'il blâmait. Mais les conséquences que ces excès risquaient d'entraîner ne lui ont pas échappé. Tant que les dépenses du Reich n'ont pas dépassé un certain rythme, tant qu'une guerre européenne lui a paru improbable, il s'est accommodé du train dont allait le régime, non sans lancer, parfois, à son adresse des mots féroces. Mais, à partir de 1936, son attitude change. Il doit avoir été instruit, à cette époque, des secrètes intentions du Führer. L'accélération du réarmement et des préparatifs belliqueux lui cause un malaise; il est troublé, l'avenir l'inquiète.

A la fin du mois d'août 1936, étant sur le point d'aller à Paris, où il doit rendre au gouverneur de la Banque de France, Labéyrie, la visite qu'il a reçue de celui-ci, il accomplit auprès de moi une démarche significative. Il vient me voir à mon ambassade et me déclare qu'il a l'impression que la pensée de Hitler s'oriente dans une direction périlleuse. Le Führer serait hanté par la question de la Tchécoslovaquie. Il songerait à la trancher, au besoin, par la force. Il faudrait à tout prix l'en détourner pour éviter qu'une guerre générale n'ensanglante l'Europe.

Un moyen d'y parvenir serait de proposer à son imagination d'autres perspectives, capables de le tenter, par exemple des perspectives coloniales. Longtemps, il a été complètement rebelle à l'idée de revendiquer des colonies; mais son opinion, à cet égard, s'est modifiée. On l'a vu dans les récentes manifestations auxquelles il s'est livré. Il ne s'agit pas d'octroyer en toute propriété à l'Allemagne des colonies. Mais, sans toucher aux souverainetés politiques établies, l'Angleterre, la France, la Belgique ne pourraient-elles concéder au Reich, dans le centre africain, un domaine qui serait exploité par une compagnie fermière allemande? Schacht croit qu'un dérivatif de ce genre serait efficace. En tout cas, à l'occasion de son voyage à Paris, il désire s'en ouvrir au chef du gouvernement français, et il me prie de lui ménager une entrevue avec Léon Blum. Le voyage de Schacht soulève à Paris des remous. Il est l'occasion d'une vive polémique entre socialistes et communistes.

L'entrevue sollicitée a, cependant, lieu le 28 août. Léon Blum ne fait pas mauvais accueil à la suggestion de Schacht, dont la contre-partie serait un engagement, de la part de Hitler, de respecter le statu quo de l'Europe, et qui pourrait, ainsi, servir à sauvegarder la paix. Mais, bientôt, l'opposition déterminée de l'Angleterre réduit le projet à néant, avant même qu'il n'ait pris corps. Le Führer avait donné à contre-cœur son assentiment à l'initiative de son ministre, tout en lui prédisant qu'elle n'aboutirait pas. L'échec subi par Schacht a-t-il nui à celui-ci, dans l'esprit de Hitler? Schacht a-t-il accentué à l'égard du nazisme son attitude de réprobation et d'opposition? Le fait est qu'entre le Führer et lui, entre le Parti et lui, les relations s'aigrissent progressivement. Et pour qui se souvient des propos qu'il a tenus à Paris, des appréhensions dont il a témoigné à cette époque, il est clair que son départ du ministère de l'Économie est un mauvais signe.

Il s'en faut, donc, de beaucoup que les jeux, les fêtes, les visites, les propos cordiaux échangés, les contacts personnels pris à l'occasion des expositions, les manifestations, les effusions qui se succèdent depuis le milieu de 1936 jusqu'à la fin de 1937, autorisent une appréciation optimiste de la situation. C'est, tout au plus, un entr'acte, pendant lequel on distribue des rafraîchissements et des bonbons; après quoi, la tragédie se poursuivra.

Hitler utilise cet intermède pour accélérer, dans la coulisse, la préparation du Reich à la guerre, tandis que, dans la salle, il rassure le public et cherche à endormir la vigilance des gouvernements. Rien n'éclaire mieux sa profonde duplicité. Comment se déroberait-on à ses avances et à ses amabilités? Ce serait procurer des arguments à une propagande qui verrait dans le refus de la main tendue une nouvelle preuve de la méchanceté et de l'hostilité des Puissances démocratiques à l'égard du IIIe Reich! Quand Hitler a dit : « L'ère des surprises est close! », il a menti une fois de plus. Le Führer n'a clos l'ère des surprises que provisoirement et pour la rouvrir avec plus de profit.

Il se peut que sa tactique ait fait des dupes. Nous n'avons jamais été de ce nombre.

A la mi-décembre 1937, P.-E. Flandin passe, au cours d'un voyage privé, trois jours à Berlin. Il respire l'air de la capitale; il a des conversations avec quelques membres du gouvernement du Reich, notamment avec Neurath et Gœbbels. Il en retire la conviction qu'avant la fin du prochain trimestre, l'Allemagne aura envahi l'Autriche. L'ambassadeur d'Angleterre, Nevile Henderson, est d'un avis opposé.

— Nous allons vers la paix! dit l'Anglais.

— Ce que nous vivons en ce moment, dit le Français, c'est une veille d'armes!

En ma présence, les deux hommes font un pari...

Le 12 mars 1938, à 5 h. 30 du matin, les troupes allemandes entraient en Autriche.

CHAPITRE IX

LA DISGRÂCE DE VON FRITSCH

L'invasion de l'Autriche fut précédée, à peu de distance, d'un épisode singulier qui marqua, non seulement dans les relations de Hitler et de la Reichswehr, mais dans l'organisation militaire de l'Allemagne, un tournant capital. Comme toujours, l'épisode en question fut enveloppé d'un brouillard opaque. Seuls, les initiés comprirent que la purgation du haut-commandement, à laquelle Hitler procéda à cette occasion n'était que la préface des opérations de grand style qu'il avait jugé le moment venu d'engager.

Au début de l'année 1938, j'avais reçu, ainsi que quelques-uns des mes collègues, une invitation à dîner le 3 février, chez le général von Fritsch. Nous nous en étions un peu étonnés. Car le commandant en chef de la Reichswehr s'était, jusque-là, tenu à l'écart de la vie berlinoise. C'était un célibataire endurci. On ne le voyait que rarement dans les cérémonies, jamais dans les salons. De moyenne taille, serré dans son uniforme, le teint cramoisi, il correspondait assez bien, avec son monocle vissé dans l'œil et sa voix éraillée, au type classique de l'officier prussien. J'avais eu plusieurs fois l'occasion de le rencontrer aux courses, où il était assidu, et de m'apercevoir que son aspect rogue et bourru recouvrait une intelligence plus aiguisée, un naturel plus aimable qu'il n'y paraissait. J'avais appris également qu'on lui reprochait, en haut lieu, de ne pas satisfaire autant qu'il eût été convenable aux obligations mondaines de sa charge. Aussi m'étais-je dit, en recevant son invitation : « L'ours s'apprivoise ! »

Mais, le 2 février, la veille même du jour fixé, le dîner fut décommandé. Nouveau sujet de surprise, et de surprise d'autant plus forte qu'en même temps le bruit courait que Fritsch venait d'être arrêté et qu'il était gardé prisonnier chez lui ! De quel nouveau drame, dans ce Reich constamment orageux, l'arrestation du général en chef était-elle donc l'indice ? Personne n'en savait rien. On avait seulement remarqué certains phénomènes insolites. L'anniversaire de Guillaume II, le 27 janvier, avait donné lieu à des manifestations plus nombreuses et moins discrètes qu'à l'ordinaire, notamment dans les mess d'officiers, en Prusse Occidentale et Orientale. Hitler, contre son habitude, n'avait prononcé aucun discours, le 30 janvier, anniversaire de son accession au pouvoir. De grands changements — chuchotait-on — étaient imminents. Il y avait de l'inquiétude dans l'air, une sourde angoisse. L'atmosphère de la capitale rappelait celle que l'on y respirait à l'époque des massacres du 30 juin 1934, de sinistre mémoire.

Effectivement, le 4 février, à 9 heures du soir, un communiqué officiel annonce une série de mesures d'une extrême importance. Hitler a décidé d'exercer désormais, en personne, le commandement de l'ensemble des forces armées du Reich, dont il n'était, jusqu'ici, que le chef théorique. Le ministère de la Reichswehr, détenu depuis cinq ans par le maréchal von Blomberg, est supprimé. En revanche, il est créé un « Oberkommando der Wehrmacht », un « Commandement supérieur des forces armées », qui constituera l'état-major militaire du Führer et aura pour chef le général Keitel ; celui-ci aura rang de ministre et jouira des prérogatives qui appartenaient auparavant au ministre de la Guerre. Le maréchal von Blomberg et le général von Fritsch sont, tous les deux, admis à la retraite et se voient gratifiés d'une lettre de remerciement de Hitler, la première très chaleureuse, la seconde plus froide. Le général von Brauchitsch est nommé, à la place de Fritsch, commandant en chef de l'armée de terre. Gœring devient feldmaréchal. Seize généraux de haut rang sont relevés de leurs fonctions ; quarante-quatre autres, ainsi qu'une foule d'officiers supérieurs, sont l'objet de mutations.

L'armée n'est pas, d'ailleurs, la seule atteinte par ce revirement de grande envergure. La diplomatie lui paye aussi son tribut. Le baron von Neurath cesse d'être ministre des Affaires étrangères ; il

est mis à la tête d'un « Conseil secret de Cabinet », qui n'aura
jamais d'existence réelle ; Joachim von Ribbentrop lui succède à la
Wilhelmstrasse ; Hassel, ambassadeur à Rome, von Dircksen,
ambassadeur à Tokio, von Papen, ambassadeur à Vienne, sont rappelés. Enfin, le ministère de l'Économie sera fondu avec les services du plan de quatre ans et réorganisé sous la direction de Funck.

La presse de Gœbbels ne cherche pas à diminuer la portée de ces
mesures. Elle la souligne, au contraire ; elle indique que le 4 février
restera une date mémorable dans les annales du IIIᵉ Reich. Mais elle
nie avec une égale vigueur qu'on soit en droit d'y voir la conséquence d'une crise politique. On assiste, d'après elle, à une évolution logique, à « un développement organique normal, attestant la
vitalité du Reich », à « un processus naturel, né du dynamisme
hitlérien ». Le Führer a voulu concentrer les pouvoirs, afin de
donner plus de poids à l'Allemagne dans la concurrence des nations,
provoquer dans les artères de l'empire un afflux de sang frais,
rajeunir les cadres directeurs, simplifier les ressorts essentiels.

Les journaux étrangers tiennent un autre langage. Ils disent que
les mesures en question sont l'épilogue d'un conflit violent qui a
opposé, de nouveau, le Parti et l'Armée. Mais, tandis que les uns
déclarent que c'est le Parti qui a eu le dessus, les autres assurent
que c'est l'Armée. Le *Temps* croit pouvoir affirmer qu'il y a eu un
complot monarchiste, fomenté par l'Armée, pour ramener le Kronprinz sur le trône. Il en est puni par une interdiction d'entrer,
désormais, en Allemagne.

A la vérité, la feuille française a été mal renseignée. La version
du complot monarchiste est inexacte. Il n'est pas douteux, cependant, que les décisions de Hitler n'aient été provoquées, ou précipitées, par un conflit aigu entre le Parti et l'Armée. Mais le plus
étrange dans l'affaire, c'est l'origine de ce conflit. Il ne faut la
chercher ni dans un complot d'officiers, ni dans une menace de
l'extérieur ou du dedans, ni dans quelque événement sensationnel.
S'il a été procédé à une réforme aussi radicale de l'institution militaire, si tant de personnalités éminentes, et qui semblaient bien
assises dans leurs charges, en ont été évincées, c'est parce que
M. le maréchal von Blomberg a manifesté, aux environs du nouvel-an, l'intention de se remarier ! Riche matière à réflexion pour
ceux qu'intéresse le rôle des impondérables dans l'Histoire !

Avec sa petite figure fripée, perchée au bout d'un long corps maigre, Blomberg, sexagénaire, gai, cultivé, alerte, est encore fringant. Il est veuf depuis longtemps ; ses enfants sont grands ; rien d'étonnant à ce qu'il éprouve le besoin d'une compagnie, d'une compagne. Il épousera une femme qu'il connaît bien et qui a toute sa confiance : sa propre secrétaire-dactylographe. Blomberg, ministre de la Reichswehr, est un des hommes envers lesquels le Führer a le plus d'obligations. Il a toujours été parfaitement loyal à son égard. Il a empêché la Reichswehr de se jeter dans une opposition systématique contre lui. Il a maintenu l'Armée dans la discipline et l'obéissance. Le 30 juin 1934, il a poussé et aidé le Führer à liquider Rœhm. A la mort de Hindenburg, il a été l'un des artisans de l'escamotage qui a permis à Hitler de se proclamer chef de l'État et lui a apporté, sans délai, le serment des officiers et des soldats. En récompense, il a reçu le bâton de maréchal. Hitler le considère comme un ami. Il lui plaît, au surplus, que ses collaborateurs, ses ministres, aient un foyer et participent à la vie mondaine de la capitale. Il adresse donc à Blomberg ses félicitations cordiales et lui secoue les mains, en arrêtant longuement sur lui ce regard que l'on dit fascinateur et irrésistible.

Mais, quelques jours plus tard, voilà que Blomberg, penaud, revient et déclare au Führer qu'il le prie d'accepter sa démission. Il raconte qu'il a eu le tort de penser qu'un ministre de la Reichswehr était libre de se remarier selon son goût. L'agrément du Führer est, certes, précieux ; mais il ne suffit pas ; il faut encore celui de la Reichswehr. Et la Reichswehr, par la voix du général von Fritsch, commandant en chef, et du général Beck, chef d'état-major, lui a signifié que son mariage était, pour elle, inadmissible, « untragbar », et qu'en conséquence, il devait choisir entre son projet d'union et son poste de ministre.

Les motifs invoqués sont, sans doute, péremptoires, puisque Blomberg s'est incliné et s'apprête à démissionner. Il n'a pas le temps d'achever son récit. Hitler entre dans une de ces colères furieuses dont il est coutumier et qui font trembler son entourage. On imagine aisément ses vociférations. Quoi ! ces messieurs ont l'audace de s'opposer à un mariage qu'il a approuvé ! Il ne tolérera pas cette insubordination ! Ce qu'ils n'amettent pas, c'est que Blomberg épouse une fille de condition modeste, une femme sortie du

peuple! Ces réactionnaires stupides, ces Junkers pourris de préjugés, ces momies de Potsdam se croient toujours au sein d'un
État divisé en classes! Ils n'ont rien compris au IIIe Reich! Il leur
apprendra, puisqu'ils ne le savent pas, qu'il n'y a plus qu'un seul
peuple allemand! Il les dressera! Il les balaiera! Il les brisera!

Et, pour commencer, il refuse la démission de Blomberg et il
sera témoin à son mariage, ainsi que Gœring! On verra bien la
tête que feront ces messieurs!

Le 17 janvier, Blomberg se marie, en effet, flanqué de Hitler à
droite et de Gœring à gauche.

Mais le général von Fritsch n'en est nullement intimidé et ne
renoncera pas, pour autant, à ses objections. Il se rend en audience
chez le Führer et lui déclare que Blomberg, marié, ne peut demeurer ministre de la Reichswehr, non pas parce qu'il a épousé une
fille du peuple, mais parce qu'il a épousé une femme dont le passé
ne saurait être considéré comme honorable. Comment exiger des
jeunes officiers la tenue et la dignité nécessaires, si le ministre de la
Guerre prête, lui-même, à la critique?

Hitler s'emporte. Il accable le général d'injures et de reproches.
Fritsch, qui est sanguin et n'a pas bon caractère, riposte. Il déverse,
à son tour, tout ce qu'il a sur le cœur, tous les griefs dont il est
gonflé contre le régime. Il dénonce sa brutalité, ses maladresses,
ses dilapidations, sa corruption, l'introduction de la politique dans
les casernes, la propagande antireligieuse, qui démoralise le soldat,
et jusqu'à la conduite des affaires extérieures, imprudente, provocante et qui risque d'entraîner l'Allemagne dans une guerre européenne, avant qu'elle soit de taille à l'affronter. Hitler écume de
colère, d'autant plus que les allégations du général, en ce qui
concerne le mariage de Blomberg, sont reconnues exactes par la
police de Himmler. La rage du Führer se tourne contre Blomberg,
qui l'a associé à une sottise et lui a fait jouer, à ses côtés, un rôle
ridicule. Mais il ne pardonne pas non plus à Fritsch qui, non seulement lui a manqué de respect, mais a révélé un état d'esprit inquiétant, symptomatique des sentiments d'une partie, au moins, des
chefs militaires.

A point nommé, Himmler lui offre une occasion de vengeance.
Il prétend que le général est un homosexuel et qu'il le prouvera.
Fritsch, étranglé par l'indignation, requiert la constitution d'un tri-
bunal d'honneur, se démet de ses fonctions de généralissime et

garde les arrêts à la chambre, jusqu'au jugement. Ainsi s'explique que son dîner ait été contremandé et que le bruit de son arrestation ait couru dans Berlin!

Mais son cas personnel ne règle pas toute la question. Il faut remplacer Blomberg. Il faut épurer le haut-commandement. Le Parti s'en mêle. Il se livre, lui aussi, à un réquisitoire contre les chefs militaires, principal obstacle à la diffusion du nazisme dans l'Armée. Il réclame qu'un nazi authentique, doué d'une poigne de fer, succède à Blomberg au ministère de la Reichswehr. Himmler, chef des S. S. et de la Gestapo, pose sa candidature. Gœring pose également la sienne. Hitler devra les départager.

Le débat s'étend. Les militaires ne sont pas les seuls incriminés. Il y a encore, dans les postes essentiels du Gouvernement, trop d'hommes d'autrefois, trop d'hommes de droite, notamment dans la diplomatie. Leurs sentiments profonds ne sont pas différents de ceux des généraux. Le Führer est arrivé au pouvoir avec l'appui et la connivence de Hugenberg et des nationaux-allemands, c'est-à-dire d'une clique de hobereaux et de bourgeois, avec lesquels le national-socialisme n'a rien de commun; il en a éliminé un certain nombre; il en reste encore trop; il n'y a plus lieu de les ménager; il est temps de congédier Neurath et les ambassadeurs de son espèce. D'autre part, Hitler a été très frappé par la loi française sur l'organisation de la nation en temps de guerre et les modifications intervenues, chez nous, dans l'agencement des rouages du haut-commandement.

Pendant l'année 1937, il a été relativement calme; il n'a pas accompli de nouveaux coups de force. Mais on serait bien naïf de le croire assagi, pacifié, content des avantages qu'il a acquis. Il médite, au contraire, de passer à la seconde phase de son programme qui comporte l'absorption de l'Autriche et l'annexion du pays des Sudètes. Pour cela, il est nécessaire qu'il tienne solidement entre ses mains les deux principaux instruments de son action future, ceux que Hindenburg avait conservés sous son propre contrôle, quand il avait appelé Hitler à la Chancellerie : l'Armée et la Diplomatie.

L'idée d'un remaniement d'ensemble se fait, ainsi, jour dans son esprit. Elle y serait née, de toute façon, à un autre moment et sous une autre forme; car elle répond à ses préoccupations profondes et à ses calculs d'avenir. Mais l'incident créé par Blomberg et Fritsch en hâte l'éclosion ; il lui offre l'occasion de la réaliser tout de suite. L'un des talents du Führer a toujours été de savoir saisir au vol les occasions. Blomberg et Fritsch seront donc mis à la retraite. Ni Himmler, ni Gœring n'auront la succession de Blomberg. Cette humiliation sera épargnée à la Reichswehr, dont il est inutile d'accroître l'amertume. Le ministère de la Guerre sera supprimé, ou plutôt, il deviendra le Cabinet militaire du Führer, promu, par lui-même, chef réel des forces de terre, de mer et de l'air, et assisté, en cette qualité, d'un homme sûr comme Keitel, qu'il sait favorable à la démocratisation du haut-commandement. Gœring, le plus tumultueux de ses lieutenants, sera dédommagé de sa déconvenue par le bâton de maréchal. Les généraux et les officiers suspects de tiédeur, ou qui auront trop étalé leurs sentiments monarchistes, seront déplacés ou renvoyés. Il n'y aura pas, cette fois, d'exécutions sommaires et de fusillades, comme en 1934. Ce sera, diront certains, « un 30 juin sec ». L'Armée sera domptée sans drame. Elle avait triomphé en 1934. Le Parti prend sa revanche sur elle, en 1938.

Quant à la diplomatie, Neurath, vestige du « Cabinet des Barons », est trop vieux pour continuer de la diriger ; il est trop aimable avec les ambassadeurs étrangers ; il est pusillanime ; c'est un *mou !* Ribbentrop, jeune, en pleine force, confident et favori du Führer, ami de Himmler, le remplacera avantageusement ; il occupe un haut grade dans les S. S. ; c'est un *dur !* On peut compter sur lui pour nettoyer cet autre nid de réactionnaires qu'est la Wilhelmstrasse et y introduire de jeunes nazis. En réalité, il ne sera qu'un Keitel diplomatique ; il sera moins un ministre des Affaires étrangères que le chef du cabinet diplomatique du maître du Reich.

D'origine modeste, mais nanti d'un « von » de fraîche date, par héritage d'un parent hollandais, et enrichi par son mariage avec la fille du grand fabricant de vin mousseux Henckell, beau garçon, dévoré par la vanité et l'ambition, Ribbentrop a trouvé, vers 1930, dans les rangs du national-socialisme le moyen de jouer un rôle, après l'avoir cherché en vain dans les milieux libéraux. Il s'est attaché à la personne d'Adolphe Hitler. Il l'a fréquemment accueilli dans sa belle villa de Dahlem. Il lui a procuré, avec des Allemands et des étrangers de marque, des entrevues intéressantes et importantes. Il est devenu, ainsi, en matière de politique extérieure, son homme de confiance. Il entoure le Führer d'une admiration béate, d'une dévotion extasiée. Il est comme illuminé, comme transporté en sa présence. Il lui assène sans sourciller les plus énormes flatteries. C'est le type du parfait courtisan. Son procédé pour garder la faveur du Chancelier est simple. Il consiste à écouter religieusement ses longs monologues et à noter, au passage, dans sa mémoire, les idées qu'il expose, et, surtout, les intentions qu'il laisse percer. Puis, quand Hitler a oublié qu'il lui en avait parlé, le courtisan les reprend à son compte et les développe avec chaleur. Frappé de cette concordance, et sans s'apercevoir que Ribbentrop ne fait pas autre chose que de lui tendre un miroir dans lequel se reflète sa propre image, le Führer attribue à son collaborateur le mérite d'un jugement sûr et d'une réflexion pénétrante, singulièrement en accord avec sa pensée profonde. Neurath donnait, parfois, timidement, il est vrai, mais, tout de même, il donnait des conseils de modération ; il faisait entendre des avertissements, des rappels à la prudence. Rien de semblable chez Ribbentrop. Non seulement il ne contredit jamais son maître et ne lui présente aucune objection, mais il abonde systématiquement dans son sens ; il est plus hitlérien que Hitler ; il l'affranchit de ses doutes, il dissipe ses hésitations, il excite ses audaces ; il le pousse, il l'entraîne du côté où il le voit pencher le plus dangereusement.

Hitler est sensible à sa prestance, au charme de sa figure distinguée, à ses manières d'homme du monde, à son aplomb ; il est impressionné par l'aisance avec laquelle il parle anglais et français, par les relations qu'il se vante d'avoir dans la meilleure société de Londres et de Paris ; il a pour lui une considération presque respectueuse.

Le nouveau ministre des Affaires étrangères du Reich n'est cependant, ni préparé, ni apte à son emploi. Il est de culture et d'intelligence médiocres. Son ignorance des questions diplomatiques est prodigieuse. Il n'a jamais parcouru le texte du traité de Versailles. Il ne sait rien des obligations contractées par l'Allemagne depuis 1919. Il ne serait pas en mesure de dire ce que contenait le pacte de Locarno ou ce que signifie le pacte Briand-Kellog. Son ambassade à Londres a été marquée par un échec retentissant, dont il a conservé, d'ailleurs, une rancune personnelle qui faussera toutes ses appréciations sur les ressources matérielles et morales de la Grande-Bretagne. L'administration de la Wilhelm-strasse, qu'il prétend régenter comme un sous-officier commande son peloton, le déteste. Il l'en punira en la brimant et en imposant à ses bureaux des nazis prétentieux, et sans valeur. Dans ses contacts avec les chefs de missions diplomatiques, il est arrogant, brutal, péremptoire ; il s'imagine que c'est le langage qui convient pour inspirer aux étrangers une haute idée de l'Allemagne nou-velle ; très vite, il élève le ton, il évoque la puissance militaire de la Reichswehr ; il devient menaçant. Il est difficile, au reste, d'avoir une véritable conversation avec lui. A l'exemple du Führer, qu'il copie, il monologue ; il ne saisit pas, il ne retient pas l'argumen-tation de son interlocuteur ; il n'écoute que lui-même et répète obs-tinément la leçon qu'il a apprise.

Voilà, pourtant, celui dont Hitler déclare, en hochant la tête d'un air pénétré : « Il est plus fort que Bismarck! »

Une si grossière et stupéfiante erreur prouve à quel point le maître du Reich s'aveugle sur les hommes et les choses, au moment même où il va se lancer dans les plus téméraires entreprises. En réalité, ce Ribbentrop, qu'il porte aux nues, exercera sur lui l'influence la plus constamment néfaste. Quoi qu'il en soit, de la crise provoquée par le mariage intempestif de Blomberg et du remaniement des organes dirigeants du Reich, qui en a été l'occa-sion et la conséquence, la toute-puissance d'Adolphe Hitler sort considérablement fortifiée, unifiée. Elle égale celle des souverains les plus absolus.

Que fera-t-il de ces pouvoirs qu'il a ramassés et concentrés dans sa seule main? Si l'on avait des doutes à cet égard, la fusion du ministère de l'Économie avec les services du plan de quatre ans les dissiperait. Les services du plan de quatre ans assurent la préparation matérielle de la guerre. Leur fusion avec le ministère de l'Économie signifie que celui-ci devra, doréna-vant, se consacrer tout entier à la même tâche. La trêve de 1937 est close. Une nouvelle période d'activisme, de hardies entreprises, va s'ouvrir. Le *Lokal Anzeiger* l'avoue dans une formule lapidaire. « Toutes les forces du Reich — écrit alors ce journal — sont, désormais, tendues comme un arc, d'où partira, le moment venu, la flèche qui doit atteindre le but. »

Est-on curieux de savoir ce qu'il advint, par la suite, du malheureux von Fritsch? Le tribunal d'honneur, présidé par Gœring, le disculpa de l'infâme accusation élevée contre lui. Le témoin à charge, démasqué, reconnut qu'il avait reçu de l'argent pour le calomnier et fut, aussitôt, fusillé. On offrit au général un nouveau commandement. Il ne voulut pas l'accepter avant qu'eût été châtié le responsable de la machination par laquelle on avait cherché à le déshonorer, c'est-à-dire Himmler; il ne put jamais l'obtenir. On le nomma colonel honoraire d'un régiment d'artillerie, pour témoigner publiquement qu'il avait été réhabilité, et l'on s'en tint là. Ses camarades ne se solidarisèrent pas plus avec lui qu'ils ne s'étaient solidarisés avec Schleicher; et la Reichswehr, divisée, intimidée, flottante, expiera plus tard cette faiblesse.

Quand la guerre contre la Pologne éclata, en 1939, ce fut le plan de campagne de von Fritsch que l'on appliqua. Lui-même, réduit au rôle de spectateur et d'inutile parasite, suivait mélancoliquement les opérations, avec l'officier d'ordonnance qu'on lui avait attribué. Un jour, on apprit qu'il avait été tué devant Varsovie. Beaucoup pensèrent qu'il avait été tué par la Gestapo; et ce n'était que trop vraisemblable. Je tiens, cependant, de bonne source, une autre version. Son officier d'ordonnance se serait avancé à découvert sur le terrain. Il aurait été atteint par une balle. Fritsch serait sorti de la tranchée pour le secourir et serait tombé à son tour.

Hitler lui fit faire de belles funérailles.

Hitler a toujours soigné particulièrement les obsèques de ses victimes.

CHAPITRE X

HITLER ET MUSSOLINI

S'il n'avait été d'accord avec Mussolini, Hitler n'aurait jamais osé exécuter ses projets d'annexion de l'Autriche et de mainmise sur la Tchécoslovaquie. L'alliance qu'il a contractée, l'Axe qu'il a forgé avec le Duce, en 1937, ont, seuls, ouvert la voie à la réalisation des ses plus ambitieux desseins. C'est, en définitive, du rapprochement des deux dictateurs qu'est sortie la guerre de 1939. Mais comment s'est effectuée cette conjonction?

Semblables par l'orgueil, la volonté de puissance, l'appétit de grandeur et de gloire, la nervosité, la violence des sentiments, le cynisme, l'aptitude à la dissimulation et à la ruse, le don oratoire, également animés d'une passion nationale quasi monstrueuse qui les porte à considérer leur peuple comme l'instrument créé pour servir leur ambition, les deux hommes n'en sont pas moins fort différents. Il y a entre eux toute la distance qui sépare le Germain du Latin, le Nord du Midi.

Physiquement, déjà, leurs types s'opposent.

Les traits de Hitler sont mous. Front moyen, nez moyen, bouche moyenne; l'expression du visage est figée, morne et vulgaire; les yeux, légèrement globuleux, d'un gris terne, n'ont d'éclat que dans la colère ou dans la transe; le teint est blême; la voix, rude, rauque, profonde, roule les r comme des cailloux; la démarche est raide et solennelle; les gestes sont rares; on ne le voit pas souvent rire, ni sourire.

Mussolini a été dessiné avec plus d'art; il a le masque césarien, front vaste, menton carré, bouche avide et gourmande; sa physionomie, d'une extrême mobilité, reflète en un instant les sentiments les plus divers; sur le fond bistré du teint les yeux se détachent, d'un noir de jais, chargés d'éclairs; la voix est aiguë, la parole précipitée; cambré sur ses reins, il est prompt, souple, agile; il y a de la finesse dans son sourire, de la truculence dans son rire.

Au moral, les dissemblances ne sont pas moindres.

Hitler a une intelligence intuitive, Mussolini une intelligence déductive. Chez l'un, la vie est concentrée à l'intérieur; chez l'autre, elle déborde au-dehors. Hitler rêve, écoute des voix, consulte les astres; il se confine dans le silence, ou part dans un discours interminable; il n'a aucun sens de la conversation; il lit peu, ne travaille guère et laisse à ses subordonnés la bride sur le cou; il ne parle et ne comprend que l'allemand; il ignore tout de l'étranger; il a peu de besoins, une hygiène presque ascétique; les femmes, si leur compagnie lui plaît, n'ont pas de rôle dans son existence.

Mussolini est positif et précis; il se mêle de tout et tire tout à lui; il passe de longues heures à sa table de travail; il accumule et annote les dossiers, intervenant à tout moment dans les ressorts de ses collaborateurs; il dévore l'imprimé, journaux, livres, revues, brochures; il comprend le français, l'allemand, l'anglais; il parle bien français, assez bien allemand, avec un mauvais accent; il a roulé sa bosse hors de son pays et possède une certaine expérience de l'étranger; il a la démangeaison d'écrire; c'est un journaliste; l'idée, l'émotion se traduisent immédiatement chez lui en article de journal, non signé, mais aisément reconnaissable; sa conversation est vive, brillante, séduisante; il aime la vie large; il aime les femmes; elles l'occuperont de plus en plus, à mesure qu'il vieillira; il est attaché à sa famille et s'il n'est pas bon époux, il est bon père.

Certes, le nazisme doit beaucoup au fascisme. Il en procède. Il en est une imitation, une transposition sur le mode allemand et prussien. Il lui a emprunté ses institutions caractéristiques, ses milices, ses chemises brunes, le salut romain, l'organisation de la jeunesse, son Dopolavoro, et jusqu'à ce titre de « Führer » qui n'est que la traduction de « Duce ». On prétend qu'à ses débuts, il en a reçu des subsides. Après l'échec du putsch munichois, en 1923, de nombreux nazis, parmi lesquels Gœring, ont trouvé asile et secours en Italie. De cette dette, Hitler a toujours eu conscience ; il ne l'a jamais reniée ; il a toujours professé une grande admiration pour Mussolini, levant les yeux vers lui, comme vers l'initiateur, le précurseur, le maître. Il avait dans son cabinet, à Munich, un buste du Duce ; il l'y a toujours laissé, même aux heures de leurs pires discordes.

Vis-à-vis de lui, Mussolini se sent l'aîné, le supérieur, et il prend naturellement des allures protectrices. Il est flatté que le disciple se réclame de lui et entraîne un pays comme l'Allemagne sur ses traces. En même temps, dès l'origine, ce cadet lui inspire de la méfiance, une méfiance qui ne se dissipera jamais complètement ; il craint que l'élève, émancipé, ne déforme le modèle et n'en présente une copie alourdie et sans nuances. Italien, il subit l'attrait de la force, de la discipline, de la méthode allemandes ; mais il n'échappe pas non plus à ce fond d'aversion instinctive que son peuple éprouve pour le Tudesque.

En sens inverse, Hitler, Allemand, ne résiste pas au charme, à la vivacité, à la chaleur italienne ; cela n'empêche qu'il partage la tendance de ses compatriotes à juger le « Joueur de mandoline » un enfant capricieux, fanfaron, un peu ridicule et pas très sûr. On m'a raconté que, dans son entourage, on s'amusait, lors du voyage de Mussolini en Lybie, à monter à califourchon sur une chaise, à projeter le menton en avant et à brandir, à l'aide d'une canne ou d'un parapluie, et en roulant des yeux féroces, « l'épée de l'Islam ».

Dans les lettres d'eux que l'on a publiées, on voit les deux hommes échanger des saluts cordiaux, des protestations d'amitié et de dévouement. C'est que, à cette époque, leurs destinées sont liées ; ils savent la gravité de la partie qu'ils ont engagée ; ils jouent leur va-tout. Mais il n'en a pas toujours été ainsi. L'histoire de leurs rapports est orageuse et tourmentée, riche en péripéties. Je ne sais si Hitler a jamais violemment détesté Mussolini, mais Mussolini a eu de la haine pour Hitler. Leur amitié est revenue de très loin. Avant de s'embrasser, ils ont failli se battre !

Lorsque Hitler arrive au pouvoir, il manifeste tout de suite le désir de réaliser le programme exposé dans *Mein Kampf* et de se rapprocher de l'Italie. Il réserve à l'ambassade italienne à Berlin le privilège de sa visite. Il multiplie les démonstrations de sa sympathie. Mussolini répond à ses avances avec courtoisie, mais non sans prudence et réserve, comme quelqu'un qui penserait : « Ce Chancelier improvisé est bien pressé! Voyons, d'abord, qui il est et prenons sa mesure! »

Ce n'est qu'en juin 1934, au bout d'un an et demi, que les deux hommes font connaissance, à Venise. Et ce premier contact est désastreux. Mal conseillé, Hitler débarque en civil, coiffé d'un chapeau de velours brun, vêtu d'un veston noir et d'un trench-coat, chaussé de souliers vernis qui le blessent. Il a l'air d'un petit employé de commerce endimanché, ou d'un rural qui a mis ses meilleurs habits pour aller à la ville. Il a piètre mine à côté d'un Mussolini empanaché, sanglé, chamarré, botté. Le Duce abuse, d'ailleurs, cruellement de ses avantages; il prend partout le pas sur son invité; il le relègue au second plan; place Saint-Marc, il harangue la foule du haut d'un balcon, sans se soucier de lui, qui l'écoute au balcon voisin; les applaudissements, les cris vont à Mussolini; personne ne se soucie de Hitler. Intimidé, désorienté, celui-ci, dans les jardins de la villa Pisani, à Stra, où les deux dictateurs ont eu un long entretien, s'est répandu en un flot de paroles véhémentes et confuses, laissant à peine au Duce le loisir de lui donner quelques avis.

Mussolini sort de l'entrevue, dédaigneux et disant : « C'est un toqué! » Hitler rentre en Allemagne, humilié, mécontent de lui-même et de son hôte, soucieux de montrer qu'il est d'une autre trempe que celle qu'on lui a superficiellement attribuée. Quinze jours plus tard, le massacre de Rœhm et de ses compagnons confirme Mussolini dans son jugement; il estime que ces fusillades sont du mauvais travail, une inélégante boucherie!

Mais l'assassinat de Dollfuss, le 25 juillet, change son dédain en colère, en indignation furieuse. Il le ressent comme un affront personnel. Dollfuss était son ami, son protégé! Il a été tué le jour où il devait rejoindre sa femme et ses enfants, à Riccione, où le Duce les avait invités chez lui. Mussolini ne doute pas que le meurtre n'ait été organisé par les nazis d'Allemagne, par Habicht et sa bande. Ou bien Hitler le savait, et c'est un misérable! ou bien il ne le savait pas, et ce n'est pas un chef, puisque ses troupes accomplissent de tels forfaits à son insu. Apparemment, le souvenir de la mort de Matteoti ne remonte pas à la mémoire du Duce. Le conflit est poussé très loin. La presse italienne écume. Mussolini lui-même rappellera qu'il y avait déjà, à Rome, une civilisation vieille de plusieurs siècles quand on ne trouvait encore, à Berlin, que des marécages, où se vautraient des sangliers.

Il ne s'en tient pas, du reste, aux invectives. Il donne l'ordre à ses divisions de se porter à la frontière du Brenner. Si l'Angleterre, si la France y étaient disposées, la guerre éclaterait. Pour Hitler, c'est une catastrophe. L'entente avec l'Italie, qui était l'une des bases sur lesquelles il comptait fonder sa politique, s'écroule et, semble-t-il, l'effondrement est irréparable. Pendant un temps, en effet, Mussolini demeure étroitement solidaire des Français et des Anglais. Il conclut avec la France des accords qui paraissent appelés à réconcilier pour toujours les deux pays. L'apogée de cette collaboration est marquée, au lendemain de la reconstitution officielle de l'armée allemande, par la conférence de Stresa, où les trois Puissances, en avril 1935, s'unissent pour former un front commun contre le Reich. Si ce front commun avait subsisté, les projets de Hitler auraient tourné court et la paix de l'Europe eût été sauvegardée! Mais le destin en a décidé autrement. L'agression italienne contre l'Abyssinie, la guerre civile espagnole vont tout remettre en cause, bouleverser la situation et rapprocher les frères ennemis.

On s'étonne que Mussolini ait pu se lancer ainsi à la conquête de l'Éthiopie. A vrai dire, ce n'était pas une ambition proprement mussolinienne; c'était plutôt une ambition italienne. Les Italiens étaient habitués à l'idée que l'Éthiopie devait naturellement et légitimement s'ouvrir à leur expansion coloniale. On les y eût, sans doute, laissé développer leur action, s'ils avaient procédé plus sagement, par les voies patientes de la pénétration pacifique.

Comment le Duce n'a-t-il pas prévu les graves difficultés que devait nécessairement susciter son entreprise guerrière? Peut-être a-t-il pensé que l'Angleterre, pour prix de sa collaboration en Europe, lui donnerait carte blanche? Peut-être a-t-il cru que l'appui promis par Laval l'aiderait à triompher de l'opposition britannique? Plus vraisemblablement, l'exemple de l'Allemagne a pesé sur son esprit et l'on saisit là l'un des premiers signes visibles de l'influence pernicieuse que Hitler a exercée sur lui.

Il a beau être brouillé avec le chef nazi, l'audace même dont fait preuve l'autre dictateur, le succès avec lequel, exécutant des coups dont la témérité paraît insensée, il sort de Genève en claquant les portes, rétablit son armée, tient tête à la Société des Nations, à l'Angleterre et à la France, l'impressionnent, le tourmentent, le piquent d'émulation. Cet Allemand, né d'hier, et qui ne serait rien sans lui, n'est-il pas en train de l'éclipser? Le disciple ne va-t-il pas s'avérer plus fort que le maître? Hitler n'est plus l'homme au trench-coat, l'humble visiteur de Venise. C'est déjà une figure farouche qui s'impose à l'Europe et au monde. En comparaison avec lui, Mussolini craint d'avoir l'air pusillanime et de perdre son prestige. Il n'a pu, en outre, manquer d'être frappé de la faiblesse des réactions de la ligue genevoise, de la France et de l'Angleterre, devant les défis répétés du Führer. De ce côté, le risque à courir n'est donc pas dangereux, l'obstacle n'est pas insurmontable. Hitler a affronté le risque et franchi l'obstacle. Pourquoi, lui, Mussolini, n'en ferait-il pas autant? Et c'est ainsi qu'il se jette dans sa folle aventure!

Une folle aventure! Telle est, par une singulière ironie des choses, l'opinion que Hitler en a tout d'abord. Le 1er janvier 1936, il me le déclare. La tentative de médiation que constituait le plan Hoare-Laval vient d'échouer.

« — Je ne comprends pas — me dit Hitler — l'attitude de Mussolini. Il aurait dû accepter tout de suite ces propositions. C'était une chance inespérée! »

A cette date, l'État-major allemand est, d'ailleurs, persuadé que l'Italie marche vers la défaite. Le général von Blomberg, à l'issue d'un dîner de diplomates, m'explique que, dans ce pays et sous ce climat d'Abyssinie, l'emploi des armes motorisées est une erreur; la poussière grippe les moteurs et l'huile filtre à travers les joints; il faut se servir uniquement de l'âne et du chameau. Je me permets d'être d'un autre avis, et nous controversons sur ce sujet.

Dès lors, pourtant, les contacts ont été repris entre Rome et Berlin. L'ambassadeur von Hassell est reçu fréquemment par le Duce. Le Reich a fait savoir qu'il resterait neutre, qu'il ne participerait pas aux sanctions, qu'il fournirait à l'Italie les ressources qu'il tire de chez lui : le charbon, l'acier, les produits chimiques. Mussolini, abandonné de tous, lui est reconnaissant de ce secours, tandis qu'il amasse une bile noire, une rancune tenace contre la S. D. N., contre l'Angleterre et la France.

C'en est fini du front commun qui, à Stresa, avait édifié un rempart autour de la paix. Hitler en profite pour envahir, le 7 mars 1936, la zone rhénane démilitarisée et déchirer le pacte de Locarno. L'Italie, Puissance garante, s'en désintéresse. Service pour service. Mussolini ne se prêtera pas aux efforts qui tendront à remplacer le traité défunt par un nouveau. Songe-t-il déjà à se lier plus étroitement avec Hitler? Lequel des deux, à cette époque, adresse des avances à l'autre? On le discerne mal; tous deux désirent un rapprochement, mais chacun voudrait être sollicité par l'autre; le passé, un passé encore bien récent, les gêne. Mussolini n'a pas renoncé à sa méfiance et demeure hésitant. Son gendre, Ciano, et sa fille, devenus de fougueux germanophiles et qui patronnent ouvertement la thèse de l'entente avec le IIIᵉ Reich, le circonviennent, le pressent. Il se décide, en juin, à envoyer sa fille la comtesse Edda, dont il recueille volontiers les impressions et les jugements, en voyage d'exploration au pays des nazis. Ceux-ci, intimement choqués des allures de la dame, n'en déploient pas moins, pour lui plaire, flatter ses goûts, capter son esprit, toutes les séductions dont ils sont capables; ils la promènent de fête en fête; et elle rentre chez son père, enthousiaste et ravie. Instruits par l'expérience, connaissant les sautes d'humeur et le tempérament impétueux du Duce, les Allemands procèdent avec prudence et mènent un jeu serré. La victoire italienne en Éthiopie a augmenté l'intérêt qu'ils portent à la Péninsule. Mais ils restent discrets, attentifs, évitent l'empressement, l'importunité, l'insistance et gagnent lentement du terrain.

A la fin de juin, le général Valle rend visite à l'aviation allemande. Au début de juillet, une mission d'officiers allemands déjeune à Rome. Afin de débarrasser l'horizon d'un problème qui évoque des souvenirs dramatiques, Hitler conclut, le 11 juillet 1936, un accord avec Schuschnigg, d'où l'on peut inférer, à tort, au surplus, qu'il est résolu à ne plus menacer l'indépendance de l'Autriche. Aux Jeux Olympiques, en août, à Berlin, on voit le prince héritier d'Italie, sa sœur, la princesse Marie, les deux fils du Duce, traités en hôtes privilégiés. En septembre, une délégation officielle du fascisme assiste au Congrès de Nuremberg. L'Allemagne a, d'ailleurs, été le premier État qui, en transformant en consulat sa légation d'Addis-Abeba, ait reconnu l'annexion de l'Abyssinie.

A coups successifs et persévérants, l'Axe est, ainsi, forgé peu à peu, et ce terme bizarre, désignant une combinaison autour de laquelle on prétend faire tourner le monde, entre dans le vocabulaire politique.

La guerre civile espagnole resserre les liens qui se sont noués. Dans cette équipée, c'est Mussolini qui entraîne Hitler. C'est lui qui a, le premier, aidé Franco, comme le prouvent les avions militaires italiens tombés près de Nemours et d'Oran, le 31 juillet. C'est lui qui persuade Hitler que la victoire des républicains espagnols, enflammant par contagion l'U.R.S.S. et la France, où règne le front populaire, donnerait au communisme un élan formidable et mettrait en péril les régimes totalitaires. A la lueur des événements d'Espagne, les dictateurs prennent une plus claire conscience de la solidarité qui les unit dans la défense, avant de les unir dans la conquête. Cette solidarité s'affirme au sein de la Commission de contrôle de Londres, où les deux gouvernements rivalisent d'hypocrisie et font figure de complices. Mussolini intervient contre les « Rouges » plus largement, plus brutalement que son compère. Cette fois, il l'emporte sur lui en audace, en impudence. Il redevient le maître qui trace la route. Il envoie au combat des divisions entières, tout en se réclamant de la non-immixtion et en accusant la France de manquer à ses engagements; à ce train, il achève, d'ailleurs, de vider ses magasins et ses arsenaux, déjà fort éprouvés par la guerre d'Éthiopie.

Plus adroit, Hitler utilise les champs de bataille espagnols comme un banc d'essai pour le matériel de son armée, pour ses chars d'assaut et pour ses avions. Tous ses pilotes, à tour de rôle, vont expérimenter leurs machines et perfectionner leurs talents sous le ciel ibérique. Un certain jour de chaque semaine, atterrit, à Tempelhof, à Berlin, un gros appareil de transport; une trentaine d'hommes en descendent; ils disparaissent dans une baraque, d'où ils ressortent, peu après, en uniforme d'officiers aviateurs; c'est la relève des pilotes soi-disant volontaires, qui reviennent d'Espagne. Hitler, à ce manège, se fortifie. Mussolini s'y épuise.

Deux visites officielles annoncent au monde que l'Axe est définitivement scellé; à chacune d'elles, c'est l'Italien qui se déplace et se rend chez l'Allemand, d'où il apparaît que c'est lui, sans doute, qui reste l'élément actif et qui pousse l'autre. Du 20 au 27 octobre 1936, Ciano, dont le Duce a fait son ministre des Affaires étrangères, passe une semaine en Allemagne. Il est reçu, d'abord, à Berlin, avec des honneurs démonstratifs. Contrairement aux usages, il ne remet aucune carte aux ambassadeurs étrangers; aucune cérémonie, aucune soirée n'est prévue, où les chefs des missions diplomatiques soient conviés à le rencontrer. Allemands et Italiens s'enferment dans un tête-à-tête rigoureux. Leur intimité s'affirme exclusive.

De Berlin, Ciano gagne Berchtesgaden, où il s'entretient avec Hitler. A l'issue de ces conversations, un communiqué est publié; les intéressés s'y défendent d'avoir conclu aucun pacte, aucun traité; ils ont simplement dressé un protocole des décisions qu'ils ont prises; mais ces décisions comportent que les deux gouvernements se renseigneront, se consulteront mutuellement et conjugueront désormais leur action, qu'aussi bien dans la lutte contre le communisme qu'à l'égard du général Franco, dans la question des pactes européens, que dans celle des colonies ou de l'accès aux matières premières, ils marcheront ensemble. En d'autres termes, ils érigent en système permanent la collaboration qu'ils ont pratiquée en Espagne. De l'expérience espagnole et de la victoire de Franco, ils ont tiré la leçon qu'appuyés l'un sur l'autre, ils n'avaient à redouter ni la S. D. N., ni la France et l'Angleterre, ni la Russie. Les plus dangereuses tentations commencent à germer dans leur esprit. Le démon de la mégalomanie les a mordus.

J'écrivais, à cette date, les lignes suivantes : « L'impression qui se dégage de l'arrangement auquel vient d'aboutir le voyage du comte Ciano est que l'Allemagne et l'Italie, constatant l'affaiblissement de puissance et la diminution de prestige de la France et de l'Angleterre, veulent en profiter pour prendre en Europe une position dirigeante et former le noyau d'une nouvelle organisation du continent. Séparés, aucun des deux États ne serait assez fort pour jouer ce rôle. Unis, ils croient pouvoir essayer de l'assumer. La solidarité de leur régime contre le bolchevisme, une égale aversion pour la S. D. N., le désir, chez l'un, de se venger de l'Angleterre, chez l'autre de faire pièce à la France, leur paraissent constituer entre eux des liens suffisants. Ils marchent donc ensemble, et, dans le désarroi actuel, leur accord pèsera d'un poids considérable. Quand ils parlent de la paix, il ne peut s'agir, pour eux, que d'une paix accommodée au goût des régimes autoritaires. En dépit des assurances prodiguées, il y a donc lieu de craindre que l'entente germano-italienne ne soit un pas décisif vers la création de ce bloc des Puissances centrales, allant de la Baltique à l'Adriatique, dont l'idée hante, du moins en Allemagne, de nombreux cerveaux... »

Quel que soit l'éclat de la réception faite à Ciano, il n'approche pas de celui que revêt, un an plus tard, en septembre 1937, la visite de Mussolini lui-même au troisième Reich. Tout est mis en œuvre, cette fois, pour flatter la vanité du Duce, pour exalter son orgueil, et en même temps pour frapper son imagination par le déploiement d'une organisation et d'une puissance extraordinaires. Jamais aucun monarque n'a été reçu en Allemagne avec autant de faste. A Munich, à Berlin, ont été faits des préparatifs d'une ampleur et d'une splendeur inouïes. Mussolini défile, en descendant de son train, entre une double rangée de bustes des empereurs romains, dont il apparaît comme le successeur. Son monogramme, un M gigantesque entouré d'une couronne, et perché au sommet d'une haute colonne, domine la place où la population l'acclame.

A Berlin, une voie triomphale, longue de plusieurs kilomètres, a été aménagée, du château impérial au stade olympique ; elle est bordée de draperies géantes, aux couleurs allemandes et italiennes, qui tombent des toits jusqu'au trottoir, jalonnée, aux carrefours, par d'immenses pylônes, qui portent alternativement l'emblème de la hache et des faisceaux et celui de l'aigle du Reich. Des centaines de colonnes surmontées d'un aigle doré aux ailes éployées et qui deviennent lumineuses, la nuit, se dressent sur la fameuse avenue des Tilleuls. Debout, à l'avant de son automobile, Mussolini accueille avec un plaisir visible les ovations délirantes des nazis. Hitler qui l'accompagne a soin de se tenir un peu en arrière, afin de ne pas détourner sur lui la moindre part des applaudissements. La presse publie des articles dithyrambiques ; elle compare l'importance de l'événement à celle de la bataille de Valmy ; c'est un tournant de l'histoire. « La liquidation des principes de 89 — écrit-elle — a commencé ! »

Épisode significatif : Mussolini assiste, le 26 et le 27 septembre,

à des manœuvres avec tir réel de la Wehrmacht dans le Mecklembourg; on lui montre les divisions cuirassées en action, la nouvelle
artillerie, les derniers explosifs, l'aviation la plus moderne; on
l'emmène à Essen, chez Krupp, pour qu'il soit complètement édifié
sur la force militaire du Reich et sur la valeur de l'amitié allemande.
Avec un allié pareil, tous les espoirs ne s'ouvrent-ils pas devant
l'Italie fasciste?

Le lendemain, au Champ de mai, derrière le stade olympique,
a lieu, à 7 heures du soir, un meeting monstre, auquel participe une
foule énorme. Hitler célèbre son visiteur, un de ces hommes
uniques, à travers les siècles, de ces génies rares « que l'histoire
ne fait pas, mais qui font l'histoire ». Il célèbre la communauté
des deux empires, qui comptent 115 millions d'hommes, résolus
à lutter côte à côte contre le ferment destructeur de l'Internationale
démocratique et marxiste et à résister à toute tentative de division.

Mussolini lui répond d'une voix aiguë et dans un allemand si
heurté, si défiguré par l'accent italien, qu'on le comprend à peine.
Il se livre, lui aussi, à un éloge pompeux des deux régimes, à une
critique acerbe des démocraties, des 52 États genevois, qui ont
prétendu imposer leur volonté à l'Italie, et dont l'Allemagne n'était
pas; il oppose « aux dieux faux et menteurs de Genève et de Moscou » les « vérités resplendissantes » des révolutions du nazisme et
du fascisme; il jure au IIIe Reich une amitié éternelle; « quand le
fascisme a un ami, il marche avec lui jusqu'au bout ». « Demain,
s'écrie-t-il, l'Europe sera fasciste. 115 millions d'hommes se dressent, unis dans une résolution inébranlable. » Mais, au milieu de son
discours, voici qu'un terrible orage se déchaîne; le tonnerre roule
avec fracas; des éclairs sillonnent le ciel où courent des nuages
sinistres; la scène, dans la pénombre du crépuscule, tourne au tragique; les éléments annoncent aux hommes les maux que la
conjonction des deux dictateurs va précipiter sur leurs têtes; une
pluie diluvienne s'abat sur la foule, qui fuit en hâte vers les
tramways, présage de la pluie sanglante qui, bientôt, inondera
l'Europe.

Après la visite du Duce à Berlin, on note un changement remarquable dans l'attitude respective des deux chefs. Mussolini donne
des gages au Reich, comme s'il voulait qu'on ne doutât pas d'une
loyauté sans réserve et qu'on fût définitivement assuré que son

dévouement n'est pas seulement verbal. Le 6 novembre 1937, il adhère au pacte anti-Komintern conclu, en 1936, entre l'Allemagne et le Japon. Le 11 décembre, il quitte la Société des Nations. Il introduit dans l'armée italienne sous le nom de « *passo romano* » le pas de l'oie, que ses troupes transforment en une sorte de ridicule pas funèbre. Quant à Hitler, il renonce aux précautions, aux ménagements dont il usait jusque-là. Il a « laissé venir » son acolyte ; il l'a laissé s'engager, s'enferrer, sans forcer son consentement ; il l'a capté et capturé. Désormais, il le tient ; l'autre ne peut plus reculer, ni s'échapper ; il est obligé de coller à lui. Hitler n'a plus à se gêner. La France et l'Angleterre sont, maintenant, séparées de l'Europe centrale par une barrière solide ; elles sont hors d'état de secourir directement l'Autriche et la Tchécoslovaquie. 1937 a été une année de répit et les Puissances ont pu croire, comme on le leur affirmait, que « l'ère des surprises était close ». Mais, pour Hitler, 1937 a été une année de préparation. Il juge, après cet intervalle, que l'heure a sonné d'aborder la seconde partie de son programme : la création du « grand Reich ».

Le 12 mars 1938, il envahit l'Autriche. Il n'a pas prévenu, ni consulté son associé. Il le met en présence du fait accompli et se borne à lui dépêcher le prince de Hesse, gendre du roi d'Italie, porteur, à son adresse, d'une lettre d'explication et d'excuse : procédure assez cavalière, mais qu'il emploiera, par la suite, à plus d'une reprise. Intérieurement, Mussolini en est, sans doute, choqué, mais il n'en montre rien. Soulignant un des traits dominants de sa politique extérieure, qui est l'incohérence, en face de la continuité rigoureuse et de la stricte méthode qui inspire l'action de son allié, chassant de son esprit l'ombre accusatrice du malheureux Dollfuss, il s'incline et accepte l'annexion de l'Autriche au Reich. « Lorsqu'un événement est fatal, dit-il, il vaut mieux qu'il se produise avec vous que malgré vous, ou, pire encore, contre vous ! »

Devant cette attitude, Hitler manifeste une joie débordante, dont l'excès même prouve qu'il n'était pas sûr, qu'il a eu peur jusqu'au bout des réactions de son partenaire. « Duce, lui télégraphie-t-il, je n'oublierai jamais ce que vous avez fait ! » Mussolini espère bien, d'ailleurs, que le sacrifice qu'il consent à l'amitié allemande sera pour lui, plus tard, d'un bon rapport. Le 30 mars, un discours

qu'il prononce au Sénat révèle le cours de ses pensées. Il y trace
un tableau orgueilleux et excessif de la puissance militaire de
l'Italie : 4.000.000 d'hommes de première ligne; 8.000.000 de
mobilisables; 876 établissements travaillant pour la guerre; en
1940-1941, 240.000 tonnes de gros navires; la première flotte sous-
marine du monde. Et il conclut : « Ce qui compte entre les peuples,
c'est le potentiel de guerre. » En attendant les profits futurs, l'amitié allemande lui monte à la tête!

Au début de mai, Hitler rend au Duce sa visite. Il n'a pas à
craindre, cette fois, d'être traité comme il l'a été, il y a quatre ans,
à Venise. Ni sur ce terrain, ni sur aucun autre, Mussolini ne veut
lui être inférieur. Les pompes romaines rivaliseront d'éclat avec les
berlinoises. Le Roi et le Duce accueillent le Führer, à la nuit tom-
bante, à la gare d'Ostie. Des carrosses de gala, flanqués de cui-
rassiers, sabre au clair, forment un cortège étincelant, qui, sous le
feu des projecteurs, à travers une profusion de croix gammées, de
motifs allégoriques, d'oriflammes et de drapeaux, gagne lentement
le Quirinal. Une note plus spécialement militaire est imprimée au
séjour du chef nazi. Cinquante mille avant-guardistes et jeunes fas-
cistes exécutent une démonstration devant lui; des exercices de
bombardement, des manœuvres d'infanterie lui sont présentés; à
Naples, le 5 mai, il assiste à une grandiose revue navale;
205 navires de guerre y participent; à un signal, 90 sous-marins
surgissent ensemble du sein des flots. C'est au tour de Hitler d'écar-
quiller les yeux. La puissance que l'Allemagne possède sur terre,
l'Italie l'a sur les mers. On a, du moins, cherché à le suggérer au
visiteur d'au-delà des monts, et il n'est pas sûr qu'il n'ait pas été,
lui aussi, grisé par les spectacles qu'on lui a produits. En épilogue
au voyage du Führer, le Duce déclare, le 14 mai, à Gênes :
« Depuis 1934, beaucoup d'eau a passé sous les ponts. Tout ce qui
était compris sous le nom global de Stresa est mort et enterré, et,
en ce qui nous concerne, ne ressuscitera jamais. »

Hitler s'est-il laissé prendre aux accents martiaux de son partenaire, aux quatre mille trompettes qui ont salué son départ de
Rome? S'est-il abusé sur la force réelle de ce dernier? Lorsqu'il provoque, à l'automne, la crise tchèque, et qu'il la pousse jusqu'à
l'extrême rebord de la guerre, Mussolini ne le soutient pas, mais le
retient. On a prétendu qu'entre les deux, le jeu était concerté. J'étais,

le 28 septembre, à midi, chez Hitler, quand on vint l'avertir que l'ambassadeur d'Italie demandait à lui faire part d'urgence d'une communication téléphonique du Duce, et je ne crois pas que la surprise qu'il en marqua ait été feinte.

Due, à la fois, à l'insistance de certains des conseillers du Führer et à l'intervention de Mussolini, cédant lui-même à une pression anglaise, la Conférence de Munich met en relief le crédit dont l'Italien jouit encore auprès de l'Allemand. Hitler entoure le Duce d'égards, sollicite son opinion sur tous les points en litige et se range à ses avis. D'avoir eu cette scène sous les yeux m'incite à penser que le meilleur moyen d'agir sur Hitler et de l'empêcher de retomber dans sa tentation belliqueuse est de passer par Mussolini; et c'est la raison de mon transfert à Rome.

En réalité, Munich a, peut-être, été la dernière occasion dans laquelle le Führer ait été docile à l'influence de son compagnon. Par la suite, sa volonté dominera celle de l'autre. Le temps n'est plus, non plus, où Mussolini pouvait écouter la voix de la France. Il a rompu net, au printemps, les conversations engagées entre Ciano et le chargé d'affaires français. Il ne nous a su aucun gré d'avoir envoyé, de nouveau, un ambassadeur à Rome. La manifestation grossière, organisée, le 30 novembre, à la Chambre des Faisceaux, et au cours de laquelle un groupe de députés, chargés de ce soin, crie : « Tunisie! Savoie! Corse! Nice! Djibouti! » indique quel est le butin que le Duce revendiquera, quand le nazisme et le fascisme seront devenus les maîtres de l'Europe. Mussolini, dès cette époque, est bien résolu à la guerre et il est bien persuadé que les régimes autoritaires écraseront les démocraties.

Il ne doute pas que la jeune Italie ne soit appelée à s'approprier l'héritage d'une France vieillie et épuisée. Mais il sent que son pays n'est pas matériellement, ni, peut-être, moralement, prêt à cette guerre décisive et il ne veut pas que le signal en soit donné trop tôt.

L'entrée soudaine de Hitler à Prague, le 15 mars 1939, provoque chez lui un sursaut, un mouvement de colère et d'inquiétude. Il comprend que cette violation évidente de l'accord de Munich risque d'entraîner une conflagration qu'il juge prématurée. Hitler, en outre, a, de nouveau, agi sans le consulter, sans l'avertir et s'en est tiré en lui envoyant une lettre, après coup. Ni à Paris, ni à Londres, malgré mes efforts, on ne comprend qu'une occasion, la dernière, s'offre de détacher le Duce de son partenaire. Voyant que l'Angleterre et la France n'ont pas immédiatement riposté, Mussolini se calme. Un autre souci s'empare de lui. Il prend conscience que l'Axe a, jusqu'à présent, profité, surtout, à l'Allemagne. Et il entend prouver qu'il est, lui aussi, capable, sans prévenir son partenaire, d'initiatives qui servent son propre intérêt. « Anch'io... », moi aussi, je peux agir à ma guise ! C'est la signification que revêt l'expédition d'Albanie, brusquement décidée et exécutée en avril, tant il est vrai que, dans les sentiments complexes qu'il éprouve envers Hitler, la jalousie, la rivalité ont leur place, et, aussi, la peur d'être dupe, la crainte d'être entraîné plus loin qu'il ne le voudrait, le désir d'affirmer sa personnalité.

Le 22 mai 1939, les deux gouvernements signent un pacte, le « Pacte d'acier ». Ce nom seul, qui ne serait pas venu à l'esprit d'un Allemand, trahit que l'idée du traité est d'origine italienne. Rome et Berlin ne sont liés, jusque-là, que par les termes du protocole établi à l'issue du séjour de Ciano en Allemagne, en octobre 1936. Il est normal qu'un texte précise leurs obligations mutuelles. Mais la clause à laquelle Mussolini attache le plus d'importance n'est pas celle qui spécifie que les contractants interviendront côte à côte pour la défense de leur espace vital, ni celle qui garantit à chacun le plein soutien politique et militaire de son associé, en cas de menace extérieure, ni même celle par laquelle ils s'interdisent de conclure un armistice ou une paix séparée. C'est la clause qui prévoit que les deux États se consulteront sur leurs intérêts communs, sur la situation générale en Europe, sur les mesures à prendre pour la défense de leurs intérêts respectifs. Le Duce espère s'être mis, ainsi, à couvert des décisions unilatérales du Führer et avoir rendu impossible à celui-ci la méthode, qui lui est familière, du fait accompli. Il espère s'être assuré le moyen d'exercer, en temps utile, sur son allié, l'influence qui l'empêchera, comme ce fut le cas à Munich, de se lancer dans une entreprise dangereuse, à un moment et dans des conditions gênantes pour l'Italie.

Malheureusement pour Mussolini, la lettre d'un traité n'a jamais été un obstacle devant lequel Hitler s'arrête. Il y a, de plus, dans le pacte germano-italien, un article qui se concilie mal avec l'engagement de consultation : c'est celui qui promet l'intervention militaire immédiate de chaque État, au cas où l'autre serait entraîné dans des complications guerrières avec une autre ou avec d'autres Puissances. Lequel des deux engagements passe le premier, celui de consulter ou celui d'assister? N'y aura-t-il assistance que s'il y a eu, d'abord, consultation? Cela n'est pas dit clairement. Mussolini a voulu que le texte de son pacte — un des pactes offensifs et défensifs les plus stricts qui aient jamais été signés — fût découpé dans le métal le plus dur et le plus durable; il n'a pas vu que son acier avait une paille.

Quoi qu'il en soit, il n'a pas laissé de doute à son acolyte sur la manière dont il se représente l'avenir de leur collaboration. Dans une rencontre postérieure à la conclusion du pacte d'acier et qui a eu lieu, si je ne me trompe, au Brenner, il lui a expliqué que la guerre décisive à laquelle il demeure résolu, ne devrait éclater qu'après l'année 1942. Ce délai est nécessaire pour que l'Italie reconstitue ses forces militaires et achève ses préparatifs. En 42, elle organisera à Rome une Exposition internationale pour laquelle d'immenses travaux ont été déjà commencés; cette Exposition endormira la vigilance des adversaires et augmentera le stock de devises dont l'Italie a besoin. Tel est le plan. Hitler s'est déclaré tout à fait d'accord avec son allié. La paix, une paix hypocrite et précaire, paraît assurée pour trois ans. Elle ne l'est pas pour trois mois.

Poussé par son démon, convaincu qu'il n'a que peu de temps pour réaliser la totalité de son programme, le Führer remet les fers au feu, et, renouvelant la tactique qu'il a employée et qui lui a si bien réussi vis-à-vis de l'Autriche et de la Tchécoslovaquie, organise de toutes pièces un conflit avec la Pologne, afin de créer le prétexte qui lui servira à régler la question de Dantzig et du Corridor. Mais, en l'occurrence, il s'est trompé; il a trop tiré sur la corde; cette fois, elle casse. L'Angleterre et la France renoncent à la politique de faiblesse et de concession, dont la Conférence de Munich a été la dernière manifestation, et qui n'a eu d'autre effet que d'accroître les prétentions et d'encourager l'audace du chef nazi. La guerre éclate.

Pas plus que dans les circonstances précédentes, Mussolini n'a été consulté par son associé. Hitler a conduit sa manœuvre à sa guise, sans prendre l'avis de Rome, sans lui rendre compte de la

marche des événements. Il sait qu'il n'en recevrait que des conseils
de modération, des rappels aux conventions passées, et il ne veut
pas laisser intervenir dans son jeu cet élément de trouble.

Pour le Duce, la conjoncture est dramatique. L'éventualité
devant laquelle il se trouve placé est, précisément, celle qu'il redoutait le plus, celle qu'il désirait le plus vivement éviter. La guerre
éclate trop tôt, trois ans trop tôt, et l'Italie est mise au pied du mur,
dans un moment singulièrement défavorable pour elle. Mussolini
se débat. Il essaie de recourir à la recette qui s'est révélée efficace
à Munich. Il propose, le 30 août, aux adversaires de se réunir en
conférence. L'entrée des armées allemandes sur le territoire polonais coupe court à ses efforts. Il persévère néanmoins et réitère son
offre. Mais l'Angleterre, soulevée par l'indignation et la colère, la
fait échouer, en exigeant que les troupes du Reich reculent,
d'abord, jusqu'à leur point de départ. On n'arrête pas la roue du
destin. La guerre se poursuivra.

Aux termes du Pacte d'acier, Mussolini devrait voler au secours
de l'Allemagne. Il est vrai que l'Allemagne, de son côté, aux termes
du même pacte, aurait dû l'avertir et se concerter avec lui. La
lettre donne tort au Reich. L'esprit donne tort à l'Italie. « Quand
le fascisme a un ami — a proclamé fièrement le Duce à Berlin —
il marche avec lui jusqu'au bout! » A l'épreuve, pourtant, le fascisme commence par ne pas marcher. Mussolini se règle sur la
lettre et se montre infidèle à l'esprit. L'Italie demeure en dehors
du conflit. Elle ne fait pas acte de neutralité; elle se déclare simplement « non belligérante », c'est-à-dire qu'elle adopte, de toutes,
la position la moins honorable, celle qui lui réserve l'avenir et lui
ménage, selon les circonstances, la plus grande liberté de choix.

Pour justifier sa dérobade, Mussolini ne manque pas de raisons.
Hitler a agi, non seulement sans s'être assuré de son consentement
préalable, mais encore à l'encontre de l'accord intervenu entre eux,
qui ne prévoyait la guerre qu'après 1942. Le Duce l'avait averti
que l'Italie n'était pas en état d'entrer en guerre avant cette date.
De fait, le commandement de l'armée s'est opposé à la belligérance.
Le Roi, la Cour, le Vatican et les catholiques, le peuple, lui-même,
dans sa masse, y sont hostiles.

Aux yeux de Hitler et des nazis, sont-ce là des raisons suffisantes?
Hitler n'a rien demandé à son allié; il n'a exercé sur lui aucune

pression; tout de même, il attendait que celui-ci, bien qu'il n'y fût pas strictement obligé, prît aussitôt fait et cause pour lui et tirât l'épée à ses côtés. La défection de son ami le déçoit. Il n'en montre rien et ne lui adresse aucun reproche. Il feint d'accepter pour valables les explications abondantes que le Duce lui fournit. Au fond, il est mortifié et blessé. Son entourage n'observe pas la même réserve et donne libre cours à sa colère et à son mépris. Le vieux préjugé anti-italien remonte à l'esprit de ses collaborateurs. Il y aura, désormais, dans les relations des dirigeants des deux peuples, une ombre, un grief, un ressentiment, qui ne s'effaceront plus. Mussolini a représenté au Führer que sa non-belligérance est provisoire et que l'Italie participerait à la guerre, dès qu'elle aurait complété ses préparatifs. Dans le même temps, Ciano me disait : « Ne vous fatiguez pas à faire de la propagande ! Remportez des victoires et nous serons avec vous. Dans le cas contraire, nous serons contre vous ! » Lequel, du gendre et du beau-père, parlait avec sincérité ?

Il faut reconnaître que le Duce, qui, durant les derniers mois de 1939, s'était retiré, humilié de sa propre carence, sous sa tente, a repris, à la fin de janvier 1940, la direction des affaires et s'oriente, dès lors, vers l'entrée en guerre. Sans doute a-t-il été informé de l'intention allemande de déclencher au printemps une attaque décisive contre la France et attribue-t-il à cette offensive les plus sérieuses chances de succès. Son intervention, le 10 juin, quand la France gît, terrassée, n'en a pas moins le caractère d'un honteux et bas calcul. C'est ainsi que les Allemands, eux-mêmes, qui ne l'ont pas sollicitée, la jugent. Ils ont, eux aussi, l'impression que l'Italie a voulu, à la dernière minute, se procurer un droit au partage du butin et cumuler le maximum de profit avec le minimum de risque. Leur considération pour l'allié de la onzième heure ne s'en trouve pas accrue, et il y a lieu de croire qu'au moment où furent formulées les conditions d'un armistice, Hitler a fortement pesé sur son partenaire pour réfréner ses appétits et l'empêcher d'élever des prétentions qui eussent fait avorter la négociation.

Contrairement à l'espoir des deux dictateurs, l'armistice conclu avec la France ne met pas, d'ailleurs, fin à la guerre. Cette fois, leur déception est commune. Elle est particulièrement grave pour le Duce, qui ne peut pas ignorer que son pays n'est pas de taille à

14

supporter une guerre longue. Plus qu'il ne l'aurait, probablement, souhaité, le voilà, désormais, attaché, accroché à l'Allemagne et dépendant d'elle. Il aura beau se guinder, se raidir, en face de Hitler, il est dans une position d'infériorité dont son orgueil doit souffrir. Les initiatives qu'il prend pour s'en affranchir, l'attaque de la Grèce, qu'il décide, à son tour, sans avoir recueilli l'agrément préalable du Führer, évoluent à sa confusion et rendent plus étroite encore sa dépendance. Il est contraint d'appeler le Reich à son aide dans les Balkans; il sera, de nouveau, contraint de l'appeler à son secours en Afrique. Le maître est entièrement tombé à la discrétion de son disciple !

Les lettres échangées entre eux durant cette période nous livrent une image étrange de leurs rapports. On y voit un Hitler plein d'égards, de prévenance et de gentillesse pour son partenaire, même lorsqu'il a à se plaindre de lui. Il prend la peine de lui exposer longuement la situation, passant en revue les uns après les autres, les divers théâtres d'opérations. C'est qu'il sent la nécessité de ménager son amour-propre; c'est qu'il a peur que l'Italie ne s'effondre et ne le lâche, et qu'il sait bien que la défection du fascisme serait funeste au nazisme.

Mussolini, de son côté, multiplie les protestations de fidélité et de foi dans la victoire. Pourtant, en son for intérieur, il est rongé d'inquiétude; on dirait qu'il a conscience que l'entreprise finira mal, sans oser se l'avouer, sans oser l'avouer à ce compagnon, auquel il a vendu son âme. Il souhaiterait que Hitler fît la paix. L'expédition contre la Russie l'effraie. Mieux que son acolyte, il comprend que la participation des États-Unis introduit dans la guerre un facteur redoutable. Singulier dialogue, où chacun n'exprime qu'une partie de sa pensée ! Ne nous y trompons pas ! A l'un et à l'autre, la chaîne est lourde, par laquelle ils se sont liés !

Dans l'entrevue de Bologne, en 1943, le Führer déclare qu'il n'est pas en mesure d'accorder au Duce les divisions et les armements que ce dernier sollicite. C'est l'occasion de la révolte du Grand Conseil et de la déposition de Mussolini. Hitler ordonne à ses parachutistes de délivrer le Duce, captif dans les Abruzzes. Marqué aux yeux de son peuple comme le protégé, la créature des Allemands, Mussolini ne s'en relèvera pas. Mais le romantique épisode achève d'éclairer l'histoire des deux hommes, qui ont voulu être des surhommes.

Leur amitié leur a été également fatale. Sans Mussolini, Hitler n'aurait pu réaliser ses desseins de conquête et son ambition d'hégémonie. Sans Hitler, Mussolini se serait contenté de prononcer des discours et n'aurait pas cédé à ses plus dangereux entraînements. Séparés, ils pouvaient vivre. Leur union a causé leur perte, et, à la vérité, ils sont morts l'un par l'autre.

CHAPITRE XI

LA CONFÉRENCE DE MUNICH

Je voudrais relater, maintenant, les souvenirs, impressions et réflexions qu'a suscités et laissés dans mon esprit la Conférence de Munich (29 septembre 1938). C'est un sujet toujours brûlant. Je ne pense pas, cependant, que mon témoignage soit de nature à l'envenimer. En tout cas, c'est le témoignage d'un homme qui n'a été, dans l'affaire, qu'un informateur, un intermédiaire, un assistant, un exécutant, qui n'a jamais été consulté, quand furent prises les décisions capitales et qui, par conséquent, ne plaide pas pour son saint.

Lorsqu'on parle aujourd'hui de l'accord de Munich, il me semble que l'on oublie trop les circonstances qui l'ont précédé et accompagné, toute cette longue et pénible histoire, dont j'ai essayé d'esquisser les grandes lignes. *Principiis obsta!* Quand on a, une fois, cédé sur le principe, une faiblesse en entraîne une autre et l'on ne sait plus où, ni comment, s'arrêter. L'accord de Munich est la suite logique de la politique pratiquée par l'Angleterre et la France, mais principalement inspirée par l'Angleterre, depuis les premières infractions de Hitler aux traités, depuis ses premières menaces à la paix. On ne peut le séparer de ces épisodes, dont il n'est qu'un prolongement. On ne peut l'isoler, en particulier, de l'annexion de l'Autriche, qui lui est antérieure de six mois.

J'ai retracé quelques-unes des phases du duel qui a opposé, durant plusieurs années, le Goliath allemand, hypocrite et criminel, au David autrichien, courageux, mais armé d'une mauvaise fronde et trahi par ses propres compatriotes. De ce duel, les moments capitaux sont l'assassinat de Dollfuss, perpétré avec la complicité du Reich, et le traitement inouï infligé à Schuschnigg par Hitler, à Berchtesgaden. J'ai raconté le premier de ces événements. Le second est trop connu pour qu'il soit utile d'y revenir. Je retiendrai, cependant, un des enseignements qui s'en dégagent.

L'annexion de l'Autriche permet, en effet, de saisir la méthode qu'emploie Hitler, lorsqu'enhardi par ses premiers succès, il se propose de passer à la réalisation du programme d'où doit sortir le grand Reich. Cette méthode comporte l'excitation préméditée et progressive des éléments perturbateurs du pays qu'il s'agit d'absorber ou d'abattre, au moyen d'agents de l'extérieur, ou du dedans. Les incidents provoqués par ceux-ci sont soigneusement, et à des intervalles de plus en plus rapprochés, orchestrés par la presse de Gœbbels, qui se charge de tenir l'opinion en haleine et de préparer une atmosphère de crise internationale. Hitler intervient alors et déclare qu'il ne saurait se désintéresser du sort d'une population qu'il considère comme un rameau de la famille allemande, comme la chair de sa chair. Sous la pression de Berlin, qui proteste de son désir de conciliation, et des Puissances attachées au maintien de la paix, des négociations s'ouvrent. Elles durent plus ou moins longtemps ; les exigences de l'Allemagne croissent, jusqu'à ce que le fruit convoité soit jugé mûr. A ce moment, sous un prétexte quelconque, Hitler se démasque et ses armées entrent en scène.

Tel est le schéma selon lequel s'est accomplie l'occupation de l'Autriche. Il a été poussé jusqu'à l'invasion militaire, et l'on a pu voir, le 12 mars 1938, sur les routes conduisant à Vienne, la Wehrmacht déployer ses nouvelles ressources, ses troupes motorisées, ses divisions blindées, sa puissante aviation ; elle a même, à cette occasion, fait pour la première fois l'expérience du transport d'une brigade de S. S., avec son armement, par avions Junkers. Il est vrai que cet appareil guerrier n'a pas partout fonctionné parfaitement et que plus d'une voiture est restée dans le fossé ; mais ses défauts seront vite corrigés ; ceux qui l'ont construit ont su profiter des leçons de la guerre d'Espagne, et, dans son état présent, il est déjà redoutable.

L'annexion de l'Autriche éclaire également en plein, et de nouveau, un aspect caractéristique de la situation internationale, à savoir la faiblesse des réactions des grandes Puissances en face du coup de force allemand.

D'où vient cette faiblesse ? Elle s'explique, en premier lieu, par un sentiment qui fournit la clé des événements de cette époque, un sentiment honorable, éprouvé par les peuples démocratiques, non moins que par leurs gouvernements, et qui est la répugnance à l'idée de laisser l'Europe s'engager dans une guerre générale : un pacifisme foncier. Il semble qu'un instinct secret les avertisse que cette guerre, si elle éclate, sera terrible, qu'elle causera d'immenses destructions de valeurs humaines et mettra en péril la civilisation de l'Occident. Aussi inclineront-ils à penser que le salut de la paix vaut des sacrifices, même pénibles. Ils l'ont prouvé en maintes occasions, depuis 1934 ; ils l'ont prouvé encore aux jours des conflits sans cesse renaissants qu'a soulevés la guerre civile espagnole, en circonscrivant le foyer d'incendie, avec une patience et un sang-froid remarquables. Mais ils ont, en outre, des soucis plus particuliers.

L'Italie avait toujours été regardée comme la plus directement intéressée au respect de l'indépendance autrichienne. Mussolini, après l'assassinat de Dollfuss, n'avait pas hésité à envoyer ses divisions au Brenner. Depuis lors, beaucoup d'eau a coulé sous les ponts. Le Duce est devenu l'ami de Hitler. Il a forgé avec lui l'axe Rome-Berlin. Il ne fera aucune opposition à l'annexion de l'Autriche ; on ne peut plus compter sur lui. « Lorsqu'un événement est fatal — dira-t-il — il vaut mieux qu'il se produise avec nous que malgré nous, ou, pire encore, contre nous ! »

Quant à la France, elle a bien compris que l'indépendance autrichienne est l'assise de l'équilibre européen et pose un problème de sécurité et d'honneur international. Son ministre, Yvon Delbos, l'a déclaré, le 26 février, en excellents termes. Malheureusement, le 12 mars, elle est en pleine crise intérieure. Elle apprend en même temps l'entrée des Allemands à Vienne et la démission du cabinet Chautemps. La succession ministérielle est laborieuse. Léon Blum, qui l'assume et qui, en se présentant aux Chambres, proclame l'attachement passionné du pays à la paix et la volonté de rapprocher toutes les forces pacifiques du monde pour la sécurité collective, demeure à peine un mois au pouvoir. Mauvaises conditions pour une action vigoureuse !

En Angleterre, c'est Neville Chamberlain qui tient la barre. Mais le 20 février, son ministre des Affaires étrangères, Eden, a quitté le navire, et son départ a été interprété comme le signe qu'au sein du gouvernement britannique, la tendance qui l'emporte est celle des « conciliateurs ». Il a été remplacé, en effet, par Lord Halifax. Lord Halifax est venu à Berlin, en novembre 1937, à l'occasion de l'Exposition internationale de la Chasse. Il a rendu visite à Hitler, à Berchtesgaden et n'a pas, de ses contacts avec les dirigeants du nazisme, gardé l'impression que tout accommodement avec eux serait vain (1). L'ambassadeur de Grande-Bretagne auprès du Reich n'est plus Eric Phipps, qui était bon observateur et juge perspicace du régime de la croix gammée. Nevile Henderson, son successeur, est, lui aussi, un esprit clair et un caractère loyal ; mais il a moins de finesse et plus d'illusions ; et il a reçu mission de ménager les susceptibilités du IIIᵉ Reich et de rechercher toutes les possibilités d'accord avec lui. Au surplus, l'Angleterre est entrée en négociation avec l'Italie, en vue de la conclusion d'un « agreement » dont elle espère qu'il déterminera le Duce à se tourner un peu moins vers Berlin, un peu plus vers Londres.

L'occupation de l'Autriche va-t-elle ruiner ces plans ? Beaucoup d'Anglais estiment que le rattachement est inévitable et devait s'effectuer tôt ou tard... Qui donc veut du bien à l'Autriche ? Certainement pas la Pologne, ni la Yougoslavie, ni la Tchécoslovaquie, dont le Président Bénès a dit, un jour, qu'il aimait mieux voir les Allemands à Vienne que les Habsbourg. Et, d'ailleurs, où est le bien de l'Autriche ? L'entrée de Hitler sur son territoire a revêtu tout de suite une allure de triomphe. A l'origine, le Führer ne savait pas sous quelle forme, ni dans quel délai, il procéderait à l'annexion. Les manifestations dont il est l'objet dissipent ses doutes. Le 13 mars, une loi d'Empire incorpore l'Autriche au Reich, et, un mois plus tard, le 11 avril, un plébiscite approuve cette mesure à la quasi unanimité des votants. Les protecteurs de l'Autriche devraient-ils se montrer plus Autrichiens que les Autrichiens ? En face de l'attitude populaire, qui relègue dans l'ombre le souvenir des cyniques violences, grâce auxquelles l'Allemagne s'est

---

1. Ribbentrop, au cours du procès de Nuremberg, a prétendu que Lord Halifax avait laissé entendre à Hitler, à Berchtesgaden, que l'Angleterre ne s'opposerait pas à l'annexion éventuelle de l'Autriche.

débarrassée des Dollfuss et des Schuschnigg, leurs protestations sont vouées à demeurer platoniques. Dès le début d'avril, la France et l'Angleterre se disposent à transformer leurs Légations de Vienne en consulats généraux. Le III° Reich a absorbé l'Autriche, comme le serpent engloutit sa proie.

Seulement, du même coup, les défenses militaires de la Tchécoslovaquie ont perdu une partie de leur efficacité; l'occupation de l'Autriche les a tournées!

Sur le moment, on n'y prend pas garde. On sait, pourtant, que le nazisme est animé, à l'égard de la Tchécoslovaquie, d'une profonde hostilité. Périodiquement, la presse de Gœbbels se livre contre elle à des campagnes significatives. Elle développe deux thèmes parallèles. L'un consiste à dénoncer la collusion des Tchèques avec la Russie des Soviets, à prétendre que le gouvernement de Prague a couvert le pays d'aérodromes et fait de la Bohême une vaste plate-forme, d'où s'envolent les avions, destinés à bombarder l'Allemagne. On a beau démontrer la fausseté de ces allégations, les journaux du Reich ne s'arrêtent à aucun démenti et persistent à écrire que la Tchécoslovaquie est une menace permanente pour la sécurité de l'Allemagne. Dialogue du loup et de l'agneau!

L'autre thème consiste à accuser Prague de maltraiter systématiquement les Allemands des Sudètes; la presse se fait l'écho des plaintes de ceux-ci; elle relate longuement, et avec indignation, les injustices, les vexations dont seraient victimes ces frères de race; elle réclame qu'un terme soit imposé à des abus intolérables, dont il n'était pas question, d'ailleurs, avant l'accession de Hitler au gouvernement et la reconstitution de la Reichswehr.

Brochant sur le tout, les feuilles rappellent avec une persévérance suspecte les atrocités commises, jadis, par les Hussites, ancêtres directs des Tchèques. Tout cela trahit les plus mauvaises intentions. Au surplus, les dirigeants du national-socialisme ne s'en cachent pas. Un soir où il dînait à l'ambassade de France et où le champagne l'avait disposé aux confidences, Gœring avait carrément abordé le sujet :

« — Voyez, m'avait-il dit, la forme qu'a, sur la carte, cette Tchécoslovaquie! N'est-ce pas un défi au bon sens? C'est l'appendice vermiculaire de l'Europe! Il faudra l'opérer! »

Et il avait ajouté :

« — Comment se comportera la France, en pareil cas? »

J'avais répondu qu'il ne devait pas s'y tromper, que la France respecterait ses engagements et prêterait assistance aux Tchèques.

« — Alors, tant pis! » avait-il conclu, d'un air farouche.

Hitler n'ose, tout de même, pas « opérer » la Tchécoslovaquie et annexer le territoire des Sudètes en même temps que celui de l'Autriche. Bien plus, dans la nuit du 11 au 12 mars, tandis que ses armées marchent sur Vienne, il prodigue, par l'intermédiaire de Gœring, les apaisements au ministre de Tchécoslovaquie à Berlin, le Dʳ Mastny. Le lendemain, l'assurance est renouvelée à ce dernier que sa patrie n'a rien à craindre; car les troupes allemandes ont ordre de ne pas approcher de ses frontières, et le traité d'arbitrage germano-tchèque est toujours tenu pour valable.

Mais, une fois l'occupation de l'Autriche achevée sans coup férir et couronnée, au son des cloches, par une sorte d'apothéose du Führer, à son retour dans sa capitale, la scène change brusquement. Hitler se reproche d'avoir manqué d'audace. Il a l'impression qu'il ne lui en aurait pas coûté davantage, pendant qu'il y était, de s'emparer du pays des Sudètes. Il n'a plus qu'une idée : rattraper son erreur, sa sottise; et puisqu'il n'a pas eu l'énergie de réaliser en un seul temps l'opération complète, l'effectuer en deux, et passer à la seconde phase, sans trop attendre.

Tout Hitler — et tout l'Allemand — est là! C'est un *Nimmersatt,* un homme qui n'est jamais rassasié, qui n'a pas le sens de la mesure, qui n'attache du prix qu'à ce qu'il ne possède pas encore, et qu'un démon pousse aux extrêmes! L'Europe, à peine soulagée, retombe, ainsi, dans l'obsession de la guerre imminente. Les poitrines n'ont pas eu le loisir de respirer librement. De nouveau, l'anxiété s'abat sur elles; elle les tiendra tous les jours, pendant plus d'un an et demi, sous ses griffes!

Tout est prêt, d'ailleurs, pour l'accomplissement de la volonté du Führer. La machine est en place. Il suffit d'en faire tourner les rouages et de recourir à la technique qui vient d'être employée avec tant de succès. Conrad Henlein dirigera la manœuvre, comme

Habicht et Seiss-Inquardt l'ont dirigée en Autriche. Dès le 24 avril, un congrès unifie, à Carlsbad, les groupements politiques entre lesquels se répartissaient, jusqu'ici, les Allemands des Sudètes. Par une anticipation effrontée, Krebs, sujet tchèque, réfugié en Allemagne, est désigné pour être leur « Gauleiter ». Il incombera au député Kundt, avocat de profession, de rédiger les revendications et de conduire la procédure des négociations qui vont s'engager.

Car le gouvernement de Prague n'échappera pas à la nécessité de négocier ; la France et l'Angleterre l'y invitent ; il y consent et se montre favorable à d'importantes réformes. Mais bientôt il apparaît que les conversations n'ont pas grand'chance d'aboutir ; le but recule, à mesure qu'on s'en rapproche. Le président Hodza propose jusqu'à trois plans, qui sont successivement rejetés. Ce que réclament les gens, dont Berlin tire les ficelles, c'est ce que les Tchèques ne peuvent pas, et ne veulent pas, leur accorder : la création d'un véritable État dans l'État. Dans l'intervalle de ces palabres, qui provoquent, tour à tour, l'espoir et l'appréhension et énervent les opinions publiques, les rixes de toute sorte, les incidents sanglants se multiplient. Berlin affiche dans les paroles un désir de conciliation qui ne se retrouve pas dans les faits. Au début de mai, Hitler entreprend, à grand fracas, son voyage en Italie, réplique à la visite de Mussolini en Allemagne, l'automne précédent. Il assiste à des spectacles militaires tels qu'on n'en a pas vus souvent dans la Péninsule et qui sont destinés à convaincre le monde de la force de l'Axe et de l'intime solidarité des deux dictatures.

A la fin du même mois, des mouvements de troupes inusités de la Reichswehr ont lieu à la frontière tchécoslovaque. Le bruit se répand qu'une invasion est imminente. L'Angleterre et la France demandent des explications. Berlin y répond par un démenti furieux et s'indigne que certains journaux de Londres et de Paris aient osé prétendre que la démarche en question avait intimidé Hitler. L'attitude anglaise et française n'est, cependant, en aucune façon comminatoire. Neville Chamberlain, le 2 juillet, affirme que l'Angleterre se battra, si ses propres libertés sont en danger et si la guerre est le seul moyen de les défendre ; mais il ajoute qu'il fera, pour sa part, tous ses efforts afin d'éviter la répétition de la guerre de 14 et qu'il poursuivra sa politique d'apaisement. Il fixe ainsi la position de la Grande-Bretagne.

De son côté, Édouard Daladier déclare, le 12 juillet, que la France ne répudiera pas les obligations qui l'attachent à la Tchéco-slovaquie; mais il exprime le vœu que les choses n'aillent pas jusqu'au point où elle devrait y faire honneur et souhaite que le Chancelier du Reich reste fidèle aux aspirations pacifiques dont il s'est toujours réclamé publiquement; et le gouvernement français ne s'écartera pas, lui non plus, de la ligne ainsi tracée.

La situation n'en est pas moins critique. Il semble qu'elle soit, désormais, à la merci du moindre choc. Un renseignement d'excellente source, émanant de l'entourage même du Führer, m'a, d'ailleurs, averti que Hitler est décidé à en finir et que, s'il n'a pas satisfaction d'ici-là, il envahira la Tchécoslovaquie dans les derniers jours de septembre; on précise même la date; le 27 ou le 28.

Neville Chamberlain, dont la préoccupation majeure est d'être le pacificateur de l'Europe, prend, à ce moment, une première résolution de grande portée et qui pèsera lourd sur l'évolution ultérieure des événements. Il envoie, le 2 août, Lord Runciman à Prague et le charge d'une enquête sur place. Il a beau dire que celui-ci ne sera qu'un enquêteur privé, qu'il ne jouera pas un rôle d'arbitre et que le Gouvernement ne sera pas lié par ses avis; en fait, il s'agit bien d'un arbitrage, exercé par un personnage éminent. investi de la confiance du Cabinet britannique. Durant six semaines, Lord Runciman s'entretient avec les deux parties, avec les représentants de Henlein et les membres du gouvernement tchèque; il voyage à travers le pays, il interroge les populations; finalement, il se prononcera en faveur de la thèse des Allemands des Sudètes; il reconnaîtra le bien-fondé de leurs revendications et recommandera de recourir au plébiscite, que Prague repousse obstinément!

Pendant qu'il s'acquitte de sa mission, aucune détente ne se manifeste. Tout s'aggrave, au contraire, et semble vérifier l'exactitude du renseignement que j'ai recueilli. Le 12 août, Hitler mobilise trois ou quatre cent mille travailleurs civils, pour construire, face à la France, la ligne Siegfried. La Reichswehr exécute des manœuvres, auxquelles elle convoque un grand nombre de réservistes. Elle décide de garder la classe qui devait être normalement libérée en septembre, de telle sorte qu'elle dispose d'au moins un million et demi d'hommes sous les armes. La France prend, à son tour, des mesures correspondantes. On vit sur un volcan !

Le Congrès annuel de Nuremberg, qui s'ouvre le 5 septembre, est pareil à une veillée d'armes. Hitler y a fait transférer ceux des insignes des Empereurs germaniques qui étaient conservés à la Hofburg de Vienne : la couronne, le sceptre, le globe, le glaive et les sandales écarlates. Tous ses discours sont des discours incendiaires. Ses lieutenants renchérissent et profèrent des menaces à l'égard de ceux que Gœring dénomme : « les nains ridicules de Prague. » Le 7 septembre, profitant de la réception que le Führer offre, dans un hôtel de la ville, aux diplomates présents et de l'usage qui veut qu'en cette circonstance, le doyen des ambassadeurs lui dise quelques mots, je lui adresse, en détachant de mon mieux les syllabes, une sorte d'avertissement et d'adjuration solennelle : « Le plus beau laurier, lui dis-je, sera toujours celui que l'on peut cueillir, sans faire pleurer les yeux d'aucune mère ! » L'assistance a compris ma pensée. Elle est tournée tout entière vers Hitler. Je le regarde fixement. Son visage blême reste impassible...

A la séance de clôture du Congrès, le 12 septembre, il répète qu'il ne saurait plus être question d'atermoyer ; il réclame pour les Allemands des Sudètes le droit de disposer d'eux-mêmes, sans délai ; plus jamais le Reich ne s'inclinera devant une volonté étrangère ; il en fait le serment. Le 13, Henlein rompt les pourparlers en cours. Le lendemain, on apprend que Neville Chamberlain a proposé au Führer de se rendre auprès de lui, « afin d'essayer de trouver une solution pacifique ». C'est la deuxième initiative du vieil homme d'État. Elle n'est pas moins grosse de conséquences que la première. Le chef du gouvernement de l'Empire britannique ne s'est laissé arrêter ni par des considérations de dignité et de prestige, ni par le souci de son confort et de sa santé ; il s'est imposé la fatigue d'un voyage en avion, nouveau pour lui ; malgré son titre et son âge, il a pris la peine d'aller, en personne, frapper à la porte du chef de bande qui règne sur l'Allemagne. « La paix vaut bien une messe ! » a-t-il, sans doute, pensé ! Mais s'il s'est imaginé que le Führer serait touché par sa démarche, il a eu bien tort ! Il y faudrait plus de culture, une sensibilité plus délicate que Hitler n'en possède. Celui-ci n'a vu, au contraire, dans l'initiative du Premier

Britannique, qu'un aveu de faiblesse et dans l'extérieur si simple et si modeste du vieillard qu'un sujet de raillerie, une confirmation des jugements dédaigneux portés par Ribbentrop sur l'Angleterre et les Anglais.

L'entrevue dans le châlet de Hitler, à Berchtesgaden, dure trois heures. Le Führer y expose, avec abondance, mais avec calme et courtoisie, ce qu'il veut obtenir et regardera comme satisfaisant ; c'est, en substance, la cession au Reich des districts des Sudètes peuplés, sans contestation possible, d'une majorité d'Allemands, et dans les districts douteux, l'organisation d'un plébiscite. Chamberlain écoute la demande et déclare qu'il apportera la réponse dans une semaine. Cette fois, Hitler ira au-devant de lui et l'on se rencontrera sur le Rhin, à Godesberg. Évidemment, le Premier Anglais n'estime pas que les prétentions du Reich soient déraisonnables. La conversation qu'il a avec Runciman, à son retour à Londres, ne peut que le confirmer dans son opinion. Mais il s'agit, maintenant, de la faire partager à ses collègues, d'abord, au gouvernement français ensuite, et enfin, et si possible, au cabinet de Prague.

Il s'attelle à cette tâche. Il convainc ses collègues. Il appelle, alors, les ministres français, Daladier et Bonnet. Ceux-ci arrivent dans la capitale anglaise, le 18 septembre. Le 18 est un dimanche. On siège un dimanche, à Londres ! Ce détail suffit à peindre la gravité que l'on attribue à la crise. La consultation franco-britannique ne requiert pas moins de trois séances, qui se déroulent dans la même journée, de 11 heures à 13 heures, de 15 heures à 19 heures et de 22 h. 30 à minuit et demi.

Daladier et Bonnet s'en tiennent à la thèse que le gouvernement de la République a déjà définie : s'il faut faire la guerre, la France la fera ; mais elle aurait scrupule à contrarier les efforts de conciliation du Premier Anglais ; elle admet le principe d'une cession à l'Allemagne des territoires peuplés d'une majorité d'Allemands, principe dont la réalisation devra être déterminée et contrôlée par un organisme international ; elle a lieu de croire que le gouvernement tchèque n'y est pas absolument opposé ; elle insiste, en outre, pour que, si la Tchécoslovaquie doit être amputée des Sudètes, du moins ses nouvelles frontières soient placées sous une garantie efficace, et, particulièrement, sous une garantie anglaise, qui se joindra à la garantie française. A l'issue de la réunion, un communiqué enregistre l'accord complet des deux gouvernements. Reste à gagner l'assentiment de Prague.

Le Cabinet tchèque proteste, tout d'abord, et résiste. Il est, cependant, en porte-à-faux. Les libertés, l'autonomie relative qu'il est prêt à reconnaître aux Allemands des Sudètes impliquent, en quelque sorte, l'aveu que, dans le passé, il n'a pas traité ceux-ci comme il aurait été juste, ou opportun, de le faire. Il refuse le recours au plébiscite, que le public européen tend à regarder comme un équitable moyen de départager les adversaires. Il a contre lui le rapport de Runciman. Il doit compter, non seulement avec l'hostilité de l'Italie, dont le Duce n'a cessé d'encourager le Lord-enquêteur et de seconder l'action de Hitler, mais encore avec celle de la Pologne et de la Hongrie, qui croient l'heure propice pour se saisir des territoires qui les séparent et se donner une frontière commune. L'U.R.S.S., sans doute, le soutiendra; mais elle ne le soutiendra qu'à l'exemple, et à la suite, de la France; et la France, qui a besoin de l'appui anglais, ne peut, elle-même, le soutenir qu'après qu'elle aura laissé l'Angleterre épuiser les tentatives de conciliation, auxquelles se consacre Neville Chamberlain. Sinon, c'est la France qui serait accusée d'être l'auteur responsable de la guerre et de précipiter le monde dans une catastrophe.

Comment se soustraire à cet enchaînement fatal? Comment nier la force de ces arguments? Le gouvernement de Prague renonce à ses objections, à ses réserves et finit par se résigner. « Nous nous sacrifions pour le salut de l'Europe! » s'écrie tristement son ministre de la propagande. Hodza démissionne et cède la place au général Sirovy.

Chamberlain est, maintenant, en mesure de rapporter à Hitler la réponse attendue. Il s'envole, le 22 septembre, vers Godesberg où le Chancelier du Reich l'accueille. Mais ce n'est plus le même Hitler qu'il y a huit jours! Un coup de théâtre se produit.

Chamberlain se trouve en présence d'un homme raidi, catégorique, dont le ton et les prétentions ont monté de plusieurs degrés. Il ne lui suffit plus d'obtenir le principe de la cession des districts en majorité allemands et la consultation des autres par voie de plébiscite. Il exige, en forme d'ultimatum, que cette cession soit accomplie avant le 1ᵉʳ octobre, que les fonctionnaires tchèques évacuent immédiatement les districts en question, où pénétrera la Wehrmacht, et que les plébiscites prévus soient terminés avant le 25 novembre.

Que s'est-il donc passé d'une semaine à l'autre ? A quelle raison attribuer ce changement brutal ? Hitler s'est-il, simplement, senti enhardi par l'hésitation et le trouble qu'il croit avoir constatés dans le camp adverse ? A-t-il été emporté par sa manie de réclamer toujours davantage et d'aller à l'extrême ? Peut-être... Les dirigeants nazis, et notamment Gœring, m'ont raconté, à l'époque, que le service allemand des écoutes téléphoniques, profitant du passage des câbles à travers le Reich, avait surpris et enregistré sur disques les conversations échangées, la nuit, entre le cabinet de Prague et ses légations de Londres et de Paris et que, dans ces conversations en langue tchèque, d'allure très libre, s'étalait l'intention de gagner du temps et de travailler au renversement du ministère Chamberlain et du ministère Daladier. Les Tchèques, je dois le dire, ont toujours nié que cette allégation fût véridique.

Quoi qu'il en soit, Chamberlain, atterré par l'attitude du Führer, décline tout nouvel entretien et se prépare à quitter Godesberg. Il prend, cependant, congé de son hôte, dans la nuit du 23 au 24 septembre. Dans l'intervalle, Hitler, s'est légèrement radouci. Il a transformé son ultimatum en memorandum, et Chamberlain accepte de soumettre ce texte aux intéressés.

La guerre n'en paraît pas moins inévitable. La mobilisation est ordonnée. Les Allemands des Sudètes constituent des corps francs. Les Hongrois convoquent trois classes. Les Polonais annoncent des troubles à Teschen. La France renforce son dispositif de sécurité. Une immense angoisse étreint les cœurs. Chacun s'attend, en ouvrant son journal, à y trouver la proclamation de l'état de guerre. Daladier et Bonnet reprennent en hâte le chemin de Londres ; ils y arrivent, de nouveau, un dimanche, le 25 septembre, pour un ultime conseil franco-britannique. Le 26, ils sont rejoints par le général Gamelin, que la Conférence a mandé auprès d'elle. C'est la preuve que l'éventualité de la guerre est regardée en face.

Ni le général, ni les ministres français ne s'y dérobent. Pourtant, l'examen des perspectives militaires n'est pas pleinement rassurant. On sait que le Reich a préparé dans ses moindres détails l'invasion de la Tchécoslovaquie. C'est la première expérience qu'il

compte faire du « Blitzkrieg » de la « guerre-éclair ». Longtemps à
l'avance, ses avions ont répété sur des objectifs figurés les bombardements qu'ils auront à effectuer ; il se flatte de paralyser le pays
entier en quelques heures. L'hostilité italienne empêchera les Alliés
de porter à la Tchécoslovaquie un secours immédiat. D'aileurs,
l'Angleterre n'en est, pour sa part, qu'au début de son œuvre de
réarmement ; elle ne s'est pas résolue à établir chez elle la conscription, et l'aviation qu'elle est en train de construire ne surclasse pas
encore l'aviation allemande.

Quant à la France, son appareil de guerre laisse également à
désirer. A la fin de juillet, comme je m'entretenais, à Paris, avec le
président Daladier, de cette menaçante échéance de septembre, il
me disait qu'il espérait bien que mes prévisions ne se vérifieraient
pas ; car il avait besoin d'un délai de six mois de plus, pour être
en mesure d'opposer au canon de 105 allemand un matériel équivalent. Pendant le mois d'août, le général Vuillemin, chef de
l'armée de l'air française avait été invité en Allemagne par Gœring,
chef de l'aviation allemande. Il y avait été reçu cordialement. On
lui avait montré les plus récents modèles ; on l'avait promené à
travers les camps d'instruction, les ateliers, les usines, les installations de D.C.A. ; on ne lui avait rien caché, et il avait pu constater
l'exactitude des renseignements que je transmettais à Paris, depuis
des mois. A l'issue de sa visite et d'un déjeuner d'adieu, à
Karinhall, Gœring lui avait posé la question fatidique :

« — Dans le cas d'une guerre germano-tchèque, que fera la
France ? »

Et le général avait répondu :

« — La France fera honneur à sa signature ! »

Mais dans l'automobile qui nous ramenait, quelques instants plus
tard, à Berlin, il me confiait :

« — Si la guerre éclate, comme vous le croyez, à la fin de
septembre, au bout de quinze jours, il n'y aura plus un avion français ! »

On conçoit, dans ces conditions, que les représentants de la
France n'aient pas été exempts de soucis.

Mais vaut-il la peine de tenter encore une démarche auprès de
Hitler ? Celui-ci, le 26 septembre, à Berlin, au Palais des Sports,
se répand contre le Dr Benès en invectives passionnées ; il lui lance

un furieux défi personnel, sans précédent dans les annales de l'histoire contemporaine. Est-ce le signal de la guerre? Chacun l'interprète ainsi. N'y a-t-il donc plus qu'à se croiser les bras et à attendre l'invasion de la Tchécoslovaquie? Roosevelt ne le pense pas, qui adresse au Führer deux messages et fait appel à ses sentiments d'humanité. Chamberlain ne le pense pas non plus, qui, le 27, dans un discours radiodiffusé, déclare : « *Quelle que soit notre sympathie pour une petite nation qui se trouve aux prises avec un grand et puissant voisin, nous ne saurions, en toute circonstance, nous engager à entraîner l'Empire britannique dans une guerre pour cette seule petite nation. Si nous avions à nous battre, cela devrait être pour des problèmes plus vastes que celui-là!* » Et, puisque, du côté de Berlin, il semble qu'il n'y ait plus rien à faire, la diplomatie britannique va se tourner vers Rome, où elle se flatte d'avoir avec Mussolini les meilleures relations.

Daladier et Bonnet, eux non plus, ne restent pas inactifs. Dans la nuit du 27 au 28 septembre, je reçois l'instruction de voir Hitler au plus tôt, d'insister sur la gravité de son attitude, de lui représenter le caractère déraisonnable de son intransigeance et d'essayer de le détourner d'exécuter sa menace d'envahir la Tchécoslovaquie avant le 1er octobre, ce qui provoquerait, à n'en pas douter, la guerre générale.

A 8 heures du matin, le 28 septembre, je demande audience à Hitler. J'ai fait dessiner une carte sur laquelle les districts dont la cession est admise en principe se détachent en rouge vif. Je me propose de m'en servir pour lui montrer l'importance de ce qu'il peut obtenir sans conflagration. Mais, jusqu'à 10 heures, ma demande d'audience reste sans réponse. Craignant d'être éconduit, j'envoie l'attaché militaire de l'ambassade, le général Renondeau, à l'État-Major de la Reichswehr, pour y souligner la responsabilité que le commandement de l'armée assumerait en cas de guerre et pour l'avertir, en même temps, de la démarche dont je suis chargé et qui demeure suspendue.

A 11 heures, Hitler me prie de me rendre immédiatement à la Chancellerie. J'y trouve son entourage en grand émoi. Des S. S., des officiers de la Wehrmacht vont et viennent, affairés, visiblement soucieux. Dans la pièce qui précède le grand salon où Hitler m'accueille, de nombreuses tables sont dressées, garnies de nappes, de verrerie, de couverts. Je m'informe. On m'apprend qu'un déjeuner doit réunir ici, à 13 heures, les commandants des unités de l'armée d'invasion. La mobilisation est prévue pour 15 heures...

Le Führer, auprès duquel se tient Ribbentrop, a le visage animé. Il est nerveux, tendu. Je l'entreprends aussitôt. Je déploie ma carte sous ses yeux. Je lui rappelle qu'une fois déjà, par une franche explication, à une heure critique de la guerre d'Espagne, nous avons sauvegardé la paix. Il se trompe, s'il croit possible, aujourd'hui, de localiser le conflit. S'il attaque la Tchécoslovaquie, c'est sur l'Europe entière que l'incendie s'allumera. Veut-il se charger d'un tel opprobre, alors que ses revendications sont aux trois quarts satisfaites? Hitler semble perplexe. Ribbentrop intervient pour atténuer l'effet de mes paroles. Je le rabroue vertement. Ce n'est pas à lui que je m'adresse, mais à Hitler seulement. Je continue à argumenter en termes pressants.

A ce moment, un S. S. entre dans la salle et annonce que l'ambassadeur d'Italie, Attolico, vient d'arriver, porteur d'une communication urgente pour le Chancelier. Hitler sort du salon et reste environ un quart d'heure absent. Quand il revient, il dit : « C'est Mussolini qui me prie, lui aussi, de surseoir! » Je résume mes développements précédents, auxquels je fais remarquer que le Duce vient d'apporter une caution inattendue.

Le Führer m'écoute avec moins d'attention. Son esprit est ailleurs. L'expression d'hésitation s'accentue sur sa figure. Enfin, il se lève. Je lui demande si je dois aviser mon gouvernement qu'il a été inflexible. Il me dit qu'il me communiquera sa réponse au début de l'après-midi. J'emporte le sentiment qu'il est ébranlé. A sa porte, je rencontre Gœring et Neurath, qui me font des signes d'encouragement. Je croise des généraux de la Wehrmacht, qui commencent à arriver pour le déjeuner auquel ils ont été conviés. Je rentre à mon ambassade.

A 14 h. 30, Gœring me téléphone, de la part du Chancelier, que Hitler propose la réunion d'une conférence, pour le lendemain 29, à Munich, et me prie d'inviter le président du Conseil français à y assister. Je transmets l'invitation sans commentaire. Une heure plus tard, elle était acceptée. J'en informe Gœring sur-le-champ. Il s'écrie : « *Gott sei Dank !* (Dieu soit loué!) *Bravo !* »

Faut-il en conlure qu'Hitler avait bluffé et qu'il a volontiers saisi l'occasion de mettre fin à son bluff ? Toutes les observations que j'ai pu faire, tous les renseignements que j'ai pu recueillir, durant cette période, si chargée d'émotion, témoignent en sens contraire. Il est vrai qu'autour de lui, de puissantes influences le dissuadaient d'aller jusqu'au bout de son dessein ; celle de l'État-Major, entre autres, et celle de Gœring, qui jugeaient que le Reich devait augmenter encore sa marge de supériorité. Il est vrai aussi que la population ne manifestait aucun enthousiasme et qu'elle avait regardé sans joie, et même avec consternation, le défilé des régiments à travers la capitale. Mais Hitler était homme — et il l'a prouvé — à ne pas s'arrêter à ces obstacles. Si l'on avait rompu net avec lui, si l'on avait coupé court à toute discussion, je reste convaincu que son orgueil se serait cabré, qu'il aurait relevé le gant et se serait, envers et contre tous, jeté dans l'aventure.

En tout cas, il ressort de l'exposé même des circonstances qu'à la veille de la conférence de Munich, la situation n'était plus entière. Elle était dominée par les initiatives du gouvernement anglais, résolu, sous la conduite de Neville Chamberlain, à éviter à tout prix que l'Empire ne fût entraîné dans une guerre. Elle était dominée par le rapport de Lord Runciman, qui donnait raison aux Allemands des Sudètes, par les décisions prises à Londres, acceptées, bien qu'à contre-cœur, par Prague, et qui tranchaient l'essentiel de la question du retour au Reich des territoires contestés. Elle était dominée par la fausse position dans laquelle le gouvernement tchèque se trouvait malheureusement placé. Elle était dominée, enfin, autant que par le souci d'épargner à l'Europe les horreurs de la guerre, par le désir franco-britannique de gagner du temps et d'en profiter pour parfaire une préparation et un armement, jugés insuffisants, ou défectueux.

A ces données acquises, la Conférence ne changera rien ; elle se bornera à en tirer les conséquences et à en régler l'application pratique.

Dans la matinée du 29 septembre Mussolini arrive d'Italie par chemin de fer. Hitler se précipite à sa rencontre, monte dans son wagon à Kufstein, où passait l'ancienne frontière autrichienne, et confère avec lui durant le reste du trajet. Des ovations saluent les deux dictateurs, à leur traversée de la capitale bavaroise.

Pendant ce temps, Daladier, venant de Paris, débarque à l'aérodrome, à 11 h. 15, accompagné de Léger, secrétaire général, et de Rochat, directeur des affaires politiques au Quai d'Orsay. Je l'attendais sur le terrain. Râblé, bronzé, la tête enfoncée dans les épaules, le chef du gouvernement français a le front barré de rides. Il est sombre et préoccupé. Léger, plus encore. Une compagnie de la Reichswehr présente les armes. Ribbentrop et Weiszäcker, secrétaire d'État de la Wilhelmstrasse, accueillent le Président du Conseil, qu'une automobile emmène aussitôt à l'hôtel des Quatre-Saisons, vieil établissement d'ancienne et excellente réputation.

A midi, Gœring se présente. Il vient chercher Daladier pour le conduire au Führerhaus où doit siéger la Conférence. Tout chamarré, le visage rayonnant d'un cordial sourire, la main largement tendue, le Maréchal cherche à plaire par la rondeur de ses manières, son air de franchise, son embonpoint. Nous montons à trois dans une voiture découverte. Des applaudissements nourris, des acclamations spontanées s'élèvent de la foule qui stationne sur les trottoirs. Daladier est visiblement surpris de ces démonstrations chaleureuses.

Le Führerhaus, devant lequel l'auto s'arrête, est un des deux bâtiments récemment construits et qui ferment le rectangle de la place Royale, du côté de la Glyptothèque. C'est un specimen caractéristique de cette architecture hitlérienne, qui répudie le détail, l'ornement, la courbe, la rondeur et cherche à frapper l'esprit par la simplicité dorienne des lignes et l'aspect massif des proportions. Pour toute décoration, la façade porte un aigle de bronze aux ailes éployées. L'intérieur, spacieux, aéré, ressemble, avec son bel escalier de pierre, à quelque palace moderne, meublé par un installateur de profession.

Les membres de la Conférence prennent contact les uns avec les autres, dans un salon où un buffet a été dressé. Ils échangent des poignées de main courtoises, mais froides et se dévisagent mutuellement : Mussolini, trapu, sanglé dans son uniforme, le masque césarien, protecteur, fort à l'aise et comme chez lui, flanqué de Ciano, grand garçon vigoureux, empressé auprès de son maître, officier d'ordonnance plutôt que ministre des Affaires étrangères;

Chamberlain, grisonnant, voûté, les sourcils épais, les dents en avant, la figure couperosée, les mains rougies par les rhumatismes, un type de vieil homme de loi britannique, entouré de Wilson et de Strang, comme lui vêtus de noir, discrets et effacés ; Hitler, aimable, malgré sa grosse voix bourrue et paysanne, mais troublé, agité, très pâle, incapable, d'ailleurs, de causer avec ses invités ; car il ignore l'anglais, le français, l'italien et ses hôtes n'entendent pas l'allemand, sauf Mussolini, que le Führer ne lâche pas d'une semelle.

A 12 h. 45, la séance est ouverte, dans une salle voisine. Les ambassadeurs n'y sont pas admis. On me rend compte, à la sortie, deux heures plus tard, que les quatre participants ont, tour à tour, exposé en termes généraux leur point de vue. Hitler s'est livré à une diatribe d'une extrême violence contre la Tchécoslovaquie. Sur quoi, Daladier a posé avec netteté et vigueur la question cruciale : Veut-on, oui ou non, que la Tchécoslovaquie vive ? L'amputation à laquelle on se propose de la soumettre, a-t-elle pour but d'affermir sa santé, de la rendre plus viable à l'avenir ? Ou n'est-elle qu'une manière de l'affaiblir, une mutilation, qui devra entraîner sa mort ? S'il s'agit de préparer le démembrement et la disparition de la Tchécoslovaquie, lui, Daladier, n'a que faire en ce lieu. Il ne s'associera pas à ce crime. Il préfère s'en aller. S'il s'agit, au contraire, d'assurer l'avenir de la Tchécoslovaquie, il est prêt à y concourir, avec les autres, dans un esprit de concession réciproque et de collaboration. Le Président du Conseil français a parlé avec un accent de résolution et sur un ton élevé, qui ont ému l'assistance.

Mussolini a déclaré que la pensée de Hitler avait été mal comprise et chacun, avec lui, s'est récrié, protestant de la volonté de consolider et de respecter l'existence de l'État tchécoslovaque.

A 15 heures, on va déjeuner.

A la fin de l'après-midi, nouvelle séance. Cette fois, j'entre d'autorité et m'assieds derrière Daladier. Les délégués sont groupés en cercle autour d'une vaste cheminée, les Anglais à gauche, les Italiens et Allemands au centre, les Français à droite. Les Anglais conversent peu entre eux ; les Allemands et les Italiens beaucoup. Mussolini est enfoncé profondément dans son fauteuil. Ses traits, d'une mobilité extraordinaire, ne sont pas un instant en repos ; la bouche se fend pour un large sourire, et se contracte pour une moue; les sourcils se lèvent pour l'étonnement et se froncent pour la menace; les yeux ont une expression amusée et curieuse, et, tout à coup, lancent des éclairs.

Debout, auprès de lui, Hitler le couve du regard; il en subit le charme; il est comme fasciné, hypnotisé; quand le Duce rit, il rit; si le Duce se renfrogne, il se renfrogne; c'est une véritable scène de mimétisme; elle devait me laisser une impression durable et me faire croire, d'ailleurs à tort, que Mussolini exerçait sur le Führer un ascendant bien établi. Il l'exerçait, ce jour-là. A d'autres moments, c'était Mussolini qui, dans ce ménage tourmenté, subissait l'influence de son émule, devenu son complice.

Personne ne préside. Il n'y a pas de programme méthodique. La discussion, non dirigée, est pénible, confuse et traîne en longueur, gênée par l'obligation d'une double traduction. Elle change constamment d'objet. Elle s'arrête, chaque fois qu'une contradiction se manifeste. L'atmosphère s'épaissit et s'alourdit. Vers le soir, enfin, les Anglais sortent de leur dossier un papier, tapé à la machine. Il a été rédigé par Horace Wilson, en collaboration avec Strang. Le débat qui flottait cristallise, aussitôt, autour de ce projet d'accord.

Pendant que les délégués font une pause, nous le traduisons de l'anglais en français et en allemand. Puis, la discussion reprend. Elle ne soulève de réelle difficulté que sur deux points : l'article 6, que les Français veulent assouplir, afin que la règle du transfert sans plébiscite des zones à majorité allemande soit tempérée par des exceptions, au jugement de la Commission internationale, qui contrôlera l'ensemble de l'opération — là-dessus on demeure longtemps en conflit; Hitler s'y oppose et finit par céder, après une longue résistance — l'annexe 1, qui traite de la garantie internationale des nouvelles frontières de la Tchécoslovaquie contre toute agression non provoquée; la France et l'Angleterre apportent cette garantie; l'Italie et l'Allemagne hésitent et formulent des réserves; elles ne veulent pas se lier les mains, avant que les revendications des Polonais et des Hongrois, leurs amis, n'aient abouti à un arrangement; elles promettent la garantie demandée, dès que le problème en question aura été résolu. A 1 h. 30 du matin, on signe.

L'accord prévoit une évacuation en quatre étapes des territoires à « prépondérance » allemande. Cette évacuation com-

mencera le 1ᵉʳ octobre et devra être terminée le 10. Les conditions en seront déterminées et surveillées par une Commission
internationale, dans laquelle siégeront les représentants de la
France, de l'Angleterre, de l'Italie, de l'Allemagne et de la Tchécoslovaquie. La Commission fixera, en outre, les districts où il devra
être procédé à des plébiscites; jusqu'à l'achèvement des plébiscites,
ces districts seront occupés par des contingents internationaux; les
plébiscites s'inspireront de l'exemple fourni par la Sarre et seront
terminés, au plus tard, à la fin de novembre. Un droit d'option de
six mois laissera aux intéressés la faculté d'être inclus dans les
territoires transférés, ou d'en être exclus. Une Commission germano-tchèque réglera le détail de cette procédure d'option et avisera
aux échanges éventuels de populations.

Si l'on compare l'accord de Munich avec l'ultimatum de Godesberg on s'aperçoit qu'il enregistre un recul sensible des prétentions
allemandes. Le Reich n'agira pas unilatéralement et à sa guise,
mais passera par le canal d'un organisme international. L'évacuation ne sera pas immédiate et d'un seul bloc; elle ne sera pas réalisée le 1ᵉʳ octobre; elle commencera à cette date; un droit d'option,
l'éventualité d'exceptions sont introduits dans le règlement adopté;
la garantie française, et, surtout, la garantie anglaise, qui faisait
défaut jusque-là, sont données aux nouvelles frontières; celles de
l'Allemagne et de l'Italie peuvent être escomptées à brève échéance.

Mais, quelle qu'en soit la valeur, ces atténuations n'enlèvent pas
aux décisions prises leur caractère douloureux. Les Français en
ont pleine conscience. Un pays qui fut toujours pour eux un allié
fidèle subit un amoindrissement matériel important, une humiliation
morale atroce. Il se voit privé de villes et de contrées, qui constituaient un élément précieux de sa richesse. Il cède à la menace du
plus fort. On l'a sacrifié à la paix.

Nous ressentons amèrement la cruauté de l'événement et en
avons, tous, le cœur serré. Daladier secoue la tête, murmure et
maudit les circonstances. Il refuse de se mêler aux congratulations
qu'échangent les autres délégués. Le plus pénible, d'ailleurs, n'est
pas encore fait. Il faut aller avertir les Tchèques, qui attendent, à
leur hôtel, le résultat de la Conférence. Leur ministre à Berlin,
Mastny, fond en larmes. Je le console de mon mieux et lui dis :

« — Croyez-moi ! Tout cela n'est pas définitif ! Ce n'est qu'un moment d'une histoire qui commence et qui, bientôt, remettra tout en cause ! »

Revenu aux Quatre-Saisons, à 2 h. 30 du matin, j'appelle Bonnet au téléphone pour l'informer, tandis que Daladier, toujours maugréant et plongé dans ses pensées sombres, suppute les difficultés qu'il risque de rencontrer à son retour. Bonnet écarte le détail de mes explications. « La paix est sauvée, dit-il. C'est le principal ! Tout le monde sera content ! »

Le lendemain matin à 11 h. 30, Chamberlain rend visite à Hitler sans en avoir averti son collègue français, et il obtient du Führer un engagement écrit de non-agression et de consultation mutuelle, ainsi qu'une promesse de bons rapports entre les deux États. A la même heure, une foule s'amasse devant l'hôtel des Quatre-Saisons et oblige Daladier à se montrer au balcon. Le Président du Conseil quitte Munich par l'avion *Poitou,* à 13 h. 20, salué par Ribbentrop.

On connaît la suite, l'arrivée au Bourget, l'ovation délirante de la foule, qui surprend le chef du Gouvernement, les démonstrations de joie qui l'accueillent, le pèlerinage au tombeau du Soldat Inconnu, le vote d'approbation de la Chambre des Députés, le 4 octobre, par 535 voix, contre 75.

Pour moi, qui avais regagné Berlin par avion, dans la matinée du 30 septembre, devait commencer le chapitre le plus accablant de ce tragique épisode. J'étais membre de la Commission internationale instituée par l'accord. Je devais assister à l'opération chirurgicale, au découpage de la victime pantelante. Les choses allèrent vite et se passèrent normalement, au début. Mais, quand on en vint aux zones qui pouvaient donner lieu à plébiscite, les difficultés surgirent. Les Tchèques n'avaient à leur disposition aucune carte ethnographique de date récente. On fut obligé de se référer à une carte linguistique, dressée en 1910 par les Autrichiens. Les zones dévolues sans plébiscite étaient, d'après le texte de l'accord, celles où il y avait « prépondérance » allemande.

Que signifiait ce terme de prépondérance? Je soutenais qu'il voulait dire « très large majorité », 75 % par exemple. Les Tchèques renchérissaient et prétendaient qu'il désignait une majorité d'au moins 80 %. Mes collègues anglais et italien, Nevile Henderson et Attolico, me lâchaient et affirmaient que « prépondérance » ne signifiait pas autre chose que « majorité ». Malgré toutes

les pressions, je ne voulus pas me rallier à leur opinion, et la Conférence dut interrompre ses travaux. Je m'étais retiré à mon ambassade, lorsque Ribbentrop, en pleine nuit, me fit réveiller et prier de
le rejoindre d'urgence à l'hôtel Kaiserof, où il avait établi ses
bureaux. Je l'y trouvai, fort ému, arpentant la pièce à grandes
enjambées. Il m'annonça que mon obstruction menaçait de rouvrir
la crise que la Conférence de Munich avait cru résoudre. Hitler
était en proie à la plus vive colère; il m'accusait de manquer de
loyauté; il s'apprêtait à ordonner à la Reichswehr de s'emparer des
territoires contestés, si ceux-ci, conformément à l'accord, ne lui
étaient pas cédés de bon gré.

Je répondis à Ribbentrop que cette colère et cette tentative d'inti-
midation étaient bien superflues. De quoi s'agissai-il? De préciser
le sens du mot « prépondérance », qui figurait dans le texte original anglais de l'accord de Munich. Pour le savoir, il suffisait de
demander aux signataires anglais et français de ce texte ce qu'ils
avaient voulu dire. Paris et Londres furent aussitôt consultés et
confirmèrent l'interprétation allemande. « Prépondérance » devait
s'entendre au sens de « majorité ». Je n'avais plus qu'à m'incliner.
Tous les districts peuplés de 51 % d'Allemands devaient donc être
attribués à l'Allemagne. Dans la plupart des zones où ils auraient
été possibles, les plébiscites devenaient superflus; les Tchèques per-
daient plus de territoires qu'ils ne l'avaient prévu et leur détresse
s'en accrut. Ils renoncèrent, finalement, à tout plébiscite et déci-
dèrent de s'entendre directement avec les Allemands.

Les lendemains de l'accord ne furent pas non plus ce que l'on
avait un instant espéré. L'accord de Munich ne détendit pas la situation internationale. A la joie de la paix sauvegardée succéda la
conscience du prix dont on avait dû la payer; et ce prix fut jugé
excessif. Il y eut un choc en retour, bien naturel, à Londres et à
Paris. Dans les deux capitales, les chefs de gouvernement précisè-
rent que l'accord ne devait pas être compris comme une invitation à
la paresse, au laisser-aller, mais comme une nouvelle raison de
vigilance et de travail, comme un appel à un effort redoublé de
préparation militaire et d'augmentation des armements de sécurité.

Hitler fut, de son côté, profondément déçu. Il s'imaginait, dans
son orgueil, qu'il allait récolter des couronnes et entendre chanter
des hymnes à sa gloire. Loin de là, des voix anglaises et françaises

notoires couvraient de reproches les auteurs de l'accord; et ces
derniers, eux-mêmes, prêchaient la méfiance. Il en fut violemment
irrité. Il ne considérait nullement qu'il avait, à Munich, remporté un
succès. Il estimait, au contraire, qu'il y avait renoncé à ses projets
primitifs, qu'il y avait transigé et capitulé. Comme après l'invasion
de l'Autriche, il regretta d'avoir été pusillanime. Il se crut, ou voulut se croire, trompé, berné par les artificieux Britanniques, frustrés
de l'objet propre de son ambition, qui était de s'emparer de Prague.
Il n'eut plus qu'une préoccupation : se saisir, quand même, de
Prague, antique cité où l'Allemagne avait laissé tant de traces et
dont le nom le hantait, entrer à Prague, comme il était entré à
Vienne! Son humeur s'exprima dans un discours, sombre et déjà
gros de menaces, prononcé à Sarrebruck, le 9 octobre.

J'avais été instruit presque aussitôt de son état d'esprit; je sus
qu'il méditait de se soustraire, de nouveau, à des obligations dont
l'encre n'était pas encore sèche; je sentis, tout de suite, la fragilité
de l'accord. Aussi tentai-je de calmer Hitler, de l'amener à se lier
vis-à-vis de nous par un engagement semblable à celui qu'il avait
conclu avec Chamberlain, de faire luire à ses yeux l'éventualité
d'autres arrangements d'ordre économique et financier, qui seraient
un élément d'une future organisation de l'Europe, d'orienter son
cerveau vers d'autres perspectives et dans d'autres directions que
celle de la violence. Et comme Gœring s'était montré hostile à la
guerre et favorable à la Conférence de Munich, j'essayai de le
gagner à la cause de la consolidation de la paix sur la base de
l'accord du 29 septembre et de le persuader des avantages que le
Reich en pourrait retirer, s'il y restait fidèle.

Tout cela fut vain. Hitler, au mépris de sa parole, céda à la
tentation, à son mauvais génie, et, le 15 mars 1939, il fit irruption à
Prague.

Ce jour-là, il scella son destin.

L'Angleterre, définitivement éclairée par l'occupation de Prague,
comprit à qui elle avait affaire. Elle comprit que l'homme n'avait
ni foi, ni loi, qu'aucun traité ne l'arrêterait, qu'il aspirait à l'hégémonie, qu'il constituait un danger permanent pour les libertés
anglaises et la démocratie dans le monde. De ce jour, elle résolut,
dans son esprit, d'abattre cet homme, quoi qu'il dût en coûter.
L'eût-elle aussi bien compris, sa résolution eût-elle été aussi iné-

branlable, eût-elle apporté, dans les épreuves de la guerre, un courage aussi indomptable, si Neville Chamberlain n'avait, au préalable, été à l'extrême limite de la conciliation? Roosevelt aurait-il pu retourner l'opinion des États-Unis et soutenir à fond la cause des démocraties européennes, s'il n'avait constaté, d'abord, que la France et l'Angleterre n'avaient rien négligé pour épargner au monde le fléau de la guerre? On a le droit d'en douter. L'accord de Munich a été la preuve par 9, la preuve irréfutable de l'impossibilité de conclure une paix durable avec le IIIᵉ Reich.

Hitler voulut appliquer à la Pologne la technique qu'il avait employée à l'égard de l'Autriche et de la Tchécoslovaquie. Parce qu'elle avait semblé réussir deux fois, il crut qu'elle réussirait une troisième. Mais c'est précisément pour cette raison qu'elle devait échouer. La dernière goutte d'eau est pareille aux autres; c'est elle, cependant, qui fait déborder le vase.

Certains pensent que, si la guerre avait éclaté en septembre 1938, elle eût suivi un cours différent. Nous aurions peut-être eu, en effet, à cette époque, l'appui de l'U. R. S. S., tandis qu'en 1939, la Russie, mécontente d'avoir été laissée de côté dans les tractations de Munich, pactisa avec Berlin et se tint à l'écart du conflit. L'objection est de poids. Mais avec qui croit-on que la Pologne, prise en 1938 entre la Russie et l'Allemagne, aurait marché? Oublie-t-on que la Pologne avait refusé de livrer passage, à travers son territoire, aux troupes russes, dans le cas où celles-ci auraient été au secours de la Tchécoslovaquie? Et surtout, ni Hitler, ni Chamberlain, n'auraient consenti à inviter les Russes à participer à la Conférence de Munich. C'eût été torpiller cette Conférence, avant même qu'elle n'existât, l'empêcher de se réunir et renoncer à la conciliation, si ardemment recherchée par la politique de la Grande-Bretagne.

L'entente intervenue nous a procuré un an de répit, à un moment où, ni la France, ni l'Angleterre ne se jugeaient suffisamment prêtes à la guerre. Quel parti a-t-on tiré de ce délai? L'a-t-on utilisé à plein? C'est là, peut-être, que réside la vraie question. C'est, pourtant, celle que l'on pose le moins.

En réalité, conditionné par une longue série d'actes antérieurs, dominé par ce qu'il faudrait appeler « la psychose de paix », comme on parle de la « psychose de guerre », l'accord de Munich a été une œuvre humaine, mélangée d'avantages et d'inconvénients. Il comportait trop, et de trop pénibles sacrifices, pour qu'on pût se féliciter de ses avantages, trop d'avantages, pour qu'on n'en dût retenir que les aspects douloureux. Aussi devrait-il être permis de n'être, dans le recul des années, ni munichois, ni anti-munichois, mais de s'élever sur ce chapitre à la sérénité de l'Histoire. L'Angleterre nous en donne l'exemple.

L'accord de Munich a été une œuvre plus particulièrement anglaise; nul ne saurait le contester. Lorsque la capitulation du III° Reich est survenue, les journaux anglais ont publié de longs articles sur la guerre et la période qui l'a précédée. Aucun d'eux, à ma connaissance, n'a fait le procès de Neville Chamberlain, principal instigateur et inpirateur de la Conférence et de l'accord de Munich. Une réserve à ce point remarquable s'explique peut-être par la conscience que l'action du Premier Britannique a été, en fin de compte, plus utile que nuisible.

Peut-être aussi faut-il y voir un signe d'enviable maturité civique et politique?

CHAPITRE XII

DERNIÈRE ENTREVUE AVEC HITLER ;
LE NID D'AIGLE

Depuis le départ de Rome du comte de Chambrun, n'ayant pu se mettre d'accord avec le gouvernement fasciste sur les conditions dans lesquelles un nouvel ambassadeur serait accrédité auprès du roi d'Italie, Empereur d'Éthiopie, la France n'était plus représentée dans la Péninsule que par un chargé d'affaires. On était désireux, à Paris, de rétablir la situation normale. La Conférence de Munich, dont on espérait qu'elle allait éclaircir l'atmosphère des relations entre les grandes Puissances occidentales, acheva d'y décider le Gouvernement de la République.

Il y avait donc lieu de pourvoir à la vacance du Palais Farnèse.

Je ne partageais pas, quant à moi, l'optimisme qu'avait éveillé chez certains la signature du traité du 29 septembre. Les renseignements qui me parvenaient d'une source excellente sur l'état d'esprit réel de Hitler me faisaient redouter que la crise que l'on avait cru résoudre ne se rouvrît bientôt et qu'il ne fût, cette fois, bien difficile de la dénouer pacifiquement. Si l'épreuve où nous avions atteint, sinon dépassé, la limite extrême des sacrifices ne réussissait pas à contenter les ambitions du maître du Troisième Reich, comment concevoir qu'au prochain conflit la guerre pût être évitée ? Certes, je pensais qu'il ne fallait rien négliger pour fortifier l'entente conclue à Munich et pour en tirer des développements de nature à retenir le Führer sur les chemins de la paix. Mais, en moi-même, je doutais du résultat de ces efforts.

J'ai relaté combien m'avait frappé, d'autre part, l'attitude réciproque du Chancelier et du Duce, que j'avais observée avec une attention aiguë, durant la triste journée munichoise. Mussolini avait dominé si manifestement son partenaire, il avait été consulté à tout instant par ce dernier avec un si vif empressement, le Duce, lui-même, avait contribué si utilement à lui faire accepter la solution finale, que j'en avais conclu que Mussolini était sincèrement acquis à la cause de la paix et que la seule influence qui fût encore capable d'agir sur le Führer était celle de son allié italien. « Il n'y a plus rien à tenter à Berlin — m'étais-je dit. — La clé de l'avenir est entre les mains de Mussolini! » Je fus amené, ainsi, à souhaiter d'être envoyé à Rome.

Je n'étais pas fâché, au surplus, de m'éloigner de Berlin. J'y avais passé sept années, pleines d'intérêt, mais aussi pleines de troubles, d'alertes, d'orages et de drames. Je n'y avais jamais eu un moment de répit et de tranquillité. J'y avais vécu dans l'insécurité et l'inquiétude du lendemain, obligé à une vigilance, à une tension d'esprit continuelles, l'œil fixé sur une flamme qui, à peine éteinte, se rallumait et se rapprochait inexorablement du tonneau de poudre. Et puis, j'étais comme saturé de nazisme! J'étais obsédé par ce régime, ses méthodes, son langage, son mystère, sa police, sa tyrannie, son orgueil, ses chants, ses défilés, ses claquements de talons, son bruit de bottes hallucinant. J'étais las de chercher à retenir un Hitler qui s'échappait sans cesse.

Je n'ignorais pas que la tâche qui m'attendait en Italie serait également malaisée. J'espérais, du moins, que le ciel y serait plus clément, les hommes moins inhumains. Je n'avais pas d'illusions sur Hitler; j'en avais sur Mussolini. Je ne supposais pas que celui-ci se chargerait de les dissiper brutalement, que je serais, en Italie, l'objet d'un traitement discourtois, dont les nazis n'auraient jamais eu l'idée, et que j'y traverserais des heures plus pénibles, peut-être, encore que celles que j'avais connues en Allemagne.

Quand la nouvelle de ma nomination à Rome fut rendue officielle, je reçus, dans la capitale du Reich, de multiples protestations d'amitié et de regret. Ces démonstrations, accompagnées par l'envoi de photographies, de souvenirs et de cadeaux de diverses sortes, avaient un accent de parfaite franchise. Ribbentrop me remit solennellement les insignes de la Grand'Croix de l'Aigle du Reich. Il n'en fit pas moins précéder mon arrivée à Rome d'un rapport qui me dépeignait comme un personnage dangereux, dont la mission était, évidemment, de torpiller l'Axe des deux alliés. L'Allemand, l'Allemagne, a souvent double face...

Hitler, lui-même, tint à donner à la dernière conversation politique que je devais avoir avec lui et à l'audience d'adieu qu'il m'avait accordée à cette occasion, une forme inusitée. Il ne me convoqua ni à sa Chancellerie de Berlin, ni à son chalet du Berghof, à Berchtesgaden, mais dans la retraite qu'il s'était ménagée en haute montagne et où, seuls, jusqu'à présent, avaient pénétré ses intimes, à l'exclusion de tout étranger. C'était, dans son esprit, plus que je ne m'en rendis compte sur le moment, une faveur rare. Aussi fut-il particulièrement blessé, lorsqu'il eut, par la suite, le sentiment que je n'avais pas apprécié à leur valeur son geste et l'intention qui l'avait dicté.

Je ne devais, d'ailleurs, jamais plus le rencontrer. Notre entrevue du 18 octobre 1938 fut la dernière. J'en établis, dès mon retour à Berlin, un récit détaillé que j'adressai au ministère des Affaires étrangères. C'est ce texte que le Quai d'Orsay divulgua dans le Livre jaune, publié par ses soins, après l'ouverture des hostilités, en décembre 1939. Je n'avais pas été averti de cette publication, ni consulté à son sujet. Le haut fonctionnaire, auquel je m'en plaignis, dans les premiers jours de janvier 1940, s'étonna, de son côté, du mécontentement que j'exprimais. « Hitler — me dit-il — n'existe plus ! Il est dès maintenant, nettoyé, liquidé ! » — « Si vous le croyez, lui répondis-je, vous avez de la chance ! Je crains, en ce qui me concerne, que nous n'entendions parler de lui pendant un bout de temps encore ! » Nombreux étaient, alors, chez nous, ceux qui s'imaginaient que nous serions vainqueurs du Troisième Reich, sans avoir même à livrer, ou à subir une bataille !

Mais puisque le récit de mon dernier entretien avec Hitler dans son nid d'aigle a été imprimé dans un recueil officiel, il me sera permis de m'y référer et de le reproduire ci-dessous. A quoi bon le récrire ? Il a sur la version que je pourrais en donner aujourd'hui l'avantage d'avoir été rédigé, quand les impressions que je rapportais de cette ultime visite étaient encore toutes fraîches.

« En m'invitant, dans la soirée du 17 octobre, à aller le voir le plus tôt possible, le Chancelier Hitler avait mis à ma disposition l'un de ses avions personnels. Je suis donc parti, le lendemain, par la voie des airs, accompagné du Capitaine Stehlin, pour Berchtesgaden. J'y suis arrivé vers trois heures de l'après-midi. De là, une automobile m'a conduit, non pas à la villa de l'Obersalzberg où habite le Führer et où il m'a déjà reçu, mais en un lieu extraordinaire où il aime à passer ses journées, quand le temps est beau.

« De loin, ce lieu apparaît comme une sorte d'observatoire ou de petit ermitage, perché à 1.900 mètres d'altitude au sommet d'une arête de rochers. On y accède par une route en lacets d'une quinzaine de kilomètres, hardiment taillée dans la pierre et dont le tracé audacieux fait autant d'honneur au talent de l'ingénieur Todt qu'au labeur acharné des ouvriers qui ont, en trois ans, achevé ce travail gigantesque. La route aboutit à l'entrée d'un long souterrain qui s'enfonce dans le sol et que ferme une lourde et double porte de bronze. A l'extrémité de ce souterrain, un large ascenseur, dont les parois sont revêtues de plaques de cuivre, attend l'étranger. Par un puits vertical de 110 mètres, creusé dans le roc, il monte jusqu'au niveau de la demeure du Chancelier. Ici, la surprise atteint à son comble. Le visiteur a devant lui, en effet, une construction trapue et massive, qui comporte une galerie à piliers romans, une immense salle vitrée en rotonde, garnie d'une vaste cheminée où flambent d'énormes bûches, d'une table entourée d'une trentaine de chaises, et plusieurs salons latéraux, meublés avec élégance de confortables fauteuils. De tous côtés, à travers les baies, le regard plonge, comme du haut d'un avion en plein vol, sur un immense panorama de montagnes. Au fond du cirque, il aperçoit Salzbourg et les villages environnants, dominés, à perte de vue, par un horizon de chaînes et de pics, de prairies et de forêts qui s'accrochent aux pentes. A proximité de la maison, qui paraît suspendue dans le vide, se dresse, presque en surplomb, une muraille abrupte de rochers nus. L'ensemble, baigné dans la pénombre d'une fin de journée d'automne, est grandiose, sauvage, presque hallucinant. Le visiteur se demande s'il est éveillé ou s'il rêve. Il voudrait savoir où il se trouve. Est-ce le château de Monsalvat qu'habitaient les chevaliers du Graal, un Mont-Athos, abritant les méditations d'un cénobite, le palais d'Antinéa, dressé au cœur de l'Atlas? Est-ce la réalisation d'un de ces dessins fantastiques, dont Victor Hugo ornait les marges du manuscrit des *Burgraves,* une fantaisie de milliardaire, ou seulement un repaire où des brigands prennent leur repos et accumulent des trésors? Est-ce l'œuvre d'un esprit normal, ou celle d'un homme tourmenté par la folie des grandeurs, par une hantise de domination et de solitude, ou, simplement, en proie à la peur?

« Un détail attire l'attention, et pour qui cherche à fixer la psychologie d'Adophe Hitler, il n'a pas moins de prix que les autres : les rampes d'accès, les débouchés des souterrains, les abords de la maison sont organisés militairement et protégés par des nids de mitrailleuses... Le Chancelier m'accueille avec amabilité et courtoisie. Il a le visage blême et fatigué. Il n'est pas dans un jour d'excitation ; il est plutôt dans une phase de détente. Tout de suite, il m'entraîne vers les baies de la grande salle ; il me montre le paysage ; il jouit d'un étonnement et d'une admiration que je ne songe pas à cacher. Puis il m'exprime son regret de mon prochain départ. Nous échangeons quelques compliments de courtoisie et quelques phrases de politesse. Sur son ordre, on sert le thé dans un des salons latéraux, où il me conduit avec M. de Ribbentrop, tandis que les nazis de son entourage restent à l'écart dans les pièces voisines. Les domestiques partis, les portes fermées, la conversation s'engage aussitôt à trois, M. de Ribbentrop n'y intervenant d'ailleurs que rarement, et toujours pour reprendre et accentuer les remarques du Führer.

« Adolphe Hitler est déçu par les lendemains de l'accord de Munich. Il pensait que la rencontre des Quatre, en éloignant le spectre de la guerre, marquerait le début d'une ère de rapprochement et de meilleures relations entre les peuples. Il ne constate rien de pareil. La crise n'a pas pris fin ; elle risque, si la situation ne se modifie pas, d'éclater de nouveau, à brève échéance. L'Angleterre retentit de paroles menaçantes et d'appels aux armes. C'est pour le Chancelier l'occasion de prononcer contre elle, contre son égoïsme et la naïve idée qu'elle a de ses droits supérieurs à ceux des autres, un de ces réquisitoires qu'il a déjà fait entendre à plusieurs reprises en public.

« Au surplus, l'irritation du Chancelier tombe assez vite. Je lui représente qu'après la joie de la paix sauvegardée, une réaction était inévitable ; le spectacle des sacrifices imposés à la Tchécoslovaquie, la dureté du traitement infligé à ce pays ne pouvaient manquer d'émouvoir les cœurs, et même de troubler les consciences ; et surtout, le discours de Sarrebrück a répandu l'impression que les sacrifices consentis avaient été vains, qu'ils n'avaient eu pour effet que d'accroître les appétits du Troisième Reich, en quoi il a considérablement renforcé les thèses des adversaires de l'accord de Munich.

« Le Führer se récrie : ce n'est pas lui qui a commencé ; ce sont les Anglais ; il n'a pas prononcé un seul mot contre la France ; et quant à la Tchécoslovaquie, il n'est pas vrai qu'il l'ait maltraitée ; il n'a revendiqué que les droits du peuple allemand, qui avaient été foulés aux pieds !

« J'interromps sa protestation ; il ne faut pas s'attarder sur le passé ; l'avenir importe davantage ; après la joie de la paix sauvée, après l'amertume éprouvée en face des sacrifices que cette paix a coûtés, se présente un troisième moment, celui où, avec le plus de sang-froid, les hommes d'État ont à se demander si vraiment l'accord de Munich ne doit être qu'un épisode sans lendemain, ou si, au contraire, l'expérience ayant prouvé que les démocraties et les régimes autoritaires pouvaient collaborer à une œuvre de paix générale, ils tenteront de développer cette expérience et d'en tirer quelque chose de plus, pour ramener peu à peu l'Europe vers des conditions de vie normales et durables.

« M. Hitler n'insiste pas. Il déclare qu'il y est, pour sa part, tout disposé et que, s'il m'a prié de lui rendre visite, c'est autant pour s'en entretenir avec moi que pour me permettre de prendre congé de lui.

« J'ai indiqué, d'une manière suffisamment explicite, dans mon télégramme d'hier, le cours que suit alors la conversation. Sur les trois chapitres successivement évoqués et dont l'ensemble constitue un programme qui, partant des relations proprement franco-allemandes, s'étend, de là, à des questions qui intéressent toutes les Puissances, le Chancelier discute, objecte, suggère, comme quelqu'un qui a déjà réfléchi et n'est pas pris au dépourvu.

« En ce qui concerne l'hypothèse d'une reconnaissance écrite par la France et l'Allemagne de leurs frontières mutuelles et d'un engagement de consultation réciproque dans tous les cas pouvant affecter les relations des deux pays, il se déclare prêt à s'y rallier immédiatement; et c'est, au fond, ce qui le séduit le plus. Il souligne les difficultés que peut faire surgir une formule de non-agression, si elle doit être accompagnée de réserves relatives au Covenant de la Société des Nations ou à l'existence de pactes conclus avec des tiers. Il souhaite que ces difficultés soient levées ou tournées, et ne demande à aucun instant que la France renonce à son pacte avec la Russie des Soviets.

« A l'égard du problème de la limitation des armements, il est perplexe; il n'est pas opposé au principe d'une telle limitation; mais il n'aperçoit pas les moyens de la réaliser dans la pratique; il esquisse, sans s'y arrêter, la théorie d'après laquelle l'Allemagne, située au centre de l'Europe et exposée à des attaques simultanées sur plusieurs fronts, n'a l'égalité véritable que si elle a une supériorité par rapport à chacun des États qui peuvent l'attaquer; il craint aussi que, s'il parle de limitation des armements, l'opposition anglaise ne prétende qu'il recule devant l'énergie britannique; sa pensée demeure flottante. En revanche, il est disposé à aborder sans hésitation le problème de l'humanisation de la guerre et à s'avancer assez loin sur ce terrain. Il y voit un bon préambule, une heureuse préface, d'où pourrait naître une atmosphère plus favorable à l'examen ultérieur de la question des armements.

« Quand aux problèmes d'ordre monétaire et économique, il s'en remet visiblement à d'autres du soin de s'en occuper. Ce n'est pas sa partie. Il conçoit cependant qu'il y ait intérêt à ne pas laisser cette matière en friche et à inviter des experts à reprendre les travaux déjà commencés et à examiner les possibilités que pourrait offrir la conjoncture actuelle.

« En conclusion de l'entretien, il donne l'ordre à M. de Ribbentrop, ainsi que je l'ai indiqué, de mettre ses services à l'ouvrage, de leur faire creuser les suggestions fournies par notre échange de vues pour en tirer des formules concrètes. Paris étudiera ces ébauches et dira ce qu'il en pense. Je promets de notre part un accueil sympathique et une étude sérieuse, inspirée des mêmes préoccupations pacifiques que celles dont le Führer a paru animé. L'Allemagne, entre temps, approchera l'Italie. La France pourrait, de son côté, sonder l'Angleterre. De part et d'autre, aucun engagement n'existe que celui de procéder en toute bonne foi à une investigation.

« Aussi devra-t-on, vis-à-vis du public, observer jusqu'à nouvel ordre la plus entière discrétion; l'opinion ne devra pas être informée, avant qu'ait été obtenue la certitude d'un résultat positif.

« Sur deux autres sujets, j'essaie encore d'inciter le Führer à me faire connaître sa pensée : les revendications de la Hongrie et la guerre d'Espagne.

« Il convient sans détour que les Hongrois ont des prétentions qu'il juge excessives. Il ajoute, il est vrai, que les cessions et les concessions des Slovaques sont trop maigres. Pour lui, le seul critérium est l'ethnographie, la race; c'est le seul dont il se soit réclamé vis-à-vis des Tchèques pour le tracé des nouvelles frontières; les Hongrois, les Polonais n'ont qu'à s'y tenir, eux aussi; visiblement l'effort de ceux-ci pour se doter d'une frontière commune ne lui est pas sympathique. Le Chancelier se vante d'avoir fait échouer le recours, proposé par la Hongrie, aux quatre Puissances de Munich. Il croit avoir, de la sorte, écarté un péril certain. « Une telle conférence, dit-il, nous aurait placés devant deux thèses éloignées l'une de l'autre. J'aurais été obligé, quelle que fût mon opinion intime, de me prononcer pour les Hongrois et les Polonais, à cause des liens politiques qui nous unissent à eux; Mussolini aurait agi de la même façon. Vous, cependant, et les Anglais, pour des raisons analogues, vous auriez défendu les Tchèques. Ainsi, trois semaines après l'accord de Munich, nous aurions eu de nouveau un conflit, qui cette fois ne se fût pas arrangé. J'ai rendu service à l'Europe en l'évitant. J'ai préféré exercer une pression sur les Hongrois et les Tchèques et les persuader de renouer les pourparlers interrompus, en se montrant, les uns et les autres, moins intransigeants. Mussolini m'a aidé. J'espère qu'une transaction interviendra. Mais toute l'affaire est dangereuse. On voit à cette occasion combien la France et l'Angleterre ont eu tort d'accorder à la Tchécoslovaquie la garantie de ses frontières, avant même que celles-ci ne fussent clairement définies. Il en peut sortir encore les plus fâcheuses complications. »

« En ce qui concerne l'Espagne, le Chancelier me répète qu'il n'a jamais eu l'intention de s'y procurer un établissement durable. Il s'y est assuré quelques avantages économiques; mais il les aurait obtenus de toute manière. Il ne songe nullement, déclare-t-il, à se servir de l'Espagne comme d'une menace permanente contre la France. L'Espagne elle-même a besoin d'avoir avec la France de bonnes relations. L'attitude du général Franco pendant la crise de septembre l'a clairement démontré. Qu'on retire donc tous les volontaires étrangers et qu'on laisse face à face les deux partis espagnols! Franco finira, dans ces conditions, par l'emporter, et la France n'aura pas à s'en plaindre!

« Depuis près de deux heures, Hitler se prête ainsi de bonne grâce à mes questions; il y répond sans la moindre gêne, avec simplicité, et, du moins en apparence, avec franchise. Mais le moment est arrivé de lui rendre sa liberté. Le château d'Antinea est maintenant noyé dans l'ombre qui recouvre la vallée et les montagnes. Je prends congé. Le Führer exprime le souhait que je puisse par la suite revenir en Allemagne et lui faire visite à titre privé. Il me secoue les mains à plusieurs reprises. A la sortie de l'ascenseur et du souterrain, je retrouve l'automobile qui m'attendait; elle me reconduit — en passant par Berchtesgaden — à l'aérodrome, d'où l'avion m'emporte aussitôt vers Berlin à travers la nuit.

« Pendant toute notre conversation, et sauf quelques bouffées de violence quand il s'est agi de l'Angleterre, le Führer a été calme, modéré, conciliant. On eût été en droit d'imaginer qu'on avait devant soi un homme bien équilibré, plein d'expérience et de sagesse et qui ne désirait rien tant que de faire régner la paix parmi les peuples. Hitler, à certains moments, a parlé de l'Europe, de ses sentiments d'Européen, plus réels que ceux que beaucoup d'autres étalent bruyamment. Il a parlé de la « civilisation blanche » comme d'un bien commun et précieux, qu'il faut défendre. Il a paru sincèrement frappé de l'antagonisme persistant qui survivait à l'accord de Munich et que révélait à ses yeux avec une netteté particulière l'attitude britannique. Manifestement, la perspective d'une crise prochaine, l'éventualité d'une guerre générale sont présentes à son esprit. Peut-être est-il, au fond de lui-même, sceptique sur les chances qu'il peut y avoir de prévenir pareil drame? Il semble en tout cas désireux de le tenter ou de l'avoir tenté, pour mettre en repos sinon sa conscience, du moins celle de son peuple. Et c'est par la France, et au moyen de la France, qu'il pense que l'opération doit être abordée.

« Je n'ai, certes, aucune illusion sur le caractère d'Adolphe Hitler. Je sais qu'il est changeant, dissimulé, contradictoire, incertain. Le même homme d'aspect débonnaire, sensible aux beautés de la nature et qui m'a exposé autour d'une table à thé des idées raisonnables sur la politique européenne, est capable des pires frénésies, des exaltations les plus sauvages, des plus délirantes ambitions. Il est des jours où, devant une mappemonde, il bouleverse les nations, les continents, la géographie et l'histoire, comme un démiurge en folie. A d'autres instants, il rêve d'être le héros d'une paix éternelle, au sein de laquelle il édifierait des monuments grandioses. Les avances qu'il est disposé à faire à la France lui sont dictées par un sentiment qu'il partage, au moins par intermittence, avec la majorité des Allemands, à savoir la lassitude d'un duel séculaire et le désir d'y mettre fin; ce sentiment se trouve aujourd'hui renforcé par le souvenir de la rencontre de Munich, par la sympathie que le Président Daladier a éveillée en lui et également par l'idée que notre pays est en train d'évoluer dans un sens qui lui permettra de mieux comprendre le Troisième Reich. Mais on peut être sûr qu'en même temps, le Führer reste fidèle à sa préoccupation de disjoindre le bloc franco-anglais et de stabiliser la paix à l'Ouest, pour avoir les mains libres à l'Est. Quels projets roule-t-il déjà dans sa tête? Est-ce la Pologne, la Russie, les Pays Baltes, qui sont appelés, dans sa pensée, à en faire les frais? Le sait-il déjà?

« Quoi qu'il en soit, Hitler est de ces hommes vis-à-vis desquels on ne doit pas se départir d'une extrême vigilance et auxquels on ne saurait accorder qu'une confiance sous réserve. Je n'en déduis pas, pour ma part, qu'il faille se dérober à ses suggestions. En cette circonstance, comme en beaucoup d'autres occasions antérieures, j'estime que l'essentiel est de savoir exactement à quoi s'en tenir et à qui l'on a affaire. Mais il ne s'ensuit pas qu'une attitude d'abstention et de négation soit la vraie. Le Dr Gœbbels a rappelé récemment, et non sans raison, qu'on ne gagne pas à la loterie si l'on ne veut pas courir le risque d'acheter au moins un billet. C'est un strict devoir que de ne négliger aucune des voies qui conduisent à la paix. S'il arrive que Hitler, par feinte ou par calcul, pénètre assez avant sur ce chemin, il est possible qu'il n'ait plus, par la suite, et même s'il le voulait, le moyen de revenir sur ses pas.

« Qui pourrait dire au surplus de quels étonnants revirements ce dictateur impressionnable, mobile, malade, est capable, et ce que seront demain son destin personnel et celui de l'Allemagne ?

« Après la Conférence de Munich, il était normal, il était nécessaire que l'on songeât à élargir les résultats d'un accord auquel l'opinion publique avait attaché de si grandes espérances.

« Telles qu'aujourd'hui les choses se présentent, c'est l'Allemagne qui exprime le vœu d'en prendre l'initiative ; c'est elle qui cherche à élaborer des formules et à dresser un plan.

« En lui fermant nos oreilles, nous lui procurerions à notre détriment l'alibi qu'elle souhaite, peut-être, pour couvrir ses entreprises futures.

« Les engagements qu'elle semble disposée à contracter n'ont, d'ailleurs, qu'une portée limitée.

« Si ces engagements sont tenus, ils contribueront grandement à détendre l'atmosphère européenne.

« S'ils ne sont pas tenus, ils chargeront le coupable d'une responsabilité morale qui pèsera lourdement sur son action.

« La France doit donc en aborder l'examen sans crainte. Peut-être n'est-il pas téméraire, au surplus, de penser que les événements qu'elle vient de vivre auront achevé de la convaincre de la nécessité d'un ordre et d'une cohésion nationale, d'une certaine réforme morale et d'un perfectionnement rapide et rigoureux de son appareil militaire. »

CHAPITRE XIII

HITLER, LE POSSÉDÉ

Les pages qui précèdent auront peut-être aidé le lecteur à se faire une idée du tragique personnage, dont la figure a dominé, pendant douze ans, l'histoire de l'Europe. Pourtant, quoi qu'on puisse dire, il est loin de nous, et si étrange, qu'il semble qu'on ne doive jamais parvenir à éclaircir complètement l'énigme de sa vie, de même qu'on n'a pas réussi, jusqu'à présent, à éclaircir tout à fait l'énigme de sa mort. Il semble qu'il y ait en lui quelque chose qui doive toujours nous échapper. Sans doute est-ce cette partie de l'Allemagne, de l'Allemand, que la France, que le Français aura toujours de la peine à saisir...

« Mais, enfin, cet Hitler, quel homme était-ce ? »

Combien de fois ne m'a-t-on pas posé cette question !

Au terme de ce livre, et comme pour le résumer, je voudrais m'efforcer d'y répondre brièvement.

Un homme tel que Hitler ne tient pas dans une formule simple...

Je lui ai, personnellement, connu trois visages, correspondant à trois aspects de sa nature.

Le premier était blême ; ses traits mous, son teint brouillé, ses yeux vagues, globuleux, perdus dans un songe, lui donnaient un air absent, lointain : un visage trouble et troublant de médium ou de somnambule.

Le second était animé, coloré, transporté par la passion ; les narines palpitaient, les yeux lançaient des éclairs, il exprimait la violence, l'appétit de domination, l'impatience de toute contrainte, la haine de l'adversaire, une audace cynique, une énergie féroce, prête à tout renverser : un visage « de tempête et d'assaut », un visage forcené.

Le troisième était d'un homme quelconque, naïf, rustique, épais, vulgaire, facile à amuser, riant d'un gros rire bruyant, accompagné de larges claques sur la cuisse : un visage banal, sans caractère marqué, pareil à des milliers de visages répandus sur la vaste terre.

Quand on causait avec Hitler, on voyait, parfois, se succéder ses trois visages.

Au début de l'entretien, il semblait ne pas écouter, ne pas comprendre; il restait indifférent et comme amorphe. On avait devant soi l'homme qui demeurait des heures entières absorbé dans une étrange contemplation, qui, après minuit, lorsque ses compagnons s'étaient éloignés, retombait dans une longue méditation solitaire, le chef auquel ses lieutenants reprochaient son indécision, sa faiblesse, ses flottements... Et puis, tout à coup, comme si une main avait appuyé sur un déclic, il se lançait dans un discours impétueux, il parlait d'un ton élevé, exalté, coléreux; l'argumentation se précipitait, abondante, cinglante, poussée en avant par une voix rauque qui roulait les « r » et dont l'accent rocailleux était celui d'un montagnard du Tyrol; il tonnait, il tonitruait, comme s'il s'adressait à des milliers d'auditeurs. C'était l'orateur qui surgissait, le grand orateur de tradition latine, le tribun plein de pectus, usant, d'instinct, de toutes les figures de la rhétorique, maniant en virtuose toutes les ficelles de l'éloquence, excellent, surtout, dans l'ironie caustique et dans l'invective, apparition d'autant plus frappante pour les foules qu'elles y étaient moins habituées, l'éloquence politique étant, généralement, en Allemagne, terne et ennuyeuse.

Quand Hitler partait ainsi dans une tirade ou une diatribe, il ne fallait pas songer à l'interrompre, ni à protester. Il eût foudroyé l'imprudent qui s'y serait risqué, comme il foudroya Schuschnigg ou Hacha, qui tentèrent de lui résister. Cela durait un, deux ou trois quarts d'heure. Et soudain, le flux s'arrêtait. Hitler se taisait; il semblait épuisé; on eût dit qu'il avait vidé ses accumulateurs; il retournait à une sorte d'hébétude et redevenait inerte. C'était le moment de présenter des objections, de le contredire, de faire valoir une autre thèse. Car, alors, il ne s'indignait plus, il hésitait, il demandait à réfléchir, il ajournait. Et si, en cet instant, on pouvait

trouver un mot qui le touchât, une plaisanterie qui achevât de le
détendre, les lourds plis qui barraient son front s'évanouissaient,
sa mine ténébreuse s'éclairait d'un sourire.

Ces alternances d'excitation et d'affaissement, ces crises, auxquelles son entourage racontait qu'il était sujet et qui allaient des
excès d'une fureur dévastatrice aux gémissements plaintifs d'un
animal blessé, l'ont fait considérer par les psychiatres comme un
« cyclo-thimique » ; d'autres voient en lui le type du paranoïaque.
Ce qu'il y a de sûr, c'est qu'il n'était pas normal ; c'était un être
morbide, un quasi dément, un personnage de Dostoïevski, un
« possédé ».

Si je devais, selon les enseignements de Taine, désigner le trait
dominant de son caractère, sa faculté maîtresse, je penserais
d'abord à l'orgueil, à l'ambition ; mais il serait plus juste de recourir à un terme du vocabulaire nietzschéen, dans lequel sont inclus
l'orgueil et l'ambition, un terme qu'il employait, d'ailleurs, fréquemment, lui-même, et qui est « la volonté de puissance ». Le
premier congrès de Nuremberg qui suivit son accession au pouvoir
fut baptisé par lui « le triomphe de la volonté ». Cette volonté,
célébrée par une fête grandiose, c'est la volonté de puissance,
conçue par Hitler comme le ressort essentiel de l'individu et du
peuple d'élite, le signe auquel on les reconnaît. Voilà la force qui
l'animait ! Elle imprégnait, elle gonflait toutes ses fibres, elle sortait
de lui et se répandait par tous ses pores.

La puissance, il la voulait pour lui, mais également pour l'Allemagne. Ou plutôt, il ne se distinguait pas de l'Allemagne ; il s'iden-
tifiait à elle. Ses partisans répétaient comme un slogan, mais ce
slogan répondait à son sentiment profond : « Hitler, c'est l'Allemagne ! L'Allemagne, c'est Hitler ! » Autrichien de naissance, il
avait pour l'Allemagne un culte exclusif et passionné ; dès son plus
jeune âge, il était chauvin et pangermaniste, il souffrait dans sa
chair des maux et des humiliations du pays qu'il regardait comme
sa vraie patrie ; il jurait de se venger, en la vengeant. Se mettre à
sa tête, c'était pour lui le moyen de mettre l'Allemagne à son rang,
c'est-à-dire à la tête de l'univers.

Parce qu'elle est naturellement tournée vers la conquête et vers
la guerre, la volonté de puissance tend à imprimer à l'État la forme
à la fois la plus militaire, la plus policière et la plus dictatoriale.

Après quelques conflits orageux, Hitler a fait alliance avec la Reichswehr ; la reconstitution, l'accroissement de l'Armée ont été son premier, son plus constant souci ; il y a consacré des sommes énormes. Peut-être aurait-il préféré atteindre à ses fins sans guerre ? Mais la guerre est entrée, d'emblée, dans ses prévisions et dans ses plans. En même temps, il a concentré entre ses mains tous les pouvoirs et la Gestapo et les S. S. sont devenus l'instrument principal de sa domination.

Mais aussi la volonté de puissance n'est jamais rassasiée ; elle se dépasse sans cesse, car elle trouve son bonheur dans l'exercice même de son activité. C'est pourquoi Hitler ne s'est pas contenté de fonder le III⁰ Reich et de briser les chaînes du traité de Versailles. Il a voulu créer le « Grand Reich », qui, sur les ruines de la Tchécoslovaquie, de la Pologne et de la Russie, devait établir son hégémonie en Europe, et, s'il y avait réussi, nul doute qu'il ne fût intervenu dans les deux Amériques ; il s'y préparait. Roosevelt gardera le mérite impérissable de l'avoir compris.

Hitler avait une imagination romantique échevelée ; il la nourrissait d'éléments ramassés un peu partout ; il n'était pas sans culture, mais c'était une culture mal digérée d'auto-didacte. Doué d'une faculté d'assimilation et de simplification, qui lui attirait les éloges enthousiastes de ses admirateurs, il avait puisé dans H.-S. Chamberlain, dans Gobineau, dans Möller van den Bruck, dans Nietzsche, dans Spengler, et, plus encore, dans ses conversations interminables avec ses amis, avec Rosenberg, Haushofer, Feder, et beaucoup d'autres, le fantasme d'une Allemagne qui restaurerait la grandeur du Saint-Empire-Romain-Germanique, au profit d'une race purifiée, d'une race de maîtres, assise sur de solides fondations paysannes, conduite par un Parti, qui formerait une élite politique, une sorte de Chevalerie, un Ordre Teutonique, et autour de laquelle graviteraient des peuples serfs et des peuples associés. Cette race de maîtres ayant purgé, à tout jamais, le monde du poison juif, en lequel se résumaient, selon lui, tous les autres poisons, poison de la démocratie et du parlementarisme, poison du marxisme et du communisme, poison du capitalisme et du christianisme, pratiquerait une morale, une religion nouvelles et positives, régénérerait l'Occident et opérerait une révolution de portée millénaire, égale, en ampleur et en profondeur, à la révolution chrétienne.

Telles étaient les visions délirantes auxquelles il se complaisait dans ses songeries nocturnes de la Chancellerie berlinoise, ou lorsque, retiré dans son nid d'aigle, à 2.000 mètres d'altitude, il regardait les monts et les plaines, les forêts et les lacs, étendus à ses pieds. Tantôt, se rappelant ses origines, il était, à ses propres yeux, un architecte, qui démolissait et reconstruisait, et, sur un plan gigantesque, édifiait des continents neufs. Tantôt, il enveloppait ses rêves d'harmonies wagnériennes; car il n'était pas seulement féru de la musique de Wagner, il ne se bornait pas à tenir Wagner pour un prophète, pour le prophète du national-socialisme, il « vivait » son œuvre; il se concevait, lui-même, comme un héros wagnérien, il était Lohengrin, Siegfried, Walther von Stolzing, et, surtout, Parsifal, qui guérit la blessure saignante au flanc d'Amfortas et rend au Graal sa vertu magique. Il y avait, en lui, du Louis II de Bavière.

On se tromperait, néanmoins, si l'on pensait que ce visionnaire n'avait pas le sens de la vie réelle. Il était très froidement réaliste et très profondément calculateur. Bien qu'il fût paresseux, incapable de s'astreindre à aucun travail régulier, et qu'à l'inverse de Mussolini, il n'aimât pas annoter des dossiers, il se faisait instruire oralement de toutes choses et s'intéressait aux moindres détails. Il n'ignorait rien de ce qui se passait dans le Reich, ni des mesures prises par ses collaborateurs, auxquels il laissait, pourtant, une grande liberté d'action. Il n'échappe donc à aucune responsabilité. Il a voulu, ou toléré, les pires excès, les pires crimes.

Au service de sa volonté de puissance, il mettait des ressources d'esprit redoutables : une obstination extraordinaire, une audace sans frein, un pouvoir de décision subit et implacable, un coup d'œil pénétrant, une intuition qui l'avertissait des périls et lui permit, plus d'une fois, de se soustraire aux complots ourdis contre lui. Il était relié à son peuple comme par des antennes, qui l'informaient de ce que la foule désirait ou craignait, approuvait ou blâmait, croyait ou ne croyait pas. Il pouvait, ainsi, diriger sa propagande avec autant de sûreté que de cynisme, et un mépris non déguisé pour les masses. A la violence et à la brutalité, il joignait une aptitude à la ruse, à l'hypocrisie, au mensonge, aiguisée par les discordes et les rivalités auxquelles son parti était, sans cesse, en proie. Il savait endormir son adversaire, jusqu'au moment où il pourrait s'en débarrasser, et, en signant des traités, réfléchir à la façon dont il s'y déroberait.

Comment, avec de pareils moyens, a-t-il, finalement, échoué ?

Il a péri par la démesure, par l'hypertrophie d'un orgueil que le succès et la flatterie exorbitaient. Lorsqu'il songeait à sa carrière, à son passé de vagabond, couchant, à Vienne, à l'asile de nuit, à la prodigieuse ascension qui l'avait investi d'un pouvoir qu'aucun empereur n'avait possédé avant lui, il se persuadait que la Providence le protégeait et le rendait invincible. Lui, l'incroyant, l'antichrétien, il se tenait pour l'élu du Tout-Puissant, qu'il invoquait de plus en plus dans ses discours. Il était superstitieux, il tirait son horoscope, il consultait les astres, comme Wallenstein ; et les astres lui prédisaient qu'après une fortune inouïe, il sombrerait dans une catastrophe. Il se donnait peu de temps à vivre ; de là, sa hâte à accomplir l'œuvre qu'il s'était proposée. Grisé par le triomphe, bien que secrètement inquiet, il ne tolérait plus la contradiction, il surestimait sa personne et son pays et, dans son ignorance complète de l'étranger, sous-estimait ses adversaires russes et anglo-saxons. Il en était arrivé à s'attribuer le génie de la stratégie, à vouloir égaler Frédéric II et dépasser Napoléon. Son absolutisme, sa tyrannie s'exaspéraient. Himmler et la Gestapo faisaient peser, en son nom, la terreur sur le Reich, à tel point que les généraux de la Wehrmacht, comprenant, mais trop tard, en quelles mains ils s'étaient livrés, écœurés de l'épouvantable cruauté avec laquelle il réprima le complot avorté du 20 juillet 1944, laissèrent aller les choses et sabotèrent la dernière phase de la guerre.

On s'étonne que le peuple allemand ait suivi, si longtemps, et si docilement ce Führer insensé. Il ne suffit pas, pour l'expliquer, d'invoquer la peur de la police et des camps de concentration. Il faut encore se souvenir de la légende du « Charmeur de rats ».

Dans la petite ville de Hameln, les rats, jadis, pullulaient. Mais, un jour, un personnage bizarre se présenta à l'entrée de la ville. Il avait le teint blême, des yeux étranges, une mèche de cheveux sur le front. Il marchait vite, et les talons de ses bottes sonnaient sur le pavé ; et, tout en marchant, il jouait de la flûte, et il tirait de cette flûte une mélodie singulière ; et voici qu'en l'entendant, les rats commencèrent à sortir des maisons, des caves et des greniers, et à courir derrière lui. La mélodie les émouvait jusqu'au fond de l'âme ;

elle répondait à leurs aspirations confuses, à leurs nostalgies, à leurs passions, à leurs espoirs; elle les berçait, elle les excitait, elle les enchantait, elle exerçait sur eux une force d'attraction irrésistible. En une troupe noire, de plus en plus dense, les rats trottaient aux trousses du sorcier. Celui-ci les conduisit, de la sorte, jusqu'au fleuve. Sans s'arrêter, il y pénétra. Les rats y pénétrèrent avec lui, fascinés par sa musique; et le sorcier et les rats disparurent dans les eaux...

FIN

TABLE DES MATIÈRES

AVANT-PROPOS   5

CHAPITRE   I. — Le Chancelier Brüning   17
    —   II. — Papen et Schleicher   42
    —   III. — L'idéologie hitlérienne   71
    —   IV. — Hitler au pouvoir   89
                L'incendie du Reichstag   89
                La comédie de Potsdam   98
                Le 1er Mai et l'élimination des partis politiques .   110
                L'installation du régime national-socialiste . . .   123
                La rupture avec la S. D. N.   139
    —   V. — 1934. — L'année cruciale   158
                Un tour de valse   159
                La note du 17 Avril   168
                Le massacre du 30 Juin   182
                L'assassinat de Dollfuss   197
                La mort de Hindenburg   210
                L'assassinat d'Alexandre de Yougoslavie . . .   216
    —   VI. — La reconstitution de l'armée allemande (16 Mars 1935).   221
    —   VII. — La fin de Locarno (7 Mars 1936)   237
    —   VIII. — Jeux, fêtes, visites... Veille d'armes   262
    —   IX. — La disgrâce de von Fritsch   284
    —   X. — Hitler et Mussolini   294
    —   XI. — La conférence de Munich   314
    —   XII. — Dernière entrevue avec Hitler. Le nid d'aigle . .   339
    —   XIII. — Hitler, le Possédé   350

EMM. GREVIN ET FILS — IMPRIMERIE DE LAGNY (C. O. 31.1245). — 9-1947.
Dépôt légal : 4ᵉ trimestre 1946.
Flammarion et Cⁱᵉ, éditeurs (Nᵒ 812). — Nᵒ d'Impression : 1440.